The サラダ&スープ 500

和洋中エスニック
簡単おいしいプロの味

サラダとスープでバランスアップ！

　野菜料理を一皿献立に加えると、気分すっきり、体調もよくなります。中華のメインには中華風、肉のグリルにはフレンチ風、天ぷらには和風、タイカレーにはエスニック風、ピザを食べるならイタリアン。５００のサラダ＆スープの中から、本日のサラダ＆スープは何にしましょうか？

　本書は野菜たっぷりのメニューを集めた弊社のベストセラー『ニューサラダブック(2006年刊)』『サラダ・サラダ・サラダ(2010年刊)』『スープ(2007年刊)』を1冊にまとめて再編集しました。

　日本料理、フランス料理、イタリア料理、中国料理、フュージョン料理、エスニック料理の人気店26人のシェフが本格的な各国料理のエッセンスを加えて工夫をこらした、手軽でおいしいサラダ＆スープが登場します。肉や魚介を合わせたメニューも多数ありますので、サイドディッシュとしてだけでなく、メイン料理に応用することもできます。ぜひ毎日の献立づくりに役立ててください。

　構成は使いやすさを考えて、サラダとスープそれぞれをメイン食材別「野菜」「肉」「魚介」に分けて掲載。味の決め手となるドレッシングとだし・スープストックのレシピも載せました。

　26人のシェフの自信作です。末永くご愛用いただければ幸いです。

2018年8月

　　　　　　　　　　　　　　　　　　　　　　　　　柴田書店書籍編集部

凡例

・本書は『ニューサラダブック（2006年刊）』『サラダ・サラダ・サラダ（2010年刊）』『スープ（2007年刊）』を再編集したもので、メニューとレシピは当時のままである。現在はすでに提供していないもの、レシピや製法が刊行当時と違うものがある。なお料理名は各店の表記のまま掲載している。

・移転や改装のため店名に変更がある店については、変更となった現在の店名を表記している。

・料理名のとなりに、冷たいサラダあるいはスープには、Ⓒ、温かいサラダあるいはスープにはⒽというアイコンをつけた。

・断りのない限り、オリーブ油はエクストラヴァージンオリーブ油を使用。バターと記している場合は無塩バターを指す。またパルミジャーノチーズはすりおろしたものを指す。

・ホールトマトはトマト水煮缶詰を指す。

・スパイスをホールで使う場合、名称の前に「粒」とつけ、粉末と区別した。

SALAD

野菜篇 003

[葉菜　茎菜]

サラダ マルシェ（野菜とハーブのサラダ）
　　ルカンケ　004

オーガニックパフェ　かんだ　005

ハーブだけのサラダ　マルディ グラ　006

香り野菜のサラダ　彩菜　006

ミックスグリーンサラダ だしジュレがけ
　　かんだ　007

山梨の無農薬野菜のサラダ仕立て
　　シェ・トモ　008

野菜のクリュディテ　マルディ グラ　010

葉っぱ包みサラダ　キッチン　012

緑野菜と茹で卵のバジリコペースト和え
　　プリマヴェーラ　013

ルッコラと海苔のサラダ　かんだ　014

ルッコラとじゃこピーのサラダ　彩菜　014

水菜と春菊の腐乳サラダ　彩菜　015

ほうれん草と春菊の煮びたしサラダ
　　李南河　015

ほうれん草と干し柿のクリームチーズ和え
　　たべごと屋のらぼう　016

ホウレン草とガドガドソース
　　マルディ グラ　016

和え物のようなサラダ　マルディ グラ　017

小松菜とシイタケのオリーブオイル蒸し
　　プリマヴェーラ　018

カキ菜のオイスターソースがけ　美虎　018

空心菜といろいろ野菜のサラダ　キッチン　019

山くらげのサラダ　キッチン　020

キャベツの温サラダ　美虎　020

コールドキャベツ（キャベツ春巻き）
　　キッチン　021

蒸しキャベツのサルモリーリオ
　　プリマヴェーラ　022

ちりめんキャベツのサラダ
　　リストランテ ヤギ　022

ちりめんキャベツとアンチョビのサラダ
　　ルカンケ　023

ドルマ風　冷製ロールキャベツ
　　マルディ グラ　024

芽キャベツとプチヴェールのフリット
　　プリマヴェーラ　025

セロリとフェンネルのサラダ
　　マルディ グラ　026

ハクサイとニンニク芽のサラダ　李南河　027

白菜とセロリのしゃきしゃきサラダ
　　プリマヴェーラ　028

白菜のサラダ　熱々の干し海老ドレッシング
　　彩菜　029

白菜の甘酢漬けサラダ　美虎　030

白菜のテリーヌ　よねむら　031

白菜のテリーナとサラダ
　　リストランテホンダ　032

焼き九条ネギのサラダ　マルディ グラ　034

九条葱の酒盗風味　玄斎　034

マコモダケと金針菜の温サラダ　美虎　035

アスパラ温泉卵　かんだ　035

アスパラ、アサリ、タケノコの温サラダ
　　コウジイガラシ オゥ レギューム　036

ソラマメと筍のスキレット焼き
　　プリマヴェーラ　037

筍とスナップ豌豆の蕗酢味噌　玄斎　038

浜防風、うど、うるいの柚子味噌サラダ
　　かんだ　039

山菜サラダ　コウジイガラシ オゥ レギューム　040

[果菜　花菜]

海水塩とハーブのトマトボール　玄斎　042

トマトのサラダ　シェ・トモ　043

トマトのサラダ
　　コウジイガラシ オゥ レギューム　044

インサラータ カプレーゼ　リストランテ ヤギ　045

カプレーゼ　リストランテホンダ　046

温かい山羊のチーズとプチトマトのサラダ
　　ルカンケ　048

トマトの麻辣煮込み　美虎　048
フルーツトマト、カルチョーフィ、ルーコラのサラダ
　　リストランテホンダ　049
焼きナスとトマトのマリネ　プリマヴェーラ　050
焼きなすのサラダ　キッチン　051
茄子と茗荷のあっさりサラダ
　　たべごと屋のらぼう　052
茄子の素麺もどき　玄斎　053
揚げなすと万願寺唐辛子の海南サラダ
　　彩菜　054
茄子の柚子こしょう風味　美虎　054
三色ピーマンのサラダ　キッチン　055
カラーピーマンとスプラウトのサラダ
　　リストランテ ヤギ　055
赤ピーマンのスフォルマート　グリーンアスパラ
　　のサラダとジェラート　リストランテホンダ　056
焼きピーマンとピータンの辛味サラダ
　　彩菜　058
万願寺唐辛子と馬のたてがみ網焼サラダ
　　玄斎　059
冷たいラタトゥイユのサラダ　シェ・トモ　060
サラダ ニソワーズ　シェ・トモ　061
かぼちゃとグレープフルーツのサラダ仕立て
　　シェ・トモ　062
かぼちゃのクリームサラダ　板前心菊うら　063
カボチャのマリネ　プリマヴェーラ　063
韓国カボチャのゆず風味　美虎　064
アボカドと汲み上げ湯葉のミルフィーユサラダ
　　彩菜　064
ビバ！サラダ　マルディ グラ　065
苦瓜の四川式サラダ　彩菜　066
苦瓜のサラダ　キッチン　067
春のサラダ　コウジイガラシ オゥ レギューム　068
二種ズッキーニの辛みそサラダ　李南河　070
ブロッコリーと焼きクルミのサラダ
　　シェ・トモ　071
カリフラワーとブロッコリーのサラダ
　　ルカンケ　072
季節野菜とカリフラワーのビアンコマンジャーレ
　　リストランテホンダ　073

カリフラワーのスパイシーロースト
　　マルディ グラ　074
カリフラワーとブロッコリーの温サラダ
　　李南河　075
アーティチョークのサラダ　ルカンケ　076
香り野菜のサラダ　板前心菊うら　077
おくらとみょうがのサラダ　板前心菊うら　078
茗荷と新生姜の蜜酢漬　玄斎　078
タイ風青いパパイヤのサラダ　キッチン　079
夏野菜のサラダ　よねむら　080
ガスパチョ オゥ レギューム風
　　コウジイガラシ オゥ レギューム　081
夏のエチュベ　コウジイガラシ オゥ レギューム　082
蒸し野菜の胡麻ダレサラダ
　　たべごと屋のらぼう　084
温野菜サラダ　豚耳入りラビコットソース
　　ルカンケ　085
温野菜のサラダ　バーニャカウダソース
　　リストランテ ヤギ　086
温野菜の蒸しサラダ　ブラックビーンズソース
　　彩菜　087

[フルーツ]

フルーツサラダ バジリコの香り
　　プリマヴェーラ　088
フルーツサラダ 生ハムドレッシング
　　ルカンケ　088
桂花マヨネーズのフルーツサラダ　彩菜　089
キンカンの生姜サラダ　美虎　089
文旦のサラダ　キッチン　090
柿と蕪と蛸のサラダ　李南河　092
柿と春菊の白和え　たべごと屋のらぼう　093

[根 菜]

人参、オレンジのサラダ しょうがの香り
　　プリマヴェーラ　094
にんじんとオレンジのサラダ　シェ・トモ　095
かぶらとプチベールのからすみサラダ
　　玄斎　096

ビーツ、ホタテ、カブ、コンテチーズのサラダ
　　コウジイガラシ オゥ レギューム　097
蕪とフルーツトマトのバジルペースト
　　たべごと屋のらぼう　098
4種のカブのサラダ
　　コウジイガラシ オゥ レギューム　099
黄カブのスフレ　マルディ グラ　100
焼きカブと春菊のサラダ　プリマヴェーラ　101
大根と三つ葉のサラダ　かんだ　102
大根と浅月のサラダ　板前心菊うら　102
紅芯ダイコンのラヴィオリ仕立て
　　コウジイガラシ オゥ レギューム　103
蒸しビーツのサラダ　シェ・トモ　104
根セロリのサラダ　シェ・トモ　105
水菜とヤーコン、蒸し鶏の胡麻ダレ
　　たべごと屋のらぼう　105
じゃが芋（きたあかり）のサラダ
　　かんだ　106
枝豆とジャガイモのサラダ　プリマヴェーラ　106
タイ風ポテトサラダ　キッチン　107
タラモサラダ　シェ・トモ　108
じゃが芋と揚げじゃが芋のサラダ
　　シェ・トモ　109
シンシアポテトのカルボナーラ風
　　コウジイガラシ オゥ レギューム　110
ジャガイモとローズマリーのオーブン焼き
　　プリマヴェーラ　111
ゆで玉子と栗のポテトサラダ　李南河　112
キャベツと新じゃがのサラダ　李南河　112
サトイモ、豚バラ、ローズマリーのタルトレット
　　マルディ グラ　113
菊菜とえびいものサラダ　玄斎　114
お芋のサラダ　コウジイガラシ オゥ レギューム　115
さつま芋と栗の手づくりフレッシュチーズサラダ
　　プリマヴェーラ　116
さつま芋とゆり根、南瓜のサラダ　李南河　117
さつま芋とごぼうのサラダ　板前心菊うら　117
なめことおくら、長芋和え　板前心菊うら　118
ひじきときのこ、蓮根のマリネ
　　たべごと屋のらぼう　118
有機れんこんと海老のサラダ　シェ・トモ　119

蓮根の胡麻白あえ　玄斎　120
叩き牛蒡とナッツの胡麻酢味噌和え
　　たべごと屋のらぼう　121
ごぼうのチップスサラダ　美虎　122
焼きゴボウとレンコン、干しイチジクの
バルサミコ酢和え　プリマヴェーラ　123
薬味だけのサラダ　マルディ グラ　124
ベトナムのシンプルサラダ　キッチン　125
新玉ネギとキャベツの土佐和え
　　たべごと屋のらぼう　126
新玉葱とクルミのロースト　プリマヴェーラ　127
いろいろ野菜のピクルス　マルディ グラ　128
ぬか漬けサラダ　たべごと屋のらぼう　129
ジュリエンヌ野菜のサラダ　マルディ グラ　129
根菜のマリネ　たべごと屋のらぼう　130
野菜のテリーヌ
　　コウジイガラシ オゥ レギューム　131
野菜のテリーヌ仕立て　シェ・トモ　132
もやしのサラダ　キッチン　134
ナムルサラダ　李南河　134
野菜だけのクロムスキー　マルディ グラ　135
どんこシイタケのジュで野菜のゆっくり煮
　　マルディ グラ　136
根菜チップス　コウジイガラシ オゥ レギューム　137
根野菜チップスの香酢サラダ　彩菜　138
チップスサラダ2種のディップ添え
　　たべごと屋のらぼう　139
冬のエチュベ　コウジイガラシ オゥ レギューム　140
野菜の煮込み　コウジイガラシ オゥ レギューム　141
冬のサラダ　コウジイガラシ オゥ レギューム　142

[豆]

そらまめと桜えびの湯葉がらみ　玄斎　143
そら豆とポテトのサラダ　板前心菊うら　144
空豆のムースと空豆のサラダ
　　リストランテホンダ　145
空豆とカクテキモッツァレッラのサラダ
　　李南河　146

生そら豆とペコリーノのサラダ
　　リストランテ ヤギ　**147**
枝豆ととうもろこし焼きたて　玄斎　**148**
インゲンの海苔和え　たべごと屋のらぼう　**148**
インゲンのサラダブーダンノワールのせ
　　コウジイガラシ オゥ レギューム　**149**
白いんげん豆のサラダ　シェ・トモ　**150**
白いんげん豆のサラダとフライドエッグ
　　リストランテホンダ　**151**
豆ペーストのサラダ　マルディ グラ　**152**
豆と豚足のサラダ　マルディ グラ　**153**
ミネストローネ　コウジイガラシ オゥ レギューム　**154**

[大豆製品]

蕗と穴子の奴サラダ　玄斎　**155**
豆腐とパプリカ、ミントのサラダ
　　プリマヴェーラ　**156**
豆腐とザーサイのサラダ　かんだ　**157**
おぼろ豆腐といろいろ野菜のピータンソース
　　彩菜　**157**
苦瓜と豆腐のサラダ　板前心菊うら　**158**
アボカドと湯葉、豆腐のサラダ
　　板前心菊うら　**158**
豆腐サラダ　キッチン　**159**
豆腐とかぼちゃのアジアンサラダ　かんだ　**160**
炙りお揚げと春菊、ノリの柚子胡椒ドレッシング
　　たべごと屋のらぼう　**161**
湯葉、きのこ、ルーコラ セルヴァティカのサラダ
　　リストランテ ヤギ　**162**
おからのサラダ　たべごと屋のらぼう　**164**

[種実　乾物]

むかごと餅銀杏のピーナッツがけ　玄斎　**165**
乾物四種のナムル　玄斎　**166**
海藻のサラダ　板前心菊うら　**167**

[きのこ]

きのことハルーミチーズの焼きちりサラダ
　　玄斎　**168**

フランス産森のきのこのマリネ仕立て
　　シェ・トモ　**169**
マッシュルームとエシャロットのサラダ
　　リストランテ ヤギ　**170**
きのこと菊花、青菜のおひたし風サラダ
　　板前心菊うら　**171**
ベーコンときのこ、セロリの炒サラダ
　　たべごと屋のらぼう　**172**
エリンギのオリーブ風味　美虎　**173**
いろいろきのこのホットサラダ　キッチン　**174**

[穀物　パスタ]

大麦とキノコのサラダ　プリマヴェーラ　**175**
三色米のサラダ　ルカンケ　**176**
お米のサラダ　リストランテ ヤギ　**177**
まぜまぜご飯（ライスサラダ）　キッチン　**178**
トマトライス　マルディ グラ　**179**
タブレ（クスクスのサラダ）　シェ・トモ　**180**
羊肉入りのタブレ　ルカンケ　**181**
魚介のサラダ　クスクス仕立て
　　コウジイガラシ オゥ レギューム　**182**
水菜とカッペリーニのサラダ 胡瓜の冷たいスープ　プリマヴェーラ　**184**
コートダジュール風 ペンネと
　　ミモレットのサラダ　シェ・トモ　**185**
冷製夏野菜のサラダスパゲッティ
　　リストランテホンダ　**186**
バミセリのサラダ　シェ・トモ　**187**
鮎のアニョロッティ エスカベッシュ仕立て
　　リストランテホンダ　**188**
春雨サラダ　李南河　**190**
タイ風春雨サラダ　キッチン　**191**
生春巻き　キッチン　**192**
春野菜と韓国クレープサラダ　李南河　**193**
浅蜊とフルーツの冷麺サラダ　李南河　**194**
パンツァネッラ　リストランテ ヤギ　**195**
ベジポタヌードル　マルディ グラ　**196**
ベジタブルバーガー　マルディ グラ　**198**

肉 篇　201

[牛]

牛肉とレタスの冷しゃぶサラダ
　　かんだ　202

牛肉のたたきサラダ　板前心菊うら　203

牛肉と水なすのサラダ　よねむら　204

牛肉とクレソンのサラダ　キッチン　205

牛肉とブロッコリー、フルムダンベールのサラダ
　　よねむら　206

牛タンのスカモルツァアフミカート焼き
　　リストランテホンダ　207

フィレンツェ風トリッパとカリカリポレンタの
　　サラダ　リストランテ ヤギ　208

トリッパのサラダ
　　コウジイガラシ オゥ レギューム　210

[豚]

豚シャブの腐乳サラダ　美虎　212

ゆでキャベツと豚しゃぶのサラダ
　　キッチン　213

豚しゃぶサラダ　ちり酢添え　かんだ　214

豚ロースの山椒あぶりカボス風味　美虎　215

長茄子と豚ロースのサラダ甘醤油ドレッシング
　　李南河　216

酒粕風味の大根と豚肉のピリ辛温サラダ
　　彩菜　217

豚肉とたっぷりグリーンのサラダ
　　たべごと屋のらぼう　218

蕗とアスパラ　豚肉とぜんまいサラダ
　　李南河　219

テット ド フロマージュと豚舌スモークと
　　赤玉ねぎのサラダ　ルカンケ　220

レタスとミンチのカップサラダ　彩菜　222

アボカドとハムのサラダ　ルカンケ　223

生ハムと温泉卵、ホワイトアスパラガスの
　　温製サラダ　リストランテ ヤギ　224

生ハムと季節のフルーツ
　　リストランテ ヤギ　225

スパイシーサラミ、青パパイヤ、
　　エンダイブのサラダ　リストランテ ヤギ　226

[鶏]

鶏胸肉とにんじんのサラダ
　　リストランテ ヤギ　227

バンバンチキンサラダ　キッチン　228

白菜キムチと鶏肉の韓国海苔サラダ
　　李南河　229

むき栗と鶏ささみのサラダ　シェ・トモ　230

まかないサラダ　コウジイガラシ オゥ レギューム　231

鶏としめじの怪味サラダ　彩菜　232

タイ風鶏挽き肉のスパイシーサラダ
　　キッチン　234

苦瓜とヤングコーンの鶏背肝サラダ　玄斎　235

[鴨]

花わさびと合鴨のサラダ　玄斎　236

鴨のコンフィとオレンジ風味のにんじんの
　　サラダ　ルカンケ　238

鴨肉の赤ワイン漬けとフォワグラの燻製
　　リストラテホンダ　240

バニラ風味のフォワグラのコンフィとビーツの
　　コンポートサラダ　ルカンケ　242

フォワグラ、竹の子、アンディーヴのサラダ
　　よねむら　243

[きじ]

キジのサラダ 黒トリュフと菊芋のスープと共に
　　リストランテホンダ　244

[馬]

桜肉と根野菜のサラダバーニャカウダソース
　　リストランテホンダ　246

[チーズ]

アンディーヴと洋梨とフルムダンベールのサラダ
　　ルカンケ　248

リーフレタスとブルーチーズ 黒蜜がけ
　　かんだ　248

冷たいチーズフォンデュ　ルカンケ　249

テット ド モワンヌとベルディーナのサラダ
　　ルカンケ　250

かぼちゃのレモン風味とモルタデッラ、
　　ブッラータチーズのサラダ
　　　リストランテ ヤギ　**251**

水牛のモッツァレッラとラタトゥイユのサラダ
　　　リストランテ ヤギ　**252**

[卵]

半熟卵とじゃが芋、
　　アスパラガスの味噌マヨネーズ和え
　　　たべごと屋のらぼう　**253**

魚介篇　**255**

[魚]

真鯛のカルパッチョとフレッシュハーブのサラダ
　　　リストランテ ヤギ　**256**

鯛とフルーツのサラダ　よねむら　**257**

鯛といちじくのサラダ　よねむら　**258**

甘鯛のうろこ焼きサラダ
　　　リストランテホンダ　**260**

平目とボッタルガのサラダ　よねむら　**262**

平目とハモン イベリコのサラダ　よねむら　**263**

塩鱈のヴァプールと豆のサラダ　ルカンケ　**264**

鱈とじゃが芋のサラダ　リストランテ ヤギ　**266**

水菜と白子 梨のすりおろしサラダ
　　　李南河　**267**

はもと夏野菜のサラダ　板前心菊うら　**268**

はもときゅうりとクレソンのサラダ
　　　よねむら　**269**

はもと松茸のサラダ　よねむら　**270**

皮はぎと白菜のサラダ　かんだ　**271**

ふぐのサラダ　よねむら　**272**

ふぐのぶつ切りサラダ　板前心菊うら　**273**

焼き鮭と水菜のサラダ　だしジュレがけ
　　　かんだ　**273**

桜鱒のスモークとアンディーヴのサラダ
　　　リストランテ ヤギ　**274**

スモークサーモンのロール、
　　コリアンダーのサラダ添え　ルカンケ　**276**

マグロとウドの紅麹和え　美虎　**277**

まぐろとラディッシュのサラダ
　　　リストランテ ヤギ　**278**

まぐろのづけサラダ　板前心菊うら　**280**

まぐろと香味野菜のサラダ　キッチン　**281**

かつおのたたきサラダ　板前心菊うら　**282**

鯵の味噌叩き しそ巻きカナッペ　かんだ　**283**

アジとメロンのサラダ
　　　コウジイガラシ オゥ レギューム　**284**

秋刀魚と松茸のサラダ　リストランテ ヤギ　**285**

秋刀魚の酢〆サラダ　たべごと屋のらぼう　**286**

ひしこ鰯とフェンネルのサラダ
　　　リストランテ ヤギ　**287**

オイルサーディンのサラダ　よねむら　**288**

にしんの燻製と温かいじゃが芋のサラダ
　　　ルカンケ　**289**

鯖と茄子のサラダ仕立て
　　　リストランテホンダ　**290**

鮎のサラダ　よねむら　**292**

わかさぎのパステッラと海藻のサラダ
　　　リストランテ ヤギ　**293**

水菜と晒し鯨のハリハリサラダ　玄斎　**294**

くじらベーコンと水菜のサラダ　よねむら　**295**

[貝]

鮑と筍の肝和え キヌサヤソース
　　　リストランテホンダ　**296**

あわびと冬瓜のサラダ　よねむら　**298**

とこぶしとゆり根のサラダ　よねむら　**299**

平貝の生唐辛子ドレッシング和え　美虎　**300**

炙り帆立と大根のマリネ
　　　たべごと屋のらぼう　**301**

生ホタテ、アボカドの辛味チーズ和え
　　　美虎　**302**

帆立のカルパッチョ風　かんだ　**302**

オードヴル酢牡蠣　かんだ　**303**

牡蠣と焼き葱のマリネ　たべごと屋のらぼう　**303**

とり貝と菜の花の黒酢ドレッシング
　　美虎　304

とり貝、山うど、伏見みょうがとうるいのサラダ
　　よねむら　305

つぶ貝と赤かぶ、山うど、菜の花のサラダ
　　リストランテホンダ　306

うにと順才とアスパラガスのサラダ
　　よねむら　308

[蟹]

毛蟹、根セロリ、アボカドのサラダ
　　リストランテホンダ　309

蟹と青りんごのミルフィーユ　　ルカンケ　310

毛蟹とアボカドのサラダを詰めたフルーツトマト
　　リストランテ ヤギ　311

[海老]

桃のゼリー寄せとオマールのサラダ
　　よねむら　312

しま海老とオレンジのサラダ
　　リストランテ ヤギ　313

海の幸と色とりどりの千切り野菜サラダ
　　シェ・トモ　314

アスパラと海老のサラダ　板前心菊うら　316

エビマヨサラダ　美虎　317

海老、独活、たらの芽の梅肉酢がけ
　　たべごと屋のらぼう　318

芹と小海老の柚子サラダ　李南河　319

海老と素麺のサラダ ミルフィーユ仕立て
　　かんだ　320

海老と白身魚の野菜巻き　キッチン　321

赤座海老、ホワイトアスパラ、
　　ハッサクのサラダ　リストランテホンダ　322

手長海老のロスティとマンゴーのピュレ
　　リストランテ ヤギ　324

[いか]

いかとサラダクレソンのサラダ　かんだ　325

いかとセロリのサラダ　キッチン　326

烏賊ゲソとクレソン即席キムチのサラダ
　　李南河　327

いかと海藻のサラダ　彩菜　328

白いかのサラダ　よねむら　330

やりいかの墨煮、大和芋とかきの木茸の
　　温製サラダ　リストランテホンダ　332

ほたるいかと菜の花のサラダ　よねむら　334

[たこ]

水タコのひすいカルパッチョ　美虎　334

たことトマトのサラダ　よねむら　335

たこと春野菜のサラダ　彩菜　336

水だこ、じゃが芋、いんげんのサラダ
　　リストランテ ヤギ　337

真だことジャガイモ、セロリのサラダ
　　リストランテホンダ　338

春野菜と飯だこの焼きサラダ　かんだ　340

独活と菜の花、いいだこのサラダ　玄斎　341

[そのほか]

くらげとラ フランスのサラダ　美虎　342

梅とサンチュの海鮮サラダ　李南河　343

SOUP

野菜篇 347

[葉菜 茎菜]

ちりめんきゃべつと卵のスープ
　　ペル グラッツィア デル ソーレ　348

きゃべつ、白菜、フォンティーナチーズの
グラタンスープ
　　ペル グラッツィア デル ソーレ　349

ブラッセル キャベツのポタージュ
　　ア・タ・ゴール　350

カルド ヴェルデ　ア・タ・ゴール　351

キャベツのブイヨンスープ
　　シエル ドゥ リヨン　352

アスパラガス、小松菜のクリームスープ
　　ペル グラッツィア デル ソーレ　353

グリーンアスパラガスの冷製スープ
　　松本浩之　354

ホワイトアスパラガスのヴルーテ
　　松本浩之　355

クレソンのポタージュ　松本浩之　356

クレソンとバターミルクのスープ
　　トルバドール　357

セロリのブイヨンスープ　シエル ドゥ リヨン　358

青寄せのとろみスープ　桃の木　359

[果菜 花菜]

ミネストローネ
　　クチーナ トキオネーゼ コジマ　360

トマトの冷たいスープ カプレーゼ風
　　クチーナ トキオネーゼ コジマ　361

トマトの冷製スープ　シエル ドゥ リヨン　362

夏野菜のスープサラダ　板前心菊うら　362

一口ガスパチョ　和洋遊膳 中村　363

トマトとフルーツのスープ　トルバドール　364

飲むサラダ トマトのシン トー　キッチン　365

飲むサラダ アボカドのシン トー
　　キッチン　365

ワカモレスープ　トルバドール　366

オクラと胡瓜のスープ
　　クチーナ トキオネーゼ コジマ　367

ズッキーニのスープ
　　クチーナ トキオネーゼ コジマ　368

ズッキーニの冷製スープ
　　シエル ドゥ リヨン　369

赤ピーマンのスープ　トルバドール　370

カリフラワーのスープサラダ
　　リストランテ ヤギ　371

カリフラワーのポタージュ
　　シエル ドゥ リヨン　372

とうもろこし、ゴルゴンゾーラのスープ
　　ペル グラッツィア デル ソーレ　373

夏野菜の冷製スープ
　　ペル グラッツィア デル ソーレ　374

アーティチョークのヴルーテ　松本浩之　375

バターナッツスクワッシュのヴルーテ
　　松本浩之　376

焼茄子のスープ　内儀屋　377

焼きなす入りガスパチョ
　　ペル グラッツィア デル ソーレ　378

なすと清湯のスープ　桃の木　379

冬瓜とトマトのスープ　桃の木　379

冬瓜とハムのスープ　内儀屋　380

パパイヤの蒸しスープ　桃の木　381

例湯 かぼちゃ、人参、クレソンの蒸しスープ
　　桃の木　382

南瓜の器に入れた、蓮の実と生湯葉の
糖水仕立て　Essence　383

和風ポトフ　内儀屋　384

トマティーヨスープ　トルバドール　385

[根菜]

人参のスープ　クチーナ トキオネーゼ コジマ　386

百合根と海老のスープ レモン風味
　　クチーナ トキオネーゼ コジマ　387

百合根のオーブン焼きとおろし大根の
　　スープサラダ　プリマヴェーラ　388

慈姑とブルーチーズのスープ　玄斎　389

じゃがいものスープ トリュフピュレを流して
　クチーナ トキオネーゼ コジマ　390

雑穀のリゾット添え じゃがいものクリームスープ
　ペル グラッツィア デル ソーレ　391

ヴィシソワーズ　松本浩之　392

ビーツのスープ
　クチーナ トキオネーゼ コジマ　393

コンソメ、トリュフ、ビーツ、冬トリュフの
　パイ包み焼き　ア・タ・ゴール　394

かぶ、ほうれん草、アンチョビのクリームスープ
　ペル グラッツィア デル ソーレ　395

カブのスープ　松本浩之　396

かぶと百合の花汁　内儀屋　397

小玉葱のかに味噌汁　内儀屋　398

オニオングラタンスープ
　シエル ドゥ リヨン　399

オニオングラタンスープ　松本浩之　400

ビールのスープ フォワグラ添え　松本浩之　401

長芋、オクラ、滑子 ぬるぬるうまだしジュレ
　和洋遊膳 中村　402

蓮根のすり身汁　内儀屋　403

[豆　乾物]

空豆の冷たいスープ　内儀屋　404

グリーンピースのスープ ミネストローネ風
　クチーナ トキオネーゼ コジマ　405

白いんげん豆と野菜のスープ
　トルバドール　406

金時豆のズッパ デ ファジョーリ
　クチーナ トキオネーゼ コジマ　407

うずら豆、さつまいも、かぼちゃのスープ
　ペル グラッツィア デル ソーレ　408

黒豆、根菜のスープ
　ペル グラッツィア デル ソーレ　409

白インゲン豆のスープ　シエル ドゥ リヨン　410

ブラックビーンスープ　トルバドール　411

ピーナッツスープ　トルバドール　412

割干しだいこんのスープ
　ペル グラッツィア デル ソーレ　413

潮州海苔のスープ　桃の木　414

[大豆製品]

豆腐としいたけの白味噌スープ　内儀屋　415

揚げ豆腐の酸辣湯風　和洋遊膳 中村　416

豆腐、なまこ、きぬさやの酸辣湯 醤油味
　桃の木　417

豆腐とA菜の細切りスープ　桃の木　418

[きのこ　種実]

シャンピニオンのクリームスープ
　クチーナ トキオネーゼ コジマ　419

木の子のスープ　松本浩之　420

茸のスープ　シエル ドゥ リヨン　422

栗のヴルーテ　松本浩之　423

[穀物　パスタ]

穀物のスープ　ペル グラッツィア デル ソーレ　424

ポレンタとリゾッティのスープ
　ペル グラッツィア デル ソーレ　426

冷たいワンタンとじゅん菜 吸酢　内儀屋　427

鯛にゅうめん　和洋遊膳 中村　428

鴨茶そば　和洋遊膳 中村　429

ラクサ　ア・タ・ゴール　430

肉篇　431

[牛]

コンソメ　松本浩之　432

冷製コンソメのパリ ソワール
　ア・タ・ゴール　433

トリップの煮込みスープ
　シエル ドゥ リヨン　434

牛スネ肉とそら豆のトロミスープ
　Essence　435

ケンタッキーバーガー　トルバドール　436

コーンビーフスープ　トルバドール　437

[豚]

東京Xバラ肉とレンズ豆のスープ
　　　シエル ドゥ リヨン　438

豚足の煮込みスープ　シエル ドゥ リヨン　439

豚肉としいたけの蒸しスープ　内儀屋　440

黒豚バラ肉の沢煮椀　和洋遊膳 中村　441

塩漬け豚肉と胡瓜のスープ　桃の木　442

スペアリブと苦瓜のスープ　桃の木　443

カイン チュア カー スォン　ア・タ・ゴール　444

ヨクイニン、トウモロコシ、トウモロコシのヒゲ、
　豚胃袋のスープ　Essence　445

龍眼、蓮の葉、豚ハツのスープ
　　　Essence　446

杏仁風味の豚肺、スペアリブの白スープ
　　　Essence　447

[羊]

ラムチャップ、サフラン、葱、生姜のスープ
　　　Essence　448

[鶏]

生湯葉と鶏団子 飛鳥汁仕立
　　　和洋遊膳 中村　449

トム カー ガイ　ア・タ・ゴール　450

ソト アヤム　ア・タ・ゴール　451

ガンボスープ　トルバドール　452

チキンダンプリング　トルバドール　453

ひゆ菜と砂肝、にんにくのスープ
　　　Essence　454

[鴨]

合鴨と鴨団子、空心菜のはりはり椀
　　　和洋遊膳 中村　455

羅漢果、鴨、山芋（淮山）、広東白菜の
　蒸しスープ　Essence　456

フォワグラ、夏トリュフ、コンソメのマリアカラス
　　　ア・タ・ゴール　457

[ほろほろ鳥]

ホロホロ鳥のブイヨン　シエル ドゥ リヨン　458

[はと]

金針菜、ハト、クコ、干し椎茸の蒸しスープ
　　　Essence　460

[かえる]

白瓜、無花果、かえるのスープ　Essence　461

[卵]

アソルダ アレンテジャーナ　ア・タ・ゴール　462

冷やし茶碗蒸し　内儀屋　463

もずくの玉子とじ汁　内儀屋　464

トマトと玉子のスープ　内儀屋　465

炒めた卵のスープ　桃の木　466

ピータンと香菜のスープ　桃の木　466

魚介篇　467

[魚]

ブイヤベース　シエル ドゥ リヨン　468

スープ ド ポワソン　松本浩之　470

マドル　トルバドール　472

ニンニクとタラのスープ　松本浩之　473

クレム デ マリシュコ　ア・タ・ゴール　474

フィッシュ ヘッド カリー　ア・タ・ゴール　475

鱧松茸の和風ロワイヤル　和洋遊膳 中村　476

船場汁　和洋遊膳 中村　477

粕汁　和洋遊膳 中村　478

鯛と葱のつみれ汁　和洋遊膳 中村　479

すじあら、トック餅、香菜の白湯スープ
　　　桃の木　480

うづら豆腐　和洋遊膳 中村　481

[貝]

魚介と豆のスープ
　　ペル グラッツィア デル ソーレ　**482**

貝類のスープ　クチーナ トキオネーゼ コジマ　**483**

はまぐりと春野菜のスープ
　　ペル グラッツィア デル ソーレ　**484**

ムール貝、おくら、モロヘイヤのスープ
　　ペル グラッツィア デル ソーレ　**485**

ムール マリニエール　ア・タ・ゴール　**486**

ムール貝の冷製トムヤム　ア・タ・ゴール　**487**

ニューイングランド クラムチャウダー
　　トルバドール　**488**

マンハッタン クラムチャウダー
　　トルバドール　**489**

かぶ、大麦、北海あさりのスープサラダ
　　リストランテ・ヤギ　**490**

浅利とえんどう豆のスープ　内儀屋　**491**

あさりとベーコンのクラムチャウダー
　　和洋遊膳 中村　**492**

しじみ真丈と車麩の赤だし
　　和洋遊膳 中村　**493**

かき真丈のロールキャベツ 白味噌仕立
　　和洋遊膳 中村　**494**

カキのポタージュ　シエル ドゥ リヨン　**495**

[海老]

海の幸のスープサラダ　リストランテ ヤギ　**496**

青海苔と海老のスープ パイ包み
　　クチーナ トキオネーゼ コジマ　**497**

赤座海老のビスク　ア・タ・ゴール　**498**

桜海老としゃこのスープ　桃の木　**500**

トム ヤム クン　ア・タ・ゴール　**501**

[蟹]

スップ マン クア　ア・タ・ゴール　**502**

[いか]

いか団子とホワイトセロリー汁　内儀屋　**503**

[たこ]

干し蛸、蓮根、小豆、豚スネ肉のスープ
　　Essence　**504**

デザート篇　**505**

ブラッドオレンジ、野菜とくだもののスープ
　　クチーナ トキオネーゼ コジマ　**506**

アルケルメス風味 くだものの冷たいスープ
　　ペル グラッツィア デル ソーレ　**507**

マスカットのかんてんと豆のディタシロップの
スープ　ペル グラッツィア デル ソーレ　**508**

牛乳かんのカフェラテ シェカラート
　　ペル グラッツィア デル ソーレ　**509**

ココナッツミルクのスープ ウ ア ラ ネージュ
　　シエル ドゥ リヨン　**510**

メロン2種のスープ仕立て
　　ア・タ・ゴール　**512**

サクランボのスープ仕立て　ア・タ・ゴール　**513**

桃のスープ　松本浩之　**514**

南国フルーツのカクテルスープ　松本浩之　**515**

リュバーブのスープ　松本浩之　**516**

マンゴーの冷たいスープ　桃の木　**518**

黒胡麻と黒米の甘いスープ　Essence　**519**

陳皮と小豆、緑豆、黒豆のお汁粉
　　Essence　**520**

シナモン、リンゴ、ハシマのスープ
　　Essence　**521**

生慈姑、梨、白木耳、百合根の冷たいスープ
　　Essence　**522**

タプ ティム クロブ　ア・タ・ゴール　**523**

スープで使用した、だしとスープストック　**524**

掲載店一覧　**534**

撮影／海老原俊之　デザイン／矢内 里　DTP組版／高村美千子　編集／佐藤順子

SALAD
サラダ

SALAD

野菜篇

サラダ マルシェ（野菜とハーブのサラダ）

FRENCH ルカンケ　　　　　　　　　　　　　　　　Ⓒ

材料（4人分）

A（サニーレタス3枚●ピンクロッサ3枚●グリーンカール3枚）●基本のドレッシング適量

B（シブレット10本●セルフイユ5枝●ディル5枝●エストラゴン3枝●イタリアンパセリ3枝）●ナッツ風味のドレッシング適量

C（薄切りのビーツ・白ニンジン・ニンジン・根セロリ各8枚）●塩適量●揚げ油

1 **A**の野菜はちぎり、基本のドレッシングで和えて皿に盛る。

2 **B**のハーブはちぎり、ナッツ風味のドレッシングで和えて**1**の上にのせる。

3 **C**の野菜はそれぞれカリカリになるまで低温の油で揚げ、塩をふって**2**にのせる。

ナッツ風味のドレッシング

シェリーヴィネガー20cc、クルミ油30cc、ヘーゼルナッツ油30cc、粒マスタード小さじ1、塩・コショウ各少量

材料をすべてよく混ぜ合わせる。

基本のドレッシング（ルカンケのベースドレッシング）

白ワインヴィネガー30cc、おろし玉ネギ1/6個分、粒マスタード小さじ1、サラダ油40cc、クルミ油40cc、塩・コショウ各適量

材料をすべてよく混ぜ合わせる。

葉野菜はシンプルにドレッシングで和え、ハーブはヘーゼルナッツ油を足して香りにインパクトを。根菜はチップスにして食感を出した。食べる前によく混ぜる。

オーガニックパフェ

JAPANESE かんだ

材料（4人分）

アンディーヴ（斜め切り）1個分●プチトマト（湯むきして薄切り）8個分●マッシュルーム（薄切り）8個分●サヤインゲン（ゆでて4cm長さ）4本分●グレープフルーツ1/2個●ミックスリーフ適量●塩昆布（細切り）少量●三杯酢全量

1 アンディーヴは斜め切りにする。プチトマトは皮を湯むきして、薄切りにする。マッシュルームは薄切りにする。
2 サヤインゲンはゆでて、4cm長さに切る。
3 グレープフルーツは外皮をむいて果肉を切り出し、それぞれ3、4等分に切る。
4 グラスに 1、2、3 とミックスリーフ、塩昆布をバランスよく散らしながら入れていく。上から三杯酢をかける。

三杯酢
ミリン・純米酢・薄口醤油各15cc
材料をすべてよく混ぜ合わせる。

油を使わないサラダ。グレープフルーツの酸味、プチトマトの甘み、塩昆布の塩分がドレッシング的な味の要素を担ってくれる。平皿に盛るとドレッシングは下に落ちるので味を強くする必要があるが、立体的に盛れば下の野菜が受け止めてくれるのでその必要がない。

パクチー山盛りの看板メニュー「香菜の爆弾!」の変化形。すっきりさわやかなハーブ類が絶妙のバランス。

ハーブだけのサラダ

FRENCH マルディ グラ

材料（1皿分）

パクチー・バジル・ホーリーバジル*・スペアミント各5g ●ディル・セルフイユ・シブレット・オレガノ・マジョラム各2g ●エシャロット（みじん切り）大さじ1 ●ソースヴィネグレットナンプラー 15cc

*スイートバジルの近縁種で、別名タイバジル。タイでは肉との炒めものによく使われる。

1 ハーブ類は水にさらしたのち水気をよくきる。太い茎を除き、食べやすい大きさにそろえる。
2 エシャロットとソースヴィネグレットナンプラーを合わせ、ハーブを和える。

ソースヴィネグレットナンプラー

シェリーヴィネガー100cc、ナンプラー200cc、オリーブ油100cc

材料をすべてよく混ぜ合わせる。

香り野菜のサラダ

CHINESE 彩菜

材料（4人分）

パクチー20g ●クレソン40g ●ナンプラーソース全量

1 パクチーとクレソンは冷水につけてシャキッとさせる。
2 1の水気をきり、合わせて器に盛り、食べる直前にナンプラーソースをかける。

ナンプラーソース

タカノツメ1本、A（砂糖小さじ1、ナンプラー30cc、濃口醤油30cc、レモン汁30cc、中華スープ30cc、オリーブ油30cc）

タカノツメをフライパンで黒く、香ばしくなるまでから煎りし、細かくちぎり、合わせたAに加える。

ミックスグリーンサラダ だしジュレがけ

JAPANESE かんだ

材料（4人分）

コゴミ4〜5本●グリーンアスパラガス2〜3本●アンディーヴ（斜め切り）2枚分●ミックスリーフ適量●だしジュレ適量

1 コゴミとグリーンアスパラガスはそれぞれゆでて、氷水にとって冷やし、5cm長さに切る。
2 コゴミ、グリーンアスパラガス、アンディーヴ、ミックスリーフを器に盛り合わせ、だしジュレをかける。

だしジュレ

だし400cc、薄口醤油50cc、ミリン50cc、煎りゴマ大さじ2、板ゼラチン9g

だしの半量と煎りゴマを鍋に合わせて60℃程度に温め、戻したゼラチンを入れて溶かす。残りのだしと薄口醤油、ミリンをボウルに合わせて、ゼラチン液を合わせて容器に入れて冷蔵庫で冷やし固める。

油分を含まないだしのジュレで、野菜がたくさん食べられる。本当にヘルシーなサラダ。

山梨の無農薬野菜のサラダ仕立て

FRENCH シェ・トモ　　Ⓒ

材料（4人分）

ビーツ1/5個●エシャロット（みじん切り）・塩各適量

ミズナ2束●ニンニクオイル*・塩各適量

タケノコ（アク抜き済）1本●粒コリアンダーシード（つぶす）小さじ1●タカノツメ1/2本●白醤油適量●塩少量

長イモ1/5本●A（米酢50cc●水150cc●タカノツメ1/4本●砂糖15g●塩適量）

ポロネギ小4本●塩適量

レンコン1/4本●ニンニク（みじん切り）1片分●タカノツメ1/3本●ブイヨン350cc●オリーブ油適量

カブ2個●ジャガイモ1個●ニンジン1/2本●B（みじん切りのエシャロット10g●バター30g●砂糖10g）

ゴボウ1/4本●ブロッコリー・カリフラワー各1/4個●グリーンアスパラガス4本●サヤインゲン8本●塩適量●C（ソースヴィネグレット適量、ローストしてみじん切りにしたクルミ・黒粒コショウ各少量）

D（ソースヴィネグレット適量●みじん切りのエシャロット・パセリ各適量）

＊みじん切りのニンニクをオリーブ油でゆっくりキツネ色になるまで香りを出しながら火を入れたもの。

1. ビーツは皮をむき、1cm厚さの扇形に切って面とりをし、エシャロットと塩をまぶし、蒸しビーツのサラダ（→104頁）同様に、オーブンで蒸し焼きにする。
2. ミズナは塩ゆでし、水にとって水気を絞る。軸を取り除いてラップフィルムの上におき、ニンニクオイルをかけて直径2cmの棒状に巻く。冷蔵庫で少し締めたのち、一口大に切る。
3. タケノコは鍋に入れ、かぶるくらいの水を注ぎ、コリアンダーシード、タカノツメ、白醤油、塩を加えて煮て味を入れる。取り出してくし形に切り、バーナーで少しこげめをつけ、オーブンで温める。
4. 長イモは皮をむき、1cm厚さ、3cm角の正方形に切る。Aをボウルに入れてよく混ぜ合わせてマリネ液をつくり、長イモをマリネする。
5. ポロネギは塩ゆでし、ゆでた湯の中で冷ましたのち、1枚目の皮はかたいので取り除く。
6. レンコンは1cm厚さのいちょう切りにする。鍋にオリーブ油、ニンニク、タカノツメを入れて火にかけ、ニンニクが色づきはじめたらレンコンを入れ、オイルをからませる。ブイヨンを加え、ふたをしてゆっくりと火を入れる。
7. カブ、ジャガイモ、ニンジンは皮をむいて一口大に切り、それぞれゆでる。カブとジャガイモはゆで汁につけて温め、ニンジンはゆで汁300ccにBを加えた中で温める。ゴボウは塩ゆでする。
8. 皿に1～7を盛り、ブロッコリー、カリフラワー、一口大に切ったグリーンアスパラガス、サヤインゲンは塩ゆでした温かい状態で盛りつける。サヤインゲンはCで和える。
9. カブは表面をバーナーであぶり、焼きめをつけ、長イモの上に黒粒コショウをのせる。ゴボウにはDを合わせてかける。ソースヴィネグレット（分量外）を流し、サラダ（ミックスリーフ。分量外）を添える。

009 SALAD　野菜 — 葉菜 茎菜

一つの皿でいろいろな味を楽しめるのが特徴。野菜の火入れの正確さがもっとも重要となる。

ソースヴィネグレット

A（フレンチマスタード 25g、赤ワインヴィネガー 5g、シェリーヴィネガー 5g）、ピーナッツ油 100cc、塩・コショウ各適量

ボウルにAを合わせて混ぜ、ピーナッツ油を糸のように少しずつたらしながら泡立て器で混ぜる。クリーム状になったら適量の塩、コショウで味を調える。

野菜のクリュディテ

FRENCH マルディ グラ

材料（大皿1皿分）

A 赤・黄パプリカ（細切り）各1個●ヘーゼルナッツ油・塩・コショウ各適量

B ポロネギ（5cm長さの棒状）1/3本分●松ノ実（ローストしてみじん切り）大さじ1●ヘーゼルナッツ油・塩・コショウ各適量

C カーボロネロ*（ちぎる）2枚分●白すりゴマ・ピーナッツ油・塩・コショウ各適量

D エリンギ（5mm厚さの薄切り）3本分●ローストアーモンド（みじん切り）大さじ1●クルミ油・塩・コショウ各適量

E マスタードグリーン（ちぎる）4枚分●白すりゴマ・菜種油・塩・コショウ各適量

F レタス（ちぎる）4枚分●白すりゴマ・ピスタチオ油・塩・コショウ各適量

G トマト（くし形切り）2個分●ニンニク（みじん切り）少量●バジル（細切り）3枚分●オリーブ油・塩・コショウ各適量

H 万能ネギ（5cm長さのざく切り）1束分●ニンニク（みじん切り）少量●カイエンヌペッパー少量●レモン汁少量●クルミ油・塩各適量

I キュウリ（5cm長さの拍子木切り）1本分●ニンニク（みじん切り）少量●白すりゴマ・菜種油・塩各適量

*結球しない黒キャベツ。葉の色は黒っぽい緑色。

1 パプリカ、ポロネギ、カーボロネロ、エリンギ、マスタードグリーン、レタスは熱湯でサッとゆでてから、冷水にとり、水気をよくきる。これらの野菜をそれぞれの調味料で味つけする。

2 トマト、万能ネギ、キュウリは生のままそれぞれの調味料で味つけし、30分間以上おいて味をなじませる。

3 パプリカとトマト、キュウリとレタス、ポロネギとマスタードグリーン、エリンギとカーボロネロ、万能ネギをそれぞれ盛り合わせる。

011 SALAD 野菜 — 葉菜 茎菜

人気のナムルをフレンチテイストで。クリュディテとはフランス語で生野菜のこと。

タイの葉っぱ包みサラダ"ミエン・カム"。"ミエン"は包んだもの、"カム"は一口という意味。エゴマにお好みの薬味を少しずつとり、たれをかけて巻いて食べる楽しいサラダ。

葉っぱ包みサラダ

ETHNIC キッチン　　　　　　　　　　Ⓒ

材料（4人分）

エゴマ12枚●赤玉ネギ1/4個●レモングラス（小口切り）1本分●ショウガ（せん切り）1片分●ライム皮（せん切り）1個分●干エビ大さじ5●ローストココナッツ50cc●ピーナッツ（砕く）大さじ5●煎りゴマ大さじ5●白胡麻ドレッシング全量

1. 赤玉ネギはくし形に切り、繊維と直角に薄切りにする。
2. 干エビは流水でサッと洗い、少量のぬるま湯に約10分間浸けて戻し、水気をきっておく。
3. 小皿に赤玉ネギ、レモングラス、ショウガ、ライム皮、干エビ、ローストココナッツ、ピーナッツ、煎りゴマを盛り、エゴマと白胡麻ドレッシングを添える。エゴマを半分に折ってからロート状に巻き、中に好みの材料を入れて白胡麻ドレッシングをたらして食べる。

白胡麻ドレッシング

白練りゴマ大さじ2～3、ヌクチャム30cc

材料をすべてよく混ぜ合わせる。

ヌクチャム

ニョクマム30cc、レモン汁45cc、グラニュー糖大さじ3、水30cc、ニンニク（みじん切り）1/2片分、赤唐辛子（みじん切り）1/2本分

すべての材料をよく混ぜ合わせる。

緑野菜と茹で卵のバジリコペースト和え

ITALIAN リストランテプリマヴェーラ

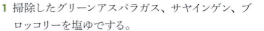

材料（4人分）

グリーンアスパラガス3本●サヤインゲン5本●ブロッコリー3房●ゆで玉子2個●パルミジャーノチーズ5g●食パン1枚●オリーブ油適量●バジリコペースト50g●塩・コショウ・パルミジャーノチーズ各適量

1. 掃除したグリーンアスパラガス、サヤインゲン、ブロッコリーを塩ゆでする。
2. 食パンを1cm幅に切る。フライパンにオリーブ油をひき、食パンにゆっくりと焼き色をつけ、カリカリにする。ゆで玉子は殻をむき、ざく切りにする。
3. 1のゆで野菜を一口大に切り、ゆで玉子と食パンとともにボウルに入れる。バジリコペースト、パルミジャーノチーズで和え、塩、コショウで味を調える。
4. グラスに盛り、パルミジャーノチーズをおろしてかける。

バジリコペースト

バジルの葉50g、ロースト松ノ実10g、ニンニク1/2片、オリーブ油150cc、塩・コショウ各適量

すべてをミキサーにかけてペースト状にする。

バジリコペーストがなければ、せん切りのバジルをたっぷり混ぜて。さっぱり食べたい場合は、仕上げにレモンを搾ると、心地よい酸味が。

ルッコラと海苔のサラダ

JAPANESE かんだ

胡麻風味ドレッシング

酢・ミリン・薄口醤油各5cc、太白ゴマ油少量

材料をすべてよく混ぜ合わせる。

材料（4人分）
ルーコラ2束●焼海苔2枚●胡麻風味ドレッシング全量

1 ルーコラとちぎった焼海苔をボウルに入れ、胡麻風味ドレッシングを加えてサッと和え、器に盛る。

海苔がドレッシングを吸って、ルーコラの上にとどまってくれるので、上にかける必要がない。肉料理のつけ合わせによく使っているさっぱりサラダ。

ルッコラとじゃこピーのサラダ

CHINESE 彩菜

ソースはチリメンジャコやピーナッツの食感を生かすため、食べる直前につくること。

材料（4人分）
ルーコラ40g●大葉5枚程度●塩適量●赤酢ソース全量

1 ルーコラは根を切り落として半分に切り、水に浸けてパリッとさせておく。大葉は一口大にちぎる。

2 ルーコラの水気をきり、大葉と合わせて軽く塩をして器に盛り、赤酢ソースをかける。

赤酢ソース

チリメンジャコ（から煎り）10g、ピーナッツ（細かく砕く。またはバターピーナッツ）10g、ゴマ油15cc、赤酢*45cc、黒コショウ少量

材料をすべてよく混ぜ合わせる。

*赤ワインのような赤色の酢。酸味はまろやか。

SALAD 野菜｜葉菜 茎菜

水菜と春菊の腐乳サラダ

CHINESE 彩菜

材料（4人分）

ミズナ・シュンギク（4〜5cm長さのざく切り）各60g ●薄揚げ1枚 ●南乳ソース適量

南乳ソース

南乳*50g、塩5g、砂糖10g、日本酒50g、濃口醤油5g、コショウ少量、酢50g、中華スープ100g、オリーブ油50g

材料をすべてよく混ぜ合わせる。

*豆腐を発酵させてつくる腐乳のうち、塩漬け後、紅麹菌を加えてつくるもの。塩味と旨みがある。

1 ミズナとシュンギクは水に浸けてパリッとさせる。
2 薄揚げはオーブントースターでカリカリに焼いて細切りにする。
3 1、2を混ぜて器に盛り、南乳ソースをかける。

薄揚げを香ばしく焼いて、みずみずしいサラダと合わせる。

ほうれん草と春菊の煮びたしサラダ 棗風味

KOREAN 李南河

材料（4人分）

ホウレンソウ4株 ●シュンギク1/2束 ●塩適量
浸し用だし（カツオだし360cc ●薄口醤油60cc ●日本酒30cc ●ナツメ4個）●木綿豆腐1/4丁 ●薄口醤油・ミリン各少量

白和えのお手軽版。ホウレンソウとシュンギクの2種を合わせるので、味が単調にならない。

1 ホウレンソウとシュンギクは、それぞれ熱湯でゆで、水をきって塩をふる。
2 浸し用だしをつくる。材料を合わせて沸かし、冷ます。ここに1のホウレンソウとシュンギクを20分間浸ける。
3 木綿豆腐はほどよく水分を残して水をきり、手でざっくりくずし、薄口醤油、ミリンをたらす。
4 ホウレンソウとシュンギクのだしを軽くきり、食べやすく切って3の豆腐と混ぜて盛りつける。2のだしをかけて、ナツメを添える。

ほうれん草と干し柿のクリームチーズ和え

JAPANESE たべごと屋のらぼう

材料（4人分）

ホウレンソウ1束●だし適量●薄口醤油少量●かための干柿（1cm角）4〜5個分●キンカン（皮ごとみじん切り）1/3個分●カボチャの種・ローストクルミ各適量●トマト（輪切り）1/2個分

チーズ和え衣（室温に戻したクリームチーズ200g●薄口醤油5cc●塩・コショウ各適量）

1 ホウレンソウは下ゆでして長さ4cmに切りそろえ、薄口醤油で味をつけただしにサッと浸して絞っておく。
2 チーズ和え衣をつくる。クリームチーズは塩、コショウ、薄口醤油を加えてよく練る。
3 大さじ4のチーズ和え衣にホウレンソウと干柿、キンカン、カボチャの種、砕いたクルミを加えて和える。
4 トマトを皿に敷き、上に3を盛りつける。

クリームチーズを使った洋風の和え物。キンカンのさわやかな香りと酸味がアクセント。

ホウレン草とガドガドソース

FRENCH マルディグラ

材料（4人分）

ホウレンソウ12株●塩適量●ガドガドソース適量

1 ホウレンソウは根元をつけたまま、熱湯で塩ゆでし、氷水で冷やしてから水気を絞る。
2 皿に盛りつけて、ガドガドソースを添える。

ガドガドソース

無糖ピーナッツペースト80g、シードルヴィネガー20cc、水80cc、かんずり小さじ1、黒糖大さじ3

材料をすべてフードプロセッサーにかけ、鍋に移して一煮立ちさせたのち、冷まして味をなじませる。

ピーナッツペーストがホウレンソウの甘みを引き立てる。ゴマ和えのような、どこかなつかしい味わい。

和え物のようなサラダ

FRENCH マルディ グラ　　　　　　　　　　　Ⓒ

材料（4人分）

コマツナ1株●キンジサイ*1株●ニガナ**1株●カラシナ1株●ニンジン（4cm長さの細切り）**1/4本分**●スライスベーコン2枚●塩・コショウ各適量

ヒマワリ油のドレッシングベース**15cc**●ソースタップナード大さじ**1**

*金時菜と書く。金時草（キンジソウ）ともいう。葉裏が金時芋のような赤紫色なのでこの名がついたという。加熱するとこの色は失われる。

**苦みのある緑の葉野菜。沖縄でよく使われる。

1 コマツナ、キンジサイ、ニガナ、カラシナはそれぞれ熱湯で塩ゆでして氷水に落とし、水気を絞って4〜5cmに切りそろえる。ニンジンは熱湯で塩ゆでする。
2 ベーコンはカリカリに焼いて、一口大に切る。
3 ボウルにヒマワリ油のドレッシングベース、**1**と**2**を合わせて、塩、コショウで調味する。
4 器に盛り、ソースタップナードを添える。

ヒマワリ油のドレッシングベース
ヒマワリ油**15cc**、レモン汁少量

材料をすべてよく混ぜ合わせる。

ソースタップナード
黒オリーブ（種抜き）**100g**、オリーブ油**30cc**、アンチョビペースト大さじ**2**、ニンニク（みじん切り）小さじ**1**、ロースト松ノ実大さじ**2**

材料をすべてフードプロセッサーにかけて、なめらかなペースト状にする。

見た目はまるで和食!? 苦みやエグミのある素材はオイルで食べやすく。

小松菜とシイタケのオリーブオイル蒸し 卵黄のソース

ITALIAN リストランテプリマヴェーラ

材料（4人分）

コマツナ **5株** ● シイタケ（薄切り）**2枚分** ● オリーブ油・塩各適量 ● 卵黄**2個分** ● パルミジャーノチーズ**15g** ● 黒コショウ適量

1 コマツナは株を2つに裂き、泥などを洗う。バットにコマツナをのせてシイタケを散らす。たっぷりのオリーブ油と多めの塩をふり、ラップフィルムをかけて蒸し器で10分間蒸す。
2 温めた皿に水気をきったコマツナ、シイタケを盛る。よく溶いた卵黄をかけ、パルミジャーノチーズをふる。オリーブ油をかけて、お好みで黒コショウを挽きかけ、熱いうちに供する。

コマツナは好みのやわらかさに。ちなみにイタリアでは色を気にせず、やわらかめにゆでる。ホウレンソウやチンゲンサイなどでもおいしい。

カキ菜のオイスターソースがけ

CHINESE 美虎

材料（4人分）

カキナ**1束** ● サラダ油少量 ● 塩少量 ● オイスターソース適量

1 カキナは根を切り、火が通りやすいように株の部分に十文字に包丁を入れる。サラダ油をまぶし、塩を入れた湯でサッとゆでる。
2 湯をきって器に盛り、オイスターソースを上からかける。

オイスターソース

オイスターソース**15cc**、濃口醤油**5cc**、ゴマ油**15cc**

材料をすべてよく混ぜ合わせる。

ごくシンプルにカキナの持ち味を味わってもらう、野菜のお浸し風サラダ。サッとゆがいて、温かいうちにオイスターソースをかけ、すぐに提供する。

空心菜といろいろ野菜のサラダ

ETHNIC キッチン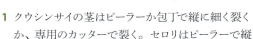

材料（4人分）

クウシンサイの茎1束分●セロリ1/2本●ミョウガ（せん切り）2個分●キュウリ（せん切り）1/2本分●赤玉ネギ（薄切り）1/4個分●グリーンカール（ちぎる）2枚分

ヌクチャム60cc●ガーリックオイル*少量●粗挽き黒コショウ少量●ピーナッツ（砕く）適量●フライドオニオン**適量

*みじん切りのニンニクを倍量のサラダ油に入れて中火でキツネ色になるまで加熱したもの。密閉容器に入れて保存しておくと便利。

**ラッキョウ大の赤玉ネギ（赤ワケギ）をスライスして油でパリッと揚げたもの。

1 クウシンサイの茎はピーラーか包丁で縦に細く裂くか、専用のカッターで裂く。セロリはピーラーで縦に薄切りにする。

2 ボウルにすべての野菜を入れて、ヌクチャム、ガーリックオイル、粗挽き黒コショウをふり入れて混ぜ合わせる。

3 2を器に盛り、ピーナッツとフライドオニオンを散らす。

ヌクチャム

ニョクマム30cc、レモン汁45cc、グラニュー糖大さじ3、水30cc、ニンニク（みじん切り）1/2片分、赤唐辛子（みじん切り）1/2本分

材料をすべてよく混ぜ合わせる。

ベトナムの国民的野菜、クウシンサイ。かたい茎の部分は専用のカッターで細く裂き、水に放してカールさせるのがポピュラーで、サラダや麺に入れて食感を楽しむ。

中国に近いベトナム北部（ハノイ）では、よく山クラゲを食べる。コリコリとした食感が楽しいサラダ。

山くらげのサラダ

ETHNIC キッチン

材料（4人分）

乾燥山クラゲ30g●ミズナ（3cm長さのざく切り）1/2束分●ヌクチャム60cc●サラダ油15〜30cc

1. 山クラゲはたっぷりの水に2〜3時間浸けて戻す。やわらかくなったら水気を絞り、3cm長さに切る。
2. ボウルにヌクチャムと1の山クラゲを入れて10分間おいて味をなじませ、ミズナとサラダ油を加えてサッと和え、器に盛る。

ヌクチャム

ニョクマム30cc、レモン汁45cc、グラニュー糖大さじ3、水30cc、ニンニク（みじん切り）1/2片分、赤唐辛子（みじん切り）1/2本分

材料をすべてよく混ぜ合わせる。

キャベツの温サラダ

CHINESE 美虎

材料（4人分）

キャベツ（一口大にちぎる）6枚分●ショウガ（せん切り）適量●ゴマ油60cc●塩適量●キャベツの温サラダドレッシング適量

1. キャベツは塩を入れた熱湯でサッとゆでる。
2. ショウガと1のキャベツをキャベツの温サラダドレッシングで和え、熱したゴマ油を上からかける。
3. よく混ぜて味をからませ、器に盛りつける。

新鮮なキャベツを使うことで、素材のやさしい持ち味が味わえる。甘いキャベツだけで一品になるサラダの提案。

キャベツの温サラダドレッシング

ナンプラー5cc、中国醤油7.5cc、オイスターソース15cc

材料をすべてよく混ぜ合わせる。

コールドキャベツ（キャベツ春巻き）

ETHNIC キッチン ─────── Ⓒ

材料（4人分）
キャベツの葉大8枚●塩少量
豚ロース薄切り肉200g●A（みじん切りのレモングラス1本分●みじん切りのニンニク1片分●みじん切りの赤玉ネギ大さじ2●ニョクマム20cc●粗挽き黒コショウ少量●砂糖小さじ1.5●白ゴマ大さじ1）●サラダ油30cc
万能ネギ（10cm長さのざく切り）1/2束分●キュウリ1本●大葉16枚●パクチー16本

1 キャベツは芯をそぎ落とし、塩を加えた熱湯でサッとゆでる。
2 豚肉は細切りにし、**A**をもみ込んでしばらくおいて下味をつける。
3 フライパンにサラダ油を熱して**2**を炒め、取り出しておく。
4 キュウリは半分の長さに切って縦8等分に切る。
5 **1**のキャベツを1枚ずつ広げ、大葉、万能ネギ、キュウリ、パクチー、**3**の豚肉をのせて、具をまとめるようにしてしっかり巻く。2等分に切り分けて皿に盛る。

豚肉に下味がついているので、何もつけずに食べられるが、好みでヌクチャムやスイートチリソースなどをつけてもよい。

キャベツはやわらかく蒸して甘みを出す。サルモリーリオはレモンの酸味をしっかり効かせることがポイント。春キャベツの旬の季節につくりたいホットサラダ。

蒸しキャベツのサルモリーリオ

ITALIAN リストランテプリマヴェーラ

材料（4人分）
キャベツ1/2個●塩適量●サルモリーリオ全量

1 キャベツをくし形に切り、塩をふって蒸し器でやわらかくなるまで蒸す。
2 キャベツを温めた皿に盛り、サルモリーリオをたっぷりかける。

サルモリーリオ
オリーブ油80g、レモン汁30g、ドライオレガノ1g、イタリアンパセリ（みじん切り）1g、塩適量、水50g

オリーブ油以外の材料をすべて合わせて湯煎にかける。泡立て器で撹拌しながら少しずつオリーブ油を加えて乳化させる。

ちりめんキャベツのサラダ

ITALIAN RISTORANTE YAGI

材料（4人分）
チリメンキャベツ1/4個●コンソメ800cc●ガルム*・オリーブ油・塩・白コショウ各適量

*小魚やエビを塩漬けにして発酵させてつくる魚醤。

1 チリメンキャベツはボリューム感が出るように大きめに切る。キャベツをコンソメで煮て、沸いたら火を弱めてくたくたになるまでゆっくりと煮る。
2 塩、白コショウで味を調え、1～2滴のガルムを落とし、デリケートなタイプのオリーブ油を回しかける。

熱くても冷たくてもおいしく食べられる。スープをたっぷり吸い込んだチリメンキャベツの、滋味深い味わいを楽しんでほしい。

ちりめんキャベツとアンチョビのサラダ
サワークリームとピーナッツ油のドレッシング

FRENCH ルカンケ ─────────── C

材料（4人分）

チリメンキャベツ（細切り）1/4個分●アンチョビフィレ6枚●エシャロット（みじん切り）少量●サワークリームとピーナッツ油のドレッシング全量

1 チリメンキャベツは熱湯でサッとゆで、氷水にさらし、水気をきっておく。
2 アンチョビをほぐし、1のチリメンキャベツと合わせ、エシャロットとドレッシングを加え、味を確認しながら和える。
3 2をセルクル型に詰めて皿に盛り、まわりに残ったドレッシングを流す。

サワークリームとピーナッツ油のドレッシング

サワークリーム100g、マヨネーズ50g、生クリーム20cc、ピーナッツ油20cc、レモン汁適量

材料をすべてよく混ぜ合わせる。

チリメンキャベツの甘苦さとドレッシングがよく合う。アンチョビの塩分がアクセント。夏の暑い日に冷えた白ワインと合わせるとまた格別。

ドルマ風冷製ロールキャベツ

FRENCH マルディ グラ　　　　　　　　　Ⓒ

材料（4人分）

キャベツ8枚●仔羊肩挽き肉200g

A（粉末クミン・粉末コリアンダーシード・粉末シナモン・粉末カルダモン各小さじ1●白ゴマ大さじ1●みじん切りのニンニク1片分●みじん切りのエシャロット小さじ1●粉末カイエンヌペッパー少量●塩・コショウ各適量●オリーブ油30cc）

B（冷ご飯150g●ヨーグルト大さじ3●戻したクスクス30g●レーズン20g●ヘーゼルナッツ油45cc●カレー粉大さじ1●塩・コショウ各適量）

カレーソース15cc●黒粒コショウ・岩塩（マルドン産）各適量

1 キャベツは1枚ずつはがして熱湯で塩ゆでし、氷水に落としたのち、水気をふき取っておく。
2 フライパンに仔羊肩挽き肉を入れ、**A**の材料をすべて加えてそぼろ状になるまで炒めて冷ます。
3 ボウルに**2**と**B**の材料を合わせてよく混ぜ、味を調える。**B**のクスクスはあらかじめ蒸して戻しておく。
4 ゆでたキャベツで**3**を包み、俵型に巻く。器に盛り、カレーソースを流し、粗挽きにした黒コショウと岩塩をふる。

カレーソース
ヘーゼルナッツ油45cc、カレー粉大さじ1
材料をすべてよく混ぜる。

冷たいロールキャベツが登場！
詰め物の仔羊肉とカレーソースが異国的。

芽キャベツとプチヴェールのフリット
パンチェッタとアンチョビの温かいドレッシング

ITALIAN リストランテプリマヴェーラ

材料（4人分）

芽キャベツ10個●プチヴェール10個●揚げ油適量●塩適量●パンチェッタとアンチョビの温かいドレッシング全量

1. 160℃に熱した揚げ油で、芽キャベツとプチヴェールを素揚げし、油をきって塩をふる。
2. 芽キャベツとプチヴェールを皿に盛り、パンチェッタとアンチョビの温かいドレッシングを皿のまわりに流す。

**パンチェッタとアンチョビの
温かいドレッシング**

パンチェッタ30g、アンチョビフィレ2枚、白ワインヴィネガー15g、トマト（小角切り）50g

パンチェッタとアンチョビを5mm幅の棒状に切る。パンチェッタを弱火で脂を出すように炒め、アンチョビを加えてさらに炒めて、白ワインヴィネガー、トマトを加える。

パンチェッタとは塩漬けの豚バラ肉。なければベーコンで代用できる。

セロリとフェンネルのサラダ

FRENCH マルディ グラ

材料（つくりやすい分量）

セロリ（薄切り）2本分●ウイキョウ（薄切り）2株分●ディル（みじん切り）大さじ1●オレンジ2個●塩・コショウ各適量●ソースヴィネグレットベルガモット風味適量

1　セロリ、ウイキョウは塩をふって軽く水気を絞る。
2　オレンジは皮をむいて半月切りにする。
3　ボウルにソースヴィネグレットベルガモット風味を入れて、セロリ、ウイキョウ、ディル、オレンジを和え、塩、コショウで味を調える。

**ソースヴィネグレット
ベルガモット風味**

ベルガモット風味のオリーブ油30cc、レモン汁30cc

材料をすべてよく混ぜ合わせる。

セロリとウイキョウ、オレンジは相性のよい組み合わせ。
ベルガモット風味のオリーブ油の清涼感がポイント。

ハクサイとニンニク芽のサラダ

KOREAN 李南河　　　　　　　　　　　　Ⓒ

材料（4人分）
ハクサイ2枚●ニンニクの芽1/4束●ニラ1/4束●黄ニラ1/3束●塩適量●太白ゴマ油・ゴマ油各10cc●焼肉のたれ（市販）4cc●薬念8g●白ゴマ適量●酢5cc

1 ハクサイは厚めのそぎ切りにする。ハクサイの長さに合わせて、ニンニクの芽とニラ、黄ニラを切る。
2 ニンニクの芽は熱湯でゆでて塩をふる。熱いうちに太白ゴマ油とゴマ油と焼肉のたれを混ぜた汁に浸けて、30分～1時間おく。
3 1と2を混ぜ、薬念とニンニクの芽をつけた汁を加えてもみ込む。最後に酢を加えて味をひき締める。

やんにょむ
薬念
粉唐辛子1：おろしニンニク1
材料を練り合わせる。

ドレッシングはハクサイの水分が少し出るくらいもみ込むのがベスト。ハクサイが、しゃりしゃりしているうちにどうぞ。

白菜とセロリのしゃきしゃきサラダ
ディルと柚子のドレッシング

ITALIAN リストランテプリマヴェーラ ─── C

材料（4人分）

ハクサイ（葉の部分）2枚●セロリ1本●リンゴ（細切り）1/2個分●燻製チーズ（細切り）100g●ディルと柚子のドレッシング全量●塩・コショウ各適量

1 ハクサイ、セロリは1cm幅の斜め切りにする。
2 ボウルに1とリンゴ、燻製チーズを合わせて冷蔵庫で冷やしておく。盛りつける器も冷やしておく。
3 2にディルと柚子のドレッシングを加えて混ぜ合わせ、軽めの塩、コショウで調味する。
4 冷やした器にサラダを盛りつける。

ディルと柚子のドレッシング

ディルの葉（みじん切り）4～5枝分、ユズ皮（すりおろし）1個分、レモン汁1/2個分、オリーブ油30cc、ハチミツ少量、塩・コショウ各適量

材料をすべてよく撹拌する。

ユズの香りとハクサイの歯応えを楽しむサラダ。野菜から水分が出るので、食べる直前でドレッシングと和え、冷たいうちに。

白菜のサラダ 熱々の干し海老ドレッシングがけ

CHINESE 彩菜

材料（4人分）

ハクサイ120g●塩1つまみ●干海老ドレッシング全量

1. ハクサイはかたい部分は繊維に添って縦に薄くスライスする。やわらかい葉の部分は繊維を断ち切るように細切りにする。1つまみの塩をまぶし、10分間ほどなじませておく。
2. ハクサイをザルにあけて水気をきり、ボウルに入れ、干海老ドレッシングを加えて和えて器に盛る。

干海老ドレッシング

水で戻した干エビ40g、ピーナッツ油30cc、タカノツメ3本、A（砂糖小さじ1、酢10cc、日本酒15cc、濃口醤油30cc、中華スープ15cc、コショウ少量）

ピーナッツ油でタカノツメが黒くなるまで弱火で炒める。水気をきった干エビを入れて軽く炒め、Aを入れて一煮立ちさせる。

白菜の甘酢漬けサラダ

CHINESE 美虎 — Ⓒ

材料（4人分）
ハクサイ（細切り）**1/4個分** ●ニンジン（細切り）**1/2本分** ●塩少量 ●甘酢適量

ショウガ（細切り）**1/2片分** ●粒サンショウ・赤唐辛子（細切り）各適量 ●ゴマ油**60cc**

リンゴ（細切り）**1/2個分** ●セリ（4cm長さのざく切り）1束分

1. ハクサイ、ニンジンに塩をふり、適当な容器に入れて軽い重石をのせる。しんなりしたら水分を絞り、甘酢に半日ほど浸ける。
2. 1の水気をきってボウルに入れ、ショウガ、粒サンショウ、赤唐辛子を加える。熱したゴマ油をかけて、よく混ぜ合わせる。
3. 最後にリンゴ、セリを加え、さっくりと混ぜて器に盛る。

甘酢
水**100cc**、砂糖**100cc**、酢**100cc**
材料をすべてよく混ぜ合わせる。

ラーパーサイ（辣白菜）というハクサイの甘酢漬けに野菜を加えてサラダに仕立てた。残ったハクサイの芯は即席漬けに利用できる。

白菜のテリーヌ

FUSION よねむら

材料（4人分）

ハクサイ1/4個●セロリ（薄切り）1本分●キャビア20g●パクチー（低温のオーブンで乾燥させる）1/2束●だし360cc●薄口醤油・ミリン各少量●板ゼラチン3枚●トマトドレッシング適量

1. ハクサイは1枚ずつ湯通ししておく。
2. だしを温めて薄口醤油とミリンで味をつけ、戻した板ゼラチンを溶かし、**1**のハクサイを入れる。
3. **2**のハクサイが冷めたらテリーヌ型に詰めていく。ハクサイとハクサイの間に**2**のゼリーを少しずつ入れながら重ねて、冷蔵庫で冷やし固める。
4. **3**を適当な厚さに切って器に盛り、トマトドレッシングを流す。テリーヌの上にセロリをのせ、キャビア、パクチーを飾る。

トマトドレッシング

トマト4個、フレンチドレッシング100cc、A（塩・コショウ・グラニュー糖・オリーブ油各少量）

トマトを湯むきし半分に切って種を除く。Aをかけて150℃のオーブンでアロゼしながら40分間焼く。焼いたトマトとフレンチドレッシングをミキサーにかける。

フレンチドレッシング

サラダ油630cc、A（マスタード6g、砂糖18g、塩17g、白コショウ4.5〜6g、白ワインヴィネガー・酢各90cc）

Aをボウルに入れて合わせ、サラダ油を少しずつ加えながら泡立て器でよく混ぜ合わせる。

白菜のテリーナとサラダ 牡蠣のソテー添え

ITALIAN リストランテホンダ

材料（4人分）

白菜のテリーナ（ハクサイ1/4個●コンソメ200cc●みじん切りのトリュフ適量●鴨のフォワグラ50g●生クリーム75g●卵1個●トリュフのジュ15g●コニャック少量）●小麦粉・サラダ油・グラニュー糖各適量

カキのソテー（カキ8個●赤ワインヴィネガー10cc）

白菜サラダ*●赤ワインソース（赤ワイン375cc●みじん切りのエシャロット1個分●みじん切りのレーズン8g●ミニョネット1粒分●フォンドヴォー180cc）

ゴボウチップス**●岩塩・コショウ各少量●シブレット（小口切り）少量

*ハクサイ4枚を薄切りにして、適量のフレンチドレッシングで和える。

**ゴボウを20cm長さに切り、縦に薄切りにして、160℃に熱したサラダ油で素揚げして油をきったもの。

1 白菜のテリーナを仕込む。ハクサイは1枚ずつ葉をばらし、コンソメ（解説省略）で蒸し煮にして水分をしっかりきっておく。

2 鴨のフォワグラは裏漉しして、卵、トリュフのジュ、コニャックをよく混ぜる。ここに温めた生クリームを入れて混ぜ、漉しておく。

3 テリーヌ型に**1**のハクサイを1枚敷き、みじん切りのトリュフ、**2**、**1**のハクサイの順に、何層かに重ねていく。水が入らないようにラップフィルムで包み、コンベクションオーブンで加熱する（93%のバプールで25〜30分間）。あるいは、湯煎にして150℃のオーブンで1時間ほど焼く。取り出して軽く重石をして冷ます。

4 カキのソテーをつくる。カキは殻をむき、水気をきって、油をひかないフライパンでこうばしく焼いて、赤ワインヴィネガーをかける。

5 赤ワインソースをつくる。赤ワイン、エシャロットとレーズン、ミニョネットを合わせて火にかけ、ツヤが出てくるまで煮詰め、フォンドヴォー（解説省略）を足して、さらに煮詰めて仕上げる。

6 白菜のテリーナを1.5cmの厚さに切り、小麦粉をまぶして熱したサラダ油で焼く。上面にグラニュー糖をふりかけ、サラマンダーでキャラメリゼする。

7 皿に赤ワインソースを流し、白菜のテリーナ、カキのソテーを盛り、岩塩とコショウをふり、シブレットを散らす。白菜サラダ、ゴボウチップスを飾る。

フレンチドレッシング

玉ネギ1/2個、フレンチマスタード小さじ1/4、サラダ油750cc、酢150cc、レモン汁1/4個分、タバスコ・リーペリンソース・塩・白コショウ各適量

玉ネギとフレンチマスタードをミキサーにかけ、酢を少量加えて回し、さらにサラダ油を少量ずつ入れながら回す。乳化したら酢を1/3量ずつ加えてよく混ぜ、レモン汁、タバスコ、リーペリンソースを加えて、最後に塩と白コショウで味を調える。

033 SALAD 野菜 ― 葉菜 茎菜

ハクサイは、水分が多い野菜なので、味がぼけないようにコンソメで蒸し煮にして、味を凝縮させた。

焼き九条ネギのサラダ

FRENCH マルディ グラ

材料（1皿分）

九条ネギ8本●オリーブ油15cc●ソースヴィネグレットローズマリー適量●岩塩（マルドン産）適量

1. 九条ネギは2つに折って、タコ糸で結わく。
2. フライパンにオリーブ油をひき、色よく焼く。
3. 皿に盛り、熱いうちにソースヴィネグレットローズマリーをかけて、岩塩をふる。

**ソースヴィネグレット　　** 白ワインヴィネガー50cc、オ
ローズマリー　　リーブ油50cc、薄切りのニンニク1片分、ピンクペッパー大さじ1、ローズマリー2枝

材料をすべて合わせてしばらくおいて香りをなじませる。

ダイナミックに焼いた九条ネギの甘みが主役。ハーブとスパイスが効いたヴィネグレットをかけて冷まし、マリネ風に。熱くても美味。

九条葱の酒盗風味

JAPANESE 玄斎

材料（4人分）

九条ネギ2〜4本●ショウガ（薄切り）少量●日本酒・酒盗（みじん切り）・サラダ油各少量

1. 九条ネギは、青い部分と白い部分に切り分け、それぞれ適当な長さに切る。
2. 耐熱皿に白い部分を並べ、ショウガをのせる。日本酒を少量ふりかけて蒸す。
3. 途中で青い部分をのせてさらに蒸し、やっと火が通ったくらいで取り出し、酒盗を全体に散らす。
4. フライパンで熱したサラダ油を回しかけ、すぐに供する。

ショウガと酒盗の香りがたち、食欲を刺激する。ネギの食感を損なわないように注意。

マコモダケと金針菜の温サラダ

CHINESE 美虎

材料（4人分）

マコモダケ1本 ●キンシンサイ40g ●干エビとハムユイのドレッシング適量

干エビとハムユイのドレッシング

干エビ（みじん切り）大さじ2、ハムユイ*（みじん切り）大さじ1、薄口醤油7.5cc、酢5cc、太白ゴマ油22.5cc

干エビとハムユイを太白ゴマ油で軽く炒め、そのほかの材料を加えて味を調える。

*塩漬け魚のこと。中華材料。

1. マコモダケは皮をむき、長さ4cmの斜め切りにする。マコモダケ、キンシンサイをそれぞれ歯応えが残るように熱湯でゆでる。
2. 干エビとハムユイのドレッシングで1を和えて味をからませて器に盛る。

マコモダケやキンシンサイという歯応えのよい素材と、味も香りも強い干エビやハムユイが食欲を大いに刺激する。紹興酒などにぴったりのサラダ。

アスパラ温泉卵

JAPANESE かんだ

材料（4人分）

グリーンアスパラガス1束 ●卵4個 ●塩昆布（みじん切り）大さじ4

1. グリーンアスパラガスは根元の皮を薄くむいてゆで、5cm長さに切る。
2. 温泉玉子をつくる。湯を沸騰させて火を止め、卵を入れて15〜20分間おく。
3. 皿に1を盛り、温泉玉子を割り落として盛り合わせ、その上に塩昆布をかける。

アスパラガスと卵でつくるオランデーズソースは相性のよい組み合わせ。ここではバターを使わず、温泉玉子でソースとしてのコクをつけた。

SALAD 野菜 — 葉菜 茎菜

アスパラ、アサリ、タケノコの温サラダ

FRENCH　コウジイガラシ オゥ レギューム

材料（2人分）

タケノコ（アク抜き済）小1本●ホワイトアスパラガス4本●グリーンアスパラガス2本●アサリ200g●ブイヨン*30cc●オリーブ油10cc●バター20g●塩・コショウ各適量●ラビゴットソース50cc●イタリアンパセリ（粗みじん切り）適量

*老鶏1/2羽はぶつ切りにして、流水で血や汚れを取り除く。水10リットル、玉ネギ・ニンジン・セロリ各1個、ポロネギ1/2本、ローリエ1枚、パセリの茎少量とともに強火にかける。沸いたら火を弱め、約4時間炊いてシノワで漉す。

春に旬を迎えるイタリアンパセリの香りがポイント。

1　ホワイトアスパラガスは表皮をむく。皮を煮出した熱湯でかために塩ゆでする。グリーンアスパラガスもかために熱湯で塩ゆでする。それぞれザルにとる。

2　提供時にアサリと食べやすく切ったタケノコ、ホワイトアスパラガス、グリーンアスパラガスを鍋に入れ、ブイヨン、オリーブ油、バターを加えてふたをして、蒸し煮にする。殻が開き、全体がなじんだら塩、コショウで味を調える。

3　皿に盛り、ラビゴットソースを流してイタリアンパセリを散らす。

ラビゴットソース

ゆで玉子（5mm角）1個分、コルニッション（3mm角）1本分、エシャロット（みじん切り）1個分、ケッパー（みじん切り）5粒分、フィーヌゼルブ**大さじ1、A（菜種油22cc、オリーブ油22cc、メルフォルヴィネガー15cc、マスタード小さじ1、塩・コショウ各適量）

Aをよく混ぜ合わせてソースヴィネグレットをつくり、そのほかの材料を混ぜる。

**ハーブ類のみじん切り。

ソラマメと筍のスキレット焼き ブラックオリーブのクロカンテ

ITALIAN リストランテプリマヴェーラ

材料（4人分）

ソラ豆（ボイル）20粒●タケノコ（水煮）1/2本●黒オリーブ10粒●塩・黒コショウ・オリーブ油各適量●パルミジャーノチーズ適量

1. スキレット鍋にオリーブ油、種を抜いた黒オリーブを入れ、弱火でカリッとするまで炒める。
2. ソラ豆とカットしたタケノコをスキレット鍋に加え、焼き色がつくまで炒め、塩で味を調える。
3. 皿に盛り、黒コショウとスライスしたパルミジャーノチーズを散らし、仕上げにオリーブ油をふりかける。

スキレット鍋とは、キャンプなどに使われる厚手の重いフライパン。食材をじっくり、こんがり焼く場合に適している。テフロンのフライパンでも代用可。

筍とスナップ豌豆の蕗酢味噌

JAPANESE 玄斎

材料（4人分）
タケノコ（朝掘り）2〜4本●スナップエンドウ8本●蕗酢味噌適量●フキノトウ4個●塩・片栗粉・卵白各少量●サラダ油適量

蕗酢味噌
フキノトウ（みじん切り）2個分、サラダ油少量、赤味噌30g、砂糖小さじ1/2、酢45cc

フキノトウをサラダ油で炒める。赤味噌、砂糖、酢をすり混ぜ、炒めたフキノトウを加え、軽くすり合わせる。

1 タケノコはタワシを使って流水で洗い、根のかたい部分を切り落として水気をふき取る。アルミホイルで包み、200℃のオーブンで40分間蒸し焼きにする。そのまま温かいところにおいておく。
2 スナップエンドウはヘタとスジを取って水洗いし、塩をふって蒸す。
3 水溶き片栗粉と卵白でゆるめの衣をつくり、ガクを開いたフキノトウをくぐらせ、170℃に熱したサラダ油で薄衣の天ぷらにする。
4 蒸し焼きしたタケノコを皮ごと縦半分に切る。器に盛り、塩蒸ししたスナップエンドウ、フキノトウの天ぷらをのせる。蕗酢味噌を別に猪口で添える。

フキノトウとタケノコの穂先を盛り合わせた春のサラダ。朝掘りのタケノコはえぐみが少ないので、そのまま蒸し焼きにして風味を存分に味わえる。

浜防風、うど、うるいの柚子味噌サラダ

JAPANESE かんだ

材料（4人分）
浜防風10本●ウド（薄い斜め切り）少量●ウルイ（5cm長さのざく切り）1パック分●玉味噌適量●ユズ皮（すりおろし）適量

1 浜防風はサッとゆでる。ウドは皮をむいて薄い斜め切りにし、ウルイは5〜6cm長さに切る。
2 玉味噌が冷めたら、すりおろしたユズ皮を適量混ぜる。
3 器に1を盛り合わせ、2をかける。

玉味噌

白味噌150g、卵黄1個分、日本酒1/8合（22.5cc）、ミリン1/10合（18cc）、砂糖12.5g

鍋に日本酒、ミリンを合わせて熱し、砂糖を加えて溶かす。砂糖が溶けたら白味噌、卵黄を加えて弱火で卵黄に火が入るまで練る。

山菜サラダ

FRENCH コウジイガラシ オゥ レギューム　H

材料（4人分）

フキノトウ・タラノメ各4個●コゴミ・ウドの穂先各4本●タケノコ小2本●グリーンアスパラガス・ノビル各4本●ミョウガ2個●山ウド6cm●ホタテ貝柱4個●フルーツトマト（くし形切り）1個分●ルーコラ・紫ミズナ・ウルイ各適量

フリット生地*（薄力粉60g●ベーキングパウダー6g●水100cc●牛乳25cc●砂糖・塩・オリーブ油各少量）

マリネ液（白ワイン25cc●白ワインヴィネガー25cc●オリーブ油100cc●みじん切りのエシャロット大さじ1●塩・粉末コリアンダーシード各適量）

揚げ油（菜種油）・オリーブ油・バルサミコソース**各適量●塩・コショウ各適量

フキノトウ入りラビゴットソース***（ラビゴットソース100g●フキノトウ2個●片栗粉・揚げ油各適量●みじん切りの黒オリーブ適量）●タプナード適量

* 材料を表記の順に混ぜ合わせる。
** バルサミコ酢を煮詰めたもの。
*** フキノトウに片栗粉をまぶして170℃の揚げ油で揚げてみじん切りにし、黒オリーブとともにラビゴットソースに加える。
**** ハーブ類のみじん切りのこと。
***** 仏アルザス地方の酢。ハチミツ、ハーブジュースを添加。酸味控えめで、やや甘め。普通の酢と同じような使い方をする。

1. フキノトウ、タラノメ、コゴミ、ウドはそれぞれ掃除をしてフリット生地をつけ、170℃の揚げ油で揚げて塩をふる。
2. タケノコ、グリーンアスパラガス、ノビルは熱湯でサッと下ゆでしてからオリーブ油でソテーし、塩、コショウで味を調える。
3. マリネ液の材料を鍋に合わせて沸騰させ、ミョウガと山ウドを入れて火を止め、そのまま冷まして1晩浸けておく。
4. ホタテ貝柱はオリーブ油でソテーする。フルーツトマトも同様に軽くソテーして火を入れる。
5. 皿にホタテ貝柱を中心にして1～4を盛りつけ、ルーコラと紫ミズナとウルイを飾る。
6. まわりにバルサミコソース、フキノトウ入りラビゴットソース、タプナードを流す。

ラビゴットソース

ゆで玉子（5mm角）1個分、コルニッション（3mm角）1本分、エシャロット（みじん切り）1個分、ケッパー（みじん切り）5粒分、フィーヌゼルブ****大さじ1、A（菜種油22cc、オリーブ油22cc、メルフォルヴィネガー*****15cc、マスタード小さじ1、塩・コショウ各適量）

Aをよく混ぜ合わせてソースヴィネグレットをつくり、そのほかの材料を混ぜる。

タプナード

黒オリーブ（カラマタ産）200g、オレンジ果汁（またはレモン汁）1/2個分、アンチョビフィレ120g、ケッパー4～5粒、オリーブ油200cc、塩・コショウ各適量

材料をすべてフードプロセッサーにかける。

041 SALAD 野菜 ― 葉菜 茎菜

揚げたり、ゆでたり、マリネにしたりと趣向をこらした山菜づくしのサラダ。
油との相性のよさを生かし、ソースにも一工夫した。

海水塩とハーブのトマトボール

JAPANESE 玄斎

材料（4人分）

フルーツトマトまたはプチトマト12〜16個●ハーブ（みじん切りのディル、セルフイユ、バジルなど）適量●クールアガー＊大さじ2●塩小さじ1.5●水200cc●レモン皮少量

＊凝固剤の1種。原料はカラギーナンで寒天とゼラチンの中間のような食感。戻さずに加熱して使えるので手軽。常温で固まる。

1. トマトは湯むきして冷やしておく。
2. 鍋にクールアガーと塩を合わせ、ダマができないように、水を少しずつ加えて混ぜ合わせる。
3. 2を弱火にかけ、かき混ぜながら沸騰させる。沸いたら火を止め、60℃前後に冷やす。ハーブ、レモンの皮を加える。
4. 60℃前後を保つように湯煎と冷却をくり返しながら冷えたトマトを入れ、竹串を使い手早く取り出し、バットに並べる。
5. 表面が固まったらトマトを氷水に落とす。氷水ごと器に盛る。

クールアガーと海水塩でコーティングし、ハーブの香りとともにトマト本来の甘さ、味わいを愉しんでもらうサラダ。一口で食べられる小ぶりのフルーツトマトを使って。

トマトのサラダ

FRENCH シェ・トモ　　C

材料（4人分）

トマト4個●ドライトマト（市販）24切れ●ニンニク（細切り）2片分●オリーブ油100cc●ローズマリー（穂先）4枝●タプナード *40g●パセリ（みじん切り）適量●塩・コショウ各適量

*オリーブ油10ccと薄切りのニンニク6片分を火にかけ、オリーブ油に香りを移す。ニンニクが色づきはじめたら、薄切りの玉ネギ1/2個分、種抜きの緑オリーブ100gと黒オリーブ200gを入れる。ここに黒粒コショウとタイム各適量を入れ、ふたをしてゆっくり火を入れていく。火が入ったらミキサーにかけ、冷やす。

1　トマトは湯むきし、8等分のくし形に切る。

2　オリーブ油にニンニクを入れて火にかけ、ゆっくりとニンニクの香りをオリーブ油に移す。ニンニクが色づいたら火からはずし、ローズマリーとタプナードを入れる。ローズマリーは香りがソースに移ったら取り出しておく。冷めたらパセリを加える（熱いうちに入れるとパセリが黒くなる）。

3　ボウルに**1**のトマトとドライトマトを入れ、**2**のソースで和える。塩、コショウで味を調える。皿に盛り、取り出しておいたローズマリーを上に飾る。

ソースは器にサラダを盛ってからかけてもよい。

トマトをソルベ、ジュレ、ピュレ（クーリ）に変化させ、フレッシュのトマトと合わせた「同種合せ」の一皿。オレンジも合う。

トマトのサラダ

FRENCH 　コウジイガラシ オゥ レギューム

材料（4人分）

フルーツトマト4個●タンカン2個●トマトのクーリ120cc●塩適量

トマトのソルベ（フルーツトマト300g●トマト300g●ウオッカ適量●転化糖55g●レモン汁適量●トレハロース15g）

トマトのジュレ（フルーツトマト大3個●トマト中3個●セロリの葉4〜5枚●板ゼラチン水500ccに対して6g）●白粒コショウ適量

1 トマトのソルベをつくる。フルーツトマトとトマトはミキサーにかけて漉す。そのほかの材料を混ぜて冷凍し、パコジェットにかける。

2 トマトのジュレをつくる。フルーツトマトとトマトはミキサーにかけて布漉しする。

3 板ゼラチン6gを水500ccに浸けて戻し、そのまま火にかけて溶かす。ここにセロリの葉を入れて香りを煮出し、**2**と合わせ冷やし固める。

4 フルーツトマトは湯むきしてくし形に切る。タンカンは薄皮をむいておく。フルーツトマトとタンカンにトマトのクーリ、塩を加えて味を調える。

5 皿にフルーツトマトとタンカンを放射状に盛り、上からトマトのジュレをたっぷりと流す。トマトのソルベを中央に盛り、砕いた白粒コショウをふる。

トマトのクーリ

トマト（くし形切り）2個分、フルーツトマト（くし形切り）2個分、塩適量、オリーブ油20cc

トマトは切り口を上に向けてステンレス鍋に入れる。塩とオリーブ油を回しかけ、弱火で加熱。トマトからジュが出て完全に火が入る手前でバーミックスにかけてシノワで漉す。

インサラータ カプレーゼ

ITALIAN RISTORANTE YAGI

材料（4人分）
完熟トマト5個●フルーツトマト2個●板ゼラチン適量●ブッラータチーズ*30g●フレッシュハーブのサラダ**15g●ガーリックトースト***6枚●塩・黒コショウ・オリーブ油・フランボワーズヴィネガー各適量

*プーリア州のチーズ。モッツァレッラまたはフィオールディラッテの中に、生クリームと細く切ったチーズを混ぜたものを詰めて製造する。なければ水牛のモッツァレッラチーズでもよい。

**トレヴィス、ピンクロッサ（レタスの一種）、サニーレタス、ビーツ、マスタードグリーン、ルーコラセルヴァティカ、レッドオーク、セルフイユ、ディル、シブレット、マーシュなどを合わせたもの。

***スライスしたバゲットをトーストし、ニンニクをこすりつけ、香りのよいオリーブ油をぬったもの。

1 完熟トマトは種を除き、ミキサーでピュレ状にし、サラシで約1日かけて漉して透明なトマトのコンソメをとる。フルーツトマトは種を除き、ミキサーでピュレ状にする。

2 1のコンソメを人肌程度に温め、総量の1％の板ゼラチン（水で戻す）を加えて溶かし、グラスに注いで（少量残しておく）冷やし固める。

3 2のゼリーの上にブッラータチーズをのばし、1のフルーツトマトのピュレを流す。残しておいた2のゼリーを上に注ぎ、冷蔵庫で冷やし固める。

4 フレッシュハーブのサラダにオリーブ油4に対してフランボワーズヴィネガーを1の割で加え、塩、黒コショウで調味して上に盛り、ガーリックトーストを添える。

定番のカプレーゼをアレンジ。一手間加えることで、新感覚のカプレーゼに。ガーリックトーストにのせながら食べてもよい。

カプレーゼ

ITALIAN リストランテホンダ　　　　　　　　　Ⓒ

材料（4人分）

カプレーゼ（フルーツトマト4個●モッツァレッラチーズ125g●オリーブ油・塩・コショウ各適量）

トマトのソルベ（トマト750g●ハチミツ250g●粒コリアンダーシード30g●赤ワインヴィネガー25cc●オリーブ油5cc）

タップナード適量●ジェノヴェーゼ適量●トマトの乾燥焼き*12枚●バジルのフライ**8枚

*薄い輪切りのトマト12枚を天板に並べて砂糖をふり、もう1枚の天板ではさみ、80℃のオーブンで5時間焼く。途中で上の天板をはずして乾かす。
**バジルの葉を160℃のサラダ油で素揚げにし、油をきる。

1 トマトのソルベをつくる。トマトを湯むきして半分に切り、種を取り除き、軽く塩（分量外）をふって水分を出す。トマトとハチミツと粒コリアンダーシードを合わせて温かいところに一昼夜おいたのち、ハチミツ液を漉しておく。
2 1のトマトをミキサーにかけて裏漉しし、1のハチミツ液、赤ワインヴィネガー、オリーブ油を加えて、アイスクリームマシンにかけてソルベをつくる。
3 カプレーゼをつくる。フルーツトマトとモッツァレッラチーズを食べやすい大きさに切る。オリーブ油、塩、コショウで味をつけ、皿に盛る。
4 上にトマトのソルベ160gをスプーンですくって盛り、バジルのフライ、トマトの乾燥焼きを飾り、まわりにタップナードとジェノヴェーゼを回しかける。

タップナード

黒オリーブ（種抜き）50g、ニンニク2g、アンチョビフィレ1枚、ケッパー10g、バジル2枝、ドライタイム1g、ドライローズマリー1g、カイエンヌペッパー・塩・黒コショウ・オリーブ油各適量

ミキサーですべての材料を撹拌し、粗目の漉し器で漉す。

ジェノヴェーゼ

A（バジルの葉25g、ロースト松ノ実35g、ニンニク1片）、オリーブ油適量、パルミジャーノチーズ35g、塩・コショウ各適量

Aと少量のオリーブ油をミキサーにかけてペースト状にし、オリーブ油を少量ずつ加えて回し、パルミジャーノチーズを加え、塩、コショウで味を調える。

047 SALAD 野菜 ― 果菜 花菜

カプレーゼに、ソルベを加えてひんやりとしたサラダに。ソルベにはコリアンダーを入れてスパイシーな香りをつけてみた。

048 SALAD 野菜 ― 果菜 花菜

温かい山羊のチーズとプチトマトのサラダ

FRENCH ルカンケ

材料（4人分）

シェーブルチーズ（サントモールなど）30g ×4枚 ●赤・黄プチトマト各12個 ●オリーブ油とレモンのドレッシング全量

1 プチトマトを湯むきする。
2 プチトマトをドレッシングで和えて皿に盛り、上にチーズをのせて、サラマンダーで軽くこげめをつける。

オリーブ油とレモンのドレッシング

レモン汁30cc、オリーブ油80cc、塩・黒コショウ・パセリ（みじん切り）各適量

材料をすべてよく混ぜ合わせる。

冷たいプチトマトと、熱く焼いたシェーブルチーズを口の中に入れたときの温度差を楽しむ。

トマトの麻辣煮込み

CHINESE 美虎

材料（3人分）

トマト3個 ●ニンニク・ショウガ（各みじん切り）各大さじ1/2 ●サラダ油少量 ●麻辣煮込みのベース適量 ●パクチー（みじん切り）適量 ●粉末サンショウ少量

1 土鍋にサラダ油を熱し、ニンニク、ショウガを軽く炒め、香りがたったら、麻辣煮込みのベースを注いで熱する。
2 トマトを湯むきして入れ、弱火で5分間くらい煮込む。みじん切りのパクチー、サンショウをふって供する。

麻辣煮込みのベース

ラー油45cc、黒酢50cc、鶏ガラスープ200cc、麺つゆ30cc

材料をすべてよく混ぜ合わせる。

パクチー、粉サンショウを効かせると、トマトの甘さが引き立つ。

メインディッシュのカツレツにサラダをたっぷり盛り合わせた。カツレツのソースにはトマトサラダソースを使って、より野菜感を高めてみた。

フルーツトマト、カルチョーフィ、ルーコラのサラダ 仔羊のカツレツ添え

ITALIAN リストランテホンダ　　H

材料（4人分）

仔羊のカツレツ（仔羊背肉骨8本分●塩・コショウ各適量●小麦粉・卵・パン粉・サラダ油各適量）

トマトサラダソース全量●生食用アーティチョーク2個●ルーコラセルヴァティカ適量●フレンチドレッシング適量●レモン汁・塩・コショウ各適量●黒コショウ少量

1. アーティチョークは皮をむいてスライスし、レモン汁（分量外）を加えた水に浸けて、変色を防ぐ。アーティチョークとルーコラセルヴァティカは、フレンチドレッシング、レモン汁、塩、コショウで味を調える。
2. 仔羊のカツレツをつくる。仔羊背肉は脂をそぎ取り、肉と骨だけの状態にし、1人分ずつに切り分け、塩、コショウをふる。小麦粉、溶き卵、パン粉の順に衣を2度づけする。中温に熱したサラダ油で、こんがりキツネ色に揚げる。
3. 皿にカツレツを盛り、上にトマトサラダソースをのせ、アーティチョークとルーコラセルヴァティカを盛る。黒コショウをふる。

トマトサラダソース

フルーツトマト（4等分のくし形切り）4個分、ハチミツ小さじ1/2、オリーブ油適量、バジル（せん切り）2枚分、10年物バルサミコ酢2.5cc、ニンニク（みじん切り）小さじ1/3、塩・コショウ各適量

フルーツトマトはそのほかの材料と混ぜ合わせて、塩、コショウで味を調える。2〜3分間ほどおいて味をなじませる。

フレンチドレッシング

（→32頁 白菜のテリーナ）

焼きナスとトマトのマリネ

ITALIAN リストランテプリマヴェーラ

材料（4人分）

長ナス4本●フルーツトマト（くし形切り）3個分●オリーブ油15cc●白ワインヴィネガー10cc●バルサミコ酢少量●粉糖（またはグラニュー糖）少量●塩適量●シブレット（みじん切り）適量

1 ガス台に網をのせ、中火で長ナスをこんがりと焼く。熱いうちに皮をむき、冷蔵庫で冷やしておく。
2 フルーツトマトは塩、粉糖をふる。水分が出てきたら白ワインヴィネガー、バルサミコ酢、オリーブ油を加えてマリネし、冷やす。
3 長ナスはキッチンペーパーなどで水気をふき、皿に盛る。ナスにマリネしたトマトをマリネ液ごとたっぷりかけ、シブレットをふり、冷たいうちにすすめる。

ナスは揚げてもよい。トマトの味が決め手なので、甘みと酸味のバランスのよいトマトを選ぶ。バジル、オレガノ、ミントなどのハーブを仕上げにふるとさらに美味。

焼きなすのサラダ

ETHNIC キッチン　　　　　　　　　　　Ⓒ

材料（4人分）

ナス6本●ヌクチャム＋ネギ油＋粗挽き黒コショウ全量●フライドオニオン*適量

*ラッキョウ大の赤玉ネギ（赤ワケギ）をスライスして油でパリッと揚げたもの。

1 ナスは丸のまま網にのせて黒くなるまで焼き、冷めたら皮をむいてヘタを落とし、縦半分に切って器に盛る。

2 フライパンにサラダ油を熱し、万能ネギをサッと温めて1のナスにかける。粗挽き黒コショウを混ぜたヌクチャムをかけ、フライドオニオンをのせる。

ベトナムのナスは日本のものにくらべて紺色が薄めで長い。日本同様、焼きナスで食べるが、味の決め手は油でサッと炒めたたっぷりの万能ネギ。ヌクチャムとよく合う。

ヌクチャム＋ネギ油 ＋粗挽き黒コショウ

サラダ油45cc、万能ネギ（小口切り）カップ1/2、ヌクチャム60cc、粗挽き黒コショウ少量

サラダ油を熱して万能ネギをサッと温め、粗挽き黒コショウとともにヌクチャムに入れてよく混ぜ合わせる。

ヌクチャム

ニョクマム30cc、レモン汁45cc、グラニュー糖大さじ3、水30cc、ニンニク（みじん切り）1/2片分、赤唐辛子（みじん切り）1/2本分

すべての材料をよく混ぜ合わせる。

茄子と茗荷のあっさりサラダ

JAPANESE たべごと屋のらぼう

材料（4人分）

ナス4本●塩水（塩分濃度3％）適量●大葉（せん切り）5枚分●ミョウガ（せん切り）4個分●チリメンジャコ10g●生搾りゴマ油15cc●ポン酢30cc●白ゴマ適量

1. 新鮮なナスはまだら模様に皮をむき、1.5cm幅の斜め切りにする。ボウルにナスと塩水を入れてよくもみ込んで、すぐに絞る。
2. 大葉とミョウガは水にさらし、水気をきっておく。ボウルにナスと大葉とミョウガを合わせ、チリメンジャコとゴマ油を加えてよくなじませる。
3. 器に盛り、ポン酢をかけ、白ゴマをふる。

ポン酢

煮きりミリン50cc、煮きり酒50cc、柑橘類果汁150cc、薄口醤油100cc、昆布1枚、カツオ節50g

調味料と果汁を合わせ、昆布とカツオ節を入れて1週間冷蔵庫におく。使用時に漉す。

新鮮なナスを生のまま使った夏季限定の一皿。ナスは鮮度が落ちるとアクが強くなるので、新鮮なものが入手できない場合はアクの少ない水ナスなどを使う。

茄子の素麺もどき

JAPANESE 玄斎　　　　　　　　　　　　　Ⓒ

材料（4人分）
ナス2〜3本●葛粉適量●オクラ2本●長イモ少量●ナメコ適量●ジュンサイ適量

椎茸甘煮（干シイタケ10g●水300cc●濃口醤油15cc●砂糖大さじ1●ミリン5cc●素麺つゆ適量）●ウニ少量●青ユズ皮少量

1. ナスは皮をむき、縦に細切りにし、葛粉をまぶして熱湯でゆがく。しんなりしたら氷水に落とす。冷えたらすぐにザルに取り、水気をきっておく。
2. オクラは板ずりして熱湯でゆで、小口切りにする。薄切りにした長イモを糸切りにする。ナメコとジュンサイは熱湯でサッとゆでる。
3. 椎茸甘煮をつくる。調味料を合わせて水で戻した干シイタケを煮る。最後は煮汁を煮詰めて仕上げる。
4. 器にナスを盛り、2〜3を盛り合わせる。冷たい素麺つゆを注ぐ。ウニを天に盛り、すりおろした青ユズの皮を散らす。

素麺つゆ
A（だし300cc、濃口醤油45〜60cc、薄口醤油60〜75cc、ミリン45cc、椎茸甘煮の煮汁適量）、追いガツオ

Aを合わせて沸騰させる。火を止め、追いガツオをして冷ます。濾して使う。

喉越しのいいナスの素麺風サラダ。粘り気のある具材と合わせ、つるつるとかき込んでもらう。椎茸甘煮のしっかりした味がメリハリをつける。

ソースのBを炒めるときに、こがさないようにじっくり炒めるのがポイント。

揚げなすと万願寺唐辛子の海南サラダ

CHINESE 彩菜

材料（4人分）

ナス2本●万願寺唐辛子4本●塩適量●揚げ油適量●海南ソース全量

1 ナスは皮目に格子状に切り目を入れ、塩水につける。水気をきり180℃の油で素揚げする。万願寺唐辛子も素揚げする。
2 ナスと万願寺唐辛子を器に盛り、海南ソースをかける。

海南ソース

A（砂糖25g、塩3g、濃口醤油70g、日本酒30g、酢60g）、B（韓国粉唐辛子*2g、みじん切りのショウガ・ニンニク各大さじ1、みじん切りの白ネギ大さじ2）、サラダ油30cc

サラダ油を熱し、Bを弱火で炒めて香りを出し、Aを加えて沸かす。

＊キムチづくりに欠かせない。辛みが少なく甘みと深みがある。

揚げたてのナスを柚子コショウ風味のたれにからませるのがポイント。

茄子の柚子こしょう風味

CHINESE 美虎

材料（3人分）

ナス2本●揚げ油適量●柚子こしょう風味のドレッシング全量

1 ナスは縞模様に皮をむく。長さ4cmに切りそろえ、さらに縦半分に切る。
2 ナスを170℃くらいに熱した揚げ油でしんなりする程度に素揚げする。
3 柚子こしょう風味のドレッシングの中に揚げたてのナスを入れ、味をからませ器に盛り、熱いうちに供する。

柚子こしょう風味のドレッシング

ユズコショウ大さじ1/2、薄口醤油7.5cc、酢7.5cc

材料をすべてざっくりと混ぜ合わせる。

三色ピーマンのサラダ

ETHNIC キッチン

材料（4人分）
- 赤・黄・オレンジパプリカ各1個 ● ヌクチャム60cc
- パクチー適量

1. 赤・黄・オレンジのパプリカは焼き網の上でころがしながら表面が黒くこげるまで焼く。
2. 1が焼けたら冷水にとり、黒くこげた薄皮をむいてヘタを切り落とし、縦半分に切って種を抜く。
3. 2をそれぞれ縦3等分に切り、器に彩りよく盛り、ヌクチャムをかけてパクチーを飾る。

ヌクチャム
ニョクマム30cc、レモン汁45cc、グラニュー糖大さじ3、水30cc、ニンニク（みじん切り）1/2片分、赤唐辛子（みじん切り）1/2本分

すべての材料を混ぜ合わせる。

カラーピーマンとスプラウトのサラダ

ITALIAN RISTORANTE YAGI

材料（4人分）
赤・黄パプリカ各1個、好みのスプラウト16g、レモン汁少量、オリーブ油30cc、塩・黒コショウ・砂糖各少量

1. パプリカは直火で焼いて表面をこがし、皮をむく。縦に4等分に切り、中の種を取り除く。
2. パプリカを天板に並べて軽めに塩、黒コショウ、砂糖をふり、オリーブ油をかけてコーティングし、120℃のオーブンに約30分間入れて水分を抜いて味を凝縮させ、冷やしておく。
3. 2を皿に盛り、表面にレモン汁を数滴かけ、上にスプラウトを散らす。

パプリカは肉厚でしっかりしたものを選ぶ。イタリアの惣菜屋でよく目にする料理の一つ。国産はやや甘みが弱いので、ほんの少量砂糖を加えた。

赤ピーマンのスフォルマート
グリーンアスパラのサラダとジェラートと共に

ITALIAN リストランテホンダ　　H

材料（4人分）

赤ピーマンのスフォルマート（赤パプリカのピュレ*50g●ベシャメルソース**40g●カレー粉1つまみ●卵80g●グラニュー糖20g）

アスパラのジェラート（グリーンアスパラガス150g●アスパラの皮300g●牛乳250g●グラニュー糖105g●卵黄4個分●乳脂肪分45％の生クリーム135g）

グリーンアスパラガス4本●フレンチドレッシング適量●ミニョネット少量●セルフイユ少量

* 赤パプリカ6個は半量を火であぶって皮をむき、種を取り除いて薄く切る。残りは生のまま薄切りに。これらを適量のオリーブ油でじっくり炒め、しんなりして甘みが出てきたらコンソメ（解説省略）を加えてやわらかく煮てミキサーでピュレにする。

** バター50gを溶かし、小麦粉50gを加えてよく炒める。牛乳250gを少量ずつ加えて、ダマにならないように仕上げる。パルミジャーノチーズ120gを溶かし込む。

1. 赤ピーマンのスフォルマートをつくる。ベシャメルソース40gを取り分け、赤パプリカのピュレ50g、カレー粉を混ぜる。
2. 泡立て器で卵とグラニュー糖を角が立つまで泡立てて、**1**に入れてさっくり混ぜる。
3. スフレ型の内側にバターをぬり、小麦粉をまぶして（ともに分量外）、**2**を流し入れ、200℃に熱したオーブンで10〜12分間火を入れる。
4. アスパラのジェラートをつくる。グリーンアスパラは皮をむく。鍋にアスパラと皮と牛乳を入れて火にかけ、味と香りを移す。ミキサーにかけたのち裏漉しする。
5. 卵黄とグラニュー糖をすり混ぜて、**4**を加えてよく混ぜ、再び鍋に移して加熱する。とろみがついたら氷水で冷まし、生クリームと合わせて、アイスクリームマシンにかける。
6. つけ合わせのグリーンアスパラガスは、皮をむいて縦に薄切りにし、フレンチドレッシングで和える。
7. 皿にグリーンアスパラガスを盛り、上にアスパラのジェラートをスプーンでくり抜いてのせる。ミニョネットを添え、セルフイユを飾る。熱い赤ピーマンのスフォルマートとともに供する。

フレンチドレッシング

玉ネギ1/2個、フレンチマスタード小さじ1/4、サラダ油750cc、酢150cc、レモン汁1/4個分、タバスコ・リーペリンソース・塩・白コショウ各適量

玉ネギとフレンチマスタードをミキサーにかけ、酢を少し加えて回し、さらにサラダ油を少量ずつ入れながら回す。乳化したら酢を1/3量ずつ加えてよく混ぜ、レモン汁、タバスコ、リーペリンソースを加えて、最後に塩と白コショウで味を調える。

057　SALAD　野菜 ― 果菜・花菜

初夏から盛夏にかけてのサラダ。赤ピーマンの温かいスフォルマート（スフレ）とアスパラガスのジェラートの組み合わせ。

焼きピーマンとピータンの辛味サラダ

CHINESE 彩菜

材料（4人分）

ピーマン**4**個●赤パプリカ**1**個●ピータン（1/4のくし形切り）**2**個分●焼き唐辛子ソース全量

1 ピーマンと赤パプリカを網にのせて黒っぽくなるまで焼き、氷水にとって粗熱をとり、こげた皮をむいて種を抜き、手で食べやすい大きさに裂く。
2 ピータンは殻をむいて4等分のくし形に切る。
3 **1**と**2**を合わせて焼き唐辛子ソースで和え、器に盛る。

焼き唐辛子ソース

白ネギ（みじん切り）大さじ**1**、ショウガ（みじん切り）小さじ**1/2**、タカノツメ（黒くなるまでから煎りして細かくちぎる）**1**本分、酢**5cc**、砂糖小さじ**1/2**、濃口醤油**22.5cc**、ゴマ油**5cc**、コショウ少量

材料をすべてよく混ぜ合わせる。

香ばしく焼いた唐辛子がソースの味の決め手。

万願寺唐辛子と馬のたてがみ 網焼サラダ

JAPANESE 玄斎 —

材料（4人分）

万願寺唐辛子4〜8本●サラダ油少量●馬のたてがみ*少量●割醤油少量●ショウガ・花カツオ各少量

*食肉馬のたてがみのつけ根の部位。「こうね」とか「こうね脂」と呼ばれる。ほとんどが脂身の肉だが、良質のグリコーゲンが豊富に含まれている。限定部位で量も少ないため、馬肉産地の熊本では「たてがみ刺し」として、刺身でも珍重されている。

1. 万願寺唐辛子の表面にハケでサラダ油を少量ぬり、網焼きにする。
2. 8割程度まで両面が焼けたら、薄く切った馬のたてがみをのせ、天火であぶる。
3. 割醤油におろしショウガを混ぜて器に流し、**2**を盛る。花カツオを散らす。

割醤油

だし1：濃口醤油1：ミリン1

材料を同割ずつ合わせて沸かし、冷まます。

馬のたてがみの脂が溶け、旨みが増したところで食べていただきたいサラダ。熱いうちに、ぜひどうぞ。

冷たいラタトゥイユのサラダ

FRENCH　シェ・トモ

材料（4人分）

A（赤・緑・黄パプリカ各1/2個●ズッキーニ1/2本●ナス1本●玉ネギ1/2個）

トマト（ざく切り）2個分●オリーブ油45cc●ニンニク（薄切り）2片分●ドライタイム適量

バジルクリーム（生クリーム100cc●バジルペースト50g）

ソースヴィネグレット少量●ミックスリーフ少量●塩・コショウ各適量

1. Aの野菜はそれぞれ一口大に切っておく。鍋にオリーブ油を熱し、ニンニクを入れて軽く色づくまで炒める。ここにAを一気に入れ、塩、コショウ、タイムをふって軽く炒め、トマトを加えて混ぜ合わせたら、ふたをして中火で5分間煮る。
2. 1をボウルに移し、まわりに氷をあてて完全に冷やす。
3. バジルクリームをつくる。生クリームを8分立てに泡立て、バジルペーストをさっくり合わせ、塩で味を調える。
4. 2を皿に盛り、3をスプーンでくり抜いてのせ、ソースヴィネグレットで和えたミックスリーフをまわりに添える。

ソースヴィネグレット

A（フレンチマスタード25g、赤ワインヴィネガー5g、シェリーヴィネガー5g）、ピーナッツ油100cc、塩・コショウ各適量

ボウルにAを合わせて混ぜ、ピーナッツ油を少しずつたらして泡立て器で混ぜる。クリーム状になったら適量の塩、コショウで味を調える。

サラダ ニソワーズ（ニース風サラダ）

FRENCH シェ・トモ　　　　　　　　　　　Ⓒ

材料（4人分）

サニーレタス1個●黒・緑オリーブ各8個●トマト3個●サヤインゲン20本●卵4個●アンチョビとニンニクのドレッシング全量●ツナ（油漬け缶詰）250g●パルミジャーノチーズ10g●パセリ（みじん切り）適量●塩適量

1 サニーレタスは一口大にちぎる。トマト2個は8等分のくし形に切る。1個は1cm角に切る。サヤインゲンは塩ゆでし、氷水で冷やし、水気をきる。

2 卵は水から火にかけ、沸騰してから10分間ゆでて水にとる。殻をむき、2個はざく切りにし、残りの2個は輪切りにする。

3 アンチョビとニンニクのドレッシングに、油をきったツナ、トマト、サヤインゲン、ざく切りのゆで玉子、パルミジャーノチーズを入れて混ぜ合わせる。

4 ボウルにレタスとオリーブと3を入れてさっくりと混ぜ、器に盛る。輪切りのゆで玉子、くし形切りのトマトを飾って、パセリをふる。

アンチョビとニンニクのドレッシング

ソースヴィネグレット100cc、アンチョビペースト20g、おろしニンニク1片分

材料をすべてよく混ぜ合わせる。

野菜にドレッシングを合わせるとき、野菜が傷つかないようにやさしく、そしてまんべんなく和えることがポイント。

ソースヴィネグレット

A（フレンチマスタード25g、赤ワインヴィネガー5g、シェリーヴィネガー5g）、ピーナッツ油100cc、塩・コショウ各適量

ボウルにAを合わせて混ぜ、ピーナッツ油を少しずつたらして泡立て器で混ぜる。クリーム状になったら適量の塩、コショウで味を調える。

かぼちゃとグレープフルーツのサラダ仕立て
ヨーグルト風味のマヨネーズ和え

FRENCH　シェ・トモ

材料（4人分）
カボチャ1/2個●グレープフルーツ1個●ヨーグルト風味のマヨネーズ全量●クレソン適量

1. カボチャは種を取って皮をむいて一口大に切り、蒸し器で蒸して冷ましておく。
2. グレープフルーツは外皮を薄くむき（白い部分は取り除く）、せん切りにしてゆでる。果肉は1房ずつ薄皮から取り出しておく。
3. ヨーグルト風味のマヨネーズで1のカボチャを和える。
4. 皿に3のカボチャを盛り、2のグレープフルーツの果肉を盛り合わせ、皮とクレソンを添える。

ヨーグルト風味のマヨネーズ
マヨネーズ60g、無糖プレーンヨーグルト60g、ハチミツ17g、塩・コショウ各適量

マヨネーズ、ヨーグルト、ハチミツをよく混ぜ合わせ、塩、コショウで味を調える。

ヨーグルトを加えて軽く仕上げたマヨネーズは、リンゴなどを使ったサラダにもよく合う。

マヨネーズ
A（卵黄1個分、マスタード大さじ1、白ワインヴィネガー30cc）、サラダ油180cc、塩適量

ボウルにAを入れて混ぜ、サラダ油を少しずつ加えて泡立て器で混ぜてクリーム状にする。塩で味を調える。

かぼちゃのクリームサラダ

JAPANESE 板前心菊うら

材料（3人分）

カボチャ1/2個●サヤインゲン（2cm長さのざく切り）5本分●マスカルポーネソース適量

1. カボチャは種をくり抜いて、やわらかくなるまで蒸す（電子レンジを使用してもよい）。
2. サヤインゲンは熱湯でゆでる。
3. 1のカボチャを食べやすい大きさに切り、冷めたらサヤインゲンとともにマスカルポーネソースで和えて器に盛る。

マスカルポーネソース

マスカルポーネチーズ2：無糖プレーンヨーグルト1、塩・コショウ（好みで）各少量

材料をすべてよく混ぜ合わせる。

カボチャのマリネ

ITALIAN リストランテプリマヴェーラ

材料（4人分）

カボチャ1/4個●揚げ油・塩各適量●マリネ液（白ワインヴィネガー160cc●ハチミツ80cc●白干ブドウ30g●ロースト松ノ実20g）

1. カボチャは皮ごと厚さ1cmにスライスして、180〜200℃に熱した油で色よく素揚げして塩をふる。
2. マリネ液の材料をすべて合わせ、火にかけて煮立たせる。液が熱いうちに、揚げた1のカボチャを浸けて、ゆっくり冷ます。
3. 冷蔵庫で1日おき、味をなじませたのち提供する。

カボチャをほっくり揚げて、酸味を効かせてマリネしたサラダ。1週間は保存可。少し多めにつくっておけば、パーティーや、急な来客時に便利。

韓国カボチャのゆず風味

CHINESE 美虎

材料（4人分）

韓国カボチャ1本●ゆず風味のドレッシング適量●塩少量

1. 韓国カボチャは皮つきのまま一口大に切る。少量の塩をふり、水分を出す。
2. ゆず風味のドレッシングで1の韓国カボチャを和える。冷蔵庫で半日おいて味をなじませる。
3. 器に盛りつけて提供する。

ゆず風味のドレッシング

ユズ皮（すりおろす）1個分、ユズ果汁30cc、太白ゴマ油15cc、砂糖大さじ2/3

材料をすべてよく混ぜ合わせる。

甘い香りと優しい味がズッキーニを思わせる韓国カボチャは、やわらかいのでサラダなどの生食に向く。

アボカドと汲み上げ湯葉のミルフィーユサラダ ガーリックソース

CHINESE 彩菜

材料（4人分）

生ユバ2枚●アボカド（薄いくし形切り）1個分●レモン汁1/8個分●ガーリックソース全量●ソバの芽少量

1. アボカドはレモン汁をかけて変色を防いでおく。
2. アボカドと生ユバを層にして器に盛り、ガーリックソースをかけ、ソバの芽を添える。

ガーリックソース

ニンニク（すりおろし）小1片分、砂糖大さじ1.5、濃口醤油37.5cc、酢・ゴマ油各2.5cc、ラー油5cc

材料をすべてよく混ぜ合わせる。

アボカドは色が変わりやすいので、食べる直前につくる。

ビバ！サラダ

FRENCH マルディ グラ

材料（つくりやすい分量）

アボカド（完熟）2個 ●クリームチーズ20g

A（みじん切りの赤玉ネギ1/4個分 ●みじん切りのパクチー10g ●粉末クミン小さじ1 ●塩・コショウ各適量）

ソーストマトフレッシュ（角切りのトマト1個分 ●みじん切りの赤玉ネギ1/4個分 ●みじん切りのイタリアンパセリ大さじ1 ●タバスコ適量 ●塩・コショウ各適量）

クルトン適量 ●ココアパウダー少量

1. アボカドは皮下5mmほどを残して、くり抜き器でくり抜く。皮に残った果肉をスプーンでこそぎ取り、クリームチーズを混ぜ合わせてペーストにする。
2. 丸くくり抜いたアボカドをボウルに入れ、1のペーストとAを合わせて味を調える。
3. ソーストマトフレッシュをつくる。トマトに赤玉ネギとイタリアンパセリ、タバスコを順に混ぜ合わせ、塩、コショウで調味する。
4. アボカドの皮を器にして2のアボカドとソーストマトフレッシュを盛り込む。仕上げにクルトンを添えて、ココアパウダーをふる。

濃厚なアボカドと辛みスパイスが好相性。一皿でいろいろな味と食感が楽しめる。

苦瓜の四川式サラダ

CHINESE 彩菜

材料（4人分）
ゴーヤ（5cm長さの拍子木切り）1本分●塩・砂糖各適量●サラダ油（油通し用）●山椒ソース全量●青ネギ（極細みじん切り）大さじ1

1 ゴーヤは軽く塩をして約10分間おいたのち、水にさらして塩分を抜く。ゴーヤの水気をきり、160℃くらいの油にサッとくぐらせて油通しする。
2 湯を沸かし、塩と砂糖を少量加えて油通ししたゴーヤを入れ（約20秒間）、油抜きする。
3 ゴーヤの水気をきって器に盛り、青ネギを混ぜた山椒ソースをかける。

山椒ソース

A（砂糖小さじ1/2、濃口醤油15cc、酢5cc、ゴマ油5cc、中華スープ30cc）、おろしショウガ小さじ1、粉末四川サンショウ小さじ1/4

A、おろしショウガ、四川サンショウを混ぜ合わせる。

ゴーヤは1度油で揚げると、鮮やかな色に仕上がる。油抜き時に、軽く味を入れるのがポイント。

苦瓜のサラダ

ETHNIC キッチン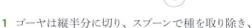

材料（4人分）

ゴーヤ（薄切り）1本分●大葉（せん切り）4枚分●ミョウガ（せん切り）2個分●赤玉ネギ（薄切り）1/4個分●ディル（2〜3cm長さのざく切り）4枝分●パクチー（2〜3cm長さのざく切り）適量●サラダ油30cc●ヌクチャム45〜60cc●フライドオニオン＊適量●ピーナッツ（砕く）適量

＊ラッキョウ大の赤玉ネギ（赤ワケギ）をスライスして油でパリッと揚げたもの。

1. ゴーヤは縦半分に切り、スプーンで種を取り除き、薄切りにする。
2. ボウルにゴーヤ、大葉、ミョウガ、赤玉ネギ、ディル、パクチーを入れてサラダ油を全体に回してさっくりと和えたのち、ヌクチャムで味を調える。
3. 器に盛り、フライドオニオンとピーナッツを散らす。

ヌクチャム

ニョクマム30cc、レモン汁45cc、グラニュー糖大さじ3、水30cc、ニンニク（みじん切り）1/2片分、赤唐辛子（みじん切り）1/2本分

すべての材料をよく混ぜ合わせる。

ビタミン豊富なゴーヤは、ベトナムでもよく食べられる健康食材。サラダやスープ、肉詰めなどにしたり、乾燥させてお茶として飲まれたりもする。

春のサラダ

FRENCH　コウジイガラシ オゥ レギューム　—— C

材料（4人分）

茎ブロッコリー **4本** ● グリーンアスパラガス **4本** ● サヤインゲン **100g** ● 菜ノ花 **4本** ● オニオンヌーボー *****4本** ● ノビル **4本** ● ソラ豆 **12粒**

ホワイトバルサミコのドレッシング **50cc** ● グリーンサラダ ** 適量 ● 塩・コショウ各適量

新玉ネギのドレッシング **120cc** ● 大葉オイル適量

*一番早く収穫できる玉ネギ。静岡県浜松市の在来種で、首が太く、水分と甘みが多い。結球は小さめで葉玉ネギに似た形。

**紫ミズナ、デトロイト、サラダ用シュンギク。

1. 茎ブロッコリー、グリーンアスパラガス、サヤインゲン、菜ノ花、オニオンヌーボー、ノビル、ソラ豆はそれぞれ熱湯で塩ゆでしてザルに上げる。ソラ豆は皮をむいておく。
2. 粗熱がとれたらボウルに入れ、ホワイトバルサミコのドレッシングで和え、塩、コショウで下味をつける。
3. 皿に新玉ネギのドレッシングを敷き、その中心に **2**を盛りつける。上にグリーンサラダを飾り、ソラ豆を散らし、大葉オイルを流す。

ホワイトバルサミコのドレッシング

ホワイトバルサミコ酢 **100cc**、マスタードシード油 **100cc**、粉末コリアンダーシード・塩各適量

材料をすべて合わせてミキサーにかける。

新玉ネギのドレッシング

新玉ネギ **1個**、ハチミツ **10cc**、白ワインヴィネガー **15〜20cc**、トレハロース少量、塩・コショウ各適量

材料をすべて合わせてミキサーにかける。

大葉オイル

大葉・揚げ油・塩・オリーブ油各適量

大葉を **100℃**の油で素揚げして塩をふり、フードプロセッサーで細かく刻んでオリーブ油と合わせる。

SALAD 野菜 ― 果菜 花菜

グリーンの野菜で春の芽吹きを表した一皿。
新玉ネギのさわやかなドレッシングがよく合う。

二種ズッキーニの辛みそサラダ

KOREAN 李南河

材料（4人分）

ズッキーニ・黄ズッキーニ（各輪切り）各2/3本分●小麦粉・サラダ油各適量●玉ネギ（くし形切り）1/6個分●辛みそドレッシング30cc●粗唐辛子少量

1 ズッキーニは小麦粉をまぶし、180℃のサラダ油で揚げて油をきる。
2 玉ネギは180℃に熱したサラダ油にサッとくぐらせて油をきる。
3 ズッキーニと玉ネギが熱いうちに、温めた辛みそドレッシングを和える。器に盛りつけ、粗唐辛子をふる。

辛みそドレッシング

コチュジャン200g、濃口醤油200g、砂糖150g、ゴマ油60g、白ゴマ30g、ショウガ（みじん切り）30g、白ネギ（みじん切り）30g

材料をすべてよく混ぜ合わせる。

辛くて甘いドレッシングで和えた、あつあつのズッキーニのサラダ。熱いうちに混ぜると味がなじみやすくなる。

ブロッコリーと焼きクルミのサラダ

FRENCH シェ・トモ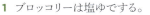

材料（4人分）

ブロッコリー（小房に分ける）1個分 ● ローストクルミ150g ● 食パン2枚 ● **A**（刻んだローストクルミ・松ノ実各3g）● マヨネーズ適量 ● バター適量 ● 塩・コショウ各適量

1. ブロッコリーは塩ゆでする。
2. 食パンは乾燥させて、パン粉にする。**A**のクルミと松ノ実をパン粉と合わせる。
3. テフロン加工のフライパンにバターを入れ、**2**を入れて弱火でゆっくり炒める。キツネ色になったら紙の上にとり、油分をきって冷ます。
4. ボウルに**1**のブロッコリーとローストクルミを入れ、マヨネーズで和える。塩、コショウで味を調える。
5. **4**を器に盛りつけ、**3**のパン粉をふりかける。

マヨネーズ

A（卵黄1個分、マスタード大さじ1、白ワインヴィネガー30cc）、サラダ油180cc、塩適量

ボウルに**A**を入れて混ぜ、サラダ油を少しずつ加えて泡立て器で混ぜ、クリーム状にする。塩で味を調える。

ナッツ入りの香ばしいパン粉でヘルシー感をアップ。

カリフラワーとブロッコリーのサラダ カレー風味ドレッシング

FRENCH ルカンケ　　　　　　　　　　　　　　Ⓒ

材料（4人分）

A（白・橙・紫カリフラワー*各1/6個●ブロッコリー1/6個●サンゴショウ**1/6個）●塩適量●カレー風味のドレッシング全量

*橙色のものにはオレンジブーケ、紫色のものにはバイオレットクインなどの品種がある。

**カリフラワーの1品種だが、花蕾がとがっていて緑黄色をしている。ロマネスコともいわれる。

1 Aのカリフラワーとブロッコリーはそれぞれ小房に分け、熱湯で塩ゆでする。
2 1の水気をきって器に盛り、カレー風味のドレッシングをかける。

ゆでただけの野菜にドレッシングをかけるだけのシンプルなサラダだが、ドレッシングがカリフラワーとブロッコリーによく合い、見た目もカラフルでかわいいので、パーティ料理としても提供できる。

カレー風味のドレッシング

マヨネーズ50g、生クリーム10cc、塩・コショウ・レモン汁・カレー粉各適量

材料をすべてよく混ぜ合わせる。

季節野菜とカリフラワーのビアンコマンジャーレ

ITALIAN　リストランテホンダ ───────────

材料（4人分）

カリフラワーのブランマンジェ（カリフラワーのピュレ**295g** ●生クリーム**100g** ●牛乳**150g** ●板ゼラチン**5.5g** ●塩適量）

ヤングコーン**4本** ●カリフラワー小**4房** ●ブロッコリー小**4房** ●ソラ豆**4粒** ●小カブ**2個** ●ラディッシュ**2個**

トマトクーリ**60cc** ●キャビア**16g** ●セルフイユ少量

トマトクーリ

フルーツトマト15個、塩・ハチミツ各適量

トマトを湯むきし、種を取り除く。塩とハチミツで1晩マリネしたのち、ザルに上げて水気をきってミキサーにかける。シノワで漉して水分を抜く。

1. カリフラワーのブランマンジェをつくる。カリフラワーは塩を入れた熱湯でゆで、水気をきったのち、ミキサーでピュレ状にする。
2. 板ゼラチンは水で戻し、温めた牛乳で溶かす。
3. カリフラワーのピュレ、生クリーム、2をよく混ぜ、塩で味をつける。
4. 3を氷水にあてて混ぜながら冷まし、シノワで漉してプリン型に流す。冷蔵庫で冷やし固める。
5. ヤングコーン、カリフラワー、ブロッコリー、サヤをはずしたソラ豆、小カブをそれぞれ塩ゆでし、食べやすく形を整える。ラディッシュも半分に切り分ける。
6. 器にブランマンジェを盛って型をはずし、上にキャビアをのせ、まわりに冷たいトマトクーリを流す。5の野菜を飾る。セルフイユを添える。

カリフラワーの甘さを引き立てるために、キャビアの塩気とトマトの酸味を合わせた。

カリフラワーのスパイシーロースト

FRENCH　マルディ グラ

材料（1皿分）

カリフラワー1個 ● 澄ましバター80cc ● 皮つきニンニク1片 ● 粒フェンネルシード・粒コリアンダーシード各大さじ1 ● カレー粉小さじ1 ● 粉末オールスパイス小さじ1 ● ローリエ1枚 ● タイム1枝 ● 塩・コショウ各適量

1 澄ましバターを火にかけ、温まったら皮つきのニンニク、各種スパイス、ハーブを入れて香りを出す。ニンニクは皮つきで使うと、香りがこもってほっくりする。
2 塩、コショウで下味をつけたカリフラワーを1に株ごと入れる。
3 ふたをして、250℃のオーブンに7〜8分間入れる。途中でバターをカリフラワーにかけながら、火が通るまで蒸し焼きにする。

丸ごとカリフラワーのカレー風味焼き。表面はカリッと香ばしく、中はしっとりジューシーに仕上げる。

カリフラワーとブロッコリーの温サラダ 鶏皮チップ添え

KOREAN 李南河

材料（4人分）

カリフラワー・ブロッコリー（各小房に分ける）各1/4個●ゴマ油・塩・コショウ各適量●オリーブ油10cc●おろしニンニク4g

鶏皮チップ（鶏皮8枚●焼肉のたれ100cc●水あめ20g●バルサミコ酢15cc）

白ゴマ・黒コショウ各少量

1 カリフラワーとブロッコリーは熱湯で塩ゆでする。ザルに上げ、熱いうちにゴマ油、塩、コショウ、オリーブ油、おろしニンニクを和える。

2 鶏皮チップをつくる。クッキングシートの上に鶏皮をのばして、200℃に熱したオーブンで30分間ほど焼く。脂が抜けて、カリカリになったら取り出す。

3 焼肉のたれ、水あめを合わせて火にかけて、半量くらいまで（とろみがつくまで）煮詰める。ここに2の皮を入れて、バルサミコ酢を加えて風味をつける。

4 フライパンの上にクッキングシートを敷いて3の鶏皮を並べ、30分〜1時間じっくり焼いてでき上がり。

5 カリフラワーとブロッコリーを盛り合わせ、すった白ゴマと黒コショウをふる。鶏皮チップを添える。

クリスピーな鶏皮チップをクラッカーがわりに割りながら食べていただく。チップは味が濃いめなので、カリフラワーとブロッコリーの味つけは控えめに。

アーティチョークのサラダ 半熟卵のフライ 豚足とフォン ド ヴォーのドレッシング

FRENCH ルカンケ

材料（4人分）

アーティチョーク（生食用）4個●半熟ゆで玉子Sサイズ4個●衣（薄力粉・溶き卵・パン粉・みじん切りのパセリ各適量）●揚げ油適量

豚足とフォンドヴォーのドレッシング全量●パセリ（みじん切り）少量

1. ゆで玉子は殻をむき、薄力粉、溶き卵、パセリ入りのパン粉の順につけ、油で揚げる。
2. アーティチョークを薄切りにして皿に盛り、1をのせ、まわりに豚足とフォンドヴォーのドレッシングを流す。パセリを散らす。

生のアーティチョークのサラダはニース郊外でよく食べられている。流通事情の向上で鮮度のよいものがフランスから入るようになった。

豚足とフォンドヴォーのドレッシング

フォンドヴォー 100cc、シェリーヴィネガー 50cc、豚足*100g、オリーブ油50cc、塩・コショウ各適量

シェリーヴィネガーを1/3量に煮詰め、フォンドヴォーを入れ、豚足とオリーブ油、塩、コショウを合わせる。

*香味野菜を加えた水で2時間ゆで、1cm角に切る。よく混ぜ合わせ、塩、コショウで味を調える。

香り野菜のサラダ

JAPANESE 板前心菊うら

材料（3人分）

ミョウガ（縦にせん切り）4個 ● ニンジン（せん切り）1/3本分 ● 長ネギ（せん切り）1/5本分 ● キュウリ（せん切り）1/2本分 ● 三ツ葉1/2束 ● カイワレ菜（ざく切り）1/2パック分 ● ルーコラ5枚 ● ポン酢ドレッシング全量 ● 煎りゴマ適量

1. ミョウガ、ニンジン、長ネギ、キュウリは水にさらす。
2. 三ツ葉はサッとゆでてザク切りに。カイワレ菜もザク切りにする。
3. 水気をきった1、2、ルーコラを合わせて器に盛り、ポン酢ドレッシングをかけ、煎りゴマをふる。

野菜はごく細いせん切りにしてよく水にさらす。ドレッシングは食べる直前にかけること。

ポン酢ドレッシング

ポン酢45cc、オリーブ油15cc、塩小さじ1/2

材料をすべてよく混ぜ合わせる。

ポン酢

ダイダイ酢1：濃口醤油1、ミリン・だし各適量

ダイダイ酢と濃口醤油を合わせ、その1割のミリンと適量のだしを加えて1週間ねかせる。

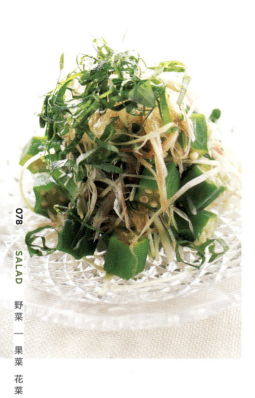

おくらとみょうがのサラダ

JAPANESE 板前心菊うら

材料（3人分）

オクラ10本●ミョウガ（縦にせん切り）5個分●大葉（細切り）5枚分●薄口醤油15cc●うま味調味料少量●塩適量

1 オクラはヘタを除いて塩もみし、色よくゆでて冷水にとる。
2 ミョウガは水にさらす。
3 1、2の水気をきり、オクラは1cmほどの小口切りにし、ミョウガと軽く合わせて薄口醤油、うま味調味料で味を調える。器に盛り、大葉を添える。

茗荷と新生姜の蜜酢漬

JAPANESE 玄斎

材料（4人分）

ミョウガ（1/4のくし形切り）6個分●新ショウガ（薄切り）80g●塩適量●漬け汁（水270cc●酢270cc●ハチミツ大さじ3●砂糖大さじ7●塩小さじ1●昆布少量）●赤唐辛子1本

1 ミョウガ、新ショウガをそれぞれサッと湯通ししてザルに上げ、熱いうちに薄塩をふる。
2 漬け汁の材料を合わせ、一度沸騰させる。常温に冷めたら、ミョウガ、新ショウガと種を抜いた赤唐辛子を漬け、冷蔵庫で半日おいて味を含ませる。
3 少量の漬け汁とともに盛りつける。

和風ピクルス風サラダ。ちょっとした箸休めにも利用できる。ハチミツはオーストラリア・タスマニア産レザーウッドハニーを使用した。

タイ風青いパパイヤのサラダ

ETHNIC　キッチン　　　　　　　　　　Ⓒ

材料（4人分）

青パパイヤ1/2個●ミョウバン水適量●ニンニク1片●プリッキーヌ*3本●サヤインゲン（3cm長さのざく切り）7本分●プチトマト5個●乾燥桜エビ大さじ1●フライドオニオン**大さじ2●ピーナッツ（砕く）大さじ4●A（グラニュー糖大さじ1.5●レモン汁22.5cc●ナンプラー7.5cc）

パクチー適量●エビセンベイ（タイ製）適量●黒ゴマ入りライスペーパー（ベトナム食材店で入手可）適量●揚げ油

*タイの生赤唐辛子。国産生赤唐辛子、または青唐辛子で代用可。
**ラッキョウ大の赤玉ネギ(赤ワケギ)をスライスして油で揚げたもの。

1. 青パパイヤは半分に切り、種をスプーンで取り除き、皮をむく。スライサーでせん切りにし、ミョウバン水に10分間さらして流水で洗い、ザルに上げて水気をきる。
2. クロック（タイの石臼。すり鉢で代用可）にニンニク、プリッキーヌ、サヤインゲンを入れて叩きつぶし、1のパパイヤ、プチトマト、桜エビ、フライドオニオン、ピーナッツ、Aを加えてさらに叩き、味をなじませる。
3. 器に2を盛り、パクチーをのせる。油で揚げたエビセンベイと黒ゴマ入りのライスペーパーを添え、サラダをのせて食べる。

タイの定番サラダ。クロックがない場合は、叩いたニンニクと斜めにスライスした赤唐辛子、そのほかの材料（サヤインゲンは3cmに、プチトマトは半分に切る）、調味料をボウルに入れて混ぜ合わせる。

夏野菜のサラダ

FUSION よねむら

材料（4人分）

万願寺唐辛子4本 ●ハスイモ1本 ●トマト4個 ●トウモロコシ1/2本 ●ゴーヤ（薄切り）1/2本分 ●水ナス2個 ●オリーブ油・濃口醤油各適量 ●フレンチドレッシング・煮切りソース各適量 ●イタリアンパセリ少量

1. 万願寺唐辛子は炭火で焼いて、オリーブ油と濃口醤油でマリネしておく。提供時、小口切りにする。
2. ハスイモは皮をむいて薄切りにし、水にさらす。
3. トマトは湯むきしてくし形に切る。トウモロコシはゆでて粒をはずす。ゴーヤはサッとゆでる。水ナスは包丁で切り目を入れて、食べやすく裂く。
4. 1〜3を器に盛り、フレンチドレッシングと煮切りソースを同量ずつかけ、イタリアンパセリを散らす。

フレンチドレッシング

サラダ油630cc、A（マスタード6g、砂糖18g、塩17g、白コショウ4.5〜6g、白ワインヴィネガー・酢各90cc）

Aをボウルに入れて合わせ、サラダ油を少しずつ加えながら泡立て器でよく混ぜ合わせる。

煮切りソース

日本酒1.8リットル、薄口醤油45cc、ダイダイ酢60cc、葛粉（吉野葛）75g

日本酒を煮きり、薄口醤油とダイダイ酢を加えて、水溶き葛粉でとろみをつける。

色とりどりの野菜と赤ピーマンのソースで、口中でガスパチョに完成する一皿。ニンニクを使わず、軽めに仕上げている。

ガスパチョ オゥ レギューム風

FRENCH コウジイガラシ オゥ レギューム ⎯⎯⎯ Ⓒ

材料（4人分）

ナス**2本**●揚げ油適量●コンソメ（解説省略）**200cc**●板ゼラチン（水で戻す）**4g**●玉ネギ**1/2個**●ズッキーニ**1/2本**●黄パプリカ**1/2個**●キュウリ**1本**●フルーツトマト**2個**●オリーブ油・塩・コショウ各適量●赤ピーマンのソース**80cc**●大葉オイル適量●バジル**12枚**●ピンクペッパー適量

1 ナスは低温で素揚げして、熱いうちに皮をむき、強めに塩をふって、水で戻した板ゼラチンを溶かしたコンソメで煮含める。
2 鍋にオリーブ油を熱し、一口大に切った玉ネギ、ズッキーニ、パプリカをソテーする。焼き色をつけず、歯応えを残す。塩、コショウで調味する。
3 キュウリは板ずりして、スプーンでざく切りにする。
4 皿に赤ピーマンのソースと大葉オイルを流し、**1**、**2**、**3**とくし形に切ったトマトをいろどりよく盛りつける。バジルをちぎり、砕いたピンクペッパーをふる。

赤ピーマンのソース

赤パプリカ**2個**、ブイヨン（→36頁）**100cc**、セロリ**1/2本**、**A**（生パン粉大さじ**2**、フルーツトマト**1〜2個**、トマトジュース**100cc**）、**B**（オリーブ油**30cc**、ペルノー酒少量、塩・コショウ各適量）

パプリカは皮を焼いてむき、ブイヨンで煮る。セロリをオリーブ油（分量外）で炒め、パプリカと**A**を入れて沸かし、ミキサーにかける。**B**で味を調え、1晩おく。

大葉オイル

大葉・揚げ油・塩・オリーブ油各適量

大葉を100℃の油で素揚げして塩をふり、フードプロセッサーで細かく刻んでオリーブ油と合わせる。

夏のエチュベ

FRENCH　コウジイガラシ オゥ レギューム　—————————— C

材料（つくりやすい分量）

蒸し煮用野菜（レンコン2本●ズッキーニ3本●カリフラワー1個●ニンジン小3本●赤・黄パプリカ各3個●カブ3個●ミョウガ3パック●ヤングコーン3パック●セロリ大3本）

マリネ液（ピーナッツ油400cc●レモン汁200cc●塩55g●半精製の砂糖20g●白ワインヴィネガー200cc●メルフォルヴィネガー*100cc●タイム 1/5パック●ローリエ2～3枚）

トマト3個●アンディーヴ3本●キュウリ3本●塩・コショウ各適量●レモンオイル**●オリーブ油各適量●ハーブクリームソース適量●飾り用ハーブ（セルフイユ●デトロイト）・ピンクペッパー各適量

＊仏アルザス地方の酢。ハチミツ、ハーブジュースを添加。酸味控えめで、やや甘め。普通の酢と同じような使い方をする。

＊＊レモン風味をつけたオリーブ油。

1. レンコンは一口大に切り、軽く下ゆでする。
2. 寸胴鍋にレンコンとマリネ液の材料、一口大に切った蒸し煮用野菜を加え、ふたをして火にかける。
3. 寸胴鍋のふたが熱くなったら火を止めることを2回くり返す（約20分間加熱し5～6時間やすませる×2回）。断続的に加熱することで、野菜から出た水分とマリネ液が混ざり、旨みの濃い煮汁ができる。この煮汁で野菜を軽く煮て、そのまま浸け込んで味をしみ込ませていくイメージ。最初から大量の水分で長時間煮ると野菜の風味や食感が失われるので注意する。さらに翌日以降は味がなじんでくる。
4. オーダーが入ったら、蒸し煮野菜と少量の煮汁をボウルにとり、くし形に切ったトマトと食べやすくカットしたアンディーヴとキュウリを入れ、塩、コショウ、レモンオイルを加えて乳化させるように和える。
5. 4を盛りつけてハーブクリームソースとオリーブ油を皿に流し、ハーブを飾り、砕いたピンクペッパーを散らす。

ハーブクリームソース

ハーブ（ディル、セルフイユ、イタリアンパセリ、エストラゴン、パセリ、バジルなど）、ニンニク（ゆでこぼす）、生クリーム300cc、塩・コショウ各適量

ハーブをサッとゆでて、沸かした生クリームに入れて約5分間煮出して香りをつけ、ミキサーにかけて漉す。

083 SALAD 野菜 ― 果菜 花菜

マリネ液で蒸し煮にした野菜のサラダ仕立て。同店の看板メニューで、夏は果菜類を、春は山菜を中心に提供している。貝類を加えてもおいしい。

蒸し野菜の胡麻ダレサラダ

JAPANESE たべごと屋のらぼう

材料（4人分）

スナップエンドウ 8本 ● ヤングコーン 12本 ● カブ（くし形切り）4個分 ● 赤パプリカ（薄切り）1個分 ● キャベツ（一口大にちぎる）1/2個分 ● サヤインゲン（5cm長さのざく切り）8本分 ● 赤玉ネギ・玉ネギ（各厚めのスライス）各1個分 ● 胡麻だれ 60cc

1 スナップエンドウはヘタとスジをむく。ヤングコーンは皮をむいておく。
2 それぞれの野菜を蒸し器で2～2分間半蒸す。スナップエンドウ、ヤングコーンは先に下ゆでしておくとよい。
3 熱いうちに皿に盛り、胡麻だれを添える。

あつあつの旬野菜に胡麻だれを合わせた人気メニュー。肉を加えてもいいし、ぽん酢もよく合う。

胡麻だれ

煎り白ゴマ100g、A（煮きりミリン80cc、薄口醤油100cc、三温糖50g、酢80cc、卵黄1個分、生搾りゴマ油100cc）、片栗粉小さじ2

白ゴマをすり鉢ですり、Aを少しずつ順に混ぜ合わせて完全に乳化させる。鍋に移して弱火にかけ、同量の水（分量外）で溶いた片栗粉を少しずつ加えて、とろみを調節する。

温野菜サラダ 豚耳入りラビコットソース

FRENCH ルカンケ

材料（4人分）

A（一口大のカボチャ4切れ●切り目を入れた小ナス4個●薄い輪切りのヤーコン4枚●芽キャベツ2個●グリーンアスパラガス2本●ホワイトアスパラガス2本●カブ1個●赤カブ1個●緑・黄ズッキーニ各1/4本●ニンジン1/4本●ヤングコーン4本●スナップエンドウ4本●シメジ茸適量●キクラゲ4枚）

塩・揚げ油各適量

B（豚耳*1枚●5mm角のゆで玉子2個分●5mm角のトマト1/2個分●みじん切りのエシャロット1/2個分●みじん切りのパセリ適量●みじん切りのコルニッション2本分）基本のドレッシング適量

*香味野菜を加えた水から30分間ゆで、1cm角に切る。

1. Bのすべての材料と基本のドレッシングを混ぜ合わせておく。
2. カボチャとナスは素揚げする。そのほかのAの野菜は食べやすい大きさに切り、3%の塩を加えた湯でゆでて水気をきる。
3. 2が温かいうちに皿に盛り、まわりに1をかける。

ラビコットソースに入れた豚耳のコリコリとした食感とゼラチン質がアクセント。

基本のドレッシング（ルカンケのベースドレッシング）

白ワインヴィネガー30cc、おろし玉ネギ1/6個分、粒マスタード小さじ1、サラダ油40cc、クルミ油40cc、塩・コショウ各適量

材料をすべてよく混ぜ合わせる。

温野菜のサラダ バーニャカウダソース

ITALIAN RISTORANTE YAGI

材料

A（葉玉ネギ●小玉ネギ●グリーンアスパラガス●ホワイトアスパラガス●カブ●スナップエンドウ●サヤインゲン●ブロッコリー●マッシュルームなど旬の野菜）適量

オリーブ油適量●バーニャカウダソース適量

1. Aの野菜はそれぞれ少しかために蒸す。大きいものは食べやすく切って皿に並べる。
2. オリーブ油を回しかけ、バーニャカウダソースをかける。

バーニャカウダはピエモンテ州の代表的な料理の一つで、各家庭ごとにつくり方が違うといわれる。ニンニク、アンチョビ、オリーブ油でつくるのがスタンダードだが、ここでは牛乳やバターも加えてマイルドな味わいに仕立てた。

バーニャカウダソース（2人分）

ニンニク100g、牛乳200cc、オリーブ油140cc、アンチョビフィレ90g、バター30g、生クリーム10cc

ニンニクを牛乳でやわらかく煮て煮汁をきる。オリーブ油とアンチョビを弱火にかけてアンチョビを溶かし、さきのニンニクを加え、つぶしながら煮る。混ざってきたらバター、生クリームを加え、ハンドミキサーで撹拌する。

温野菜の蒸しサラダ ブラックビーンズソース

CHINESE 彩菜

材料（4人分）
サツマイモ・ジャガイモ・カボチャ・ラディッシュ・ブロッコリー 計**300ｇ**●塩少量●ブラックビーンズソース全量

1 サツマイモ、ジャガイモ、カボチャは、皮つきのまま丸ごと蒸し器に入れて下蒸しし、1cm厚さに切る。カボチャは皮をむく。
2 ラディッシュは葉を切り落とし、ブロッコリーは小房に分ける。
3 セイロの中に皿を敷き、1、2の野菜を盛って軽く塩をし、蒸し器で10分間ほど蒸す。
4 3にブラックビーンズソースをかける。

ブラックビーンズソース
豆鼓醤**22.5cc**、オイスターソース**22.5cc**、日本酒**22.5cc**、酢**7.5cc**
材料をよく混ぜ合わせる。

豆鼓醤は豆鼓（黒豆を蒸して塩漬けにし、発酵させたもの）にニンニク、砂糖などを加えてつくったもの。

フルーツサラダ バジリコの香り

ITALIAN リストランテプリマヴェーラ

材料（4人分）

フルーツトマト10個●イチゴ2個●オレンジ1個●グラニュー糖（もしくは粉糖）少量●オリーブ油適量●バジル適量

1. 4色のフルーツトマト、イチゴは水洗いし、ヘタを取り除く。オレンジは、皮をむいて房から果実を取り出す。それぞれ大きさをそろえて切り、ボウルに入れる。
2. 少量のグラニュー糖をふって混ぜ、オリーブ油を合わせて、30分間ほど冷蔵庫で冷やす。
3. よく冷やした皿に盛りつけ、仕上げにバジルを散らす。

食後のデザートにも向く。カッペリーニなどの細麺の冷たいパスタソースにも合う。また焼魚に、つけ合せを兼ねたソース代わりとして下に敷いてもいいだろう。バジルの代わりにミントでもさわやか。

フルーツサラダ 生ハムドレッシング

FRENCH ルカンケ

材料（4人分）

イチジク1個●メロン1/6個●バナナ1本●ブルーベリー12粒●スターフルーツ1個●イチゴ4粒●巨峰4粒●パイナップル（一口大）4切れ●パッションフルーツ1個●生ハムとフランボワーズヴィネガーのドレッシング適量●ミント4枚

1. フルーツを一口大に切って皿に盛り合わせ、ドレッシングを上からかけ、ミントを添える。

生ハムとフランボワーズヴィネガーのドレッシング

フランボワーズヴィネガー30cc、オリーブ油30cc、菜種油30cc、塩・コショウ各少量、生ハム（太めのせん切り）1枚分

材料をすべてよく混ぜ合わせる。

桂花マヨネーズのフルーツサラダ

CHINESE 彩菜

材料（4人分）
バナナ2本●キウイフルーツ1個●リンゴ1/2個●桂花マヨネーズ全量●ピンクペッパー・セルフイユ各適量

1 バナナ、キウイフルーツ、リンゴは食べやすい大きさに切る。
2 1を桂花マヨネーズで和えて器に盛り、ピンクペッパーを散らし、チャービルをのせる。

桂花マヨネーズ
マヨネーズ50g、桂花陳酒*15g、無糖プレーンヨーグルト15g、コショウ少量、ピンクペッパー適量
材料をすべてよく混ぜ合わせる。

*ワインにキンモクセイの花を浸漬してつくる酒。

どんなフルーツでもOK。ソースはアクセントにコショウとピンクペッパーをきかせている。

キンカンの生姜サラダ

CHINESE 美虎

材料（4人分）
キンカン10粒●生姜ドレッシング適量●セルフイユ少量

1 キンカンはサッと洗い、厚さ2〜3mm程度の輪切りにして種を取り除く。
2 キンカンに生姜ドレッシングをからめて器に盛りつけ、セルフイユを飾る。

生姜ドレッシング
ショウガ（みじん切り）大さじ1、太白ゴマ油37.5cc、レモン汁15cc、砂糖大さじ1/2
材料をすべてよく混ぜ合わせる。

比較的大粒のよく熟したキンカンをドレッシングで和えるだけだが、シンプルゆえに素材の甘さが際立つ。

SALAD 野菜—フルーツ

文旦のサラダ

ETHNIC キッチン — Ⓒ

材料（4〜6人分）

ブンタン1個●玉ネギ（繊維を断って薄切り）1/2個分● **A**（レモン汁30cc●グラニュー糖大さじ1）
ウド（5cm長さの短冊切り）1/2本分●片栗粉水（水カップ2に片栗粉大さじ2を溶く）
さきイカ15g●パクチー（粗みじん切り）適量●ヌクチャム＋ガーリックオイル＋粗挽き黒コショウ全量●フライドオニオン*大さじ2●砕いたピーナッツ大さじ2●エビセンベイ（タイ製）適量●揚げ油適量

*ラッキョウ大の赤玉ネギ（赤ワケギ）をスライスして油でパリッと揚げたもの。

1. ブンタンは皮をむき、薄皮をむいて果肉を取り出し、一口大に割っておく。
2. 玉ネギは **A** で下味をつけておく。ウドは片栗粉水に浸けてアクを抜き、流水で洗い、水気をきる。
3. さきイカは細かく手で裂く。
4. ボウルに1のブンタン、水気を絞った玉ネギ、ウド、さきイカとパクチー、ヌクチャム＋ガーリックオイル＋粗挽き黒コショウ、フライドオニオン、ピーナッツを入れて混ぜ合わせる。
5. 4を盛り、パクチーを飾り、油で揚げたエビセンベイを添える。エビセンベイの上にサラダをのせて食べる。

ヌクチャム＋ガーリックオイル＋粗挽き黒コショウ

ガーリックオイル**5〜10cc、粗挽き黒コショウ少量、ヌクチャム45〜60cc

材料をすべてよく混ぜ合わせる。

**みじん切りのニンニクを倍量のサラダ油に入れて中火でキツネ色になるまで加熱したもの。密閉容器に入れて保存しておくと便利。

ヌクチャム

ニョクマム30cc、レモン汁45cc、グラニュー糖大さじ3、水30cc、ニンニク（みじん切り）1/2片分、赤唐辛子（みじん切り）1/2本分

材料をすべてよく混ぜ合わせる。

091　SALAD　野菜 ― フルーツ

ベトナムでは"ブーイ"というザボンを使うが、ブンタンで代用。ブンタンは水分が抜けたものがあるので、ずっしりと重いものを選ぶ。手軽につくるならグレープフルーツやハッサクなどでも。

柿と蕪と蛸のサラダ

KOREAN 李南河

材料（4人分）

タコの脚100g●柿（くし形切り）1/2個分●カブ（くし形切り）1/3個分●ゴマ油30cc●おろしニンニク2片分●塩・コショウ各少量●チョコチュジャン大さじ4●ゴマ油適量●レモン1/2個●白ゴマ・コショウ各少量●セルフイユ適量

1. タコは皮をむいて、厚めにスライスして、サッと湯引きをする。
2. 柿とカブは薄塩をあてて15分間おく。
3. タコ、柿、カブを合わせて、ゴマ油とすりおろしたニンニクを混ぜる。塩、コショウで味を調える。
4. 器にチョコチュジャンとゴマ油を流し、**3**を盛りつける。すった白ゴマとコショウをふって、レモンを添え、セルフイユを飾る。

チョコチュジャン

コチュジャン200g、酢100cc、味噌100g、砂糖100g、濃口醤油15cc、白すりゴマ30g、おろしニンニク20g

材料をすべてよく混ぜ合わせる。

柿のやさしい甘みと湯引きしたタコの食感が絶妙な組み合わせ。ナシやマンゴー、パパイヤ、オレンジなども合う。カブは歯応えのよさを生かすために、長時間塩にあてない。

柿と春菊の白和え

JAPANESE たべごと屋のらぼう

材料（4人分）
柿（くし形切り）1個分 ● シュンギク 1束 ● 浸け地（だし 100cc ● 濃口醤油 10cc）● 白和え衣（木綿豆腐 1丁 ● 白すりゴマ 30g ● 塩適量 ● 薄口醤油 10cc ● 三温糖 20g）● リンゴ 1/2個 ● 白ゴマ少量

1 柿は皮をむいて一口大のくし形に切る。シュンギクは葉と茎を分け、4cmのざく切りにし、それぞれを熱湯でゆでて氷水にとる。だしと濃口醤油を合わせた浸け地にサッとくぐらせて軽く絞る。
2 白和え衣をつくる。充分水きりした木綿豆腐は2回裏漉ししてなめらかにし、白すりゴマ、塩、薄口醤油、三温糖を加えてよく練る。
3 提供直前に白和え衣大さじ4で柿とシュンギクを和える。
4 輪切りにしたリンゴの上に白和えを盛りつけ、白ゴマを散らす。

2度裏漉ししたなめらかな和え衣が際立つ。果物はイチジク、キンカン、イチゴなどでも合う。

人参、オレンジのサラダ しょうがの香り

ITALIAN リストランテプリマヴェーラ

材料（4人分）
ニンジン1本●オレンジ2個●ショウガ風味のドレッシング全量●塩適量

1. ニンジンの皮をむき、チーズおろしの粗い面ですりおろして、太めのせん切りにする。
2. オレンジの皮をむき、果肉を取り出す。
3. ボウルにニンジン、オレンジを入れ、ショウガ風味のドレッシングで和え、塩で味を調えて仕上げる。ニンジンから水分が出るので、食べる直前に和えること。ドレッシングだけ別に用意し、食卓で混ぜてもよい。

ショウガ風味のドレッシング

ショウガ汁10cc、白ワインヴィネガー5cc、オリーブ油25cc、塩1つまみ

ショウガ汁、白ワインヴィネガー、塩を撹拌し、少量ずつオリーブ油を加えて乳化させる。

ニンジンの甘くなる冬につくりたいサラダ。ニンジンの味を損なわないように、ドレッシングはやさしい味に。ショウガが香りのポイント。

にんじんとオレンジのサラダ

FRENCH シェ・トモ　　　　　　　　　　　　　Ⓒ

材料（4人分）

ニンジン（2mm太さの細切り）2本分●オレンジ1個●オレンジジュース（市販・果汁100％）400cc●板ゼラチン（氷水で戻しておく）5枚●オレンジのドレッシング適量●パセリ（みじん切り）適量●塩・コショウ各適量

果汁、果肉、皮と、それぞれ形を変えてニンジンと合わせてみた。オレンジのドレッシングは白身魚のカルパッチョにも合う。

1. オレンジジュースを温めて、板ゼラチンを溶かす。1cmの高さまでバットに流し、冷蔵庫で冷やし固める。
2. オレンジは皮を薄くむき、せん切りにしてゆでる。果肉は薄皮から切り出し、残った薄皮を搾って果汁をとる（ドレッシング用）。
3. ニンジンにゆでたオレンジの皮を混ぜて、オレンジのドレッシングで和える。
4. 1のゼリーを1cm角に切る。器にゼリーと3のサラダ、オレンジの果肉を盛りつけ、パセリを添える。

オレンジのドレッシング

オレンジ果汁（実を切り出したあとの薄皮を搾ったもの）1個分、A（白ワインヴィネガー20cc、グラニュー糖10g、白ワイン40cc、グランマルニエ20cc）、マスタード40g、ピーナッツ油100cc、塩・コショウ各適量

Aの白ワインヴィネガーとグラニュー糖を沸騰させ、酸味を飛ばしたら、白ワインとグランマルニエを加えて再び沸騰させてアルコールを飛ばす。マスタードにAとオレンジ果汁を加える。ピーナッツ油を糸のようにたらしながら泡立て器で混ぜてつなぐ。塩、コショウで味を調える。

かぶらとプチベールのからすみサラダ

JAPANESE 玄斎

材料（4人分）
小カブ（くし形切り）1～2個分●塩少量●昆布適量●カラスミ（薄切り）8枚●プチヴェール8個●黄身酢適量●イクラ適量

1. 小カブは茎を少し残して葉を切る。葉は熱湯でサッとゆでて冷水にとり、水分を絞る。プチヴェールもゆで、冷水にとり、水気をきる。
2. 小カブは塩をふり、しばらくおいてから葉とともに昆布ではさみ、適当な容器に入れて重石をする。
3. カラスミと水分をふき取った2のカブを交互に並べる。カブの葉は結び、イクラをのせる。プチヴェールを盛り合わせ、黄身酢をのせる。

黄味酢
卵黄2個分、酢30cc、砂糖大さじ1.5、塩少量

材料をすべてよく混ぜて鍋に移し、湯煎で練って適当な濃度になったら裏漉しする。

カラスミは塩分があるので、カブと葉の昆布押しは塩分を控えめに。ケールと芽キャベツの交配種プチヴェールのかすかな苦みが風味として効いたサラダ。

ビーツはゆっくりローストすると土臭さがなくなり、特有の旨みを引き出すことができる。トリュフドレッシングはサラダ全体のまとめ役。

ビーツ、ホタテ、カブ、コンテチーズのサラダ

FRENCH コウジイガラシ オゥ レギューム　　C

材料（4人分）
ビーツ中1個●カブ（5mm厚さの輪切り）中2個分●ホタテ貝柱（6mm厚さの薄切り）4個分●コンテチーズ100g●グリーンサラダ＊適量●黒トリュフ（せん切り）10g●竹炭塩（市販品）＊＊適量●塩・コショウ各適量●シェリーヴィネガードレッシング30cc●トリュフドレッシング20cc

＊マーシュ、ルーコラ、シコレフリゼ、デトロイト、セルフイユなど。
＊＊竹炭塩（市販品）は塩を竹炭と合わせて焼成したもの。塩味のあたりがやわらかい。

1　ビーツは丸ごとアルミホイルで包み、200℃のオーブンで約1時間ローストする。カブは塩をふってしんなりさせる。
2　ビーツとコンテチーズを厚さ2〜3mmにスライスし、セルクルで抜いてカブとホタテ貝柱と形をそろえておく（各12枚ずつ用意）。
3　ビーツ、ホタテ貝柱、カブ、コンテチーズを皿に丸く並べ、中央にグリーンサラダを盛り、黒トリュフを散らす。竹炭塩とコショウをふる。
4　残ったビーツをみじん切りにしてシェリーヴィネガードレッシングと合わせてソースにする。トリュフドレッシングとともに皿に流す。

シェリーヴィネガードレッシング
エシャロット（みじん切り）3個分、シェリーヴィネガー360cc、オリーブ油540cc、ヒマワリ油720cc、塩70g
材料をすべてよく混ぜ合わせる。

材料をすべてよく混ぜ合わせる。

トリュフドレッシング
トリュフ（みじん切り）5g、シェリーヴィネガー40cc、フォンドヴォー10g、くるみ油40cc、トリュフオイル30cc

SALAD　野菜｜根菜

蕪とフルーツトマトのバジルペースト

JAPANESE たべごと屋のらぼう

材料（4人分）
カブ（くし形切り）3～4個分●塩適量●フルーツトマト（くし形切り）4個分●黄パプリカ2個●バジルペースト大さじ2

1. カブは茎の部分を少し残して切り落とし、くし形に切り、塩をふって30分間おいて水気を絞る。
2. ボウルにバジルペーストとカブ、フルーツトマトを入れてさっくりと混ぜ合わせ、味を調える。
3. 熱湯でサッとゆでた黄パプリカを半分に切って器にして、カブとフルーツトマトを盛る。

市販のバジルペーストを使った手軽な一品。さわやかな香りは、魚や肉料理のつけ合せにも向く。

4種のカブのサラダ ドレッシング

シトロネット
レモン汁100cc、ハチミツ50～80cc、オリーブ油300cc、ヒマワリ油100cc、塩・コショウ各適量、冬季は刻んだユズ皮適量

材料をすべてよく混ぜ合わせる。

ラビゴットソース（マスの卵入り）
ゆで玉子（みじん切り）1個分、コルニッション（みじん切り）1本分、エシャロット（みじん切り）1個分、ケッパー（みじん切り）5粒分、ディル（みじん切り）大さじ1、カブ（みじん切り）1/4個分、マスの卵大さじ1、A（菜種油22cc、オリーブ油22cc、メルフォルビネガー15cc、マスタード小さじ1、塩・コショウ各適量）

Aを混ぜ合わせてソースヴィネグレットをつくり、そのほかの材料を混ぜ合わせる。

4種のカブのサラダ

FRENCH コウジイガラシ オゥ レギューム　　C

材料（4人分）
カブ・赤カブ・黄カブ・さくら小カブ各1個●シトロネット**50cc**

スモークサーモンのコンフィ（サーモンのフィレ約**1.5kg**●塩**100g**●半精製の砂糖**30g**●ディルなどのハーブくず・レモン皮各適量●粒コリアンダーシード**10g**●白粒コショウ**10g**●オリーブ油適量）

ラビゴットソース（マスの卵入り）**60g**●ディル（みじん切り）適量●ピンクペッパー・白粒コショウ各適量

1. 各種カブは皮つきのまま厚さ2〜3mmにスライスし、シトロネットを混ぜて下味をつける。
2. スモークサーモンのコンフィをつくる。サーモンは骨と皮を除き、そのほかの材料を表面にまぶす。6〜8時間マリネし、表面をはらって脱水シートに包み、1晩冷蔵庫にねかせて脱水する。
3. 翌日25〜30℃で約1〜2時間冷燻にかける。自家製3段の燻製器を使用。下段にスモークウッドを入れて焚き、最上段の網にのせて燻製するという構造。冷燻の場合は、中段に氷を入れたバットなどをおいて、燻煙を冷やす。
4. サーモンにオリーブ油をたっぷりからめてラップフィルムで二重に包み、さらに真空パックして、45℃の湯で30分間加熱してコンフィをつくる。
5. 皿にカブと厚さ1cmに切ったコンフィを盛りつけ、マスの卵入りラビゴットソースを添える。カブにはみじん切りのディルと粗く砕いたピンクペッパー、サーモンには粗く砕いた白粒コショウを散らす。

サーモンコンフィは皮を残してつくり、皮目だけをパリッとソテーして温製に仕上げてもよい。また市販のスモークサーモンを角に切ってソースに混ぜ、カブのサラダに添えてもよい。

黄カブのスフレ

FRENCH マルディ グラ

材料（4人分）

黄カブのピュレ（黄カブ約**1kg**●水**1.5**リットル●粉末ターメリック大さじ**2**●塩小さじ**2**）

ソースモルネー（薄力粉大さじ**1**●バター大さじ**1**●牛乳**120cc**●おろしたグリュイエールチーズ大さじ**5**●塩・コショウ各適量）●メレンゲ＊

＊卵白**40g**に塩、グラニュー糖を各少量ずつ加えて角が立つまで泡立て器でよく泡立てる。

1 黄カブのピュレをつくる。黄カブはヘタを落として中身をくり抜き、ターメリックを入れた塩水でやわらかく煮る。これをフードプロセッサーにかけてピュレ状にする。残ったカブの皮は器にする。
2 ソースモルネーをつくる。バターを溶かし、泡が出てきたら薄力粉をふり入れて色づけないように炒める。約60℃に温めた牛乳を少しずつ加えてなじませ、グリュイエールチーズ、塩、コショウを入れて味を調える。
3 黄カブのピュレ120gにソースモルネー60g、メレンゲ全量を合わせてスフレ生地をつくる。
4 カブの器に**3**を詰め、220℃に熱したオーブンで13分間ほど焼く。できたてを提供する。

カブのピュレとチーズが入った、ふわふわのスフレ生地。熱いうちに食べる。

焼きカブと春菊のサラダ ケッパーとアンチョビのソース

ITALIAN　リストランテプリマヴェーラ

材料（4人分）
カブ2個●カブの葉（ざく切り）1個分●シュンギク（ざく切り）4本分●オリーブ油・塩各適量●ケッパーとアンチョビのソース全量●クルミ5個

1. カブの天地を落とし、皮をむいて横半分に切る。
2. フライパンにオリーブ油をひき、カブをソテーして焼き色をつける。カブの葉、シュンギクを入れてサッとソテーし、カブとともに塩で味を調える。
3. 皿にソテーしたカブ、カブの葉、シュンギクを盛り、ケッパーとアンチョビのソースをかける。仕上げに砕いたクルミを散らす。

ケッパーとアンチョビのソース
塩漬けケッパー（塩抜きする）20g、アンチョビペースト小さじ1/2、レモン汁少量、バター5g

バターを弱火で溶かし、ケッパー（半量はみじん切り、残りは粒のまま）とアンチョビペーストを加えて炒める。レモン汁を加えて仕上げる。

大きなカブを用意する。カブの水分量の違いで、火加減をうまく調整することが大事。水分の多い時期は、アクセントになる強めの味のソースが合う。

大根と三つ葉のサラダ

JAPANESE かんだ

材料（4人分）

ダイコン（8ｃｍ長さの千六本）
●三ツ葉1束●塩適量●柚子
風味マヨネーズ全量

柚子風味マヨネーズ

マヨネーズ大さじ2、ユズ果汁少
量、ユズの皮（みじん切り）少量
材料をすべてよく混ぜ合わせる。

1. ダイコンは塩をふって少しおき、よくもん
で水気を絞り、キッチンペーパーでよく水
気をふく。
2. 三ツ葉はゆでてダイコンと同じ長さに切
り、水気をきる。
3. 1と2を合わせて柚子風味マヨネーズで
和え、器に盛る。

ダイコンの長さがポイント。太さが
変わらない中央部分を使用する。

大根と浅月のサラダ

JAPANESE 板前心菊うら

材料（3人分）

ダイコン（6ｃｍ長さの千六本）1/4本分●アサツ
キ（5ｃｍ長さのざく切り）少量●七味入りドレッ
シング全量●七味唐辛子（好みで）適量

1. ダイコンは水に浸けてシャキッとさせておく。
2. ダイコンの水気をよくきり、アサツキとともに
七味入りドレッシングで和える。
3. 器に盛り、好みで七味唐辛子をふりかける。

七味入りドレッシング

酢15cc、薄口醤油15cc、ゴマ
油5cc、七味唐辛子適量
材料をすべてよく混ぜ合わせる。

時間がたつとしんなりしてしまうので、早めに食べるとよい。

紅芯ダイコンのラヴィオリ仕立て

FRENCH コウジイガラシ オゥ レギューム ⓒ

材料（4人分）

紅芯ダイコン（2mm厚さの輪切り）24枚

詰め物A（ズワイガニほぐし身200g●つぶしたアボカド1/2個分●5mm角の根セロリ・ニンジン・カブ各50g）

詰め物B（みじん切りのハーブ*各適量●マヨネーズ20g●レモン汁**適量●カニのだし***適量●塩・コショウ各適量）

野菜のピュレ（根セロリ・黄ニンジン各100g●生クリーム適量●レモン汁少量●塩・コショウ各適量）

イクラ適量●セルフイユ・エストラゴン・ディル各適量●塩・コショウ各適量

1. 紅芯ダイコンは塩をふって少ししんなりさせる。
2. 詰め物をつくる。まず詰め物Bを準備する。ハーブとそのほかの材料を順に合わせる。BにAを加えて味を調える。
3. 野菜のピュレをつくる。根セロリと黄ニンジンはやわらかくゆでてザルにとる。それぞれに塩、コショウ、生クリーム、レモン汁（冬場はユズ果汁）を加えてミキサーにかけ、味と濃度を調える。
4. 紅芯ダイコン2枚で詰め物大さじ1をはさんで器に盛り、イクラを添えてセルフイユ、エストラゴン、ディルを飾る。3の野菜のピュレを添える。

紅芯ダイコンの色彩を生かしたサラダ。濃厚な詰め物と紅芯ダイコンの食感が互いに引き立て合う。

* ディル、セルフイユ、イタリアンパセリ、エストラゴン。
** シトロネット（→98頁）でもよい。
*** ビスク、またはカニ缶詰の汁を利用。入れなくても可。

蒸しビーツのサラダ

FRENCH シェ・トモ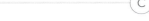

材料（4人分）

ビーツ（1.5cm角）4個分●エシャロット（みじん切り）4個分●A（砂糖10g●シェリーヴィネガー40cc●ピーナッツ油80cc●黒粒コショウ4つまみ）●パセリ（みじん切り）適量●塩適量

1 ビーツとエシャロットをAで和え、塩で味を調える。
2 アルミホイルを折り曲げて袋をつくる。ここに1を入れて袋の口を閉じる。220℃のオーブンに入れ、25分間蒸し焼きにする。
3 2をオーブンから出して、袋を開けずそのまま余熱で火を入れる。
4 3の中身をボウルに出し、よく混ぜ合わせる。最後に必要なら塩でもう一度味を調える。皿に盛りつけ、パセリをふる。

ビーツはゆでずに蒸し焼きにするとほくほくとした甘さが楽しめる。

根セロリのサラダ パリジェンヌ風

FRENCH シェ・トモ ⓒ

材料（4人分）
根セロリ（せん切り）400g●エシャロット（みじん切り）60g●パセリ（みじん切り）適量●ソースヴィネグレット適量●塩・コショウ各適量

1. ボウルに根セロリを入れ、エシャロット、パセリ、ソースヴィネグレットを加えて混ぜ合わせ、塩、コショウで味を調える。

ソースヴィネグレット
A（フレンチマスタード25g、赤ワインヴィネガー5g、シェリーヴィネガー5g）、ピーナッツ油100cc、塩・コショウ各適量

ボウルにAを合わせて混ぜ、ピーナッツ油を少しずつ加えて泡立て器で攪拌。クリーム状になったら適量の塩、コショウで味を調える。

水菜とヤーコン、蒸し鶏の胡麻ダレ

JAPANESE たべごと屋のらぼう ⓒ

材料（4人分）
ミズナ（4cm長さのざく切り）1束分●ヤーコン（4cm長さの細切り）1本分●鶏ムネ肉（またはササミ）100g●胡麻だれ大さじ2●白ゴマ適量

1. 鶏ムネ肉は蒸して、食べやすく裂く。
2. ミズナ、ヤーコン、鶏ムネ肉を少量の胡麻だれで和える。皿に盛り、白ゴマをふって、胡麻だれを添えて（またはかけて）提供する。

胡麻だれ
煎り白ゴマ100g、A（煮きりミリン80cc、薄口醤油100cc、三温糖50g、酢80cc、卵黄1個分、生搾りゴマ油100cc）、片栗粉小さじ2

白ゴマをすり鉢ですり、Aを順に少しずつ混ぜて乳化させる。弱火にかけて水溶き片栗粉を加えてとろみを調節する。

ナシのような甘みと食感をもつヤーコンのサラダ。濃厚な胡麻だれがよく合う。

じゃが芋（きたあかり）のサラダ だしジュレがけ

JAPANESE かんだ

材料（4人分）
ジャガイモ（キタアカリ）**700g** ●だしジュレ適量

1. ジャガイモはゆでて皮をむき、粗くつぶして器に盛り、だしジュレを添える。

だしジュレ
だし **400cc**、薄口醤油 **50cc**、ミリン **50cc**、煎り白ゴマ大さじ **2**、板ゼラチン **9g**

だしの半量と煎り白ゴマを鍋に合わせて60℃に温め、戻したゼラチンを入れて溶かす。残りのだしと薄口醤油、ミリンをボウルに合わせて、ゼラチン液を合わせて容器に入れて冷蔵庫で冷やし固める。

いつもマヨネーズにたよりがちなジャガイモも、だしのジュレでさっぱりと食べられる。

枝豆とジャガイモのサラダ オリーブオイルの香り

ITALIAN リストランテプリマヴェーラ

イタリアでは、タコなどの魚介類を入れることもある。ソラ豆でも代用できる。カリッと煎ったパン粉がポイント。香りのよいオリーブ油でつくると美味。

材料（4人分）
ジャガイモ **3個** ●エダ豆適量 ●イタリアンパセリ（みじん切り）**1つまみ** ●塩・コショウ・パン粉・オリーブ油各適量

1. ジャガイモは塩ゆでし、熱いうちに皮をむき、フォークで少し形が残る程度につぶす。
2. エダ豆は塩もみし、たっぷりの熱湯でゆでて、サヤをはずして薄皮をむく。
3. ジャガイモにエダ豆、イタリアンパセリを合わせて、塩、コショウで味を調える。
4. パン粉はフライパンでキツネ色になるまで香ばしく煎る。
5. 皿に盛りつけ、黒コショウ、パン粉をふりかけ、仕上げにオリーブ油をかける。

タイ風ポテトサラダ

ETHNIC キッチン　　　　　　　　　　　　　Ⓒ

材料（4人分）

ジャガイモ200〜250g●A（1cm角のニンジン・キュウリ・セロリ各25g●塩小さじ1/4）●マヨネーズ35g●グリーンカレーペースト3g●フライドオニオン*・パクチー各適量●塩・粗挽き黒コショウ各少量

*ラッキョウ大の赤玉ネギ（赤ワケギ）をスライスして油でパリッと揚げたもの。

1 ジャガイモは皮つきのまま、塩を加えた水でゆでる。熱いうちに皮をむき、木ベラでつぶす。
2 Aを合わせ、野菜がしんなりするまで20分間ほどおいて、水気を絞る。
3 ジャガイモの粗熱がとれたらマヨネーズ、グリーンカレーペースト、2の野菜、塩、粗挽き黒コショウを加えて混ぜ合わせる。
4 器に盛り、フライドオニオンをふり、あればパクチーを飾る。

タラモサラダ

FRENCH シェ・トモ　　　　　　　　Ⓒ

材料（4人分）

ジャガイモ500g●タラコ200g●玉ネギ（薄切り）1/2個分●マヨネーズ80g●塩・コショウ各適量●セルフイユ・アマランサスの葉各適量●オリーブ油少量

1 ジャガイモはゆでて皮をむき、細かくつぶし、塩、コショウで下味をつける。
2 タラコを焼き、粗熱がとれたら薄皮をむく。粗く手でほぐし、すり鉢でさらに細かくほぐす。
3 玉ネギは塩もみし、流水にさらして水気を絞る。
4 ボウルにマヨネーズと 2 を入れて混ぜ、1 と 3 を加えて和える。
5 4 を大きなスプーンでくり抜いて皿に盛り、セルフイユとアマランサスを飾り、オリーブ油を回しかける。

マヨネーズ

A（卵黄1個分、マスタード大さじ1、白ワインヴィネガー30cc）、サラダ油180cc、塩適量

Aを混ぜ、サラダ油を少しずつ加えながら泡立て器で撹拌し、クリーム状にする。塩で味を調える。

じゃが芋と揚げじゃが芋のサラダ

FRENCH シェ・トモ

材料（4人分）
ジャガイモ大4個●玉ネギ（薄切り）1/2個分●フライドポテト用カットジャガイモ（市販）20本●コルニッション（棒切り）10本分●ケッパー約40粒●ソースヴィネグレット100cc●パセリ（みじん切り）少量●黒粒コショウ（つぶす）・塩・揚げ油各適量

1. ジャガイモをゆでて皮をむき、2cm厚さの拍子木切りにする。
2. 玉ネギは塩でもみ、流水でよくさらしておく。辛みが抜けたら充分に水気をきる。
3. フライドポテト用のジャガイモを揚げて塩をし、半分の長さに切る。
4. ジャガイモ、玉ネギ、フライドポテト、コルニッション、ケッパーをソースヴィネグレットで和えて器に盛り、パセリをふり、黒粒コショウをまわりに散らす。

ソースヴィネグレット
A（フレンチマスタード25g、赤ワインヴィネガー 5g、シェリーヴィネガー 5g）、ピーナッツ油100cc、塩・コショウ各適量

Aを合わせて混ぜ、ピーナッツ油を少しずつたらして泡立て器で撹拌。クリーム状になったら適量の塩、コショウで味を調える。

シンシアポテトのカルボナーラ風

FRENCH コウジイガラシ オゥ レギューム

材料（2人分）

ジャガイモ（シンシア）3個●自家製パンチェッタ*（細切り）**20g**
卵液（卵黄2個分●卵2個●パルミジャーノチーズ大さじ1●黒コショウ適量●生クリーム**30cc**）
オリーブ油適量●粗挽き黒粒コショウ・竹炭塩・黒トリュフ（薄切り）・イタリアンパセリ各適量

＊豚バラ肉ブロックに4％の塩と0.2％の砂糖をまぶし、ビニール袋に入れて冷蔵庫で2日間マリネする。水洗いし、脱水シートに包んで冷蔵庫に戻す。シートを2日に1度取りかえて、5日間脱水する。

1. ジャガイモは丸のまま蒸して皮をむき、一口大に切る。
2. 細切りにした自家製パンチェッタをオリーブ油でじっくり炒めて脂を出す。ここにジャガイモを入れて脂をからめながらソテーする。
3. 混ぜ合わせた卵液を一気に**2**に加えて、鍋をあおって全体にからませ、煎り玉子手前の状態まで火を通す。
4. 器に盛り、粗挽き黒コショウ、竹炭塩をふり、黒トリュフ、イタリアンパセリを散らす。

相性のいいトリュフ、卵、ジャガイモの組み合わせ。卵はふわふわした食感に仕上げる。ジャガイモはくせのないしっとりしたシンシア種が合う。

ジャガイモとローズマリーのオーブン焼き アボカドのディップをのせて

ITALIAN リストランテプリマヴェーラ

材料（4人分）

ジャガイモ（一口大）3個分●ローズマリー2枝●ニンニク1片●塩・オリーブ油各適量●アボカドのディップ全量

1. ボウルにジャガイモ、ローズマリー、皮つきのままつぶしたニンニク、オリーブ油、適量の塩を加え、全体にオリーブ油が回るように混ぜる。
2. 耐熱のグラタン皿に移し、200℃のオーブンで焼く。均一に火が入るように途中で出して混ぜる。
3. ジャガイモに火が入ったら、器に盛りつけ、アボカドのディップをのせる。

アボカドのディップ

裏漉ししたアボカド1個分（正味130g）、レモン汁10g、マスカルポーネチーズ50g、塩適量

材料をすべてよく混ぜ合わせる。

イタリアのトスカーナ地方でよく食べられるマンマの味。ローズマリーをたっぷり入れてどうぞ。1の工程でぶつ切りにした鶏肉など一緒に入れれば、肉料理としても充分なボリューム。

ゆで玉子と栗のポテトサラダ

KOREAN 李南河

材料（4人分）

卵2個●ジャガイモ4個●クリの甘露煮6粒●マヨネーズ100g●溶き芥子少量●セルフイユ適量●粉唐辛子少量

1 卵は水から火にかけ、沸いたら火を弱め10〜13分間ゆでて、かたゆで玉子をつくる。
2 ジャガイモは蒸し器で蒸す。熱いうちに皮をむいて大きめの角切りにする。
3 クリの甘露煮は熱湯で2度ゆでこぼす。
4 マヨネーズに溶き芥子を混ぜ、ざっくり切った玉子、ジャガイモ、クリを合わせる。
5 皿にセルクル型をおき、4を詰めて粉唐辛子をふる。型を抜いてセルフイユを添える。

ほっくり甘いクリとポテトの温かいサラダ。クリの甘露煮を利用したが、天津甘栗でも合う。一口大の茶巾に絞れば、パーティーメニューにも。

キャベツと新じゃがのサラダ あみ海老と大蒜風味

KOREAN 李南河

材料（3人分）

新ジャガイモ4個●キャベツ4枚●塩・コショウ・ゴマ油各適量

A（ゴマ油10cc●おろしニンニク2つまみ●乾燥あみエビ2つまみ●オリーブ油5cc）●ニンニクチップス*●薄口醤油・黒コショウ各少量

*みじん切りのニンニクを低温のオリーブ油でうっすらと色づくまで揚げる。

1 新ジャガイモは丸のまま蒸し器で蒸す。熱いうちに皮をむいて半分に切り、塩、コショウ、ゴマ油をかける。
2 キャベツは熱湯でゆでて、水気をふき取って手でちぎり、Aを混ぜ、最後に薄口醤油をたらす。
3 キャベツにニンニクチップスを混ぜ、ジャガイモを盛り合わせる。黒コショウをふる。

Aは準備しておき、味がしみやすいようにジャガイモとキャベツが熱いうちに手早く調理する。

サトイモ、豚バラ、ローズマリーのタルトレット

FRENCH マルディ グラ

材料（直径7cmのタルトレット8個分）

サトイモ（マッシュ）200g●グレーズドオワ*15cc●ベーコン（みじん切り）20g●豚バラ挽き肉100g●ローズマリー（みじん切り）大さじ1●塩・コショウ各適量●タルトレット生地（薄力粉1kg●グラニュー糖300g●室温のバター400g●卵黄4個分●卵2個）●ローズマリー 8枝

*フォワグラのテリーヌをつくるときに出るガチョウの脂。

1. タルトレット生地をつくる（つくりやすい分量）。薄力粉とグラニュー糖を合わせて、バターを加えて練る。ここに卵黄と卵を合わせてまとめる。
2. 生地を2〜3mm厚さにのばし、直径7cmのタルトレット型に敷き込んで冷蔵庫で1時間やすませる。180℃のオーブンで空焼きする。
3. フライパンにグレーズドオワを入れて温め、ベーコンと豚バラ挽き肉を入れて炒める。
4. サトイモは水から塩ゆでして皮をむいてマッシュし、**3**のベーコンと挽き肉とみじん切りのローズマリーを加えて全体をなじませる。塩、コショウで味を調える。
5. **2**に**4**を盛りつけ、ローズマリーを飾る。

ねっとりしたサトイモとサクッと軽いタルトレット。
ボリュームがあり、食感のコントラストも楽しい。

菊菜とえびいものサラダ

JAPANESE 玄斎

材料（4人分）

エビイモ2〜3個●米のとぎ汁適量●赤唐辛子1本

煮汁（だし1.5リットル●塩小さじ2〜3●薄口醤油60cc●ミリン40cc）

小麦粉・白焼おかき（衣）各適量●サラダ油適量●塩少量

キクナ（シュンギク）適量●ピーカンナッツ適量●クルミ油のドレッシング適量

1. 鍋に米のとぎ汁、赤唐辛子を入れ、沸騰させたら皮をむいたエビイモを入れ、やわらかくなるまでゆでる。火を止めてそのまま冷まし、水にさらす。
2. エビイモを表記の煮汁で煮含め、そのまま冷まして1晩おく。
3. 白焼おかきはフードプロセッサーで粉末にする。水分をよくふいた**2**のエビイモに小麦粉をまぶし、水溶き小麦粉にくぐらせ、おかきの衣をまぶす。
4. サラダ油で**3**をこんがりと揚げ、熱いうちに塩をふって縦半分に切る。
5. キクナを適当に切り、ピーカンナッツを混ぜ、クルミ油のドレッシングで和える。
6. 揚げたエビイモを器に盛り、**5**を添える。

クルミ油のドレッシング

酢10cc、塩小さじ1.5、コショウ小さじ1/4、レモン汁1/2個分、クルミ油適量

材料をすべて合わせ、空気を抱き込むように充分撹拌する。

しっかりした甘さが身上のエビイモ、シャキッとほどよい苦みのキクナの対比がポイント。

お芋のサラダ

FRENCH コウジイガラシ オゥ レギューム

材料（4人分）

ジャガイモ（インカのめざめ）8個 ● 薄切りベーコン40g ● バター20g ● オリーブ油10cc ● 炒め用玉ネギ（薄切り）3/4個分 ● チップス用玉ネギ（薄い輪切り）1/2個分 ● 折りパイ生地（市販）50g ● ブルーチーズ20g ● 生クリーム20g ● セミドライトマト（市販）12個 ● 塩・コショウ各適量 ● イタリアンパセリ20枚

1 ジャガイモは丸のまま蒸してから皮をむき、一口大に切る。
2 バターとオリーブ油でベーコンをじっくり炒める。ベーコンを取り出し、出てきた脂でジャガイモをソテーする。塩、コショウで味を調える。
3 炒め用の玉ネギはオリーブ油（分量外）であめ色になるまでじっくり炒めて塩、コショウで味を調える。チップス用玉ネギは100℃に熱したオーブンでカリッと乾燥させる。
4 折りパイ生地は厚さ3mmにのばして直径8cmのセルクル型で抜き、200℃のオーブンで約20分間焼く。
5 セルクル型を皿におき、パイ、炒めた玉ネギ、ジャガイモの順に重ねて盛りつける。型をはずし、玉ネギチップスを飾る。
6 ブルーチーズを溶かして生クリームでのばしたソースを流し、セミドライトマト、ちぎったイタリアンパセリを散らす。

クリに似た味わいのジャガイモ「インカのめざめ」が主役。じっくりソテーした玉ネギの甘みが効いている。

さつま芋と栗の手づくりフレッシュチーズサラダ

ITALIAN リストランテプリマヴェーラ

材料（4人分）

サツマイモ**200g**●クリ**10粒**
フレッシュチーズ（牛乳**500cc**●レモン汁**1/2個分**）●ヨーグルト**30〜50g**●塩・コショウ各適量
シブレット（小口切り）適量●ハチミツ適量

1. サツマイモは蒸して一口大の乱切りにしておく。クリはゆでて皮をむき、大きければ2つに割る。
2. フレッシュチーズをつくる。牛乳を弱火にかけ、70℃になったら火からおろしてレモン汁を加える。木ベラなどで軽く混ぜると固まってくるので布漉しし、そのまま30分間ほどおいて水気をきる。
3. ボウルにフレッシュチーズ90g、ヨーグルト30gを入れて混ぜ、なめらかなペースト状にする。かたければヨーグルトを加えて調整する。
4. 3にサツマイモ、クリを混ぜる。シブレットを加え、塩1つまみ、コショウで調味する。
5. 皿に盛り、シブレットを散らし、ハチミツをかけて供する。

ほっくり甘いサツマイモとクリを、酸味のあるチーズで和えたサラダ。クリは甘露煮などでも代用できるが、甘みがあるのでかけるハチミツの量に注意。

さつま芋とゆり根、南瓜のサラダ

KOREAN 李南河

材料（4人分）

サツマイモ**120g**●ユリネ**1個**●カボチャ（皮なし）**60g**●ゴマ油・塩・コショウ・おろしニンニク・焼肉のたれ（市販）各少量●黒ゴマ適量

1. サツマイモとカボチャ（皮をむく）は一口大に切って蒸し器で蒸す。
2. ユリネは1枚ずつにばらして、サッと蒸す。
3. サツマイモ、カボチャ、ユリネを合わせて、ゴマ油、塩、コショウ、すりおろしたニンニク、焼肉のたれ、黒ゴマを混ぜ合わせる。
4. 器に盛って供する。

甘くてほっくりした野菜を合わせたサラダ。クリなども合うだろう。くずれないように、いずれも歯応えをそろえて蒸し上げることがポイント。

さつま芋とごぼうのサラダ

JAPANESE 板前心菊うら

材料（3人分）

サツマイモ（皮つきで**4cm**長さの拍子木切り）**1本**分●ゴボウ（**4cm**長さの細切り）**1/2本**分●サヤインゲン**10本**●カニかまぼこ（縦に裂く）**3本**●酢適量●胡麻マヨネーズ全量

1. サツマイモはややかために蒸す。ゴボウは酢を加えた湯でゆでる。サヤインゲンはゴボウと同じくらいの長さに切ってゆでておく。
2. サツマイモ、ゴボウ、サヤインゲン、カニかまぼこを胡麻マヨネーズで和え、器に盛る。

胡麻マヨネーズ

マヨネーズ大さじ**3**、白練りゴマ大さじ**2**、煎り白ゴマ大さじ**1**、酢・濃口醤油各**5cc**、砂糖小さじ**1**、七味唐辛子適量

材料をすべてよく混ぜ合わせる。

SALAD 野菜 — 根菜

ヒジキやキノコ類などをたっぷり使った繊維質＆ミネラル豊富なローカロリー。女性客に人気のマリネサラダ。

なめことおくら、長芋和え

JAPANESE 板前心菊うら

材料（3人分）

ナメコ1袋●オクラ5本●長イモ（さいのめ切り）1/4本分●薄口醤油10cc●だし15cc●塩適量

1 ナメコは熱湯でサッとゆでてザルに上げて水気をきる。
2 オクラはヘタを取り、塩もみして色よくゆで、冷水にとる。3等分に切っておく。
3 長イモはナメコ、オクラとさっくり合わせて、薄口醤油とだしで味を調えて器に盛る。

ひじきときのこ、蓮根のマリネ

JAPANESE たべごと屋のらぼう

材料（4人分）

乾燥芽ヒジキ30g●レンコン（薄切り）1/4本分●エノキダケ30g●シメジタケ30g●エリンギ1本●マイタケ30g●三温糖入りドレッシング大さじ2●白ゴマ適量

1 芽ヒジキは水に浸けて戻して、砂や汚れを取り除いておく。レンコンは薄切りにして、キノコ類は食べやすく切り分ける。それぞれサッと熱湯でゆでて冷水で冷ます。
2 ボウルに芽ヒジキ、レンコン、キノコ類を合わせ、三温糖入りドレッシングを加えて和える。
3 器に盛りつけ、天に白ゴマをふる。

三温糖入りドレッシング
生搾りゴマ油50cc、酢50cc、三温糖20g、塩・コショウ各適量
材料をすべてよく混ぜ合わせる。

有機れんこんと海老のサラダ アメリケーヌ風

FRENCH シェ・トモ　　C

材料（4人分）

レンコン（1cm厚さのいちょう切り）400g●酢適量●ニンニク1片●タカノツメ1本●オリーブ油適量●ブイヨン適量●むきエビ（ボイル）16尾●アメリケーヌ風味のマヨネーズ全量●ロメインレタス・ルーコラ・セルフイユ・ディル各適量●粉末パプリカ少量

1　レンコンは酢水に浸けて色止めしておく。
2　鍋にオリーブ油、ニンニク、タカノツメを入れ、ニンニクが色づくまで弱火にかける。キツネ色になったら水気をきったレンコンを入れ、ひたひたまでブイヨンを入れ、やわらかくなるまで煮る。
3　アメリケーヌ風味のマヨネーズに水気をきったレンコンとボイルしたむきエビを入れて合わせる。
4　器にロメインレタスとルーコラを敷いて**3**を盛り、上にセルフイユとディルを飾り、パプリカをふる。

アメリケーヌ風味のマヨネーズ

マヨネーズ66g、アメリケーヌソース*41g、粉末パプリカ適量、アルマニャック適量

材料をすべてよく混ぜ合わせる。

*オマールエビ1尾は殻つきのまま1cm角に切る。玉ネギ1個、ニンジン1本、セロリ3本は1.5cm角に切る。ニンニク3片をオリーブ油適量で温めて、色づいたらエビと香味野菜を入れる。塩適量を加えて1〜2分間炒めたらトマトペースト100gを加えて3〜4分間炒める。ここに適量のコニャック、白ワイン、マデラ酒を加えてアルコール分を飛ばし、生クリーム1.5リットルを入れて30〜40分間弱火で煮て漉す。

マヨネーズ

A（卵黄1個分、マスタード大さじ1、白ワインヴィネガー30cc）、サラダ油180cc、塩適量

Aを混ぜ、サラダ油を少しずつ加えて泡立て器で攪拌しクリーム状にする。塩で味を調える。

蓮根の胡麻白あえ

JAPANESE 玄斎

材料（4人分、利久麩甘煮は8人分）

レンコン適量●八方地（だし8：ミリン1：薄口醤油1）●胡麻白和え衣適量

利久麩甘煮（利久麩4個●だし500cc●濃口醤油60cc●薄口醤油30cc●砂糖大さじ7●ミリン30cc）

人参葉の薄揚げ（ニンジンの葉適量●小麦粉・卵白・コーンスターチ・水各少量●サラダ油適量）●塩少量

1. レンコンは縦長の乱切りにする。蒸し器で蒸して冷たい八方地に2〜3時間浸けて味を含ませる。
2. 利久麩甘煮をつくる。利久麩を、濃口醤油、薄口醤油、砂糖、ミリンを加えただしで煮含める。
3. ニンジンの葉は、小麦粉、卵白、コーンスターチ、水でつくった衣をごく薄くつけ、170℃のサラダ油で揚げ、熱いうちに塩をふる。
4. 八方地から取り出したレンコンの水気をよくふき取り、胡麻白和え衣で和える。
5. 利久麩甘煮を食べやすい大きさに切り、レンコンと一緒に器に盛りつける。人参葉の薄揚げを飾る。

縦長に切ると食感がよくなるレンコン。しっかり味つけされた利久麩（大徳寺麩）の甘煮と相性もいい。

胡麻白和え衣

木綿豆腐180g、煎り白ゴマ10g、白味噌小さじ1、薄口醤油15cc、砂糖大さじ1、ミリン少量

白ゴマをすり鉢ですり、水きりして裏漉しした豆腐とそのほかの材料をさらにすり混ぜる。

叩き牛蒡とナッツの胡麻酢味噌和え

JAPANESE たべごと屋のらぼう

材料（4人分）
新ゴボウ（4cmの筒切り）1本分
●酢適量 ●アーモンド適量 ●クルミ適量 ●カボチャの種適量 ●胡麻酢味噌大さじ2

1. 新ゴボウは味がよくなじむように、ビニール袋に入れてすりこ木などで叩き、太い部分は手で裂いておく。酢水にさらしたのち、酢を入れた熱湯でかためにゆでて氷水にとって冷ましておく。
2. アーモンドとクルミとカボチャの種はオーブンでローストして粗く刻む。
3. アーモンドとクルミとカボチャの種を胡麻酢味噌でざっくりと混ぜ、新ゴボウを加えてよく和える。最低1時間以上なじませてから供する。

胡麻酢味噌
煎り白ゴマ50g、白味噌30g、酢20cc、煮きりミリン20cc
材料をすべてよく混ぜ合わせる。

ナッツとゴマの香ばしさと旨みを加えた酢味噌和え。濃度のある胡麻酢味噌を、しっかりゴボウにからませるのがポイント。

ごぼうのチップスサラダ

CHINESE 美虎

材料(4人分)
新ゴボウ(縦長の薄切り)**2本分**●片栗粉少量●揚げ油適量●クレソン1束●韓国風甘味噌ドレッシング適量

1 新ゴボウは水にさらす。ザルにとり、よく水をきる。
2 片栗粉をまぶし、こがさないように低温の揚げ油でカリカリになるまで揚げ、油をきる。
3 一口大にちぎったクレソンとゴボウをボウルに入れて韓国風甘味噌ドレッシングを軽く混ぜ合わせる。器に盛りつける。

韓国風甘味噌ドレッシング
テンジャン**15cc**、豆鼓醤**15cc**、酢**7.5cc**、ゴマ油**15cc**

テンジャンと豆鼓醤をよく混ぜ、酢、ゴマ油を加えて混ぜ合わせる。

縦長に薄く切ることで、輪切りにするよりゴボウの風味がはっきりする。苦みのあるクレソンとの相性もよい。

焼きゴボウとレンコン、干しイチジクのバルサミコ酢和え

ITALIAN リストランテプリマヴェーラ

材料（4人分）

レンコン（輪切り）80g ● ゴボウ1本（80g） ● 干イチジク4個（80g） ● バルサミコ酢30g ● 塩・粒黒コショウ各適量 ● タカノツメ1/2本 ● オリーブ油適量

1. フライパンにオリーブ油を少量ひき、ゴボウ（長めに切って縦に割る）、レンコン、タカノツメを入れてゆっくり炒め、塩で下味をつける。
2. 火が入ったら、干イチジクを加えて、サッと炒める。バルサミコ酢を一気に加えてからめる。
3. 皿に盛りつけ、粗挽きにした黒コショウをふりかけて仕上げる。

水分の少ない根菜のキンピラ風サラダ。干イチジクのかわりに、干柿でも美味。上にたっぷりルーコラを盛っても合うし、肉料理のつけ合せにも向く。

薬味だけのサラダ

FRENCH マルディ グラ ⓒ

材料（1皿分）

エシャロット（薄切り）30g ●赤玉ネギ（薄切り）50g ●新玉ネギ（薄切り）50g ●長ネギ（斜め薄切り）50g ●シブレット（3〜4cm長さのざく切り）30g ●ソースヴィネグレットアンチョビー適量

1 エシャロット、赤玉ネギ、新玉ネギ、長ネギ、シブレットはそれぞれ別に水にさらしてシャキッとさせて、水気をよくふき取る。
2 器に1をいろどりよく盛りつけ、ソースヴィネグレットアンチョビーを添える。

ソースヴィネグレットアンチョビー

アンチョビペースト大さじ2、オリーブ油15cc、柿酢（白ワインヴィネガーでも可）50cc

材料をすべてよく混ぜ合わせる。

オニオンサラダをイメージした「ネギだけ」の一皿。アンチョビドレッシングがコクをプラス。

ベトナムのシンプルサラダ

ETHNIC キッチン

材料（4人分）
玉ネギ（繊維を断って薄切り）小1個分●甘酢たれ 50cc●サラダ菜1束●パクチー（2cm長さのざく切り）1/3束分●フライドオニオン*大さじ4

*ラッキョウ大の赤玉ネギ（赤ワケギ）をスライスして油でパリッと揚げたもの。

1. 玉ネギは皮をむき、繊維と直角に薄切りにする。
2. ボウルに甘酢たれと玉ネギを入れて和え、しんなりするまでおく。
3. サラダ菜は葉を1枚ずつはがして器に敷き、2の玉ネギを汁ごと入れ、パクチーをのせてフライドオニオンを散らす。食べるときに全体を混ぜる。

甘酢たれ
酢45cc、グラニュー糖大さじ3、塩小さじ3/4、粗挽き黒コショウ少量

材料をすべてよく混ぜてグラニュー糖を溶かす。

ベトナムの焼き肉屋さんやステーキ屋さんに行くと、必ずおいてある甘酸っぱい玉ネギのサラダ。こってりした肉料理と一緒にどうぞ。

SALAD 野菜 — 根菜

新玉ネギとキャベツの土佐和え

JAPANESE たべごと屋のらぼう

材料（4人分）

新玉ネギ・赤玉ネギ（各5〜6mm幅のくし形切り）各1個分 ●キャベツ1/2個 ●削り節適量 ●ゴマ油のベース30cc ●濃口醤油5cc ●白ゴマ適量

1. 新玉ネギと赤玉ネギはサッと熱湯で塩ゆでして氷水にとる。
2. キャベツは手でちぎり、芯の部分は薄切りにして、それぞれ熱湯で塩ゆでして氷水にとる。
3. よく水気を絞った新玉ネギと赤玉ネギとキャベツをボウルに入れ、ゴマ油のベースと濃口醤油を加え、手でちぎった削り節（削りたて）とともによく和える。
4. 器に盛りつけ、天に白ゴマをふる。

ゴマ油のベース

生搾りゴマ油50cc、塩・コショウ各適量

材料をすべてよく混ぜ合わせる。

削りたてのカツオ節を使った、香り高い土佐和え。箸休めにも、つけ合せにも向く一品。

新玉葱とクルミのロースト ゴルゴンゾーラチーズのフォンデュータ

ITALIAN　リストランテプリマヴェーラ

材料（4人分）

新玉ネギ2個◎フォンデュータ全量◎塩・オリーブ油各適量◎ローストクルミ20g

1. 新玉ネギをアルミホイルで包み、250℃のオーブンで約1時間、蒸し焼きにする。
2. 新玉ネギを皿に盛って塩をふり、オリーブ油をたらし、温かいフォンデュータをかける。刻んだクルミを散らす。

フォンデュータ

ゴルゴンゾーラチーズ30g、牛乳30g、イタリアンパセリ（みじん切り）適量

温めた牛乳に細かく切ったゴルゴンゾーラチーズを加えて煮溶かす。火を止めてイタリアンパセリを混ぜる。

新玉ネギはやわらかくて甘みがあるので、生食に適するが、蒸し焼きにすると、新玉ネギ自身がもつ水分で蒸されてとろけて美味。

いろいろ野菜のピクルス

FRENCH マルディ グラ

材料（つくりやすい分量）

野菜（トマト●パースニップ●カリフラワー●ヤングコーン●小粒ニンニク●もろキュウリ●小カブ●新小玉ネギ●芽キャベツ●ニンジン●ラディッシュ●キンカン●グレープフルーツなど）

マリネ液（シードル甘口**750cc**●シードルヴィネガー**450cc**●粒フェンネルシード大さじ**1**●ローリエ**1**枚●タイム**3**枝●岩塩小さじ**1**）

1. 野菜は丸のまま、あるいは大きめに切っておく。グレープフルーツは皮をむいて果肉を取り出しておく。合計800gを用意する。
2. マリネ液をつくる。すべての材料を鍋に入れて沸騰させ、香りを出す。
3. 1の野菜を耐熱の密閉容器に入れ、熱いマリネ液を注ぎ入れる。2日後くらいから食べ頃になる。酸っぱい味が苦手な場合は、1週間後くらいが味がなじんでおいしい。また漬物風になるので、細かく刻んでライスメニューなどに添えても。2週間以内で食べきる。

甘さを抑えた大人のピクルス。ハーブとスパイスの香りが、あとを引くおいしさ。

ぬか漬けサラダ

JAPANESE たべごと屋のらぼう

材料（4人分）

ラディッシュ 2個●赤・黄パプリカ各1/2個●カブ1個●キュウリ1本●ニンジン・黄ニンジン各1/2本●ヤーコン小1/2本●赤ダイコン適量●ゴマ油のベース30cc

ゴマ油のベース

生搾りゴマ油50cc、塩・コショウ各適量

材料をすべてよく混ぜ合わせる。

1. 好みの野菜に塩をすり込んで、糠床に1晩漬け込んで糠漬けをつくる。
2. 糠を洗い落として食べやすく切り、ゴマ油のベースで和える。

浅漬けでも、やや古漬けでも楽しめる和製ピクルス。カラフルな野菜を使うと見栄えもアップ。

ジュリエンヌ野菜のサラダ

FRENCH マルディ グラ

材料（1皿分）

せん切り野菜（根セロリ・ニンジン各30g●トレヴィス・紅芯ダイコン・ルーコラ各10g）

塩・コショウ各適量●ソースヴィネグレットエストラゴン風味30cc

1. せん切り野菜は水にさらしてシャキッとさせ、水気をよくふき取る。
2. ボウルにソースヴィネグレットエストラゴン風味と1の野菜を入れ、塩、コショウで味を調える。

すべて細切りにした歯応えのさわやかなサラダ。事前に仕込んでおけるので、クイックな提供が可能。

ソースヴィネグレットエストラゴン風味

ディジョンマスタード大さじ1、白ワインヴィネガー15cc、ピーナッツ油100cc、レモン汁5cc、エストラゴン（みじん切り）小さじ1、塩・コショウ各適量

材料をすべてフードプロセッサーにかけてよく混ぜ合わせる。

根菜のマリネ

JAPANESE たべごと屋のらぼう

材料（4人分）

レンコン（1.5cm厚さの半月切り）1/2本分●ゴボウ（4cm長さのぶつ切り）1本分●サツマイモ（5mm厚さの半月切り）1/2本分●カボチャ1/4個●赤・黄ミニトマト各4個●酢水適量●揚げ油適量●三温糖入りドレッシング30cc

1 ゴボウは両端に切り込みを入れる。レンコン、サツマイモ、ゴボウをそれぞれ酢水に浸けてアク抜きする。カボチャは厚さ1cmほどの食べやすい大きさに切る。

2 1の水気をよくきり、160〜170℃に熱した揚げ油でじっくり揚げて火を通す。熱いうちにボウルに移し、三温糖入りドレッシングと、湯むきしたミニトマトを加えてまんべんなく混ぜ合わせる。

三温糖入りドレッシング

生搾りゴマ油50cc、酢50cc、三温糖20g、塩・コショウ各適量

材料をすべてよく混ぜ合わせる。

素揚げした根菜がごろごろと入った満足感の高い一品。トマトのかわりにブドウなどもよく合う。

野菜のテリーヌ

FRENCH コウジイガラシ オゥ レギューム ─────── Ⓒ

材料（テリーヌ型1本分）
ビーツ**1/2**個●カリフラワー・ブロッコリー各**1/4**個●原木シイタケ**6〜8**枚●ニンジン・黄ニンジン・紫ニンジン各**2**本●紫イモ**1/6**本●ジャガイモ**1/2**個●グリーンサラダ＊適量●竹炭塩適量●塩適量●シーザードレッシング**50cc**●パセリ適量

＊マーシュ、ルーコラ、シコレフリゼ、デトロイト、セルフイユなど。

ゼラチンを使わない軽めのテリーヌ。イモ類やシイタケやエノキダケなどのキノコ類は粘着効果が高いので、型の中心部に詰めるとよい。

1 野菜のテリーヌをつくる。野菜はそれぞれ一口大に切り、バットなどに並べて蒸し器で蒸す。取り出したらすぐに塩をふって味をなじませる。ザルなどに上げて水気を飛ばすと味が締まってくる。

2 野菜が完全に冷めないうちに、配色を考えながらラップフィルムを敷いたテリーヌ型に詰めていく。紫イモや紫ニンジン、ビーツなどは色が移りやすいので淡色の野菜と離す。

3 ラップできっちり包み、野菜の上に重石をおき、3時間から1晩おいてしっかり密着させる。

4 テリーヌを取り出し、断面が美しく見えるように切ってラップをはずし、皿に盛る。竹炭塩をふり、グリーンサラダを盛る。みじん切りのパセリを散らしたシーザードレッシングを添える。

シーザードレッシング

A（アンチョビフィレ**55g**、卵黄**1**個分、赤ワインヴィネガー**50cc**、ニンニク**1**片）、生クリーム**100cc**、ディジョンマスタード大さじ**1**、菜種油**400cc**

Aをフードプロセッサーにかけ、生クリームとディジョンマスタードを混ぜ合わせる。マヨネーズの要領で泡立て器で混ぜながら菜種油を少しずつ加え、乳化させる。

野菜のテリーヌ仕立て

FRENCH シェ・トモ　　　　　　　　　　　Ⓒ

材料（長さ18cm×幅8.5cm×高さ6cmのテリーヌ型1本分）

赤・黄パプリカ各2個●ダイコン1/2本●ズッキーニ2本●ゴボウ2本●玉ネギ1/2個●ポロネギ1本●オリーブ油適量●ニンニク（みじん切り）2片分●タカノツメ1本●ブイヨン1リットル●板ゼラチン（氷水で戻す）8枚●塩・コショウ各適量●ミックスリーフ少量●ソースヴィネグレット・オレンジのドレッシング各適量

1. 赤・黄パプリカは焼き網の上で全体の皮が完全にこげるまで焼いて、氷水にとって冷やし、手で皮をむく。縦4等分に切り、種を取り除く。
2. ダイコンは皮をむき、厚さ1cm、幅3cm、テリーヌ型に入る長さに切る。ズッキーニもダイコンと同じ大きさに切る。
3. ゴボウは皮をむき、太い場合は縦半分に切る。テリーヌ型に入る長さに切る。
4. 玉ネギは皮をむき、縦4等分に切り、1枚1枚はいでおく。ポロネギは緑の部分を切り落として除き、流水でよく洗う。
5. 鍋にオリーブ油とニンニク、タカノツメを入れて火にかけ、ゆっくりとニンニクの香りをオリーブ油に移す。ニンニクが色づいたらブイヨンを加え、塩、コショウで味を調える。
6. ここに1～4の野菜を色の薄いものからゆっくりとゆでる（1種ずつゆでたほうが、ゆですぎる心配がない）。野菜に火が入ったら取り出して冷ます。
7. 野菜を煮たあとのブイヨンは約400ccまで煮詰め、戻した板ゼラチンを入れて溶かして漉す。
8. ラップフィルムを敷き込んだテリーヌ型の中に、5の野菜を彩りよく重ねながら詰める。
9. 8の型に7を流し込み、上から重石をして冷蔵庫で冷やし固める。
10. 型から取り出して切り分け、皿に盛る。サラダを添え、ソースヴィネグレットとオレンジのドレッシングを皿に流す。

ソースヴィネグレット

A（フレンチマスタード25g、赤ワインヴィネガー5g、シェリーヴィネガー5g）、ピーナッツ油100cc、塩・コショウ各適量

Aを混ぜ、ピーナッツ油を少しずつたらして泡立て器で撹拌。クリーム状になったら適量の塩、コショウで味を調える。

オレンジのドレッシング

オレンジ果汁（実を切り出した薄皮を搾ったもの）1個分、A（白ワインヴィネガー20cc、グラニュー糖10g、白ワイン40cc、グランマルニエ20cc）、マスタード40g、ピーナッツ油100cc、塩・コショウ各適量

Aの白ワインヴィネガーとグラニュー糖を沸騰させ、酸味を飛ばしたのち、白ワインとグランマルニエを加えて再沸騰させてアルコールを飛ばす。ボウルにマスタードを入れて、Aとオレンジ果汁を加える。ここにピーナッツ油を少しずつ加えて泡立て器でつないでいく。塩、コショウで味を調える。

133 SALAD 野菜 ― 根菜

きれいな切り口が重要なので、よく切れる包丁で切り分ける。

もやしのサラダ

ETHNIC キッチン

材料（4人分）

サラダモヤシ（根切りモヤシ）200g●ニンジン（せん切り）40g●万能ネギ（5cm長さのざく切り）20g●塩小さじ1●甘酢たれ60cc●白ゴマ小さじ2

1 モヤシ、ニンジン、万能ネギを合わせて塩をまぶし、約20分間おく。
2 1から出た野菜の水気を手で絞り、甘酢たれで和えて器に盛り、白ゴマをふる

甘酢たれ

酢45cc、グラニュー糖大さじ3、塩小さじ3/4、粗挽き黒コショウ少量

材料をすべてよく混ぜてグラニュー糖を溶かす。

ナムルサラダ

KOREAN 李南河

材料（4人分）

ダイコン（拍子木切り）30g●ホウレンソウ2株●大豆モヤシ60g●A（塩・コショウ各少量●ゴマ油30cc●濃口醤油10cc●おろしニンニク4g）●白ゴマ適量

1 ダイコン、ホウレンソウ、大豆モヤシはそれぞれゆで、ザルに上げて塩をふっておく。キッチンペーパーで水気をきっちりふく。
2 ダイコンと食べやすく切ったホウレンソウ、大豆モヤシを合わせてAをもみ込む。
3 器に盛り、白ゴマをふる。

野菜のやさしい味わいを生かしたサラダ。冷めると水分が出てきてしまうので、温かいうちにすぐにすすめる。

野菜だけのクロムスキー 赤ピーマンのケチャップ

FRENCH マルディ グラ

材料（6個分）

ジャガイモ（男爵・乱切り）2個分●玉ネギ（乱切り）1/2個分●ニンジン（乱切り）1本分●ブロッコリー1/2個●強力粉・卵・パン粉・揚げ油用オリーブ油各適量●塩・コショウ各適量●赤ピーマンのケチャップ適量●イタリアンパセリ適量

赤ピーマンのケチャップ

赤パプリカ1個、白ワインヴィネガー15cc、グラニュー糖小さじ2、粉末オールスパイス少量、水40cc、塩・コショウ各適量

材料をすべて合わせて火にかける。パプリカがやわらかくなったらフードプロセッサーでなめらかに仕上げる。

1. コロッケの種をつくる。ジャガイモ、玉ネギ、ニンジンはかたいものから時間差をつけて水から塩ゆでしてつぶす。ブロッコリーは歯応えが残るように塩ゆでして細かく刻んで混ぜ、塩、コショウで調味する。
2. コロッケの種を直径5cmのセルクル型で抜いて成形する。1の野菜はやわらかくゆでたので、セルクルを用いたが、ジャガイモの水分を飛ばして粉ふきにすれば手で成形してもよい。
3. 強力粉をまぶし、溶き卵にくぐらせ、パン粉をつけて170℃に熱したオリーブ油で揚げる。
4. 皿に盛り、イタリアンパセリ、赤ピーマンのケチャップを添える。

からりと揚げた野菜コロッケ。トマトではなく、赤ピーマンのケチャップが新味。

どんこシイタケのジュで野菜のゆっくり煮

FRENCH マルディ グラ　　　　　H

材料（長径12cm×短径9.5cm ×高さ5cmの南部鉄製鍋1台分）

野菜（ブロッコリー●ヤーコン●カブ●紅芯ダイコン●黒ダイコン●ニンジン●サヤインゲン●モロッコインゲン●パースニップ●ビーツ●ダイコンなど）

どんこシイタケのジュ（どんこ干シイタケ3個●水500cc）

ベーコン（1cm角）10g●白トリュフバター大さじ1●オリーブ油5cc●塩・コショウ各適量

1. どんこシイタケのジュをつくる。干シイタケは1晩水に浸けて戻し、戻し汁とともに火にかけて、1/5量になるまで煮詰める。
2. 野菜はすべて一口大に切り、合計300g程度用意する。鍋にオリーブ油、ベーコン、野菜を入れてサッと炒めて塩、コショウする。
3. ふたをして、250℃のオーブンで9分間蒸し焼きにする。
4. オーブンから出して再び火にかけ、どんこシイタケのジュ15ccと白トリュフバターをからめる。

シイタケの旨みをフレンチの技法で引き出した一品。
蒸し焼きに最適な南部鉄製鍋を使用。

素揚げして根菜の甘みを引き出した。シェーブルチーズとソースの軽い酸味がアクセント。

根菜チップス

FRENCH コウジイガラシ オゥ レギューム　　　　　Ⓒ

材料（材料と分量はお好みで）

京ニンジン・ジャガイモ（デジマ）・黒ダイコン・黄カブ・紅芯ダイコン・聖護院カブ・ラディッシュ・赤カブ・ダイコン各適量

コーンスターチ・揚げ油（菜種油）・塩各適量

ベビーリーフ適量●シェーブルチーズ適量●クレームダイユ適量

1. 野菜はそれぞれ厚さ1〜2mmにスライスし、氷水に浸けてシャキッとさせ、水気をふき取る。
2. コーンスターチをまぶして、150〜160℃に熱した揚げ油でからりと揚げて油をきる。
3. 天板に広げて、100℃以下に熱したオーブンに入れて充分に乾燥させ、油をきる。全体に塩をふる。
4. 器に根菜チップスと、ベビーリーフ、小さく切ったシェーブルチーズを盛りつけ、クレームダイユを流す。

クレームダイユ

ニンニク**1株**、砂糖**15g**、赤ワインヴィネガー **15cc**、牛乳・生クリーム各**125cc**、塩・コショウ各適量

皮つきニンニクをゆで、180℃のオーブンで約20分間ローストして皮と芽を取る。鍋で砂糖を温めて溶かし、ニンニクにからめる。赤ワインヴィネガーを注いで酸味を飛ばし、牛乳と生クリームを加え、沸騰したら火を弱めて塩、コショウで調味し、シノワで漉す。

根野菜チップスの香酢サラダ

CHINESE 彩菜

材料（4人分）

A（ゴボウ100g●ニンジン150g●レンコン150g）●酢・揚げ油各適量●香酢ソース全量●煎りゴマ適量

1. Aの野菜は皮をむいて薄くスライスし、薄い酢水にさらす。
2. キッチンペーパーでしっかり水気をふき取り、180℃の油で揚げる。2度揚げしてカリッとさせる。
3. 器に盛り、香酢ソースをかけ、煎りゴマを散らす。

香酢ソース

砂糖35g、鎮江香酢*15g、老酒35g、酢35g、濃口醤油45g、ゴマ油5g、片栗粉5g

材料をすべて合わせて火にかけ、沸いたら冷ます。

*中国江蘇省鎮江でつくられる黒酢。

野菜の水気をしっかりふき取るのがポイント。

チップスサラダ 2種のディップ添え

JAPANESE たべごと屋のらぼう

材料（4人分）
ゴボウ・レンコン・紫イモ・ニンジン・サツマイモ・ジャガイモ・クワイ各適量●揚げ油適量
カボチャディップ1/2カップ●アボカドディップ1/2カップ

1　野菜はそれぞれ厚さ1〜2mmにスライスし、水にさらしてシャキッとさせる。水気をふき取り、150〜160℃に熱した揚げ油で野菜を素揚げして油をきる。

2　カボチャディップとアボカドディップを添えて、あつあつを提供する。

揚げたての根菜チップスに野菜ディップを添えた、華やかな一皿。今回は根菜をメインにしたが、材料と分量は季節や好みで調節して。

アボカドディップ
完熟アボカド1個、木綿豆腐1/2丁、薄口醤油5cc、塩・コショウ各適量

アボカドと水きりした木綿豆腐を裏漉しして合わせ、よく混ぜる。塩、コショウで調味して、香りづけに薄口醤油をたらす。

カボチャディップ
カボチャ1/4個、バルサミコ酢15cc、塩・コショウ各適量、カボチャの種適量

カボチャを蒸して粗めにつぶし、塩、コショウ、バルサミコ酢で味つけし、ローストしたカボチャの種を混ぜる。

火の入り方にムラがある場合は、やわらかくなった野菜から取り出すなどして、持ち味を生かして適切に火を入れる。

冬のエチュベ

FRENCH コウジイガラシ オゥ レギューム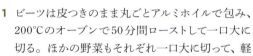

材料（2人分）

ビーツ**1/4**個●ゴボウ・レンコン各**5cm**●黒ダイコン・金時ニンジン・黄ニンジン各**3cm**●黄カブ**1/6**個●カブ**1/2**個●カリフラワー**1/10**個●ロマネスコ***1/5**個●ブロッコリー**1/5**個●ペコロス**2**個●プチヴェール**2**個

オリーブ油**125cc**●ブイヨン（→36頁）**50〜80cc**●白ワインヴィネガー**75cc**●白ワイン**50cc**●砂糖**1**つまみ●ユズ皮●ユズ果汁各**1/2**個分●塩・コショウ各適量●レモンオイル・ピンクペッパー各適量

*カリフラワーの一種。巻貝型の小房が集まって円錐形をつくっている。

1 ビーツは皮つきのまま丸ごとアルミホイルで包み、200℃のオーブンで50分間ローストして一口大に切る。ほかの野菜もそれぞれ一口大に切って、軽く下ゆでしてザルに上げておく。
2 鍋（ふたが密閉でき、材料の野菜が底一面に並べられる大きさの鍋を用意する）に半量のオリーブ油を熱し、プチヴェール以外の1の野菜を入れ、色づけないようにソテーして塩をふる。
3 ブイヨンを注ぎ、ふたをして蒸し煮にする。
4 すべてに火が通ったら、ふたをはずして鍋に残った水分を飛ばし、白ワインヴィネガー、白ワイン、砂糖、残りのオリーブ油を加え、ふたをして2分間ほど沸かして味をなじませる。
5 4をボウルにとり、プチヴェール、ユズの皮と果汁、塩、コショウを合わせ、全体をとろりとするように混ぜて味を調える。
6 皿に盛ってレモンオイルをふり、ピンクペッパーを散らす。

野菜の煮込み

FRENCH コウジイガラシ オゥ レギューム

材料（約8人分）

サツマイモ（安納芋）1個●サトイモ1個●金時ニンジン・黄ニンジン各1本●ゴボウ1本●カブ2個●下仁田ネギ2本●黒・紫ダイコン各1本●プチヴェール8個●トマト2個●オリーブ油・バター・塩・コショウ各適量●ベジブロス＊（野菜の皮・根・葉など各適量●ハーブの茎各適量●ショウガ少量●白ワイン適量●塩適量）

＊野菜のブイヨン。ベジブロスをとらずに簡単につくる場合は、水と塩で火の通りにくい野菜から煮て、オリーブ油とバターを加えて味を調えてもよい。

1. ベジブロスを用意する。寸胴鍋に水と、野菜の皮や根、野菜くずを入れて約1時間ほど煮る。仕上げにハーブの茎、ショウガ、白ワイン、塩を加える。寸胴鍋1本の容量に対して、野菜くずは1/3量ほど。葉物はエグミが出やすいので、最後に加える。シノワで漉す。
2. 漉したベジブロスで、根菜など火の通りにくい野菜から煮る（プチヴェールとトマトは除く）。竹串がスッと通るまで煮えたら、オリーブ油、バター、塩、コショウを加えて味を調える。味が淡くなりやすいので、少し強めに塩を入れる。煮汁に浸けたままストックする。
3. オーダーが入ったら、1皿分の野菜を一口大に切り、小鍋にとって温め、下ゆでしたプチヴェールとくし形に切ったトマトを加える。

ベジブロスには少量のショウガと白ワインを加えるとクリアな味に仕上がる。

冬のサラダ

FRENCH コウジイガラシ オゥ レギューム

材料（4人分）
赤ダイコン1/2本●ニンジン1本●金時ニンジン1/4本●カブ小2個●黒ダイコン1本●日野菜カブ2個●ミカン2個●ナッツ類*適量●揚げ油（菜種油）適量●塩・コショウ各適量●ミカンドレッシング（ミカン果汁30cc●オリーブ油30cc●塩・コショウ各適量）

*クルミ、アーモンド、クコの実、ピスタチオ、カボチャの種。

1. 野菜は皮つきのまま、葉ごと食べやすく切る。菜種油を150～160℃に熱して野菜を素揚げし、中まで充分に火を通す。
2. ミカンは房の袋をむき、ナッツ類はオーブンでローストしておく。
3. 提供時に1の野菜をフライパンでソテーし、香ばしい焼き色をつけ、余分な油を落とす。
4. 熱いうちに塩をふって下味をつけ、ボウルに入れてミカンとナッツを加え、塩、コショウ、ミカンドレッシング（材料をすべてよく混ぜる）で味を調える。温かいうちに提供する。

色の濃い根菜とナッツ類は驚くほど好相性。辛みのある根菜は、揚げると辛みが甘みに変化する。

そらまめと桜えびの湯葉がらみ

JAPANESE 玄斎 　　　　　　　　　　　　　　　　　　　Ⓒ

材料（4人分）

ソラ豆20粒●エンドウ豆40粒●サクラエビ（釜揚げ）40g●汲み上げユバ200g●塩適量●重曹微量●八方地（だし8：ミリン1：薄口醤油1）

A（だし200cc●薄口醤油30cc●ミリン30cc●追いガツオ少量）

ワサビ少量

1 エンドウ豆をサヤからはずし、塩ゆでする。重曹を微量加え、弱火でゆっくりゆでる。豆がやわらかくなったら冷水にとり、急冷する。八方地に浸し、味を含ませる。
2 ソラ豆は皮をむき、水でぬらして薄く塩をふって蒸す。やわらかくなったら、冷たい八方地に浸す。
3 Aの材料を鍋に合わせ、一度沸騰させて漉す。深めのバットに汲み上げユバを入れ、Aをかけて8分間蒸したのち冷まし、冷蔵庫でしばらくおく。
4 3の汁気をよくきり、ソラ豆、エンドウ豆、釜揚げサクラエビを混ぜ合わせて器に盛る。
5 飾り用に残したソラ豆、エンドウ豆、サクラエビをいろどりよく上にのせ、ワサビを添える。

いろどりのきれいなサラダなので、グラスのようなガラス器に盛りつけると見映えがする。好みでマスの子（トラウトキャビア）を配してもいい。

そら豆とポテトのサラダ

JAPANESE 板前心菊うら

材料（4人分）
ジャガイモ3個●ソラ豆20粒●キュウリ（小口切り）1本分●塩適量●トマト入りドレッシング全量

1 ジャガイモは塩ゆでして皮をむき、すりこぎなどで形が残るくらいにつぶしておく。
2 ソラ豆はサヤから出して塩ゆでし、素早く冷まして皮をむき、1のジャガイモと合わせる。
3 キュウリは塩もみしておく。
4 2、3を合わせて器に盛り、上からトマト入りドレッシングをかける。

トマト入りドレッシング
マヨネーズ大さじ1、オリーブ油45cc、トマト（粗みじん切り）小1個分、塩・コショウ各適量

材料をすべてよく混ぜ合わせる。

ソラ豆はゆですぎないように。ジャガイモも素材感を出すためにペースト状にせずに合わせる。

ソラ豆を定番のペコリーノチーズと合わせた。ムースをなめらかに仕上げるポイントは、やわらかくゆでて、温かいうちに3回漉すこと。

空豆のムースと空豆のサラダ ペコリーノチーズがけ

ITALIAN リストランテホンダ

材料（4人分）
空豆のムース（ゆでたソラ豆300g ●生クリーム150g ●塩適量）

空豆のサラダ（ゆでたソラ豆140g ●フルールドセル・ミニョネット各適量 ●オリーブ油適量）

トマトクーリ120g ●フルールドセル・ミニョネット各適量 ●ペコリーノチーズ適量 ●黒コショウ少量

1. 空豆のムースをつくる。ソラ豆をやわらかく塩ゆでし、皮をむいて細目の裏漉し器で3回裏漉ししてなめらかにする。
2. 生クリームを5分立てにして1に加え、よく混ぜ合わせる。塩で味を調える。
3. 空豆のサラダをつくる。ソラ豆を塩ゆでする。皮をむいて、フルールドセル、ミニョネット、オリーブ油で和える。
4. 皿にトマトクーリを流し、空豆のサラダを盛る。スプーンで空豆のムースをすくって上にのせる。
5. ムースの上にフルールドセル、ミニョネットをふり、おろしたペコリーノチーズをこんもりと盛る。黒コショウを少量ふって供する。

トマトクーリ
フルーツトマト15個、塩・ハチミツ各適量

フルーツトマトを湯むきし、半分に切って種を抜く。塩とハチミツで1晩マリネし、網の上に並べて水気をきる。ミキサーにかけて、ザルで漉したのち、シノワで漉して水分をきる。

空豆とカクテキ モッツァレッラのサラダ

KOREAN　李南河

材料(4人分)

ソラ豆4本　カクテキ*60g　モッツァレッラチーズ60g　塩・黒コショウ各少量　酢10cc　レモン汁1/4個分　太白ゴマ油・ゴマ油各10cc　焼肉のたれ(市販)10cc　赤唐辛子1本

*ダイコンを角切りにしたキムチ。

1　ソラ豆はサヤをはずして塩ゆでし、皮をむく。サヤは直火であぶって、適度なこげめをつけておく。
2　カクテキは小角切りに、モッツァレッラチーズも同様に切る。
3　カクテキの汁、塩、コショウ、酢、レモン汁、太白ゴマ油、ゴマ油、焼肉のたれを合わせ、ソラ豆、カクテキ、モッツァレッラチーズを和える。
4　サヤにいろどりよく盛りつけ、輪切りの赤唐辛子をのせる。

さっぱりした味わいのサラダなので、カクテキは浅漬けタイプが合う。ソラ豆のサヤを器に利用して楽しい盛りつけに。

生そら豆とペコリーノのサラダ

ITALIAN RISTORANTE YAGI

材料（2人分）

ソラ豆*50g●フレッシュハーブのサラダ**20g●ペコリーノトスカーノリゼルヴァチーズ***30g●ヴィンテージバルサミコ酢****適量●シトロネット適量●塩・白コショウ各適量

*ソラ豆は有機、無農薬栽培で生産された特別なもの。生で食べてもおいしいものがいいが、普通のソラ豆をゆでてもおいしく食べられる。

**トレヴィス、ピンクロッサ（レタスの一種）、サニーレタス、ビーツ、マスタードグリーン、ルーコラセルヴァティカ、レッドオーク、セルフイユ、ディル、シブレット、マーシュなどを合わせたもの。

***長期熟成タイプのペコリーノ（羊乳製チーズ）。

****15年熟成以上の濃厚で香り高く、酸味がマイルドなものがよい。

1. 皮をむいたソラ豆とフレッシュハーブのサラダをさっくりと合わせ、塩、白コショウ、シトロネットで調味する。
2. 1を皿に盛り、薄くスライスしたペコリーノチーズを盛り合わせ、ヴィンテージバルサミコ酢を数滴たらす。

シトロネット

レモン汁100cc、レモンフレーバーオイル100cc、オリーブ油（香りのデリケートなもの）200cc

すべての材料を撹拌して乳化させる。

イタリアではソラ豆の出始めの春は生で食べる。えぐみが少なく甘みがあるソラ豆は塩気の強いペコリーノロマーノと食べるのがイタリア式だが、国産のソラ豆なのでペコリーノトスカーノを合わせた。

枝豆ととうもろこし 焼きたて

JAPANESE 玄斎

材料（4人分）

エダ豆400g●トウモロコシ1本●サラダ油少量
A（濃口醤油適量●酢・ミリン各少量）●七味唐辛子少量

1 トウモロコシを皮ごと蒸す。8割程度火が入ったら皮をむき、食べやすく切る。
2 フライパンにサラダ油をひき、中火にかける。生のエダ豆と1のトウモロコシを並べ、ふたをして蒸し焼きにする。焼きめがついたら返して、さらに焼く。
3 エダ豆に火が通ったら、**A**を少量回し入れ、一呼吸おいて火を止める。七味唐辛子をふり、器に盛りつける。

焼きたてのあつあつを供したい。しっかり焼きめをつけ、食材本来の甘さと旨みを引き出す。

インゲンの海苔和え

JAPANESE たべごと屋のらぼう

材料（4人分）

サヤインゲン150g●鶏ムネ肉50g●焼海苔2枚●生搾りゴマ油15cc●濃口醤油5cc●塩・コショウ各適量●白ゴマ適量

1 サヤインゲンは熱湯でやわらかくゆでてザルにとり、縦半分に割る。
2 鶏ムネ肉は蒸して、食べやすく裂く。
3 海苔はサッとあぶる。
4 ボウルにサヤインゲンと鶏ムネ肉、塩、コショウ、ゴマ油、濃口醤油を合わせてざっくりと和える。
5 手でちぎった海苔を加えて器に盛り、白ゴマをふる。

シンプルだが組み合わせの妙が光る一品。サヤインゲンはブロッコリーやツルムラサキにかえてもおいしい。

インゲンのサラダ ブーダンノワールのせ

FRENCH コウジイガラシ オゥ レギューム

材料（4人分）

サヤインゲン400g●フォワグラの脂*50g●エシャロット（みじん切り）5g●ディジョンマスタード小さじ1●こがしバター（漉したもの）200g●塩・コショウ各適量
ブーダンノワール（豚背脂120g●みじん切りの玉ネギ250g●みじん切りのニンニク2片分●豚血500cc●生クリーム220cc●卵3個●コーンスターチ15g●水20cc）●イタリアンパセリ適量

*フォワグラのテリーヌをつくったときに出る脂。

やわらかくゆでたインゲンの甘みを生かす。フォワグラの脂で濃厚な味わいに。あつあつのインゲンをソースで和えると色がくすむが、気にせず味を染み込ませる。

1. ブーダンノワールをつくる（つくりやすい分量）。豚背脂を火にかけて溶かし、玉ネギとニンニクを炒める。玉ネギがしんなりしたら豚血と生クリームを加え、血が凝固しないように低温で加熱する。軽く仕上げるため、卵、水で溶いたコーンスターチを加える。
2. テリーヌ型に**1**を流し入れて、200℃のオーブンで約1時間湯煎焼きにする。
3. サヤインゲンは、ソースがよくなじむようにやわらかめに塩ゆでし、5〜6cmに切る。
4. 溶かしたフォワグラ脂、エシャロットとマスタード、こがしバターを混ぜる。これを湯煎にあててサヤインゲンを入れて、塩、コショウで味を調える。
5. 器にサヤインゲンを盛りつけ、食べやすく切り分けたブーダンノワールをのせる。イタリアンパセリを飾り、ボウルに残った**4**のソースを回しかける。

SALAD　野菜―豆

白いんげん豆のサラダ

FRENCH シェ・トモ

材料（4人分）

乾燥白インゲン豆100g●玉ネギ（みじん切り）1/2個分●ソースヴィネグレット200cc●マスタード40g●ニンニク1片●ドライタイム2つまみ●塩・コショウ各適量●パセリ（みじん切り）適量

1. 白インゲン豆は、前日から水に浸けて戻しておく。鍋に戻した白インゲン豆を入れ、水をひたひたに加え、つぶしたニンニク、タイム、塩を入れ、豆をやわらかくゆでる。
2. 玉ネギは流水にさらして辛みをとる。
3. ソースヴィネグレットとマスタードをボウルで混ぜ合わせ、水気をきった白インゲン豆と玉ネギを入れて塩、コショウで味を調え、皿に盛る。パセリをふる。

ソースヴィネグレット

A（フレンチマスタード50g、赤ワインヴィネガー10g、シェリーヴィネガー10g）、ピーナッツ油200cc、塩・コショウ各適量

ボウルにAを合わせて混ぜ、ピーナッツ油を少しずつ加えて泡立て器で混ぜる。クリーム状になったら適量の塩、コショウで味を調える。

白いんげん豆のサラダとフライドエッグ 黒トリュフ添え

ITALIAN リストランテホンダ

材料（4人分）

乾燥白インゲン豆*125g●ブロード（解説省略）200cc●香味野菜（小角切りの玉ネギ1/4個分●小角切りのニンジン1/6個分●小角切りのセロリ1/3本分●ブーケガルニ1束）

グアンチャーレ**（小角切り）20g●ニンニク1/2片●オリーブ油20cc●白ワイン適量●豆の煮汁200cc●バター10g●赤ワインヴィネガー5cc●塩・コショウ各適量●卵4個●サラダ油適量●イタリアンパセリ（みじん切り）適量●黒トリュフ（薄切り）5g

*イタリア産を使用。
**豚ホホ肉の塩漬け。パンチェッタで代用可。

1. 白インゲン豆を煮る。白インゲン豆は一昼夜水で戻したのち、2度ゆでこぼして、浸るくらいの水でゆでる。
2. 1にブロードを加えて、沸いたらアクをとり、香味野菜を入れて静かにやわらかくなるまで煮る。
3. 別鍋にオリーブ油とニンニクを入れて香りが出るまでゆっくり熱し、グアンチャーレを炒める。余分な脂を捨て、白ワインで鍋についた旨みを溶かす。
4. 白ワインのアルコールが飛んだら、**2**の白インゲン豆200gと煮汁200ccを加え、少しとろみがつくまで煮る。最後にバターを溶かし込み、ツヤを出す。赤ワインヴィネガーを加え、塩、コショウで味を調える。
5. 180℃に熱したサラダ油に卵を割り落として、半熟状態に加熱し、取り出して油をきる。
6. **4**を盛りつけて揚げた**5**の卵を上にのせ、黒トリュフ、イタリアンパセリを散らす。

フライドエッグのカリッとした食感や揚げた香ばしい風味がサラダを引き立てている。ハムのステーキやソーセージなどに盛り合わせてもよい。

豆ペーストのサラダ

FRENCH マルディ グラ　　　　　　　　　　　Ⓒ

材料（1皿分）

豆ペースト（ヒヨコ豆煮＊150ｇ●ヨーグルト50ｇ●みじん切りのエシャロット大さじ1●グラニュー糖小さじ1）

ナチョスチップス（市販）適量●揚げ油（ピュアオリーブ油）適量●塩・コショウ・オリーブ油各適量

＊乾燥ヒヨコ豆250ｇは豆の2倍量の水に1晩浸けて戻し、1cm角に切ったセロリ1本分とニンジン1本分と一緒にやわらかく炊いて粗熱をとる。缶詰でも代用可。缶詰はセロリとニンジンを加えてサッと煮直すと豆の香りがよくなる。

1 ヒヨコ豆煮、ヨーグルト、エシャロット、グラニュー糖をフードプロセッサーにかけ、なめらかなペーストにする。塩、コショウで味を調える。

2 ナチョスチップスはピュアオリーブ油で軽く揚げて、塩をふる。

3 ヒヨコ豆のペーストを盛りつけ、オリーブ油をたらす。ナチョスチップスを添える。

ヒヨコ豆を煮るときに玉ネギを入れないのがポイント。繊細な豆の風味が損なわれてしまう。

豆と豚足のサラダ

FRENCH マルディ グラ ─── Ⓒ

材料（1皿分）

白インゲン豆煮 以下を125g（乾燥白インゲン豆500g●玉ネギ1個●ニンジン・セロリ各1本●ニンニク1株●岩塩小さじ1●白インゲン豆の約2倍量の水）

調理済み豚足 以下を1/2本分（ボイル豚足3本●玉ネギ1個●ニンジン・セロリ各1本●ニンニク1株●岩塩小さじ1●タイム1枝●豚足の約2倍量の水）

シブレット（みじん切り）大さじ1●シードルヴィネガーのベース50cc●塩・コショウ各適量

1 白インゲン豆を煮る。白インゲン豆は1晩水に浸けて戻す。玉ネギ、ニンジン、セロリは1cm角に切る。鍋にすべての材料を入れて火にかけ、豆をやわらかく煮る。途中、水が少なくなったら足す。

2 豚足を調理する。玉ネギ、ニンジン、セロリは1cm角に切る。鍋にすべての材料を入れて、ボイルした豚足をやわらかく煮る。

3 豚足から骨を取り除き、ラップフィルムに包んでソーセージ形に成形して冷蔵庫でやすませる。固まったら厚さ2〜3mmにスライスする。

4 ボウルにみじん切りのシブレット、シードルヴィネガーのベースを入れ、白インゲン豆煮125gと豚足1/2本分を和える。塩、コショウで味を調える。

シードルヴィネガーのベース

シードルヴィネガー15cc、菜種油15cc
材料をすべてよく混ぜ合わせる。

前菜にもなる一皿。豆をストックする場合は、香味野菜を取り除いておくとよい。

3段階の蒸し炒めにし、完全に煮上がる一歩手前で火を止めると味がまとまり、クリアに仕上がる。

ミネストローネ

FRENCH コウジイガラシ オゥ レギューム

材料（約10人分）

白インゲン豆煮（戻した白インゲン豆200g●水1リットル●つぶしたニンニク1片●塩適量●ローリエ1枚●オリーブ油適量）

冬キャベツ（1cm角）1/5個分●サヤインゲン5本●ソラ豆10粒●ニンニク（みじん切り）2片分●ベーコン端肉30g●オリーブ油適量●サフラン適量

A（玉ネギ1個●ニンジン1本●セロリ1本●マッシュルーム8個●ポロネギ1/3本）

B（ズッキーニ1/2本●赤・黄パプリカ各1個●トマト2個●カブ1個）

グリーンサラダ*適量●塩・コショウ各適量

*マーシュ、ルーコラ、デトロイト、セルフイユなど。

1 白インゲン豆煮をつくる。1晩水で戻した白インゲン豆にそのほかの材料をすべて加えて、弱火で2時間ほど煮ておく。

2 キャベツ、サヤインゲン、ソラ豆を熱湯でサッと下ゆでする。サヤインゲンは長さ1cmに切り、ソラ豆は皮をむいておく。

3 鍋にオリーブ油とニンニク、ベーコン端肉を入れて熱し、**A**の野菜を1cm角に切って順に加え、ふたをして蒸し炒めにする。野菜が透き通ってきたら**2**のキャベツを加えて火を入れる。

4 **3**の野菜にほどよく火が通ったら、同じく1cm角に切った**B**の野菜、**2**のサヤインゲンとソラ豆、**1**の白インゲン豆を煮汁ごと加える。素材を入れるごとにふたをして蒸し煮にする。

5 サフランは少量の湯に浸けて色出ししておく。これを**4**に加えて色づけする。

6 オーダーが入ったら取り分けて温め、塩、コショウで味を調える。上にグリーンサラダを飾る。

蕗と穴子の奴サラダ

JAPANESE 玄斎

材料（4人分）

フキ**1/2**束●アナゴ**2**本●絹漉し豆腐（水きりしたもの）適量●豆板醤小さじ**1/2**●ニンニク（薄切り）適量●サラダ油少量●**A**（濃口醤油・薄口醤油各**15cc**●ミリン**22.5cc**）
大葉（せん切り）適量●焼海苔適量

1. フキは生のまま皮をむき、適当な長さに切る。
2. アナゴは開いて串を打ち、素焼きにして食べやすく切り分ける。
3. フライパンに少量のサラダ油、ニンニクを入れて弱火にかける。ニンニクの香りがサラダ油に移ったら、フキを入れて手早く炒める。
4. 絹漉し豆腐を適当な大きさに切る。器に盛り、上にアナゴとフキをのせる。
5. フライパンにサラダ油を熱し、薄切りにしたニンニクと豆板醤を香りが出るまで炒める。火を弱め、**A**を入れてサッとかき混ぜ、沸いたら素早く**4**にかけ回す。
6. 大葉を天に盛り、ちぎった焼海苔を添える。

惣菜のようなざっくりとしたボリュームあるサラダ。主菜としても充分。熱い調味液と冷たい豆腐の温度差がポイント。

豆腐とパプリカ、ミントのサラダ

ITALIAN リストランテプリマヴェーラ　Ⓒ

材料（4人分）

木綿豆腐1/2丁●赤・黄パプリカ（各5mm幅の細切り）各1個分

ドレッシング（レモン汁5g●白ワインヴィネガー10g●オリーブ油10g●塩適量）

セロリ（せん切り）1/2本分●ミント適量●塩少量●オリーブ油適量

1. パプリカに塩とオリーブ油をふってよくからめ、250℃のオーブンで15分間焼く。パプリカをボウルに入れ、ドレッシングで和えて味を調える。
2. 木綿豆腐の水気をきり、スプーンで食べやすくくり抜く。
3. 器に豆腐を盛り、軽く塩をふって1のパプリカをのせ、セロリとミントを盛る。仕上げにオリーブ油を回しかける。

モッツァレッラチーズやリコッタチーズの代わりに豆腐を使用。トマトなどを合わせてもよい。ミントはさわやかさを出すポイントなので欠かせない。

豆腐とザーサイのサラダ

JAPANESE かんだ

材料（4人分）

絹漉し豆腐1丁●ザーサイ（薄切り）1個分●梅肉適量●スダチ果汁適量●煎りゴマ適量●大葉（せん切り）適量

1. ザーサイは水に浸け、適度に塩抜きする。
2. 1の水気をきってボウルに入れ、つぶした梅肉、煎りゴマ、スダチ果汁を加えて和える。
3. 豆腐（1人分1/4丁）は軽くくずして器に盛り、上に2をのせ、大葉を添える。

おぼろ豆腐といろいろ野菜のピータンソース

CHINESE 彩菜

材料（4人分）

おぼろ豆腐1丁●セロリ・プチトマト・キュウリ・白ネギ（各みじん切り）各大さじ1●ピータンソース全量

1. おぼろ豆腐はザルに上げて10分間ほどおき、水気を軽くきっておく。
2. 豆腐を器に盛り、ピータンソースをかけ、みじん切りの野菜を合わせて上に盛る。

ピータンソース

ピータン2個、ショウガ（みじん切り）小さじ1/2、砂糖小さじ1、濃口醤油45cc、酢2.5cc、中華スープ60cc、ゴマ油10cc、コショウ少量

材料をすべてミキサーにかける。

冬は豆腐を温めてもよい。

苦瓜と豆腐のサラダ

JAPANESE 板前心菊うら

材料（3人分）

ゴーヤ（薄切り）小1本分 ●ザル豆腐1丁 ●ドレッシング（濃口醤油60cc ●ゴマ油30cc）●削りガツオ適量

1 ゴーヤは水にさらしておく。水気をよくきり、半量のドレッシングを加えてもみ合わせる。
2 ザル豆腐は食べやすい大きさに切り、残りのドレッシングで和えて皿に盛る。上に1を盛って、削りガツオをのせる。

豆腐の上に缶詰のツナやサバなどをのせてもよい。ゴーヤはなるべく薄くスライスすること。

アボカドと湯葉、豆腐のサラダ

JAPANESE 板前心菊うら

材料（3人分）

絹漉し豆腐（水きりしたもの）1/2丁 ●アボカド1個 ●刺身湯葉適量 ●レモン汁適量 ●明太子ソース全量

1 アボカドは縦に切って種を取り除いて皮をむく。食べやすい大きさに切って、レモン汁を軽くまぶしておく。
2 豆腐をアボカドと同じくらいの角切りにし、湯葉と合わせて器に盛り、上にアボカドをのせる。上から明太子ソースをかける。

明太子ソース

マヨネーズ大さじ3、明太子（ほぐしたもの）大さじ2

材料をすべてよく混ぜ合わせる。

豆腐サラダ

ETHNIC キッチン

材料（4人分）
絹漉し豆腐1丁 ●香味ソース適量 ●パクチー適量

1 絹漉し豆腐はリードペーパーに包んで水気をきる。
2 1を食べやすく切って器に並べ、香味ソースをかけ、パクチーを飾る。

香味ソース
ショウガ（みじん切り）1片分、長ネギ（みじん切り）1/4本分、パクチー（みじん切り）10本分、万能ネギ（小口切り）1/4束分、ヌクチャム50cc、チリソース10cc、ゴマ油7.5cc

材料をすべてよく混ぜ合わせる。

ヌクチャム
ニョクマム30cc、レモン汁45cc、グラニュー糖大さじ3、水30cc、ニンニク（みじん切り）1/2片分、赤唐辛子（みじん切り）1/2本分

材料をすべてよく混ぜ合わせる。

湯豆腐に香味ソースをかけてもおいしい。

豆腐とかぼちゃのアジアンサラダ 香ばしいナッツの香り

JAPANESE かんだ

材料（4人分）

絹漉し豆腐1丁●カボチャ（3mm厚さのくし形切り）1/8個分●サヤインゲン20本●ピーナッツ（粗く刻む）・煎りゴマ各少量●割り下*適量●おろしショウガ・パクチー各少量●揚げ油適量

*日本酒とミリンを1対4の割で合わせて煮きり、火を止めて濃口醤油1.5を加える。

1. カボチャとサヤインゲンは160℃の揚げ油で素揚げする。ピーナッツはから煎りしておく。
2. 絹漉し豆腐を食べやすい大きさに切って温め、皿に盛り、1のカボチャとサヤインゲンをのせて割り下をかけ、おろしショウガを添える。ピーナッツ、煎りゴマを散らしてパクチーを添える。

炙りお揚げと春菊、ノリの柚子胡椒ドレッシング

JAPANESE たべごと屋のらぼう

材料（4人分）
油揚げ2枚●シュンギク1束●塩少量●焼海苔1枚●柚子胡椒ドレッシング30cc

1. 油揚げは油をひかずにフライパン、または焼き網にのせて温め、香ばしい焼きめをつける。1cm幅の短冊切りにする。
2. シュンギクは軽く塩をあててしんなりさせる。焼海苔はあぶっておく。
3. ボウルに油揚げとシュンギクを入れ、柚子胡椒ドレッシングで和える。
4. 皿に盛り、ちぎった焼海苔を散らして温かいうちに提供する。

柚子胡椒ドレッシング
生搾りゴマ油50cc、酢30cc、ユズコショウ小さじ1、塩・コショウ各適量

材料をすべてよく混ぜ合わせる。ユズコショウと塩の量は適宜調節する。

あとからピリッとくるユズコショウがアクセント。
おいしい油揚げを選べば、酒肴にもなるサラダ。

湯葉、きのこ、ルーコラ セルヴァティカのサラダ

ITALIAN　RISTORANTE YAGI　　　　　Ⓒ

材料（4人分）

生湯葉**120g**●白インゲン豆水煮の煮汁（→**208**頁）**500cc**●牛乳**500cc**

キノコ（山シメジ・マイタケ・シイタケ各**60g**）●ガーリックオイル*適量●タカノツメ少量

ルーコラセルヴァティカ**15g**●バルサミコ酢ときのこのソース適量●バルサミコ酢少量●シトロネット適量●塩・黒コショウ各適量

*つぶしたニンニクをトスカーナ産オリーブ油の中に数日間浸けて風味をつけたもの。加熱はしない。

1. ソテー鍋にガーリックオイルとタカノツメを入れ、適当な大きさにそろえたキノコをソテーし、塩、黒コショウ、バルサミコ酢、シトロネットで調味する。
2. 白インゲン豆の煮汁と牛乳を合わせて湯葉を煮て、沸いたら火を止めて煮汁ごと冷ましておく。
3. 皿に煮汁をきった湯葉とキノコを盛り、シトロネットで和えたルーコラセルヴァティカをあしらい、バルサミコ酢ときのこのソースをかける。

バルサミコ酢ときのこのソース

ドライポルチーニ**7g**、ドライトマト**10g**、オリーブ油少量、エシャロット（みじん切り）**10g**、ニンニク（みじん切り）**2g**、ショウガ（みじん切り）**1g**、バルサミコ酢**10cc**、塩・黒コショウ各適量

水で戻したポルチーニとトマトを細かく刻む。戻し汁は合わせて煮詰める。オリーブ油でエシャロットを炒め、しんなりしたらニンニクとショウガを加える。香りがたったらポルチーニとトマトを加えて水分を飛ばす。バルサミコ酢を加え、とろみがついたら煮詰めた戻し汁を加え、塩、黒コショウで味を調える。細目のシノワで濾して、外側を冷水に浸けて冷やす。

シトロネット

レモン汁**100cc**、レモンフレーバーオイル**100cc**、オリーブ油（香りのデリケートなもの）**200cc**

すべての材料を撹拌して乳化させる。

和食材の湯葉をイタリアンサラダに仕立てた一品。

163　SALAD　野菜 ― 大豆製品

おからのサラダ

JAPANESE たべごと屋のらぼう ───── Ⓒ

材料（4人分）

オカラ*120g●マヨネーズ80cc●塩・コショウ各適量●キュウリ（1mm厚さの小口切り）1本分●塩水適量●ニンジン1/2本●ミニトマト12個●チクワ（2mm厚さの輪切り）20cm長さ1本分●コーン缶詰（ホール）1/2缶

*オカラはできたての厳選大豆のものを求めたい。入手できない場合は、一度ゆでてから水洗いし、布巾などにとってよく絞って用いる。

1 オカラは軽く塩、コショウをして、マヨネーズを多めに加えてしっとりさせる。
2 キュウリは塩水にさらし、しんなりしたらよく絞る。
3 ニンジンは桂むきにしてからせん切りにする。ミニトマトは半分に切り、コーンは水気をよくきる。
4 1のオカラにキュウリ、ニンジン、ミニトマト、チクワ、コーンを加えて全体をよく和える。

驚くほどしっとり、なめらかな食感のオカラ。
最初にマヨネーズをなじませるのがコツ。

むかごと餅銀杏のピーナッツがけ

JAPANESE 玄斎 ─────────── Ⓒ

材料（4人分）

ムカゴ20 〜 32粒●塩適量●餅ギンナン（ギンナン20 〜 24粒●米適量）●八方地（だし8：ミリン1：薄口醤油1）

ピーナッツのたれ適量●ロースト松ノ実少量

1. ムカゴは水でぬらし、塩をふってしばらくおく。蒸し器で蒸して皮をむき、八方地に2 〜 3時間浸けておく。
2. 餅ギンナンをつくる。殻を割り、薄皮をむいたギンナンは、洗い米とともにたっぷりの湯でゆでる。1.5倍くらいに膨らんだら八方地に浸けて、味を含ませておく。
3. 器に水気をきったムカゴと餅ギンナンを盛りつけ、ピーナッツのたれをかけ、松ノ実を散らす。

ピーナッツのたれ

無糖ピーナッツバター70ｇ、だし45cc、砂糖大さじ1.5、薄口醤油15cc

ピーナッツバターはだしでのばして砂糖、薄口醤油を加えてすり混ぜる。味を調え、裏漉しする。

ヤマイモ（自然薯）のツルにつくムカゴは、もともとバターなどの油脂系と相性がいい。

乾物四種のナムル

JAPANESE 玄斎

材料（4人分）

干ゼンマイ30g ●干タケノコ30g ●乾燥キンシンサイ30g ●切干ダイコン30g ●ゴマ油適量

A（濃口醤油1：ミリン1：日本酒1 ●おろしニンニク少量）

B（薄口醤油1：ミリン1：戻し汁2 ●塩少量）●レモン汁少量●白すりゴマ少量●赤唐辛子（小口切り）少量

1 ゼンマイは70℃の湯に浸け、少し冷めたら手でもんでアクを出す。これを2度くり返し、水をかえて1晩浸けて戻す。
2 干タケノコ、キンシンサイはそれぞれ水に浸けて1晩おいて戻す。切干ダイコンは水に浸け、やわらかく戻す。
3 戻したゼンマイ、干タケノコ、キンシンサイは適当な長さに切り、水気をよく絞っておく。
4 フライパンにゴマ油を熱し、3をそれぞれ別に炒める。火を弱めてAを入れて煮詰める。
5 戻した切干ダイコンは適当な長さに切り、水気を絞る。4と同様にゴマ油で炒めてBを加え、煮含める。ボウルに移し、レモン汁を加える。
6 冷めたら器に盛りつけ、好みで白すりゴマ、赤唐辛子を散らす。

目先を変えた韓国風だが、味わいは和の冷サラダ。下処理（＝乾物の戻し）をしっかりやっておくのがポイント。味も濃いめにつけたい。

海藻のサラダ

JAPANESE 板前心菊うら

材料（3人分）

生ワカメ200g●海藻サラダミックス（水で戻す）適量●ウド（3cm長さの短冊切り）3cm分●酢適量●からし酢味噌全量

1 生ワカメはかたい茎の部分を取り除き、食べやすく切る。海藻サラダミックスは水気をきる。
2 ウドは酢水に浸けたのち水気をきる。
3 1、2を合わせて皿に盛り、からし酢味噌を添える。

からし酢味噌

玉味噌＊大さじ3、酢45cc、練りガラシ小さじ1

材料をすべてよく混ぜ合わせる。

＊白漉し味噌500g、卵2個、日本酒180cc弱、砂糖90ccを鍋に入れ、火にかけて練り合わせる。

きのことハルーミチーズの焼きちりサラダ

JAPANESE 玄斎 — Ⓒ

材料（4人分）
キノコ（ハタケシメジ●エリンギ●マイタケなど）適量●塩少量●割ポン適量●ハルーミチーズ*60〜80g●シコレフリゼ適量●オリーブ油少量●芽ネギ少量●糸唐辛子少量

*トルコ、キプロス島の特産品。独特の歯応えがある白チーズ。塩分が強いので塩抜きして使う。シンプルな網焼きがもっともおいしいといわれ、焼いてそのまま酒肴になる。

1 キノコに薄塩をふり、網焼きにする。香りが出たら割ポンに浸す。
2 ハルーミチーズを薄めに切り、短時間水にさらして塩抜きする。水気をふき取り、フッ素樹脂加工のフライパンで両面を焼く。
3 器にシコレフリゼを敷き、焼いたハルーミチーズとキノコを盛りつける。割ポンを少量かけ、オリーブ油をたらす。芽ネギと糸唐辛子を飾る。

割ポン
ポン酢1：濃口醤油1：だし1
材料を同割ずつ混ぜ合わせる。

焼いたりフライにするとおいしいハルーミチーズを使った目先を変えた和サラダ。好みのキノコを種類多くそろえ、ともに焼いて供するとご馳走感が高まる。

フランス産森のきのこのマリネ仕立て

FRENCH シェ・トモ

材料（4人分）

A（マッシュルーム240g ●ジロールダケ240g ●トランペットタケ200g ●ロースハム200g）

B（みじん切りのエシャロット20g ●ローリエ2枚 ●粒コリアンダーシード3g ●白ワインヴィネガー55g ●白ワイン50g）

ニンニク10g ●タカノツメ2本 ●オリーブ油100cc ●塩・コショウ各適量 ●セルフィユ・ディル各少量

1. Aのジロールとトランペットは洗い、石づきを取り除く。ロースハムは1cm角の棒状に切る。
2. ニンニクは横半分に切り、さらに縦3等分に切る。鍋にニンニク、タカノツメ、オリーブ油を入れて弱火にかける。ニンニクが色づいてきたらAとBを入れ、塩、コショウをする。
3. ふたをして強火で2～3分間加熱したらふたをはずし、キノコから出てきた水分を1/3くらい飛ばす。
4. 最後に塩、コショウで味を調え、皿に盛る。まわりにセルフィユとディルを飾る。

キノコは水分が多いので、しっかり煮詰めて味を凝縮する。

マッシュルームとエシャロットのサラダ カレー風味のクスクス添え

ITALIAN RISTORANTE YAGI

材料（4人分）

マッシュルーム（薄切り）4個分● エシャロット8個● 玉ネギ（みじん切り）30g● フレッシュハーブのサラダ*80g● バルサミコドレッシング適量● カレー粉小さじ1● スムール45g● コンソメ80cc● オリーブ油・塩・黒コショウ各適量● 砂糖少量● 白ワイン50cc● バルサミコ酢適量

*トレヴィス、ピンクロッサ（レタスの一種）、サニーレタス、ビーツ、マスタードグリーン、ルーコラセルヴァティカ、レッドオーク、セルフイユ、ディル、シブレット、マーシュなどを合わせたもの。

1. エシャロットは縦半分に切り、オリーブ油をひいて低温に熱したソテー鍋に入れて軽く焼き色をつける。塩、黒コショウ、砂糖をふって調味し、白ワインを加えて煮詰める。
2. 煮詰まったらバルサミコ酢を加えて煮からめ、120℃のオーブンに入れて芯まで火を通し、常温で冷ます。
3. 玉ネギをオリーブ油でキツネ色になる一歩手前までソテーし、カレー粉とスムールを加えて軽く混ぜ、熱いコンソメを加えて火からおろし、ふたをして15分間蒸らす。塩、黒コショウ、オリーブ油で調味して、常温で冷ます。
4. 塩、黒コショウ、バルサミコドレッシングで調味したフレッシュハーブのサラダと**2**のエシャロットとマッシュルームを皿に盛り、**3**を散らす。

バルサミコドレッシング

バルサミコ酢20cc、オリーブ油60cc
材料をよく混ぜ合わせる。

パスタの前身ともいわれるスムールを使ったクスクスをカレー風味に仕上げ、サラダのトッピングにした。

きのこと菊花、青菜のおひたし風サラダ

JAPANESE 板前心菊うら

材料（3人分）
キノコ（シメジタケ・マイタケ各1/2パック●エノキダケ1/2株●マツタケ小1本）●菊花1パック●ホウレンソウ1/2束●トンブリ大さじ2
A（だし**75cc**●薄口醤油**15cc**●ポン酢**30cc**）●日本酒・酢各適量

1. キノコは食べやすい大きさに切り分け（あるいはほぐし）、オーブン皿に広げて日本酒少量をふりかけて、軽く火が通る程度までオーブンで焼く。
2. 菊花はほぐし、酢を加えた熱湯で軽くゆで、冷水にさらす。ホウレンソウもゆでておく。
3. 焼いたキノコと水気をきった菊花とホウレンソウをボウルで合わせ、**A**とトンブリを加えて和え、器に盛る。

ポン酢
ダイダイ酢1：濃口醤油1、ミリン・だし各適量

材料をすべてよく混ぜ合わせる。なおミリンの分量はダイダイ酢と濃口醤油を合わせた分量の1割程度が目安。

ベーコンときのこ、セロリの炒めサラダ

JAPANESE たべごと屋のらぼう

材料（4人分）

ベーコン（塊）80g●エノキダケ・シメジタケ・マイタケ各30g●エリンギ1本●セロリ（4cm長さのぶつ切り）1本分●赤パプリカ（細切り）2個分●ニンニク（みじん切り）少量●オリーブ油適量●バルサミコドレッシング30cc

1. ベーコンは5mm厚さに切る。キノコ類は食べやすい大きさに切り分ける。
2. 鍋にオリーブ油とニンニク、ベーコンを入れて炒め、ベーコンの脂が出てきたらキノコ類とセロリを入れて炒める。
3. 続いて赤パプリカを入れてサッと炒め、最後にバルサミコドレッシングを加えて全体をなじませる。熱いうちに提供する。

バルサミコドレッシング

生搾りゴマ油50cc、バルサミコ酢50cc、塩・コショウ各適量

材料をすべてよく混ぜ合わせる。

あつあつの炒めサラダ、あるいは冷まして味をなじませたマリネ風でも。ベーコンとキノコの旨みをバルサミコ酢がまとめる。

エリンギのオリーブ風味

CHINESE 美虎

材料（4人分）

エリンギ4本●揚げ油適量●オリーブ風味のたれ全量

1. エリンギは薄切りにして、170℃の揚げ油で素揚げする。
2. フライパンでオリーブ風味のたれをつくり、1のエリンギを入れ、最後に濃口醤油を回し入れて味を調える。器に盛りつける。

オリーブ風味のたれ

黒オリーブ（薄切り）8粒、XO醤大さじ2、濃口醤油7.5cc、赤唐辛子1本、サラダ油適量

サラダ油と赤唐辛子を熱し、XO醤、黒オリーブを入れて軽く炒める。具（本書ではエリンギ）を加えてサッと炒め合わせて、濃口醤油で香りをつける。

肉厚でシコシコした歯応えのエリンギの温サラダ。黒オリーブをたっぷり使い、香りのいいXO醤で味をまとめた。

いろいろきのこのホットサラダ

ETHNIC キッチン ────────────

材料（4人分）

シイタケ4枚●本シメジタケ・マイタケ各1パック●サラダ油22.5cc●ニンニク（みじん切り）1片分●ヌクチャム60cc●パクチー（1cm長さのざく切り）適量

1 シイタケは食べやすく切り、本シメジタケ、マイタケは手で裂く。
2 フライパンにサラダ油とニンニクを入れて火にかけ、ニンニクの香りが出たら3種のキノコを入れて炒め、ヌクチャムを加えて調味し、パクチーを混ぜ合わせて器に盛る。

ヌクチャム

ニョクマム30cc、レモン汁45cc、グラニュー糖大さじ3、水30cc、ニンニク（みじん切り）1/2片分、赤唐辛子（みじん切り）1/2本分

すべての材料をよく混ぜ合わせる。

淡泊なキノコは一度サラダ油で炒めてコクを出し、甘酸っぱいヌクチャムと和えた。キノコは大きめに切って、歯応えを生かす。温かくても、冷蔵庫で冷たくしてもおいしく食べられる。

大麦とキノコのサラダ

ITALIAN リストランテプリマヴェーラ

材料（4人分）

大麦20g ● 米60g ● シイタケ（1cm角）2枚分 ● シメジタケ（1cm角）1/2パック分 ● エリンギ（1cm角）1本分 ● ニンニク（つぶす）1片 ● オリーブ油・塩・コショウ各適量 ● 黒オリーブ20g（10粒分）● A（パルミジャーノチーズ大さじ2 ● 白ワインヴィネガー10g ● オリーブ油10g ● 塩・黒コショウ各適量）● イタリアンパセリ（みじん切り）適量

1. 大麦と米をそれぞれ塩を加えた湯で15分間ほどゆで、流水でサッと洗って粘りを流し、ザルに上げてよく水気をきる。
2. オリーブ油でニンニクを炒め、香りが出たらキノコを入れて炒め、塩、コショウで味を調える。黒オリーブは種を抜いて、細かく刻む。
3. 大麦、米、キノコをボウルに入れ、黒オリーブ、Aで味を調えてサラダを仕上げる。
4. サラダを器に盛りつけ、仕上げにイタリアンパセリをふりかける。

イタリア米を使用する場合は流水で洗わず、ザルに上げて冷ますとよい。大麦は食感が独特なので、ぜひ入れたい。

三色米のサラダ

FRENCH ルカンケ

材料（4人分）

A（赤米・ワイルドライス・タイ米各50g）●赤・黄パプリカ（5mm角）各1/2個分●トウモロコシの粒100g●トマト（皮を湯むきして種を除き5mm角）1個分●ハム（5mm角）30g●ゆで玉子（みじん切り）1個分●エシャロット（みじん切り）1個分●シブレット（みじん切り）少量●基本のドレッシング適量●マヨネーズ40g●塩適量

1. Aの米はそれぞれ塩湯でゆで、水洗いして水気をきっておく。
2. 1の赤米とワイルドライスには、それぞれ赤・黄パプリカ、トウモロコシ、エシャロット、シブレット、基本のドレッシングを合わせておく。
3. タイ米にはトマト、ハム、エシャロット、シブレット、マヨネーズを合わせておく。
4. 保存瓶に赤米、タイ米、ゆで玉子、ワイルドライスの順に何層かに重ねて詰める。食べるときに、大きなスプーンなどでザクッとすくって皿に盛る。

基本のドレッシング（ルカンケのベースドレッシング）

白ワインヴィネガー30cc、おろし玉ネギ1/6個分、粒マスタード小さじ1、サラダ油40cc、クルミ油40cc、塩・コショウ各適量

材料をすべてよく混ぜ合わせる。

ライスサラダはすべての素材をドレッシングで和えるのだが、このように米によって合わせる素材や味つけを変えて重ねると見た目と味のおもしろさが出る。

お米のサラダ

ITALIAN RISTORANTE YAGI

材料（2人分）

イタリア米（カルナローリ）80g ●フルーツトマト1個 ●黒オリーブ（みじん切り）10粒分 ●緑オリーブ6粒 ●ケッパー20粒 ●シブレット（みじん切り）8g ●鮮魚（刺身用の旬の魚）120g ●ボッタルガ（カラスミ）10g ●シブレットの花8g ●シトロネット適量 ●ドライトマトのだし汁*適量 ●オリーブ油適量 ●塩・白コショウ各適量

*ドライトマトを1〜2時間水に浸けてシノワで漉し、戻し汁を火にかけて煮詰めたもの。

1 米は1%の塩を加えた湯でアルデンテにゆでる。ゆで上がったら氷水で一気に冷まし、水気をよくきって、塩、白コショウ、オリーブ油を混ぜる。
2 フルーツトマトは湯むきし、さいの目に切る。
3 1の米に フルーツトマト、黒オリーブ、緑オリーブ、ケッパー、シブレットを加え、シトロネットで調味する。
4 鮮魚は薄くスライスし、塩、白コショウをし、ドライトマトのだし汁とオリーブ油を表面にぬる。
5 魚を皿に並べ、上に3のサラダを盛りつける。ボッタルガを削ってふりかけ、シブレットの花を散らす。

シトロネット

レモン汁100cc、レモンフレーバーオイル100cc、オリーブ油（香りのデリケートなもの）200cc

すべての材料を撹拌して乳化させる。

イタリアの惣菜屋でよく見かけるサラダ。おいしくつくるコツは、米を多めの湯でゆでること。パスタをゆでるときと同じ感覚で。

まぜまぜご飯（ライスサラダ）

ETHNIC キッチン　　　　　　　　　　　　　　Ⓒ

材料（4人分）

豚挽き肉200g●ニンニク（みじん切り）1片分●サラダ油60cc●A（ニョクマム10cc●シーズニングソース*10cc●グリーンカレーペースト（市販）小さじ1●粗挽き黒コショウ少量●砂糖小さじ1）万能ネギ（小口切り）10本分●カイワレ菜（半分に切る）1/4パック分●グリーンカール（せん切り）大1枚分●三ツ葉（2cm長さのざく切り）1/3束●ピーナッツ（粗く砕く）適量●温かいご飯400g

*ベトナムやタイではポピュラーな万能調味料。大豆醤油をベースに、甘みと旨みを加えたもので、炒め物や屋台料理の仕上げに欠かせない。

1. フライパンにサラダ油を熱してニンニクを炒め、香りが出てきたら豚挽き肉を入れてさらに炒め、**A**で調味する。
2. 器にご飯を盛り、炒めた挽き肉を散らし、野菜とピーナッツを彩りよくのせる。食べるときに全体をよく混ぜ合わせて取り分ける。

混ぜれば混ぜるほどおいしくなるアジアの混ぜご飯。グリーンカレー風味のスパイシーな挽き肉が味のポイント。野菜は好みのものでよいがクリスピーなピーナッツは必ず加える。

トマトライス

FRENCH マルディ グラ

材料（4人分）

玉ネギ・ニンジン・ニンニク（各みじん切り）各大さじ1●米**300g**●バター小さじ**2**●塩・コショウ各適量●ジュドプール*****100cc**●水**360cc**●セミドライトマト******4個**

*ぶつ切りの老鶏**6kg**は流水にさらして血や汚れを除き、玉ネギ10個、ニンジン1本、ニンニク1株（すべて丸のまま）、タイム5枝、ローリエ2枚、水20リットルとともに火にかける。沸騰したら弱火にし、アクを取りながら2時間ほど煮て漉す。

**フルーツトマトを湯むきし、ヘタを下に向けて天板に並べ、薄切りのニンニクを1枚ずつのせて100℃のオーブンで3時間ほど焼く。

1. トマトライスをつくる。鍋にバターを入れて火にかけ、泡が出てきたら玉ネギ、ニンジン、ニンニクを炒め、塩、コショウをしてしんなりするまで炒める。
2. ここに米を加えてさらによく炒め、ジュドプールと水、セミドライトマトを加える。沸騰したらふたをして、200℃に熱したオーブンに13分間ほど入れる。
3. オーブンから出し、よく蒸らして提供する。好みで刻んだシブレットをふってもよい。

バター風味の洋風炊き込みご飯。旨みを凝縮させたセミドライトマトがポイント。

タブレ（クスクスのサラダ）

FRENCH シェ・トモ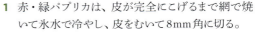

材料（4人分）

赤・緑パプリカ各1/2個●セロリ65g●玉ネギ50g●トマト70g●キュウリ70g●スムール*100g●オリーブ油5g●熱湯140cc●トマトフォンデュ**2g●ニンニク（みじん切り）2g●タバスコ・ソースヴィネグレット・塩・コショウ各適量

*デュラムセモリナの粗挽き。

**みじん切りのニンニク3片分をオリーブ油でキツネ色になるまで炒めたのち、みじん切りの玉ネギ1/2個分を加える。缶詰のダイストマト500g、ローリエ1枚、タイム適量を入れてゆっくりと煮る。煮詰まってきたら塩、コショウで味を調える。

1. 赤・緑パプリカは、皮が完全にこげるまで網で焼いて氷水で冷やし、皮をむいて8mm角に切る。
2. セロリ、玉ネギは8mm角に切って塩ゆでし、冷水で冷やす。トマトは皮を湯むきして同様の角切りに、キュウリは中心の種の部分を除き、同様の角切りにする。
3. スムールをボウルに入れ、オリーブ油と熱湯を注いでラップフィルムで密封し、温かい場所で戻す。
4. ボウルに3と1、2の野菜、トマトフォンデュ、ニンニク、タバスコ、ソースヴィネグレットを入れて合わせ、塩、コショウで味を調える。
5. 4をセルクル型を使って器に盛り、まわりにソースヴィネグレットを流す。

ソースヴィネグレット

A（フレンチマスタード25g、赤ワインヴィネガー5g、シェリーヴィネガー5g）、ピーナッツ油100cc、塩・コショウ各適量

Aを合わせて混ぜ、ピーナッツ油を少しずつ加えて泡立て器で撹拌。クリーム状になったら適量の塩、コショウで味を調える。

もともとはレバノン料理だったそうだが、今ではフランスの定番サラダになっている。

羊肉入りのタブレ ガスパチョドレッシング

FRENCH ルカンケ　　　　　　　　　　　　Ⓒ

材料（4人分）

スムール200g●A（ローリエ1/2枚●タイム1本●バター20g●塩2g●レーズン20g）●羊モモ肉120g●B（5mm角の黄・赤パプリカ各1/4個分●みじん切りのエシャロット1/2個分●みじん切りのパセリ少量●みじん切りのミント6枚分）●基本のドレッシング50cc●ガスパチョドレッシング＋バジルオイル全量●塩・コショウ各適量●ミント4枚

1　Aを300ccの水に入れて沸かし、スムールの入ったボウルに入れてラップフィルムをかけ、20分間以上蒸らしたのち冷ましておく。
2　羊モモ肉は塩、コショウをしてレアに焼いて冷ます。冷めたら短冊切りにする。Bとともに1のスムールの中に入れ、基本のドレッシングを加えて混ぜ合わせる。
3　器に盛り、ミントの葉を飾る。まわりにガスパチョドレッシングを流し、バジルオイルをたらす。

ガスパチョドレッシング＋バジルオイル

ガスパチョドレッシング（トマト200g、玉ネギ30g、セロリ10g、キュウリ20g、赤パプリカ20g、パン10g、塩5g、コショウ2g、赤ワインヴィネガー20g、オリーブ油20cc、トマトペースト10g）、バジルオイル（バジルの葉15枚、オリーブ油30cc）

ガスパチョドレッシングの野菜を適宜に刻み、ほかの材料と合わせて1日マリネする。これをミキサーにかけて漉す。バジルオイルはバジルの葉をすり鉢で細かくすり、オリーブ油を加えてのばす。

基本のドレッシング（ルカンケのベースドレッシング）

（→176頁）

魚介のサラダ クスクス仕立て

FRENCH　コウジイガラシ オゥ レギューム　—— C

材料（4人分）

スムール100g●玉ネギ（5mm角）1/5個分●キュウリ（5mm角）1/4本分●赤・黄パプリカ（各5mm角）各1/2個分●A（塩適量●タイム1枝●みじん切りのニンニク小さじ1/2●オリーブ油適量）

アサリ12粒●ムール貝8個●白ワイン適量●タコの脚（ボイル）*2本●イカ1杯●白身魚（オナガダイとスズキ）計約100g●エビ（有頭）8尾●ホタテ貝柱4個●ホタルイカ12杯

クールブイヨン**適量●グリーンセロリ***（太い部分を斜め切り）2本分

マリネ液（アサリとムール貝の蒸し汁50cc●みじん切りのニンニク・パセリ各小さじ1●オリーブ油・レモン汁各50cc）

塩・コショウ各適量●トマトのクーリ100cc●大葉オイル40cc●セルフイユ・ディル・ピンクペッパー各適量

*タコの脚は塩、赤ワインヴィネガー、パセリの茎を合わせた水でやわらかくなるまで煮る。
**香味野菜からとった下煮用のだし。
***一般的なセロリ（中間種あるいはホワイト種）とは別種の香りの高いセロリ（緑色種）で茎まで緑色である。

1　スムールは同量の湯で煮て戻す。
2　玉ネギ、キュウリ、パプリカはAで和える。ラップをして温かい場所において味をなじませる。
3　アサリとムール貝は白ワインで蒸し、蒸し汁をとっておく。タコは食べやすい一口大に切る。イカは皮をむいて胴を筒切りにする。白身魚は三枚におろして一口大に切る。
4　クールブイヨンを温め、沸騰直前になったら、グリーンセロリ、魚介類の順に入れてゆでる。熱いうちにマリネ液に浸けて1晩おく。
5　ボウルにスムールと2を入れ、4のマリネ液40cc、塩、コショウで調味する。味をみて酸味が足りなければレモン汁（分量外）を足す。
6　セルクル型に5を詰めて盛りつけ、4のグリーンセロリと魚介類をのせてセルフイユとディルを飾る。
7　大葉オイルとトマトのクーリを皿に流し、アクセントにピンクペッパーを散らす。

トマトのクーリ

トマト（くし形切り）2個分、フルーツトマト（くし形切り）2個分、塩適量、オリーブ油**20cc**

トマトは切り口を上にして、ステンレス鍋に入れる。塩、オリーブ油をかけて弱火にかける。トマトからジュ（液体）が出てきたら完全に火が入る手前で火を止め、バーミックスでつぶしてシノワで漉す。

大葉オイル

大葉・揚げ油・塩・オリーブ油各適量

大葉を100℃の油で素揚げして塩をふり、フードプロセッサーで細かく刻んでオリーブ油と合わせる。

183 SALAD　野菜 ― 穀物　パスタ

スムールでボリュームアップ。提供時にはキリッと冷やして。

水菜とカッペリーニのサラダ
胡瓜の冷たいスープ エストラゴンを散らして

ITALIAN リストランテプリマヴェーラ

材料（4人分）

ミズナ（**5cm**長さのざく切り）1/2パック●ウイキョウ（**5cm**長さの細切り）少量●カッペリーニ**80g**●胡瓜のソース全量●エストラゴン適量

1 カッペリーニを塩湯（分量外）で2分10秒間ゆで、氷水で冷やし、水気をきる。
2 ミズナは冷水に放ち、水気をきる。
3 器に胡瓜のソースを流し、カッペリーニとミズナとウイキョウを盛る。エストラゴンを散らす。

胡瓜のソース

キュウリ**4**本、白ワインヴィネガー**20g**、水**80g**、オリーブ油**20g**、塩適量

キュウリは縦半分に切り、スプーンで種をこそげ取る。そのほかの材料とともにミキサーにかけて塩で味を調える。

キュウリと相性のよいエストラゴンを合わせたサラダ。エストラゴンのかわりにミントでもよい。

コートダジュール風 ペンネとミモレットのサラダ

FRENCH シェ・トモ

材料（4人分）

ペンネ**240g**●赤・黄・緑パプリカ各**1個**●エシャロット（みじん切り）**40g**●おろしニンニク**1片分**●パセリ（みじん切り）適量●ソースヴィネグレット適量●ミモレットチーズ適量●オリーブ油少量●塩・コショウ各適量

1. ペンネをたっぷりの塩湯でゆでる。通常のゆで時間より1分間ほど長めにゆで、すぐに冷水で冷やす。水気をきり、オリーブ油をまぶしてペンネがくっつかないようにする。
2. 赤・黄・緑パプリカは、網で全体の皮が完全にこげるまで焼いて氷水にとって冷やし、手で皮をむく。1.5cm幅の棒状に切る。
3. ボウルにペンネとパプリカを入れ、エシャロット、ニンニク、パセリを加え、ソースヴィネグレットと塩、コショウで味を調える。
4. 3を器に盛り、上からミモレットチーズをすりおろしてかける。

ソースヴィネグレット

A（フレンチマスタード**25g**、赤ワインヴィネガー**5g**、シェリーヴィネガー**5g**）、ピーナッツ油**100cc**、塩・コショウ各適量

Aを合わせて混ぜ、ピーナッツ油を少しずつ加えて泡立て器で撹拌。クリーム状になったら適量の塩、コショウで味を調える。

ペンネは塩を入れた湯でゆでて、ペンネに塩味を入れておくのがポイント。少しやわらかめにゆでておくと冷やしたときに、ちょうどよいかたさになる。

冷製夏野菜のサラダスパゲッティ サフラン風味

ITALIAN　リストランテホンダ

材料（4人分）

スパゲッティ**120g**●水**3リットル**●塩**30g**●サフラン**2つまみ**●塩・白コショウ・オリーブ油・白ワインヴィネガー・レモン汁各適量●夏野菜のマリネソース全量●オクラ**4本**●バジル**16枚**

1. 鍋に水を入れ、1％の塩を加えて火にかける。沸騰したらサフランを加えて色を出す。ここにスパゲッティを入れ、やわらかめにゆでて冷水で冷ます。
2. 水気をよくきり、塩、白コショウ、オリーブ油、白ワインヴィネガー、レモン汁で味を調える。
3. オクラは塩ゆでして、食べやすく切る。
4. スパゲッティをそろえて皿に並べる。夏野菜のマリネソースの赤、黄パプリカ、ナスを中心に盛り、トマトとオリーブをいろどりよくあしらう。オクラを添えて、バジルの若葉を散らす。

夏野菜のマリネソース

フルーツトマト**2個**、赤・黄パプリカ各**1個**、ナス**2本**、黒オリーブ**16粒**、緑オリーブ**8粒**、ケッパー大さじ**1**、塩・白コショウ各適量、ニンニク適量、オリーブ油・バルサミコ酢（10年物）各適量

パプリカ、ナスは塩、オリーブ油をふって160℃のオーブンで黒くこげるまで焼き、皮をむいて5mm幅の細切りにする。フルーツトマトは湯むきしてくし形に切る。そのほかの材料をすべてよく混ぜ合わせる。

野菜の甘みを生かしたソースがポイント。パプリカはしっかり焼いて甘みを出し、皮をむいたときに出る甘いジュはソースに加える。

バミセリのサラダ

FRENCH シェ・トモ　　Ⓒ

材料（4人分）

バミセリ200g ● オリーブ油50cc ● 野菜のブイヨン300cc ● A（トマトフォンデュ*80g ● バジルペースト80g ● みじん切りのエシャロット20g ● みじん切りのニンニク5g） ● 小ヤリイカ2杯 ● マヨネーズ・生クリーム各適量 ● バルサミコ酢（煮詰めたもの）適量 ● 塩適量

*オリーブ油適量でみじん切りのニンニク3片分をキツネ色に炒めたのち、みじん切りの玉ネギ1/2個分を加えて炒める。缶詰のダイストマト500g、ローリエ1枚、タイム適量を加えて煮る。煮詰まってきたら塩、コショウで味を調える。

1. 鍋にオリーブ油を熱し、5cmに折ったバミセリを入れ、かき混ぜながらキツネ色になるまで炒める。
2. 1に野菜のブイヨンを注ぎ、ふたをしてバミセリに火を入れる（ときどきかき混ぜる）。
3. 2のバミセリに火が入ったらボウルにあけ、粗熱をとったのち、Aを加えてよく混ぜ合わせる。
4. 小ヤリイカをサッと塩ゆでし、リング状に切る。
5. 皿の中央にセルクル型をおき、中に生クリームでのばしたマヨネーズを流し、3を詰め、上にヤリイカをのせる。型を抜いてバルサミコ酢を流す。

マヨネーズ

A（卵黄1個分、マスタード大さじ1、白ワインヴィネガー30cc）、サラダ油180cc、塩適量

Aを混ぜ、サラダ油を少しずつ加えて泡立て器で混ぜ、クリーム状にする。塩で味を調える。

鮎のアニョロッティ エスカベッシュ仕立て

ITALIAN リストランテホンダ　　　H

材料（4人分）

アニョロッティの種（アユ4尾●塩・白コショウ・強力粉各適量●薄切りの玉ネギ小1個分●みじん切りのニンニク1/2片分●オリーブ油20cc●白ワイン適量●白ポート酒適量●花サンショウ5粒●ローリエ1/2枚●フュメドポワソン適量●パルミジャーノチーズ適量）

パスタ生地（小麦粉00粉450g●セモリナ粉150g●卵黄200g●卵2個●塩3g●オリーブ油10cc）

エスカベッシュソース全量●塩適量●イタリアンパセリ（みじん切り）適量

エスカベッシュソース

A（3mm角のエシャロット1/2個分、3mm角の赤・黄パプリカ各1個分、3mm角のズッキーニ1/2本分）、ロースト松ノ実・干ブドウ（ぬるま湯で戻す）各適量、パンチェッタ（3mm幅の細切り）適量、ニンニク（みじん切り）1/2片分、花サンショウ10粒、白ワイン適量、白ワインヴィネガー100cc、オリーブ油300cc、砂糖・塩・白コショウ各適量

ニンニク、花サンショウを適量のオリーブ油でキツネ色に炒め、パンチェッタを入れて炒める。 Aを加えて炒めたのち、松ノ実、干ブドウを混ぜ、白ワインを入れる。アルコールが飛んだら砂糖、塩、白コショウ、白ワインヴィネガーを入れて沸かす。さらにオリーブ油を加え、一煮立ちしたら、再度塩、白コショウ、砂糖で味を調える。

1　パスタ生地をつくる。小麦粉とセモリナ粉を合わせてふるい、サーモミックスかフードプロセッサーにかけてよく混ぜる。

2　生地の残りの材料をすべてよく混ぜ合わせて、1の中に少しずつ加えていく。まとまったら真空パックにかけて、一昼夜冷蔵庫でねかせる。

3　アニョロッティの種をつくる。アユは頭を落として内臓を抜いてよく洗う。

4　鍋にオリーブ油とニンニクを入れて、弱火にかけて香りを出し、玉ネギを加えて甘みが出るまでじっくり炒める。

5　アユに塩、白コショウをふり、強力粉をまぶし、よくはらう。フライパンにオリーブ油を入れて、アユをソテーする。

6　4の鍋にアユを入れ、白ワインとポート酒を全体が浸るくらい同量ずつ注ぎ、花サンショウ、ローリエを入れる。水分がなくなるまで煮詰めたら花サンショウとローリエを取り除く。フュメドポワソン（解説省略）を浸るまで注いで、水分がなくなるまで再び煮詰める。

7　フードプロセッサーで6をペースト状にし、裏漉しする。パルミジャーノチーズを加え、よく混ぜる。塩、白コショウで味を調える。

8　ねかせた2のパスタ生地をパスタマシン（目盛り0.3～0.4）でのばし、5cm角の正方形に切って、7の種を絞り出して包み、アニョロッティをつくる。

9　1％の塩を加えた熱湯でアニョロッティをやわらかめにゆでる。アニョロッティをエスカベッシュソースで和えて、塩で味を調える。器に盛りつけ、イタリアンパセリを散らす。

189　SALAD　野菜―穀物　パスタ

アユの時期にパスタメニューで出しているアニョロッティに、エスカベッシュソースをかけてサラダ仕立てに。アユのかわりにイワシやサンマでも合う。

春雨サラダ

KOREAN 李南河 — C

材料（4人分）

乾燥ハルサメ*100g●ニンニクの芽・ニラ・黄ニラ（各5cm長さのざく切り）各1/4束分●ハム（5cm長さの細切り）40g●キュウリ（5cm長さの細切り）1/5本分●ハラペーニョ酢漬け3g●塩・ゴマ油各少量●太白ゴマ油15cc●焼肉のたれ（市販）30cc●薬念4g●米酢5cc●プチトマト4個●白ゴマ適量

*タンミョンと呼ばれるサツマイモでつくったハルサメ。日本のハルサメよりゆで時間がかなりかかる。

1 ハルサメを熱湯でゆでてやわらかく戻す。水にとって洗い、塩とゴマ油で下味をつける。
2 ニンニクの芽は熱湯でゆでて塩をふる。熱いうちに太白ゴマ油と焼肉のたれを混ぜて、30分〜1時間おく。
3 ハルサメとニンニクの芽、ニラ、ハム、キュウリ、みじん切りのハラペーニョの酢漬けを合わせ、ニンニクの芽を浸けた汁で薬念を溶いて、さっくり混ぜ合わせる。最後に米酢を混ぜて味を締める。
4 器に盛り、プチトマトを飾って、白ゴマをふる。

薬念
粉唐辛子1：おろしニンニク1
材料を同割で練り混ぜて味をなじませる。

ハルサメは水で締めるので、ゆで加減に注意する。子供向けには薬念を入れずに、リンゴを加えるとよい。

タイ風春雨サラダ

ETHNIC キッチン

材料（4人分）

乾燥緑豆ハルサメ40g ●エビ4尾 ●赤玉ネギ（薄切り）1/4個分 ●キュウリ（斜め薄切り）1/2本分 ●セロリ（斜め薄切り）1/3本分 ●万能ネギ（小口切り）・パクチー各適量 ●春雨サラダのたれ全量

1. 緑豆ハルサメはたっぷりの湯でやわらかくゆでてザルにとり、水洗いして水気をきって食べやすい長さに切る。
2. エビは背ワタを除いてゆで、冷めたら殻をむく。
3. ボウルに1、2、野菜を入れて春雨サラダのたれを加えて混ぜ合わせ、器に盛り、パクチーを飾る。

春雨サラダのたれ

ナンプラー5〜10cc、レモン汁30cc、スイートチリソース30cc

材料をすべてよく混ぜ合わせる。

タイ料理店で人気のサラダ。甘み、辛み、酸味のバランスが絶妙なサラダ。

生春巻き

ETHNIC キッチン C

材料（4人分）

ライスペーパー8枚●鶏ササミ肉4本●エビ（殻つき）8尾●キュウリ1/2本●万能ネギ（10cm長さのざく切り）16本●グリーンカール8枚●大葉16枚●ザーサイ（瓶詰の味つきザーサイ）80g●日本酒・塩各少量●ヌクチャム適量

ヌクチャム

ニョクマム30cc、レモン汁45cc、グラニュー糖大さじ3、水30cc、ニンニク（みじん切り）1/2片分、赤唐辛子（みじん切り）1/2本分

材料をすべてよく混ぜ合わせる。

1. 日本酒と塩を少量加えた熱湯で鶏ササミをゆでる。続いて殻つきのまま背ワタを除いたエビを入れてゆで、ザルにとって冷ます。
2. **1**のササミは食べやすい大きさに手で裂き、エビは殻をむいて2枚にスライスする。
3. キュウリは縦8等分に切り、グリーンカールは4等分くらいにちぎる。
4. ライスペーパーは水にくぐらせてまな板におき、半分より手前に大葉2枚を横に並べ、キュウリ、万能ネギ、ササミ、ザーサイ、グリーンカールをそれぞれ1/8量ずつ横長におく。両側を折りたたんで手前からきっちり1巻きし、**2**のエビを2枚並べてさらに巻き込む。同様にして8本つくる。
5. **4**を半分に切って盛り、ヌクチャムを添える。

ベトナム料理の代名詞にもなっている生春巻き。南部ホーチミンの名物料理。エビが透けて見えるように、具の配置を考えながらしっかり巻く。

春野菜と韓国クレープサラダ 浅蜊とフルーツの冷麺サラダ

KOREAN 李南河　Ⓒ

材料（4人分）

ウド（せん切り）30g●菜ノ花2株●コゴミ4本●タケノコ（水煮）30g●大豆モヤシ30g

A（塩少量●おろしニンニク2g●ゴマ油5cc●白ゴマ少量）

B（カツオだし4：薄口醤油1：塩1）

C（塩少量●おろしニンニク2g●ゴマ油5cc●粉唐辛子少量）

クレープ（チヂミ粉*＋小麦粉300g●水500cc●塩3g●白味噌10g●薄口醤油30cc）●サラダ油適量●コチュジャン適量

*チヂミ専用粉。なければ小麦粉1におろしたジャガイモ0.5の割で合わせ、適量のベーキングパウダー、卵黄を加えて代用。

1　ウドは流水に15～30分間さらす。水をきってAで和える。
2　菜ノ花とコゴミはそれぞれ熱湯でゆでて、Bに浸けたのち、白ゴマ（分量外）を混ぜる。タケノコは一旦ゆでてBに浸ける。
3　大豆モヤシは熱湯でゆでて、熱いうちにCで和えて味をつける。
4　クレープを焼く。チヂミ粉と小麦粉を塩水で溶き、白味噌と薄口醤油を加えて香ばしさをプラスする。
5　玉子焼き器を熱してサラダ油をひき、4を薄く流し入れて四角いクレープを焼く。
6　器にクレープを敷き、ウド、菜ノ花、タケノコ、コゴミ、大豆モヤシを盛り、コチュジャンを添える。

もっちりしたチヂミの生地を薄焼きにして、春野菜を包んで食べるサラダ。野菜は歯応えを大事にし、くれぐれもゆですぎないよう注意。

浅蜊とフルーツの冷麺サラダ

KOREAN　李南河

材料（4人分）
アサリスープをとったアサリ16個 ●冷麺（ソバ粉入り）140g ●リンゴ（せん切り）60g ●冷麺スープ適量 ●青ネギ（小口切り）適量

1 冷麺を熱湯でゆで、冷水でよくもむ。
2 冷麺スープの材料を合わせて冷やしておく。
3 器にリンゴをたっぷり盛り、冷麺を上にのせる。アサリスープをとったアサリの身を盛り合わせて、**2**の冷麺スープを注ぐ。上に青ネギを添える。

冷麺スープ
アサリスープ（アサリ16個、日本酒180cc、水360cc）3 : 和風そばつゆ1

アサリが浸るくらいの日本酒と水を注いで火にかける。沸いたらアサリを入れ、ふたをして蒸し煮にする。殻が開いたら取り出す。残った蒸し汁をアサリスープとして使用。アサリスープに和風そばつゆを表記の割で合わせる。

歯応えのよい冷麺をサラダ仕立てに。よく水で洗って氷水で締めるとおいしさが倍増。夏ならばスイカ、あるいはすりおろした洋ナシも合う。

パンツァネッラ（トスカーナ風パンのサラダ）

ITALIAN RISTORANTE YAGI

材料（4人分）

バゲット*1本●フルーツトマト（1cm角）2〜3個分●白インゲン豆（トスカネッリ）の水煮（→208頁）40g●水煮の煮汁適量●赤玉ネギ**（薄切り）1/2個分●ツナ（油漬け缶詰）40g●ガーリックオイル***適量●バルサミコ酢少量●シトロネット適量●塩・黒コショウ各適量●バジル適量

＊トスカーナパンならばよりイタリアらしくなる。
＊＊イタリア産チポッラトロペアという苦みの少ない赤玉ネギを使用。国産の場合は冷水にさらして少し苦みを抜く。
＊＊＊つぶしたニンニクをトスカーナ産オリーブ油の中に数日間浸けて風味をつけたもの。加熱していない。

1 バゲットは外皮をむき、1.5cm角程度に切りそろえて乾燥させておく。冷たいトスカネッリの煮汁に浸けて吸水させて絞る。
2 1のバゲット、フルーツトマト、赤玉ネギ、油をきったツナ、トスカネッリの水煮をボウルに入れ、塩、黒コショウ、ガーリックオイル、バルサミコ酢、シトロネットで調味する。
3 皿に盛り、バジルをあしらう。

シトロネット

レモン汁100cc、レモンフレーバーオイル100cc、オリーブ油（香りのデリケートなもの）200cc

すべての材料を撹拌して乳化させる。

トスカーナのマンマの料理。乾燥してかたくなってしまったパンをおいしくする方法として考えられた。

ベジポタヌードル

FRENCH　マルディ グラ　　　　　　　　　　　H

材料（1皿分）

乾燥ハルサメ（国産馬鈴薯原料）**45g**●豆乳スープベース**300cc**

レンズ豆煮（乾燥レンズ豆**1kg**●みじん切りの玉ネギ**1**個分●みじん切りのニンジン**1**本分●みじん切りのニンニク**3**片分●みじん切りのベーコン**30g**●バター大さじ**1**●水**3**リットル●塩・コショウ各適量）

セミドライトマト（フルーツトマト適量●薄切りのニンニク　トマト**1**個につき**1**枚）

トッピング玉子（卵**1**個●濃口醤油**100cc**●上白糖大さじ**1**）●バゲット（スライス）**1**枚●カイワレ菜・セルフイユ各適量

1. レンズ豆煮をつくる。レンズ豆は1晩水に浸けて戻す。鍋にバターを入れて火にかけ、泡が出てきたら、玉ネギ、ニンジン、ニンニク、ベーコンを加え、塩、コショウしてしんなりするまで炒める。戻したレンズ豆と水を加え、やわらかくなるまで煮る。
2. セミドライトマトをつくる。フルーツトマトは湯むきし、ヘタを下に向けて天板に並べ、ニンニクをのせて100℃のオーブンで3時間ほど焼く。
3. トッピング玉子をつくる。卵は半熟にゆで、冷まして殻をむく。濃口醤油と上白糖を合わせた液に約1時間浸けて、味をしみ込ませる。
4. ハルサメを熱湯でゆでて、温めた豆乳スープベースに合わせてからめる。
5. 4を器に盛りつけ、レンズ豆煮100g、セミドライトマト1個、トッピング玉子1/2個、トーストしたバゲット1枚、カイワレ菜をいろどりよく配し、セルフイユを飾る。

豆乳スープベース

玉ネギ（みじん切り）**1**個分、バター**20g**、水**50cc**、A（シーズニングソース**5cc**、水**100cc**、塩少量、豆乳**100cc**）

玉ネギ、バター、水を30分間煮る。Aと合わせてフードプロセッサーにかけ、濃度のあるソースにする。

197 SALAD 野菜 ― 穀物 パスタ

まるでとんこつラーメン……。実は、豆乳と春雨でつくるヘルシーヌードルサラダ。

ベジタブルバーガー

FRENCH マルディ グラ — H

材料（3個分）

ベジタブルパティ（バルガー小麦のベース*170g●スパイシーラタトゥイユ***100g●炊いて冷ましたご飯20g●みじん切りのエシャロット大さじ2●みじん切りのニンニク少量●パン粉大さじ1●豆乳20cc●塩・コショウ各適量）

玉ネギ（1cm厚さの輪切り）3枚●トマト（1cm厚さの輪切り）3枚●マスタードグリーン3枚●オリーブ油適量●バーベキューソース適量●ソイマヨネーズ適量●バンズ3個●クレソン3本

*オリーブ油15ccを熱し、バルガー小麦**200ccを炒める。水500ccを加えて沸騰したら弱火で10分間煮て火を止め、10分間ほど蒸らす。

**挽き割り小麦の一種で、ピラフやサラダに使うほか、挽き肉の代わりにもなる。下ゆでしたり洗ったりせずにそのまま使える。

***オリーブ油30ccを熱し、みじん切りの玉ネギ1個分とニンニク1片分をしんなりと炒め、一口大に切った野菜とスパイス（赤・黄パプリカ各1個、ズッキーニ1本、ナス1本、トマト1個、粉末シナモン・カレー粉各小さじ1）を加えてなじむまで煮て、塩、コショウで味を調える。

1. ベジタブルパティをつくる。ボウルにバルガー小麦のベース、スパイシーラタトゥイユ、ご飯、エシャロットとニンニク、パン粉、豆乳を合わせ、塩、コショウで調味してハンバーグの形に成形してパティとする。
2. フライパンにオリーブ油を熱し、パティと輪切りの玉ネギを焼く。
3. バンズを軽く温め、2の玉ネギ、トマトとマスタードグリーンをのせてソイマヨネーズをかけ、その上にパティをのせてバーベキューソースをかけてサンドする。クレソンを添えて盛りつける。

ソイマヨネーズ

A（絹漉し豆腐1丁、マスタード大さじ2、シードルヴィネガー30cc）、塩・コショウ各適量

Aをフードプロセッサーでなめらかにし、塩、コショウで味を調える。

バーベキューソース

玉ネギ（みじん切り）1個分、ニンニク（みじん切り）2片分、バター大さじ2、バーボンウイスキー50cc、トマトケチャップ100cc、塩・コショウ各適量

バターを火にかけ、泡が出てきたら玉ネギ、ニンニクを塩、コショウをして炒める。しんなりしたらバーボンウィスキーを加え、アルコール分を飛ばす。ケチャップを加え、弱火で15分間煮て味を調える。

動物性素材不使用の野菜バーガー。ベジタブルパティは肉と見まがう味と食感。

SALAD

肉篇

牛肉とレタスの冷しゃぶサラダ

JAPANESE かんだ

材料（4人分）
牛ロース薄切り肉200g●レタス1個●白髪ネギ1本分●練り胡麻ドレッシング全量

1. 湯を80℃に熱して火を止め、牛肉を1枚ずつくぐらせて、きれいなピンク色になったら引き上げる。
2. レタスを熱湯にサッとくぐらせて軽くゆでる。
3. 牛肉の水気をきって、2のレタスとともに皿に盛り、練り胡麻ドレッシングをかけて、白髪ネギをのせる。

練り胡麻ドレッシング
白練りゴマ大さじ3、だし30cc、ポン酢30cc、三温糖大さじ1、スダチ果汁少量

材料をすべてよく混ぜ合わせる。

牛肉のたたきサラダ

JAPANESE 板前心菊うら

材料（3人分）

牛ロース肉（塊）200g●レタス（ちぎる）1/4個分●玉ネギ（薄切り）1/4個分●ミョウガ（薄切り）2個分●セロリ（薄切り）1/4本分●カイワレ菜1/2パック●塩・コショウ・サラダ油各適量●納豆ドレッシング全量

1. 牛ロース肉に塩、コショウをし、サラダ油をひいたフライパンで両面を軽く焼く。
2. 肉汁がおちついたら1cm幅に切る。
3. レタス、玉ネギ、ミョウガ、セロリを皿に敷き、上に牛ロース肉を盛る。
4. 納豆ドレッシングをかけ、カイワレ菜をのせる。

納豆ドレッシング

納豆小1パック、煮きり酒30cc、そばつゆ50cc、濃口醤油15cc、サラダ油少量

粘りが出るまですべての材料をよく混ぜ合わせる。ザルで漉し、下にたまった汁のみ使う。

牛肉と水なすのサラダ

FUSION よねむら　　　　　　　　　　Ⓒ

材料（4人分）

牛ロース肉*（薄切り）200g●水ナス2個●ニンニク1/2片●クレソン1束●糸削りカツオ節少量●粗挽き黒コショウ少量●生姜風味のバルサミコドレッシング全量

*牛肉は生食できるよう加工したものを使用。

1. 水ナスは包丁で切り目だけ入れて手で裂き、生姜風味のバルサミコドレッシングに浸けておく。
2. 牛肉は肉叩きでより薄くのばす。
3. 器にニンニクの切り口をこすりつけて香りをつけ、牛肉を並べる。上に水ナスとクレソンを盛り、カツオ節をふりかけ、まわりに黒コショウを散らす。

生姜風味のバルサミコドレッシング

濃口醤油15cc、ショウガの絞り汁5cc、バルサミコ酢15cc、オリーブ油60cc

材料をすべてよく混ぜ合わせる。

牛肉とクレソンのサラダ

ETHNIC キッチン

材料（4人分）

牛肉（しゃぶしゃぶ用）150g●クレソン2束●セロリ（4〜5cm長さの薄切り）1/2本分●ヌクチャム60〜75cc●ガーリックオイル*15cc●粗挽き黒コショウ少量●ピーナッツ（砕く）適量●フライドオニオン**適量

*みじん切りのニンニクを倍量のサラダ油に入れて中火でキツネ色になるまで加熱したもの。密閉容器に入れて保存しておくと便利。

**ラッキョウ大の赤玉ネギ(赤ワケギ)をスライスして油でパリッと揚げたもの。

1. 牛肉は熱湯でサッとゆでて冷水にとり、水気をきる。
2. クレソンは葉元を摘んで、冷水に放してパリッとさせ、水気をきる。セロリはクレソン同様水に放し、水気をきる。
3. ボウルに1と2を入れて、ヌクチャム、ガーリックオイル、粗挽き黒コショウをふって和える。器に盛り、ピーナッツとフライドオニオンをかける。

ヌクチャム

ニョクマム30cc、レモン汁45cc、グラニュー糖大さじ3、水30cc、ニンニク（みじん切り）1/2片分、赤唐辛子（みじん切り）1/2本分

材料をすべてよく混ぜ合わせる。

クレソンは、避暑地としても有名な高地ダラットで多く栽培されている。ベトナムではサラダをはじめ、鍋物や炒め物などに用いて山ほど食べる。

牛肉とブロッコリー、フルムダンベールのサラダ

FUSION　よねむら　Ⓒ

材料（4人分）

牛ロース肉（薄切り）**160g**●ブロッコリー（小房に分ける）**1/2個分**●フルムダンベールチーズ**80g**●浜防風（いかり防風）**4本**●香草マヨネーズ全量

1. 牛肉は熱湯にサッとくぐらせてしゃぶしゃぶにして氷水にとり、水気をきる。
2. ブロッコリーは熱湯でゆでてザルに上げておく。
3. フルムダンベールチーズは牛肉より一まわり小さなスライスにしておく。
4. 器に牛肉、ブロッコリー、フルムダンベールチーズを盛りつけ、香草マヨネーズをかけていかり防風をあしらう。

香草マヨネーズ

マヨネーズ大さじ**4**、エストラゴン・ケッパー・エシャロット・おろしたレフォール各少量、トマトケチャップ大さじ**1**、ジン少量

マヨネーズにそのほかのすべての材料を混ぜてハンドブレンダーにかける。

マヨネーズ

卵黄**5個分**、粉末マスタード**40g**、白ワインヴィネガー**40cc**、サラダ油**1.8リットル**、白ベルモット**100cc**、塩・コショウ各適量

マスタードを少量の水で練り、卵黄を混ぜ、白ワインヴィネガーの一部を加える。サラダ油を少しずつ入れて撹拌。白ワインヴィネガーと白ベルモットで濃度を調節し、塩、コショウで味を調える。

牛タンのスカモルツァアフミカート焼き ビーツとクレソン添え

ITALIAN　リストランテホンダ　

材料（4人分）

牛タンのスカモルツァアフミカート焼き（牛タン300g●玉ネギ1/2個●ニンジン5cm●セロリ1/2本●ブーケガルニ1束●塩・黒コショウ各適量●スカモルツァアフミカートチーズ適量●パルミジャーノチーズ適量）

ビーツのサラダ（ビーツ400g●塩適量●フレンチドレッシング→32頁 40cc●赤ワインヴィネガー・バルサミコ酢各3cc●オリーブ油10cc●みじん切りのエシャロット1/3個分●塩・白コショウ各適量）

クレソンのサラダ（クレソン8本●フレンチドレッシング20cc●白ワインヴィネガー3cc●バルサミコ酢5cc●オリーブ油5cc●塩・黒コショウ各適量）

イタリアンパセリ適量

1. 牛タンを仕込む。鍋に掃除した牛タンを入れ、かぶるくらいの水を入れて火にかける。沸騰したらアクをひき、大きめに切った香味野菜、ブーケガルニ、塩を入れて、串がスッと通るまでゆでる。
2. 牛タンが冷めたら、100gずつに切り分ける。塩、黒コショウをふって、スカモルツァアフミカートチーズを薄切りにしてのせ、おろしたパルミジャーノチーズをふる。180℃のオーブンで焼く。
3. ビーツのサラダをつくる。ビーツはかぶるくらいの水と塩を加えてゆでる。そのまま冷まして一口大に切り、そのほかの材料を混ぜ合わせ、味を調える。
4. クレソンのサラダをつくる。クレソンを食べやすく分け、そのほかの材料を混ぜて味を調える。
5. 器にビーツのサラダを盛り、2の熱い牛タンをのせ、上にこんもりとクレソンのサラダを盛る。みじん切りのイタリアンパセリを散らす。

ビーツを相性のよいスカモルツァチーズとともに。チーズがなければ、牛タンを燻製にかけると合うだろう。ビーツは、薄切りにしてカルパッチョ風に盛りつけてもいい。

フィレンツェ風トリッパとカリカリポレンタのサラダ

ITALIAN　RISTORANTE YAGI　

材料（10人分）

トリッパ（牛胃袋500g●玉ネギ120g●ニンジン40g●セロリ40g●パセリの茎10g●ローリエ1枚●黒粒コショウ・塩各適量）

白インゲン豆水煮（白インゲン豆50g●玉ネギ30g●ニンジン30g●セロリ30g●パンチェッタ10g）

ニンニク（みじん切り）大1片分●タカノツメ少量●オリーブ油適量●塩・黒コショウ各適量●白ワイン50cc●トマトソース50g●ブロード（端肉などでとっただし）100cc

ポレンタ *500g●フレッシュハーブのサラダ**60g●バルサミコドレッシング適量●ペコリーノトスカーノフレスコチーズ***70g●塩・黒コショウ・薄力粉・揚げ油各適量

*水に10％の牛乳、5％の無塩バター、5％のオリーブ油、塩、黒コショウを加えたものでポレンタ粉を煮て、バットに広げて冷蔵庫で冷やし固める。固まったときに、少しかたいぐらいがちょうどよい。

**トレヴィス、ピンクロッサ（レタスの一種）、サニーレタス、ビーツ、マスタードグリーン、ルーコラセルヴァティカ、レッドオーク、セルフイユ、ディル、シブレット、マーシュなどを合わせたもの。

***トスカーナ州原産の羊乳製チーズ（ペコリーノ）のソフトタイプ。

1. トリッパを煮る。牛胃袋はよく水洗いし、ゆでこぼす。鍋に牛胃袋とそれ以外の材料と適量の水を入れてやわらかく煮て漉す。漉した煮汁に牛胃を浸けて冷まし、食べやすい大きさに切り分ける。
2. 白インゲン豆（トスカネッリ）の水煮をつくる。白インゲン豆は1晩水に浸けたのち、そのほかの材料とともに水から煮始め、やわらかくなったら漉し、その煮汁に浸けて冷ます。
3. オリーブ油、ニンニク、タカノツメを火にかけ、ニンニクが香り立ってきたら1のトリッパと水気をきった2の水煮を入れ、塩と黒コショウ、白ワインを加える。
4. アルコールが飛んだら、トマトソースとブロード、1と2の煮汁を少量ずつ加えて中火で約10分間煮込む。
5. ポレンタを一口大に切り、薄力粉をまぶして米油でカリッと揚げる。
6. 4を5とともに皿に盛り、塩、黒コショウ、バルサミコドレッシングで和えたフレッシュハーブのサラダと、薄くスライスしたペコリーノチーズをあしらう。

バルサミコドレッシング

バルサミコ酢20cc、オリーブ油60cc

材料をよく混ぜ合わせる。

トリッパ（牛の胃）は前菜、プリモピアット、セコンドピアットの肉料理などに使える便利な素材。
あつあつでも冷たくてもおいしく食べられる。

トリッパのサラダ

FRENCH コウジイガラシ オゥ レギューム　　H

材料（10人分）

トリッパの煮込み（牛胃袋500g●みじん切りのニンニク15g●ソフリット＊大さじ3●オリーブ油・塩・コショウ各適量●漉したホールトマト200g●シードル350cc●カルヴァドス酒100cc●ブイヨン→36頁 200cc●ブーケガルニ1束）

金時ニンジン・ニンジン・紫ダイコン各1本●赤・黄カブ各2個●ラディッシュ4個●ジャガイモ2個●サツマイモ1/2個●ロマネスコ1/2個

オリーブ油・塩・コショウ各適量●大葉オイル適量●パルミジャーノチーズ（薄く削る）適量●セルフイユ・イタリアンパセリ各適量

＊玉ネギ100g、ニンジン50g、セロリ25gをみじん切りにして、低温でじっくり炒める。旨みのもと。

1. 牛胃袋は3回ほど水からゆでこぼし、水にさらしてアクと臭みを抜く。2×4cm角にそろえて切る。
2. 鍋にオリーブ油とニンニク、ソフリットと牛胃袋を入れて塩、コショウでソテーする。残りの材料を順に加えて、トリッパがやわらかくなるまで3時間ほど煮る。
3. 野菜はそれぞれ食べやすく切り、水から下ゆでする。ザルに上げて湯をきり、オリーブ油でソテーして焼きめをつけ、塩、コショウで味を調える。
4. トリッパを煮汁とともに盛りつけ、焼いた野菜を盛り合わせる。大葉オイルをふり、パルミジャーノチーズ、セルフイユ、イタリアンパセリを散らす。

大葉オイル

大葉・揚げ油・塩・オリーブ油各適量

大葉は100℃の揚げ油で素揚げして塩をふり、フードプロセッサーで細かく刻んでオリーブ油と合わせる。盛夏以外はバジルでつくる。

211 SALAD 肉 ― 牛

ふわふわに炊いたトリッパと根菜のソテーの歯応えの違いを味わう。
トリッパは圧力鍋を使うと短時間でやわらかくなる。

豚シャブの腐乳サラダ

CHINESE 美虎

材料（4人分）

豚ロース肉（しゃぶしゃぶ用）4枚●トマト（2cm厚さの輪切り）1個分●ミズナ（4cm長さのざく切り）1/4束分●腐乳ドレッシング適量

1. 豚ロース肉は熱湯でサッと湯引きして冷水にとって水気をきる。
2. ボウルに1の豚ロース肉、トマト、ミズナを入れ、好みの量の腐乳ドレッシングを加え、軽く混ぜ合わせる。
3. 時間をおかずに、すぐに器に盛りつけてすすめる。

腐乳ドレッシング

辣腐乳（ペースト）大さじ3、豆板醤小さじ1/3、酢22.5cc、薄口醤油15cc、ゴマ油30cc、砂糖大さじ1、ニンニク（みじん切り）小さじ1/2

辣腐乳をすりつぶし、ペースト状にする。そのほかの材料を入れてよく混ぜ合わせる。

腐乳ならではの風味が食欲を刺激する。豚肉は、ようやく火が通った程度、薄いピンク色の霜ふり状態が美味。

ゆでキャベツと豚しゃぶのサラダ

ETHNIC キッチン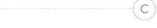

材料（4人分）

キャベツ1/4個●豚ロース肉（しゃぶしゃぶ用）200g●日本酒15cc●香味ソース適量●塩適量

1 キャベツは食べやすい大きさに切り、塩を加えたたっぷりの湯でサッとゆで、ザルに上げて冷ます。
2 別鍋に湯を沸かし日本酒を加え、豚肉をくぐらせて氷水にとって水気をきる。
3 器に**1**のキャベツと**2**の豚肉を盛り、たっぷりの香味ソースをかける。

香味ソース

ショウガ（みじん切り）1片分、長ネギ（みじん切り）1/4本分、パクチー（みじん切り）10本分、万能ネギ（小口切り）1/4束分、ヌクチャム50cc、チリソース10cc、ゴマ油7.5cc

すべての材料をよく混ぜ合わせる。

ヌクチャム

ニョクマム30cc、レモン汁45cc、グラニュー糖大さじ3、水30cc、ニンニク（みじん切り）1/2片分、赤唐辛子（みじん切り）1/2本分

すべての材料をよく混ぜ合わせる（グラニュー糖が溶けるまで）。

豚しゃぶサラダ ちり酢添え

JAPANESE かんだ

材料（4人分）

豚バラ肉（しゃぶしゃぶ用）200g●ピーナッツスプラウト適量●ちり酢適量

1 豚バラ肉は3等分に切り、サッと湯引きし、ザルに上げて冷ます。
2 ピーナッツスプラウトはゆでる。
3 1の豚肉をちり酢で和える。豚肉を皿に盛り、上にピーナッツスプラウトを添える。

ちり酢

A（濃口醤油50cc、たまり醤油50cc、ユズ酢50cc、日本酒50cc）、ダイコンおろし（汁気をきったもの）95g、九条ネギ（できるだけ細かいみじん切り）1/2本分、レモン汁15cc、一味（または七味）唐辛子1g

Aを混ぜ合わせ、そのほかの材料をすべて加えて混ぜる。

豚ロースの山椒あぶりカボス風味

CHINESE 美虎

材料（4人分）

豚ロース肉（しゃぶしゃぶ用）**8枚**
●塩少量 ●粉サンショウ少量 ●カボス風味のドレッシング適量 ●パクチー適量 ●長ネギ（白い部分）適量

1. 豚ロース肉を1枚ずつバットに並べ、軽く塩をふり、乾燥しないようにラップフィルムをかけて冷蔵庫で半日ねかせる。
2. 豚ロース肉を取り出して粉サンショウをふり、バーナーで軽くあぶる。
3. 器に豚肉を並べ、パクチーと斜めに薄く切った長ネギを合わせ、上にこんもりと盛る。
4. カボス風味のドレッシングを好みの量かける。

カボス風味のドレッシング

カボス果汁**22.5cc**、太白ゴマ油**15cc**、一味唐辛子少量

材料を泡立て器で撹拌して乳化させる。

サンショウの刺激とカボスの酸味で豚ロース肉が何枚でも食べられそうな、サッとあぶったしゃぶしゃぶ風サラダ。脂の溶け具合がポイント。

長茄子と豚ロースのサラダ 甘醤油ドレッシング

KOREAN 李南河

材料（4人分）
長ナス1本●豚ロース肉80g●ニンニクの芽50g●A（焼肉のたれ400cc●太白ゴマ油100cc）●甘醤油ドレッシング適量●塩少量●白ゴマ適量

1. 長ナスは縦に数ヵ所包丁で切り目を入れて、強火で5分間ほど蒸す。少ししんなりしたら取り出し、手で縦に裂く。
2. 豚ロース肉は、塩を入れた熱湯にサッとくぐらせてゆで、冷ましておく。
3. ニンニクの芽は熱湯でゆでて、Aに10分間浸ける。
4. ナスと豚ロース肉を合わせて塩をふる。ニンニクの芽を混ぜ合わせて盛りつけ、甘醤油ドレッシングをかけ、白ゴマをふる。

甘醤油ドレッシング
酢5cc、焼肉のたれ15cc、太白ゴマ油5cc、おろしニンニク2g
材料をすべてよく混ぜ合わせる。

ナスと相性のよい豚肉を合わせたサラダ。ナスは火を入れすぎないことがうまくつくるコツ。ナスのかわりに焼いたズッキーニでも合う。

酒粕風味の大根と豚肉のピリ辛温サラダ

CHINESE 彩菜

材料（4人分）
豚バラ肉（塊）150g ● ダイコン300g

A（水2リットル ● 酒粕50g ● 老酒50cc ● 長ネギの青い部分10cm ● ショウガ1片 ● 中国サンショウ10粒）● 豆板醤ソース全量 ● カイワレ菜適量

1 ダイコンは皮をむき、5～6cm長さの角柱に切って飾り切りをし、縦に5mm厚さに切る。
2 鍋にAと豚バラ肉とダイコンを入れて火にかけ、煮立ったら弱火にして20分間ほど煮る。
3 2の豚肉を5mm厚さに切り、ダイコンと交互に皿に盛り、豆板醤ソースをかけ、カイワレ菜を添える。

豆板醤ソース

酢30cc、砂糖小さじ1、濃口醤油30cc、豆板醤5cc、ゴマ油5cc、ショウガ（みじん切り）小さじ1、長ネギ（みじん切り）大さじ1

材料をすべてよく混ぜ合わせる。

豚肉とダイコンの煮汁は塩、コショウで味を調えれば、スープとして利用できる。これに豆板醤ソースを少量加えると酸辣（酸っぱくて辛い四川の味）仕立てのスープになる。

豚肉とたっぷりグリーンのサラダ

JAPANESE たべごと屋のらぼう

材料（4人分）

ニンジン（2mm厚さの短冊切り）1/2本分●サヤインゲン（5cm長さのざく切り）8本分●スナップエンドウ（スジをむく）8本●ロマネスコ（小房に分ける）1/2個分●シュンギクの葉1束分●ミズナ（4cm長さのざく切り）1束分●ベビーリーフ適量●トレヴィス（2～3cm長さのざく切り）1個分●ゴマ油のベース30cc

豚ロース肉150g●塩・コショウ各適量●黒酢・煮きりミリン・薄口醤油各50cc●生搾りゴマ油30cc●青ネギ（小口切り）適量

1. ニンジン、サヤインゲン、スナップエンドウ、ロマネスコは下ゆでする。それぞれ切りそろえたすべての野菜とともにボウルに入れて、ゴマ油のベースで下味をつける。
2. 豚ロースに塩、コショウをして、ゴマ油で焼く。黒酢、煮きりミリン、薄口醤油を加えて軽く煮て味を含ませる。
3. 皿に1の野菜を盛りつけ、その上に豚肉をのせる。上に青ネギを散らす。

ゴマ油のベース

生搾りゴマ油50cc、塩・コショウ各適量

材料をすべてよく混ぜ合わせる。

甘酸っぱく味つけした豚肉を豪快に盛りつけた。野菜には軽い下味のみで、肉と野菜を一緒に味わってもらう。

蕗とアスパラ 豚肉とぜんまいサラダ

KOREAN 李南河

材料（4人分）

フキ2本（60g）●グリーンアスパラガス2本●ぜんまい炒煮（水煮ゼンマイ60g●焼肉のたれ30cc●ゴマ油5cc●おろしニンニク4g）●豚バラ肉50g●塩・コショウ各適量●粗唐辛子・白ゴマ各適量

1. 豚バラ肉は薄切りにし、塩、コショウをふって、網焼きにする。
2. フキとグリーンアスパラガスはそれぞれ塩を入れた熱湯でゆでる。フキは皮をむく。ともに豚肉の長さに合わせて切る。
3. ぜんまい炒煮をつくる。ゼンマイはたっぷりの熱湯に塩（分量外）を入れて、ゆでこぼして水気をきり、適当な長さに切って、熱したゴマ油で炒める。おろしたニンニク、焼肉のたれを加えて、弱火で炒煮にする。
4. 煮汁が煮詰まってきたら、フキとグリーンアスパラガスを入れてからめる。
5. 器に豚バラ肉を敷き、ぜんまい炒煮をのせ、グリーンアスパラガスとフキを並べる。上から粗唐辛子と粗くすった白ゴマをふる。

豚肉を網で焼いて脂を落とし、ヘルシーに食べる提案。甘辛く煮たぜんまいと豚バラ肉がよく合う。

テット ド フロマージュと豚舌スモークと赤玉ねぎのサラダ

FRENCH　ルカンケ　　C

材料（4人分）

テットドフロマージュ（薄切り）4枚●豚舌スモーク（薄切り）4枚＋（せん切り）100g●赤玉ネギ（薄切り）1個分●コルニション（縦の薄切り）6個分●ケッパー20g●基本のドレッシング適量●シブレット1束●ピンクペッパー適量

1. 赤玉ネギとコルニションにせん切りの豚舌スモーク、ケッパーを合わせて基本のドレッシングで和えて器に盛る。
2. まわりに薄切りのテットドフロマージュと豚舌スモークを並べ、シブレットを添えてピンクペッパーを散らす。

[テットドフロマージュ]

材料（30人分）

豚の頭1個、A（水4リットル、粗塩320g、硝石24g、芯を除いたニンニク1片、クローブ2個）、香味野菜（玉ネギ・ニンジン・セロリ・ブーケガルニ各適量）、塩・コショウ各適量

1. ノコギリで豚の頭を縦半分に切る。Aを沸かして冷まし、豚を2〜3日間浸ける。取り出した豚を水で洗い、30分間流水にあてて塩抜きをする。
2. 1の豚を香味野菜を入れたたっぷりの水で2時間煮る。
3. テーブルにラップフィルムを敷いて皮が下になるようにおいて骨をはずす。表面に塩、コショウをしてラップフィルムで筒状に丸め、粗熱がとれたら冷蔵庫に入れて1晩おく。

[豚舌のスモーク]

材料（30人分）

豚舌6本、A（水1リットル、粗塩80g、硝石6g、ニンニク1/4片、クローブ1個）、ラード適量

1. Aを沸かして冷まし、豚舌を1週間浸けておく。取り出した舌を水で洗い、水から一度ゆでこぼす。
2. 1の水気をふき取り、鍋に入れてひたひたになるようラードを加え、75℃で2時間煮る。
3. 豚舌を取り出して冷ます。スモーカーで冷燻にかける。

基本のドレッシング（ルカンケのベースドレッシング）

白ワインヴィネガー30cc、おろし玉ネギ1/6個分、粒マスタード小さじ1、サラダ油40cc、クルミ油40cc、塩・コショウ各適量

材料をすべてよく混ぜ合わせる。

こくのあるテットドフロマージュのゼラチン質と、豚舌のスモークを
赤玉ネギとコルニッションの酸味で食べやすくしている。

221 SALAD 肉 — 豚

レタスとミンチのカップサラダ

CHINESE 彩菜

材料（4人分）

レタス4枚●乾燥ハルサメ10g●キュウリ・ショウガ（各せん切り）各適量●揚げ油適量●ミンチソース全量●糸唐辛子少量

1. ハルサメは5cm長さに切り、180℃の油で揚げる。
2. キュウリとショウガは水にさらしたのち水気をきる。
3. レタスは1枚ずつカップ状にし、余分なところは切って形を整える。1のハルサメをレタスカップに軽くほぐして入れ、ミンチソースをかける。キュウリとショウガ、糸唐辛子を盛って器に盛る。

ミンチソース

豚挽き肉150g、サラダ油15cc、豆板醤5cc、ショウガ（みじん切り）小さじ1、A（中華スープ100cc、砂糖小さじ1、濃口醤油22.5cc、コショウ少量、酢5cc）、水溶き片栗粉（片栗粉大さじ1/2、水大さじ1/2）、ゴマ油5cc

サラダ油で豚挽き肉を炒め、火が通ったら豆板醤とショウガを入れてサッと炒め、Aを加える。水溶き片栗粉でとろみをつけ、最後にゴマ油を加える。

アボカドとハムのサラダ ピクルスのカクテル添え

FRENCH ルカンケ　　　　　　　　　　　Ⓒ

材料（4人分）

ハム（豚肩ロース肉の塊1kg●マリネ液*●玉ネギ1/2個●ニンジン1/3本●セロリ1/2本●タイム2本）

ピクルス（ピクルス液**●一口大に切ったセロリ2本分●一口大に切った赤・黄パプリカ各1個分●小房に分けたカリフラワー1/2個分●ニンジン1/2本●ダイコン1/6本●玉ネギ1/2個●キュウリ1本）

薄切りのアボカド1〜2個分●塩・オリーブ油各適量

*水1リットル、塩80g、硝石6g、ニンニク1/4片、クローブ1個を合わせて沸かし、冷ましておく。

**サラダ油250cc、トマトケチャップ50g、塩4g、コショウ1g、ピクルス用スパイス（市販）小さじ1、白ワインヴィネガー100cc、ニンニク1片を合わせて沸かし、冷ましておく。

1　ハムをつくる（つくりやすい分量。10〜12人分）。マリネ液に豚肩ロース肉を入れて2週間おく。

2　1の豚肉を30分間水にさらす。豚肉を香味野菜とともに鍋に入れ、水をひたひたに入れて、70℃を保って2時間火を入れる。

3　ピクルスをつくる。ピクルス液にセロリ、赤・黄パプリカを入れる。カリフラワー、ニンジン、ダイコン、玉ネギは塩を加えた湯にサッとくぐらせる。キュウリは塩もみする。ともにピクルス液に浸けて1日以上おく。

4　ハムを薄切りにして、アボカドと交互に端を重ねて盛りつける。ピクルスを小角に切って上にのせ、オリーブ油をかける。

ハムの塩分とピクルスの酸味を、アボカドの濃厚な味わいがまとめてくれる。少し手間だが、自家製のハムとピクルスを使えば、また格別な味わいだ。

生ハムと温泉卵、ホワイトアスパラガスの温製サラダ

ITALIAN　RISTORANTE YAGI

材料（1人分）

ホワイトアスパラガス**3本**●卵**1個**●生ハム（スライス）**1枚**●フレッシュハーブのサラダ*****10g**●シトロネット適量●ヴィンテージバルサミコ酢少量●オリーブ油少量●米油・塩・黒コショウ各適量

*トレヴィス、ピンクロッサ（レタスの一種）、サニーレタス、ビーツ、マスタードグリーン、ルーコラセルヴァティカ、レッドオーク、セルフィユ、ディル、シブレット、マーシュなどを合わせたもの。

1. 卵は常温に戻し、60℃の湯に20分間浸けて温泉玉子をつくる。
2. ホワイトアスパラガスは皮をむき、米油をひいたスキレット（ふたつきの厚手の鋳物フライパン）で蒸し焼きにし、塩、黒コショウ、シトロネットで調味する。
3. 半分に切り分けた**2**のホワイトアスパラガスで皿の上に4辺の囲いをつくり、中に**1**の温泉玉子を割り落とす。
4. 玉子の上に塩、黒コショウ、シトロネットで調味したフレッシュハーブのサラダを盛り、生ハムをかぶせる。上からヴィンテージバルサミコ酢とオリーブ油を数滴たらす。

ホワイトアスパラガスと卵。ヴェネト州で定番の組み合わせをスタイリッシュな温製サラダにアレンジ。

シトロネット

レモン汁**100cc**、レモンフレーバーオイル**100cc**、オリーブ油（香りのデリケートなもの）**200cc**

すべての材料を撹拌して乳化させる。

生ハムと季節のフルーツ

ITALIAN RISTORANTE YAGI

材料（2人分）

生ハム（スライス）6枚 ●メロン（赤肉）1/4個 ●白桃1個 ●巨峰10粒 ●シトロネット適量

1 皮をむき、適当な大きさに切り分けたフルーツ（メロン、白桃、巨峰）と生ハムを盛り合わせる。
2 全体にシトロネットをふりかける。

シトロネット

レモン汁100cc、レモンフレーバーオイル100cc、オリーブ油（香りのデリケートなもの）200cc

すべての材料を撹拌して乳化させる。

生ハムにはメロンが一般的だが、ここで紹介した白桃や巨峰以外にも、いろいろな組み合わせが可能。生ハムの銘柄はお好みで。"塩気の強いパルマ産と国産の柿"などの組み合わせも。

スパイシーサラミ、青パパイヤ、エンダイブのサラダ

ITALIAN RISTORANTE YAGI

材料（4人分）

サラミ（薄切り）**120g**●エンダイブ**60g**●青パパイヤ（せん切り）1/2個分●赤ワインヴィネガー・オリーブ油・塩・黒コショウ各適量

1 エンダイブはよく洗い、冷水でシャキッとさせてから水気をきり、食べやすい大きさに切る。
2 青パパイヤはサッとゆがいてから冷水にさらし、よく水気をきっておく。
3 エンダイブと青パパイヤを合わせ、塩、黒コショウ、赤ワインヴィネガー、オリーブ油で調味し、サラミとともに皿に盛りつける。

青パパイヤの酸味とエンダイブの苦みが、サラミの脂をすっきりさせる。サラミはスパイシーなものを選ぶ。

鶏胸肉とにんじんのサラダ パルミジャーノのクロッカンテ添え

ITALIAN RISTORANTE YAGI

材料（2人分）

鶏ムネ肉**100g** ●ニンジン**50g**
●シトロネット・バルサミコドレッシング各適量 ●パルミジャーノチーズ**30g** ●塩・黒コショウ各適量

1. 鶏ムネ肉は塩、黒コショウをし、ラップフィルムでしっかり包み、弱火でゆっくり蒸し上げる。
2. **1**を冷まし、少し厚めのスライスにし、シトロネットでマリネする。
3. ニンジンは皮をむき、イタリア製のチーズおろしの穴の大きい面ですりおろし、塩、黒コショウ、バルサミコドレッシングで調味する。
4. パルミジャーノチーズは低温に熱したフライパンに均等に敷き入れ、チーズが溶けて全体が1枚につながったらはがして常温で冷ます。
5. 皿に**2**の鶏肉を並べ、**3**のニンジンを上に盛り、**4**のパルミジャーノのクロッカンテを添える。

バルサミコドレッシング

バルサミコ酢**20cc**、オリーブ油**60cc**
材料をよく混ぜ合わせる。

シトロネット

レモン汁**100cc**、レモンフレーバーオイル**100cc**、オリーブ油（香りのデリケートなもの）**200cc**
すべての材料を撹拌して乳化させる。

ニンジンを"グラトゥッジャ"と呼ばれるイタリアのチーズおろしでおろすことで、甘みがグッと表に出る。包丁で切ったものとはひと味もふた味も違う。

バンバンチキンサラダ

ETHNIC キッチン ─────────── Ⓒ

材料（4人分）
鶏ムネ肉1枚●日本酒30cc●ショウガ（薄切り）4枚●長ネギ（青い部分）1本分
乾燥緑豆ハルサメ20g●揚げ油適量●キュウリ1本●ピーナッツたれ全量●ピンクペッパー少量

1. 鶏ムネ肉は耐熱皿にのせ、日本酒をふりかけ、ショウガと長ネギをのせ、蒸気の上がった蒸し器で蒸して火を通し、粗熱がとれたら食べやすく裂く。
2. ハルサメは180℃の油で揚げて油をきり、食べやすい長さに折る。
3. キュウリは4〜5cm長さに切って、縦4割にする。
4. 器にハルサメを敷いて、キュウリ、鶏ムネ肉の順に盛り、ピーナッツたれをかけて、ピンクペッパーを散らす。

ピーナッツたれ
無糖ピーナッツバター（市販）大さじ3、砂糖大さじ2、ニョクマム15cc、豆板醤大さじ1/4、水75cc

材料をすべてよく混ぜ合わせる。

ピーナッツたれは温野菜のソースとしても重宝する。

白菜キムチと鶏肉の韓国海苔サラダ

KOREAN　李南河

材料（4人分）
白菜キムチ100g ● 鶏モモ肉160g
● A（焼肉のたれ10cc ● おろし
ニンニク4g ● ゴマ油10cc）● 塩・
コショウ各適量 ● 韓国海苔2枚 ●
ゴマ油10cc

1　鶏モモ肉は、半分に開いて薄くする。鶏肉にAを
　　もみ込む。
2　1に塩、コショウをして、両面を網焼きにする。
3　鶏モモ肉、韓国海苔、白菜キムチ、韓国海苔の順
　　に数段重ねて盛る。まわりにゴマ油をたらす。

酒のつまみにぴったりのサラダ。ここで用いる白菜キムチ
は、熟成した酸味の強いものが合う。鶏肉はフライパンで
はなく、直火で焼いて香ばしさを生かしたい。

むき栗と鶏ささみのサラダ

FRENCH シェ・ﾾモ

材料（4人分）
鶏ササミ肉4本●セロリ（1.5cm幅の斜め切り）350g●むきグリ20粒●ソースヴィネグレット適量●砂糖・塩・コショウ各適量●パセリ（みじん切り）適量

1. 鶏ササミ肉を塩ゆでする。氷水に落として冷やしたら、手で細かく裂く。
2. セロリは塩ゆでし、氷水で冷やす。
3. むきグリを砂糖と塩を加えた湯でゆでる。火が入ったら湯から上げて冷ます。
4. ボウルに **1、2、3** の材料を入れ、ソースヴィネグレット、塩、コショウで和えて味を調える。パセリを加え、皿に盛る。

ソースヴィネグレット
A（フレンチマスタード25g、赤ワインヴィネガー5g、シェリーヴィネガー5g）、ピーナッツ油100cc、塩・コショウ各適量

ボウルにAを合わせて混ぜ、ピーナッツ油を少しずつ加えて泡立て器で混ぜる。クリーム状になったら適量の塩、コショウで味を調える。

和えるさいにクリが割れないよう注意する。

まかないサラダ（メリメロ）

FRENCH コウジイガラシ オゥ レギューム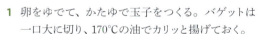

材料（4人分）

卵2個●バゲット1/5本分●揚げ油（菜種油）適量●鶏ムネ肉1枚●塩・コショウ各適量●ベーコン80g●セロリ（斜め切り）約1本分●トマト（くし形切り）中4個分●フリルレタス（一口大にちぎる）1個分●ロメインレタス（一口大にちぎる）1個分●ジャガイモ中4個●バター・オリーブ油各適量●ニンニク1片●醤油ドレッシング100cc●パルミジャーノチーズ適量

メリメロとシーザーサラダの中間の位置づけ。ロメインとフリルレタスは水が出にくいので温かいサラダに向く。

1 卵をゆでて、かたゆで玉子をつくる。バゲットは一口大に切り、170℃の油でカリッと揚げておく。
2 鶏ムネ肉は塩、コショウをふり、オリーブ油をひいたフライパンに皮目を下に向けて並べ、ふたをして蒸し焼きにする。ベーコンはソテーする。それぞれ食べやすい大きさに切る。
3 ジャガイモは丸のまま蒸して皮をむき、一口大に切る。バターとオリーブ油を熱し、つぶしたニンニクで香りをつけてジャガイモをソテーする。
4 ボウルにゆで玉子、バゲット、鶏ムネ肉、ベーコン、セロリ、トマト、レタス2種を入れて、醤油ドレッシングを合わせてざっくりと混ぜる。
5 3と4を器に盛りつけ、パルミジャーノチーズをたっぷりとふる。

醤油ドレッシング

玉ネギ（みじん切り）1/2個分、ニンニク（みじん切り）1/2片分、濃口醤油70cc、米酢200cc、菜種油700cc、塩10g、コショウ4g、砂糖10g、マスタード小さじ1/2

材料をすべてミキサーにかける。

鶏としめじの怪味サラダ

CHINESE 彩菜 — C

材料（4人分）

鶏ササミ肉**120g**●ハタケシメジダケ**250g**●オクラ**8本**●春巻きの皮（細切りを素揚げ）適量●塩・コショウ・日本酒各適量●サラダ油**15cc**●レモン汁**1/6個分**●揚げ油適量●怪味ソース全量

1. 鶏ササミ肉は、塩、コショウ、日本酒をふって7～8分間蒸したのち、食べやすい大きさに手で裂く。
2. ハタケシメジはほぐし、熱したサラダ油15ccで炒める。軽く塩、コショウをし、日本酒30cc、レモン汁を加えて混ぜ、取り出しておく。
3. オクラは塩をしてサッとゆで、氷水にとる。
4. 水気をきった**3**のオクラを皿に並べ、**1**と**2**を盛りつけ、怪味ソースをかけて春巻きの皮をのせる。

怪味ソース

砂糖小さじ**2**、酢**10cc**、濃口醤油**30cc**、豆板醤**5cc**、豆鼓醤*****10cc**、ショウガ（みじん切り）小さじ**1**、芝麻醤******60cc**、ゴマ油**10cc**、ラー油**10cc**、花椒粉（中国粉ザンショウ）少量

材料をすべてよく混ぜ合わせる。

*黒豆を蒸して塩漬けにし、発酵させたもの。

**ゴマ味噌。白ゴマを煎って細かくすりつぶし、熱した植物油でのばしてつくる醤。

怪味は四川料理のたれ。いろいろな材料が入った複雑な味という意味。

タイ風鶏挽肉のスパイシーサラダ

ETHNIC キッチン

材料（4人分）

鶏挽き肉200g●インディカ米大さじ2●**A**（ナンプラー30cc●レモン汁45cc●グラニュー糖小さじ1/4●粗挽唐辛子小さじ1●煎りゴマ大さじ2●スペアミント適量●1cm長さのざく切りのパクチー・万能ネギ各10本分）●キャベツ1/4個●ミント適量

1. インディカ米は洗わずに、フライパンでから煎りし、キツネ色より少し濃い色になったら粗熱をとり、ミキサーにかけて粉状にする。
2. 鍋に鶏挽き肉と水90ccを入れて火にかけ、挽き肉に火が通ったら火からおろし、ザルにあけて脂分を抜く。
3. ボウルに2の挽き肉、1の米の粉、**A**を加えて混ぜ合わせ、器に盛り、キャベツとミントを添える。キャベツの葉に挽き肉をのせて、巻いて食べる。

タイ語でラープ ガイ。ラオスに近いイーサン地方（東北地方）の料理。炒った米を風味づけに使う。この一皿で肉も野菜もたっぷり食べられる栄養バランスの申し分ないサラダ。

苦瓜とヤングコーンの鶏背肝サラダ

JAPANESE 玄斎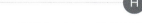

材料（4人分）

ゴーヤ1/2本●ヤングコーン4本●
塩適量
鶏背肝200g●塩・コショウ・ピンク
ペッパー各少量●ライム少量

下準備を施してから手際よく調理して、
熱いうちにすぐに供する。

1 ゴーヤは縦半分に切って種を取り除く。薄く切って水にさらし、熱湯で塩ゆでにする。
2 ヤングコーンは皮をむき、熱湯で塩ゆでする。熱いうちに1/4くらいに切る。
3 鶏背肝は塩、コショウをふって網焼きにする。
4 ゴーヤ、ヤングコーン、鶏背肝は熱いうちに手早く混ぜ合わせ、器に盛る。ピンクペッパーを散らし、ライムを添える。

花わさびと合鴨のサラダ

JAPANESE 玄斎 — Ⓒ

材料（4人分）
合鴨ムネ肉1枚

合鴨煮汁（だし300cc●日本酒200cc●濃口醤油67.5cc●ミリン37.5cc）

花ワサビ（ざく切り）1/2束分●漬け汁（煮きり酒60cc●濃口醤油150cc●ミリン60cc●昆布2cm角1枚）

アボカド1/2個●チシャトウ少量

1. 合鴨ムネ肉の余分な脂やスジを取り除き、皮全面を串で突き刺す。空焼きしたフライパンに皮側から焼き、出てくる脂を捨てながら皮を焼き固める。身側はサッと焼いたらすぐに氷水で冷やし、水分をふき取る。
2. 煮立てた合鴨煮汁と1の合鴨をバットに入れ、蒸し器で10分間ほど蒸し煮にする。途中で一度肉を裏返す。
3. 合鴨を取り出し、身の厚い部分に金串で数ヵ所穴を開ける。身を金串に通して吊り下げて血抜きをしながら冷ます。煮汁も氷水で冷やして、浮いた脂を取り除く。
4. それぞれ冷えたら合鴨を煮汁に浸け、1晩冷蔵庫で保管する。
5. 花ワサビはザルにのせ、上から熱湯を回しかけ、素早く密閉瓶に入れてよくふる。
6. 漬け汁の材料を合わせ、一度煮立たせてから冷ましておく。花ワサビの水分をよくふき、漬け汁に半日ほど浸ける。
7. チシャトウは適当な長さに切り、皮をむいて松葉に切る。熱湯にサッと浸けて色出しする。アボカドは皮をむき、種をはずして3mm程度の厚さに切る。
8. 水分をふいた4の合鴨を3mm程度の薄切りにする。花ワサビは軽く水分を絞る。アボカド、花ワサビ、合鴨を器に盛りつけ、合鴨の上にチシャトウを飾る。

237 SALAD 肉 ― 鴨

ツーンと鼻に抜けるワサビの香気と脂がのった合鴨を合わせた。
下処理した合鴨は蒸し煮にして1晩おき、花ワサビは半日ほど漬け込む。

鴨のコンフィとオレンジ風味のにんじんのサラダ

FRENCH ルカンケ

材料（4人分）

鴨モモ肉のコンフィ1本●ニンジン（極細せん切り）1本分●オレンジ果肉1個分●オレンジ表皮（極細せん切り）1/2個分●シロップ（水50cc●砂糖50g）●オレンジ風味のドレッシング全量●クレソン1束

1 オレンジ表皮は水から3回ゆでこぼしたのち、シロップで20分間煮て冷まし、そのまま冷蔵庫に1晩おく。オレンジ果肉は、薄皮をむく。
2 ニンジンは軽く塩もみし、10分間おく。
3 2のニンジンの水気をきり、1のオレンジ果肉と皮のシロップ煮とともにオレンジ風味のドレッシングで和えて器に盛り、切り分けた鴨のコンフィとクレソンをのせる。

［ 鴨モモ肉のコンフィ ］

材料（1本分）

鴨骨つきモモ肉1本（250g）、**A**（粗塩10g、砕いた白粒コショウ6粒、ローリエ1/4枚、おろしニンニク1/6片分、タイム1/4本）、グラスドオワ（ガチョウの脂）適量

1 鴨肉によく混ぜ合わせた**A**をもみ込み、冷蔵庫で1晩おく。
2 1の鴨肉を水で洗い流して鍋に入れ、全体がかぶるくらいのグラスドオワを加え、75℃で約2時間煮る。

オレンジ風味のドレッシング

オレンジ表皮の煮汁（つくり方1）20cc、白ワインヴィネガー30cc、粒コリアンダーシード10粒、塩・コショウ各適量、サラダ油80cc

サラダ油以外のすべての材料を合わせて、サラダ油を少しずつ加えながら撹拌する。

カリッと焼いた鴨のコンフィと、コリアンダーでさわやかなアクセントをつけたオレンジ風味のにんじんサラダがよく合う。

鴨肉の赤ワイン漬けとフォワグラの燻製 いろいろベリーのサラダ

ITALIAN　リストランテホンダ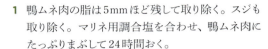

材料（4人分）

鴨ムネ肉1/2枚●マリネ用調合塩（塩500g●グラニュー糖50g●ミニョネット10g●薄切りのニンニク2片分）●A（赤ワイン750cc●玉ネギ1個●ニンジン1/2本●セロリ1本●ニンニク1/2片●サラダ油適量）

鴨のフォワグラ1/4枚●塩・コショウ各適量

グリーンサラダ*適量●フレンチドレッシング60cc●イチゴ4粒●フランボワーズ・ブラックベリー・ブルーベリー各8粒●バルサミコンサントレ少量●イチゴドレッシング少量

*アンディーヴ、トレヴィス、チコリ、セルフイユ、デトロイト、マーシュなど。

1. 鴨ムネ肉の脂は5mmほど残して取り除く。スジも取り除く。マリネ用調合塩を合わせ、鴨ムネ肉にたっぷりまぶして24時間おく。
2. Aの野菜を薄切りにし、甘みが出るまでサラダ油でよく炒め、赤ワインを注いで、水分がほとんどなくなるまで煮詰めて冷ます。
3. 鴨の調合塩を洗い流して水分をふき、Aに12時間漬け込んだのち洗い流し、12時間冷蔵庫に入れて乾燥させる。
4. 鴨のフォワグラは1.5%の塩をまぶしてコショウをふり、真空パックにかける。コンベクションオーブンで火を入れる（70%のバプールで30〜35分間加熱）。
5. すぐに氷水で冷まして取り出し、まわりの脂を取り除き、燻製シート**で包んで再び真空パックにかけて24時間おいて香りを移す。
6. 鴨とフォワグラをそれぞれ厚さ3mmに切る。
7. グリーンサラダをフレンチドレッシングで和え、皿に盛り、その上に鴨とフォワグラを交互に並べ、ベリー類を飾り、イチゴドレッシングとバルサミココンサントレをかける。

**不織布に燻液がしみ込ませてあるもの。輸入元：株式会社デルタ・トラスト

フレンチドレッシング

玉ネギ1/2個、フレンチマスタード小さじ1/4、サラダ油750cc、酢150cc、レモン汁1/4個分、タバスコ・リーペリンソース・塩・白コショウ各適量

玉ネギとフレンチマスタードをミキサーにかけ、細かくなったら酢を少し加えて回し、さらにサラダ油を少しずつ入れながら回す。乳化したら酢を1/3量ずつ加えてよく混ぜ、レモン汁、タバスコ、リーペリンソースを加えて、最後に塩と白コショウで味を調える。

バルサミココンサントレ

バルサミコ酢180cc、オリーブ油60cc、塩・コショウ各適量

バルサミコ酢を火にかけて、60ccくらいまで煮詰めて、オリーブ油を加える。塩、コショウで味を調える。

イチゴドレッシング

イチゴのピュレ100g、フレンチドレッシング（→左記）50g

イチゴをミキサーにかけてピュレ状にして、フレンチドレッシングと混ぜる。

241 SALAD 肉 ― 鴨

夏バテで食欲がないときは、鴨肉と相性のよい甘酸っぱいベリーのサラダをどうぞ。
フォワグラはなるべく火を入れたくないので、シートを使って燻香をつけた。

バニラ風味のフォワグラのコンフィと ビーツのコンポートサラダ

FRENCH ルカンケ　　　　　　　　　　　Ⓒ

材料（4人分）

フォワグラ300g●塩3g●バニラ棒1/2本

ビーツ1個●シロップ（水50cc●砂糖50g）

1 フォワグラを塩とバニラ棒で1晩マリネする。
2 1をそのまま（バニラごと）ココットに入れてふたをし、湯煎にかけながら90℃のオーブンで約30分間火を入れる。
3 ビーツは皮をむき、シロップでやわらかくなるまで煮て冷ましておく。
4 2のフォワグラのコンフィと、3のビーツのコンポートをスライスしてセルクルで丸く抜き、皿に盛る。

フォワグラのねっとり感とビーツのサクッとした食感の組み合わせ。フォワグラにまとわせたバニラの甘い香りとビーツの甘みもピッタリ合う。

フォワグラ、竹の子、アンディーヴのサラダ

FUSION よねむら　　Ⓒ

材料（4人分）

フォワグラ100g ● タケノコ1本 ● 煮汁（だし360cc ● 薄口醤油60cc ● ミリン60cc）● ワカメ80g ● アンディーヴ1本 ● オリーブ油適量 ● 塩・コショウ・薄力粉各適量 ● マスタード入りバルサミコソース適量 ● クルミ油60cc ● 木ノ芽適量 ● シブレット（小口切り）少量

1. フォワグラは1cm厚さに切り、塩、コショウをして薄力粉をつけ、少量のオリーブ油をひいたフライパンでソテーする。冷蔵庫に入れて締めておく。
2. タケノコはアク抜きして下ゆでしたのち、だしに薄口醤油、ミリンを加えた煮汁で煮てくし形に切る。
3. ワカメは戻して水気を絞り、適当に切る。
4. アンディーヴは1cm幅に切る。
5. ソテーしたフォワグラを薄切りにして、タケノコ、ワカメ、アンディーヴとともに器に盛り、マスタード入りバルサミコソースをかける。クルミ油をかけ、木ノ芽とシブレットを散らす。

マスタード入りバルサミコソース

バルサミコ酢180cc、濃口醤油36cc、粉末マスタード少量

バルサミコ酢に濃口醤油を加えて煮詰め、粉末マスタードを溶き入れる。

キジのサラダ 黒トリュフと菊芋のスープと共に

ITALIAN リストランテホンダ — H

材料（4人分）

菊芋のスープ（キクイモ250g●薄い小口切りのポロネギ25g●ブイヨン250cc●ベーコン少量●ローリエ1枚●薄切りの黒トリュフ25g●バター少量）

キジのサラダ（キジモモ肉1枚●ニンニク1片●タイム1枝●ピーナッツ油適量●みじん切りのエシャロット1/4個分●みじん切りのイタリアンパセリ少量●フレンチドレッシング20cc）

ポロネギのフライ*●薄切りベーコン4枚●黒トリュフ（せん切り）4g●オリーブ油適量

*5cm長さのせん切りにしたポロネギを160℃のサラダ油で素揚げして油をきる。

1. 菊芋のスープをつくる。バターを溶かし、ポロネギをじっくり炒める。皮をむいて乱切りにしたキクイモを入れて炒め、ブイヨン（解説省略）、ベーコン、ローリエを入れて20分間煮る。
2. 火を止めて、黒トリュフを加えて香りを移す。ミキサーにかけ、シノワで漉してスープを仕上げる。
3. キジのサラダをつくる。ニンニクとタイムで香りをつけたピーナッツ油でキジモモ肉をやっと火が通る程度にソテーする。
4. 冷ましてから身をほぐし、エシャロットとイタリアンパセリ、フレンチドレッシングで和える。
5. ベーコンは2枚の天板ではさんで、150℃のオーブンに20〜30分間入れてカリッと焼く。
6. 菊芋のスープを温めて器に注ぎ、キジのサラダを盛る。ポロネギのフライをこんもりのせて、黒トリュフを散らし、ベーコンを添える。オリーブ油をたらす。

245 SALAD 肉｜きじ

冬のジビエを使ったサラダ。キジはあまり火を入れすぎないように注意したい。

桜肉と根野菜のサラダ バーニャカウダソース

ITALIAN リストランテホンダ

材料（4人分）

馬肉（2mm厚さ）150g●塩・コショウ・オリーブ油・レモン汁各適量
姫ニンジン4本●姫赤ダイコン4本●ビーツ適量●ヤングコーン2本●ラディッシュ4個
グリーンサラダ*適量●フレンチドレッシング適量●エディブルフラワー適量●ニンニクチップス**適量●バーニャカウダソース適量●バルサミココンサントレ適量●ドライ粒マスタード***適量●岩塩・ミニョネット各適量

*アンディーヴ、トレヴィス、シコレフリゼ、セルフイユ、デトロイトなど。
**ニンニクを薄切りにして、160℃に熱したサラダ油でこがさないように揚げる。
***粒マスタードを100℃に熱したサラダ油で揚げて水分を飛ばす。

1. 姫ニンジン、姫赤ダイコン、ラディッシュは形を整える。ビーツは薄切りにする。ヤングコーンは熱湯でゆでて縦半分に切る。
2. 馬肉は塩、コショウ、オリーブ油、レモン汁で和えて器に盛る。
3. 馬肉の上に、1の野菜、フレンチドレッシングで和えたグリーンサラダを盛りつける。エディブルフラワー、ニンニクチップスを散らす。
4. バーニャカウダソースとバルサミココンサントレを流し、粒マスタード、岩塩、ミニョネットを添える。

フレンチドレッシング

玉ネギ1/2個、フレンチマスタード小さじ1/4、サラダ油750cc、酢150cc、レモン汁1/4個分、タバスコ・リーペリンソース・塩・白コショウ各適量

玉ネギとフレンチマスタードをミキサーにかけ、細かくなったら酢を少し加えて回し、さらにサラダ油を少量ずつ入れて回す。乳化したら酢を1/3量ずつ加えてよく混ぜ、レモン汁、タバスコ、リーペリンソースを加えて、最後に塩と白コショウで味を調える。

バーニャカウダソース

ニンニク50g、牛乳200cc、アンチョビペースト50g、オリーブ油50cc、バター20g

ニンニクは3回ゆでこぼしたのち、牛乳でやわらかく煮て裏漉しする。そのほかの材料を合わせてミキサーにかける。

バルサミココンサントレ

バルサミコ酢180cc、オリーブ油60cc、塩・コショウ各適量

バルサミコ酢を火にかけて、60ccくらいまで煮詰めて、オリーブ油を加える。塩、コショウで味を調える。

馬肉の刺身にはおろしニンニクがつきもの。そこで、ここではニンニクでつくるバーニャカウダソースを合わせた。このソースは根菜類にも合う。ドライ粒マスタードを添えて、ほどよいアクセントを。

アンディーヴと洋梨とフルムダンベールのサラダ クルミドレッシング

少し温めたフルムダンベールと冷たい洋梨の相性は格別。そこにアンディーヴの苦みが加わり、複雑な味わい。

FRENCH ルカンケ

材料（4人分）
アンディーヴ（一口大）2個分●洋ナシ（拍子木切り）1個分●フルムダンベール*200g●A（トマト1/2個●みじん切りのエシャロット1/4個分●みじん切りのパセリ適量●ローストクルミ30g）●基本のドレッシング全量　*フランスのブルーチーズ。

1. 基本のドレッシングに**A**を加える。**A**のトマトは湯むきして種を除き、5mm角に切ったもの。
2. アンディーヴは**1**と合わせて皿に盛る。フルムダンベールをオーブンで温めて上にのせ、洋ナシを散らす。

基本のドレッシング
（ルカンケのベースドレッシング）

白ワインヴィネガー30cc、おろし玉ネギ1/6個分、粒マスタード小さじ1、サラダ油40cc、クルミ油40cc、塩・コショウ各適量

材料をすべてよく混ぜ合わせる。

リーフレタスとブルーチーズ 黒蜜がけ

JAPANESE かんだ

材料
ブルーチーズ*適量●フリルレタス適量●松ノ実適量●黒蜜**適量

*スティルトンを使用。
**和三盆でつくった蜜を使用。

1. ブルーチーズを適当な大きさに切り、フリルレタスとともに器に盛る。
2. 松ノ実を散らし、黒蜜をかける。

ブルーチーズにハチミツを合わせることはよくあるが、黒蜜もよく合う。チーズのクセがおさえられて食べやすくなり、赤ワインにぴったりのつまみになる。チーズ好きの女性に好評な一品。

冷たいチーズフォンデュ

FRENCH ルカンケ

材料（4人分）

チーズフォンデュ（牛乳500cc●白ワイン175cc●おろしニンニク約1/5片分●グリュイエールチーズ150g●エメンタールチーズ150g●コーンスターチ42g●水120cc●マヨネーズ300g●ナツメグ少量●キルシュ酒10cc●生クリーム50cc）

具材（ラディッシュ4個●姫ニンジン4本●姫ダイコン4本●小キュウリ4本●谷中生姜4本●スティックに切ったセロリ4本●ブレット*4本●エシャロットまたはアサツキ4本●チコリ**4枚●スティックに切ったライ麦パン4本）

*blette。セロリとアンディーヴを合わせたような味の野菜。リヨンの名産。
**カステルフランコを使用。

1. 冷たいチーズフォンデュをつくる。牛乳と白ワイン、ニンニクを合わせて沸かし、おろしたグリュイエールチーズとエメンタールチーズを入れる。チーズが溶けたら水で溶いたコーンスターチを加えて冷ましておく。
2. 1が完全に冷たくなったらマヨネーズ、ナツメグ、キルシュ酒、生クリームを加えて混ぜ合わせる。
3. 2のチーズフォンデュを器に入れ、具材を盛りつける。

ここでは野菜とパンを使ったが、肉、魚、エビなどにも合い、ゆでたてで温かい食材に冷たいフォンデュを合わせると温度差がおもしろい。

テット ド モワンヌとベルディーナのサラダ

FRENCH ルカンケ

材料（4人分）

テットドモワンヌ*100g●ベルディーナ**1/2束●基本のドレッシング適量

*スイスの牛乳製チーズ。専用の削り器がない場合は、ピーラーで薄く削ってサラダの上にふんわり盛ってもよい。
**エンダイブに似た苦みのある野菜。

1 テッドドモワンヌを専用の削り器（ジロル）で削る。ベルディーナはちぎっておく。
2 削ったテットドモワンヌとベルディーナを交互に重ねて丸く盛り、まわりにドレッシングを流す。

基本のドレッシング
（ルカンケのベースドレッシング）

白ワインヴィネガー30cc、おろし玉ネギ1/6個分、粒マスタード小さじ1、サラダ油40cc、クルミ油40cc、塩・コショウ各適量

材料をすべてよく混ぜ合わせる。

テッドドモワンヌのミルキー感とベルディーナの苦みだけのシンプルなサラダ。専用の削り器（ジロル）で削れば食感もやわらかく、かわいらしく仕上がる。

かぼちゃのレモン風味とモルタデッラ、ブッラータ チーズのサラダ

ITALIAN　RISTORANTE YAGI　　Ⓒ

材料（4人分）

カボチャ **1/8個** ●薄力粉少量 ●レモンとマスタードのヴィネグレット **100cc** ●ブッラータチーズ **80g** ●モルタデッラ（スライス）*4枚 ●フレッシュハーブのサラダ **20g** ●シトロネット（→252頁）適量 ●塩・白コショウ各適量 ●揚げ油

*ボローニャ特産のソーセージ。豚赤身肉に豚脂、グアンチャーレ、ピスタチオなどでつくる。

**トレヴィス、ピンクロッサ（レタスの一種）、サニーレタス、ビーツ、マスタードグリーン、ルーコラセルヴァティカ、レッドオーク、セルフイユ、ディル、シブレット、マーシュなどを合わせたもの。

1. カボチャは厚めにスライスし、薄力粉をまぶして180℃の油で揚げる。取り出して、熱いうちに塩、白コショウをし、レモンとマスタードのヴィネグレットでマリネして冷蔵庫で1晩おく。
2. 皿にマリネしたカボチャ、ブッラータチーズ、モルタデッラを盛り、塩、白コショウ、シトロネットで調味したフレッシュハーブのサラダをあしらう。

レモンとマスタードのヴィネグレット

レモン汁 **100cc**、レモンフレーバーオイル **100cc**、オリーブ油 **100cc**、フレンチマスタード **50g**、おろしニンニク大さじ1、塩・白コショウ各適量

すべての材料を合わせて撹拌して乳化させる。

カボチャの甘みとのバランスを考えて、レモンの酸味を強めてマリネした。冷やして提供する。

水牛のモッツァレッラとラタトゥイユのサラダ

ITALIAN RISTORANTE YAGI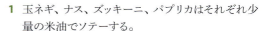

材料（4人分）

モッツァレッラチーズ（水牛乳製）2個●玉ネギ（さいの目切り）1/4個分●ナス（さいの目切り）1個分●ズッキーニ（さいの目切り）1/2本分●赤・黄パプリカ各1/2個分●フルーツトマト1個●バジル少量●シトロネット適量●オリーブ油・赤ワインヴィネガー・米油・塩・黒コショウ各適量

1. 玉ネギ、ナス、ズッキーニ、パプリカはそれぞれ少量の米油でソテーする。
2. フルーツトマトは中の種を除き、1と同じ大きさのさいの目に切ってシトロネットで和える。
3. モッツァレッラチーズは厚めに切って、軽めの塩、黒コショウと数滴のオリーブ油、赤ワインヴィネガーで調味する。
4. 皿に3を盛り、1と2を混ぜ合わせて上に盛る。バジルをあしらい、香りのよいオリーブ油をふりかける。

シトロネット

レモン汁100cc、レモンフレーバーオイル100cc、オリーブ油（香りのデリケートなもの）200cc

すべての材料を撹拌して乳化させる。

水牛のモッツァレッラは、近年日本にもかなり輸入されるようになった。できるだけ新鮮なものを使いたい。

半熟卵とじゃが芋、アスパラガスの味噌マヨネーズ和え

JAPANESE たべごと屋のらぼう

材料（4人分）
卵4個●ジャガイモ大4個●グリーンアスパラガス4本●味噌マヨネーズ大さじ4

1 半熟玉子をつくる。鍋に水と卵を入れて火にかけ、沸いたら4分10〜30秒で火を止めて、氷水に入れて急冷する。
2 ジャガイモは圧力鍋で蒸してしっかり火を通す。皮をむき、部分的に形を残すようにつぶす。
3 グリーンアスパラガスは熱湯で塩ゆでし、ザルに上げる。
4 器に食べやすく切った半熟玉子、ジャガイモ、5〜6cm長さに切ったグリーンアスパラガスを盛りつけ、味噌マヨネーズをかける。

味噌マヨネーズ
白味噌100g、粒マスタード小さじ2、煮きりミリン20cc、マヨネーズ50g

材料をすべてよく混ぜ合わせる。

粒マスタードが効いた味噌マヨネーズがアクセント。新ジャガイモや小粒のジャガイモが出回る時期につくりたい温サラダ。

SALAD

魚介篇

真鯛のカルパッチョとフレッシュハーブ サルデーニャ産ボッタルガのサラダ

ITALIAN RISTORANTE YAGI

材料（2人分）

タイ（三枚おろし）**120g**●オクラ**4本**●長イモ（棒切り）**40g**●フルーツトマト**1個**●シブレット（小口切り）**8g**●フレッシュハーブのサラダ*****20g**●ボッタルガ（薄切り）**20g**●シトロネット・ドライトマトの戻し汁******・オリーブ油・ユズ果汁・塩・白コショウ各適量

*トレヴィス、ピンクロッサ（レタスの一種）、サニーレタス、ビーツ、マスタードグリーン、ルーコラセルヴァティカ、レッドオーク、セルフイユ、ディル、シブレット、マーシュなどを合わせたもの。

**ドライトマトを1〜2時間水に浸けてシノワで漉し、戻し汁を火にかけて煮詰める。

1. タイはスライスして皿に並べ、塩、白コショウ、シトロネット、ドライトマトの戻し汁を表面にぬり、数分間冷蔵庫でマリネする。
2. オクラはサッとゆでて氷水で冷まし、小口切りにする。長イモは棒状に切り分ける。フルーツトマトは種を取り除き、小角切りにする。
3. 2を塩、白コショウ、オリーブ油、ユズ果汁で調味し、シブレットとともに1の上に盛る。
4. 3に塩、白コショウ、シトロネットで調味したフレッシュハーブのサラダをのせ、ボッタルガを散らす。

味の決め手はドライトマトの戻し汁。どこか醤油を思わせるその味わいが、魚の旨みを引き立てる。

シトロネット

レモン汁**100cc**、レモンフレーバーオイル**100cc**、オリーブ油（香りのデリケートなもの）**200cc**

すべての材料を撹拌して乳化させる。

鯛とフルーツのサラダ

FUSION よねむら　　C

材料（4人分）

タイ（へぎ造り）**1/4尾分**●ニューヨークレタス**2枚**●ルーコラ・セルフイユ各少量●フルーツソース（オレンジ・ルビーグレープフルーツ・洋ナシ各**1/4個**●イチジク**1個**●煮切りソース**120cc**●粒マスタード大さじ**1**●ナンプラー**15cc**●オリーブ油**30cc**）

煮切りソース

日本酒**1.8**リットル、薄口醤油**45cc**、ダイダイ酢**60cc**、葛粉（吉野葛）**75g**

日本酒を煮きり、薄口醤油とダイダイ酢を加えて、水溶き葛粉でとろみをつける。

1. タイはサク取りして、へぎ造りにする。皮は湯引きして氷水にとり、水気をきって適当な大きさに切る。
2. ニューヨークレタス、ルーコラは適当な大きさに切って水気をきる。
3. フルーツソースをつくる。フルーツをさいのめ切りにする。フルーツ以外の材料をよく混ぜ合わせ、ここにフルーツを入れる。
4. タイの身とレタス、ルーコラを器に盛り、フルーツソースをかけ、タイの皮とセルフイユを散らす。

鯛といちじくのサラダ

FUSION よねむら　Ⓒ

材料（4人分）
タイ（へぎ造り）1/4尾分●イチジク（くし形切り）4個分●キャビア30g●ルーコラ（ざく切り）少量●シブレット少量●ケチャップとクルミ油入りマヨネーズ適量●オリーブ油入り煮切りソース適量

1. タイはサク取りして、へぎ造りにする。
2. 器にイチジクを盛り、ケチャップとクルミ油入りマヨネーズをかけ、タイを盛り、オリーブ油入り煮切りソースをかける。
3. タイにキャビアをのせる。ルーコラとシブレットを飾る。

ケチャップとクルミ油入りマヨネーズ
マヨネーズ60cc、クルミ油15cc、粒コショウ少量、トマトケチャップ15cc、粉末エストラゴン・ノワイー酒各少量

材料をすべてよく混ぜ合わせる。

マヨネーズ
卵黄5個分、粉末マスタード40g、白ワインヴィネガー40cc、サラダ油1.8リットル、白ベルモット酒100cc、塩・コショウ各適量

マスタードを水で練り、卵黄を混ぜる。ここに白ワインヴィネガーの一部を少量加え、サラダ油を少しずつ入れて撹拌する。白ワインヴィネガーと白ベルモット酒でかたさを調節し、塩、コショウで味を調える。

オリーブ油入り煮切りソース
煮切りソース90cc、オリーブ油30cc

材料をすべてよく混ぜ合わせる。

煮切りソース
日本酒1.8リットル、薄口醤油45cc、ダイダイ酢60cc、葛粉（吉野葛）75g

日本酒を煮きり、薄口醤油とダイダイ酢を加えて、水溶き葛粉でとろみをつける。

甘鯛のうろこ焼きサラダ

ITALIAN　リストランテホンダ　　　H

材料（4人分）

甘鯛のうろこ焼き（アマダイ400g●オリーブ油適量●レモン汁少量）

グリーンアスパラガス・サヤインゲン・スナップエンドウ各4本●ソラ豆20粒●グリーンピース40粒●姫ニンジン・姫ダイコン・姫紅芯ダイコン各4本●小カブ4個●ニンジン8切れ●ヤングコーン2本●コゴミ・タラの芽各4本●カリフラワー・ブロッコリー各4房●ブールバチュー（バター40g●水40cc）●塩・コショウ・イタリアンパセリ（みじん切り）各適量

ドライプチトマト（→296頁）16枚●野菜ソース適量●サルサヴェルデ・バルサミココンサントレ各適量

1. アマダイはウロコをつけたまま一口大に切る。フライパンにオリーブ油を注いで高温に熱し、皮を下に向けてアマダイを入れてスプーンで油をかけながら火を入れる。
2. 野菜は適宜に切り分けて掃除し、根菜類から順にブールバチュー（バターと水を合わせて温めたもの）でゆでて、仕上げに塩、コショウで味を調え、イタリアンパセリのみじん切りを加える。
3. アマダイのウロコにレモン汁をたらし、野菜とともに盛り合わせ、ドライプチトマト、泡立てた野菜ソース、サルサヴェルデ、バルサミココンサントレを添える。

野菜ソースエスプーマ

A（白ワイン150cc、ミニョネット2粒分、みじん切りのエシャロット1/4個分、エストラゴンの葉3枚、バジルの葉1枚）、野菜のブイヨン（解説省略）300cc、生クリーム200cc、牛乳100cc、バター5g、レシチン（乳化剤）1g

Aを弱火で煮詰め、1/3量になったら野菜のブイヨンを加え、さらに1/3量まで煮詰める。生クリーム、牛乳を入れて沸騰しない程度の火加減で10分間加熱して味をなじませる。シノワで漉して、バター、レシチンを加えて、バーミックスで泡立てる。

サルサヴェルデ

A（みじん切りのローズマリー1枝分、アンチョビフィレ2枚、ケッパー18g、ニンニク大1/2片）、バジル50g、パセリ60g、オリーブ油200～250cc、塩・コショウ各適量

Aをミキサーにかける。パセリ、バジルの順に入れて回し、オリーブ油を少量ずつ加えながらなめらかに仕上げ、塩、コショウで味を調える。

バルサミココンサントレ

バルサミコ酢180cc、オリーブ油60cc、塩・コショウ各適量

バルサミコ酢を火にかけて60ccまで煮詰め、同量のオリーブ油を加える。塩、コショウで味を調える。

アマダイのウロコのカリッとした食感を出すために、煙が少し立つくらい高温のオリーブ油を使うことが大事。温度が低いと、身が油を吸って油っぽくなる原因に。

平目とボッタルガのサラダ

FUSION よねむら

材料（4人分）

ヒラメ（へぎ造り）1/4尾分●ルーコラ適量●ボッタルガ（薄切り）40g●浜防風（みじん切り）・ディル各少量●マスカルポーネソース全量●煮切りソース90cc●オリーブ油30cc

1. ヒラメはサク取りしてへぎ造りに、皮は湯引きして氷水にとり、水気をとって適当な大きさに切る。
2. ルーコラは適宜に切り、洗って水気をきる。
3. 器にヒラメを盛り、マスカルポーネソースをぬる。煮切りソースとオリーブ油をかけ、ルーコラ、ボッタルガを盛り、浜防風とディルを散らす。

マスカルポーネソース

マスカルポーネチーズ大さじ8、アンチョビフィレ（みじん切り）1枚分、パセリ（みじん切り）少量、エシャロット（みじん切り）少量、フレンチドレッシング（→299頁）30cc

材料をすべてよく混ぜ合わせる。

煮切りソース

日本酒1.8リットル、薄口醤油45cc、ダイダイ酢60cc、葛粉（吉野葛）75g

日本酒を煮きり、薄口醤油とダイダイ酢を加えて、水溶き葛粉でとろみをつける。

平目とハモン イベリコのサラダ

FUSION よねむら

材料（4人分）

ヒラメ（へぎ造り）1/4尾分●ハモンイベリコ60g●サニーレタス（ちぎる）適量●マッシュルーム（薄切り）4個分●ヤングコーン8本●リンゴ（皮つきを細切り）1/4個分●芽ネギ少量●オリーブ油少量●ピーナッツ油のマヨネーズ120cc●煮切りソース大さじ1

1 ヒラメはサクどりして皮を引き、へぎ造りにする。
2 ヤングコーンはゆでて、オリーブ油をひいたフライパンで焼きめをつけておく。
3 器にサニーレタス、マッシュルーム、ヤングコーンを盛り、ヒラメを盛る。ピーナッツ油のマヨネーズと煮切りソースをかけ、ハモンイベリコとリンゴをのせ、芽ネギを飾る。

ピーナッツ油のマヨネーズ

卵黄5個分、粉末マスタード40g、ピーナッツ油1.8リットル、白ワインヴィネガー40cc、A（塩・コショウ・タバスコ・トマトケチャップ・ウスターソース・アンチョビ各適量）

マスタードを少量の水で練り、卵黄を混ぜる。ここに白ワインヴィネガーの一部を少量加え、ピーナッツ油を少しずつ入れて撹拌する。白ワインヴィネガーでかたさを調節し、Aで味を調える。

煮切りソース

日本酒1.8リットル、薄口醤油45cc、ダイダイ酢60cc、葛粉（吉野葛）75g

日本酒を煮きり、薄口醤油とダイダイ酢を加えて、水溶き葛粉でとろみをつける。

塩鱈のヴァプールと豆のサラダ
赤ピーマンとバルサミコのドレッシング

FRENCH ルカンケ　　　C

材料（4人分）

塩ダラ400g●マリネ液（水1リットル●塩80g●硝石6g●ニンニク1/4片●クローブ1個）

乾燥花豆・乾燥白インゲン豆・水煮ヒヨコ豆各50g●グリーンピース・ソラ豆・エダ豆各20g

エシャロット（みじん切り）1/2個分●オリーブ油適量●赤ピーマンとバルサミコのドレッシング全量●エスプレッド唐辛子*少量

*辛みがおだやかな粉唐辛子。

1. マリネ液の材料を一旦沸かして冷ます。ここに塩ダラを3日間浸けたのち、30分間水にさらして蒸す。冷ましてから、オリーブ油に浸ける。
2. 花豆と白インゲン豆は、前日の晩からそれぞれ4倍量の水に浸けて戻しておく。すべての豆をそれぞれゆでる。ソラ豆、エダ豆はサヤから取り出して薄皮を除いて冷ます。
3. 1の塩ダラを浸けたオリーブ油とエシャロットで2の豆を和えて皿に盛り、一口大にほぐした1のタラを上にのせ、赤ピーマンとバルサミコのドレッシングをまわりに流し、最後にエスプレッド唐辛子を少量タラの上にかける。

赤ピーマンとバルサミコのドレッシング

赤パプリカ2個、ローリエ2枚、タイム4本、バルサミコ酢100cc、オリーブ油30cc

赤パプリカはヘタと種を取り除き、中にローリエ、タイムを詰めてアルミホイルで巻き、オーブンで30分間焼く。皮をむいてみじん切りにする。バルサミコ酢を30ccまで煮詰め、赤パプリカとオリーブ油を合わせる。

265 SALAD　魚介｜魚

塩ダラはオリーブ油に浸けておけば4〜5日間保存がきく。豆以外にジャガイモと合わせてブランダード、ブイヨンに入れてスープにと、自在にアレンジが可能。

水分が少なめのジャガイモを使用する場合は、蒸してもよい。

鱈とじゃが芋のサラダ

ITALIAN　RISTORANTE YAGI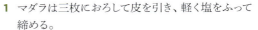

材料（4人分）

マダラ300g●ニンニク（みじん切り）10g●アンチョビフィレ3枚●白ワイン20cc●牛乳200cc●生クリーム30cc●パセリの茎2〜3本●ジャガイモ（キタアカリ）300g●エシャロット（みじん切り）20g●イタリアンパセリ（粗みじん切り）10g●マヨネーズ60g●パルミジャーノチーズ20g●バゲット（スライスし、ニンニクをこすりつけたもの）12枚●オリーブ油・塩・白コショウ各適量

1　マダラは三枚におろして皮を引き、軽く塩をふって締める。
2　鍋にオリーブ油をひき、ニンニクとアンチョビを入れて火にかける。ニンニクが色づいたら1のマダラを入れて、白ワインを注ぐ。アルコールを飛ばし、牛乳、生クリーム、パセリの茎を加え、15分間ほど煮る。
3　皮つきのジャガイモはアルミホイルに包んで180℃のオーブンでローストし、皮をむき裏漉しする。
4　タラを煮汁から取り出し、ほぐしながらジャガイモと混ぜ合わせ、エシャロット、イタリアンパセリ、マヨネーズ、パルミジャーノチーズを加え、塩、白コショウ、オリーブ油で調味する。
5　器に盛り、ニンニクの香りをつけたバゲットを添える。

マヨネーズ

卵黄1個、白ワインヴィネガー5cc、レモン汁5cc、フレンチマスタード大さじ1、米油150cc、塩・白コショウ各適量
すべての材料を混ぜ合わせ、ハンドミキサーで乳化。

水菜と白子 梨のすりおろしサラダ

KOREAN　李南河

材料（4人分）

シラコ（タラ）**70g** ●ミズナ（ざく切り）**1株分** ●塩・ニンニク各少量 ●ゴマ油**5cc** ●梨すりおろしドレッシング全量 ●粗唐辛子少量

1. シラコは食べやすく切り、塩を入れた湯でゆでて水にとって冷ましたのち、水気をふく。
2. ミズナは塩、すりおろしたニンニク、ゴマ油でもむ。
3. 器にミズナとシラコを盛り、梨すりおろしドレッシングをかける。粗唐辛子をふる。

梨すりおろしドレッシング

ナシ（すりおろし）**1/2個分**、ポン酢**30cc**、ゴマ油**10cc**、酢少量、レモン汁**1/4個分**

材料をすべて混ぜ合わせる。なお、ポン酢の味によって酢の分量は調節する。酢は入れなくても可。

ナシの淡い甘みがシラコを引き立ててくれる。ポン酢はものによって味が違うので、酢で調整する。ナシのかわりにリンゴや洋ナシでも合う。

はもと夏野菜のサラダ

JAPANESE 板前心菊うら

材料（3人分）

ハモ（腹開き）太いもの1/3尾●キュウリ（皮をむき5cm長さのせん切り）1/3本分●ミョウガ（縦にせん切り）2個分●オクラ2本●カイワレ菜（5cm長さのざく切り）適量●梅肉ドレッシング全量

1. ハモは腹開きして骨切りし、串を打って直火で皮目から焼く。皮がパリッとしたら身側も軽く焼く。
2. オクラは軽くゆでて1cm厚さの小口切りにする。
3. キュウリ、ミョウガ、オクラ、カイワレ菜を合わせて器に盛り、1のハモを1cm幅に切り落として盛りつける。上から梅肉ドレッシングをかける。

梅肉ドレッシング

梅肉（裏漉したもの）大さじ3、オリーブ油15cc、濃口醤油5cc、煮きり酒5cc、シソの葉（乾燥させた葉を手でもみほぐしたもの）少量

材料をすべてよく混ぜ合わせる。

はもときゅうりとクレソンのサラダ

FUSION よねむら

材料（4人分）

ハモ（腹開き）適量●キュウリ（小口切り）2本分●クレソン1束●塩適量●梅肉入り煮切りソース全量

1. ハモは腹開きして骨切りをし、塩をふって皮目を炭火であぶり、1cm幅に切り落とす。
2. キュウリは塩もみして水で洗い、水気をきっておく。クレソンはサッと洗ってちぎっておく。
3. ハモ、キュウリ、クレソンを合わせて器に盛り、梅肉入り煮切りソースをかける。

梅肉入り煮切りソース

煮切りソース**120cc**、梅肉大さじ**2**

材料をよく混ぜ合わせる。

煮切りソース

日本酒**1.8**リットル、薄口醤油**45cc**、ダイダイ酢**60cc**、葛粉（吉野葛）**75g**

日本酒を煮きり、薄口醤油とダイダイ酢を加えて、水溶き葛粉でとろみをつける。

はもと松茸のサラダ

FUSION よねむら

材料（4人分）

ハモ（腹開き）適量●マツタケ2本●薄口醤油・ミリン各少量●だし適量●板ゼラチン（水で戻す）適量（だし180ccに対して1.5枚）●セルフイユ少量●ラタトゥイユと西京味噌のソース適量

1. マツタケは適当な大きさに切り、薄口醤油とミリンを加えただしで炊き、板ゼラチンを加えて溶かし、冷蔵庫で冷やし固めてゼリー状にしておく。
2. ハモは腹開きして骨切りし、皮目を炭火で焼いて、適宜に切る。
3. 器に1のマツタケのゼリーを盛り、ハモをのせ、ラタトゥイユと西京味噌のソースをかけてセルフイユを飾る。

ラタトゥイユと西京味噌のソース

A（トマト1/2個、玉ネギ1/4個、赤パプリカ1/2個、ズッキーニ1/2本）、西京味噌大さじ4、グレープフルーツ果汁30cc、オレンジ果汁15cc、オリーブ油・塩・コショウ各少量

Aをさいのめに切ってオリーブ油で炒め、塩、コショウで調味して冷ます。西京味噌にグレープフルーツとオレンジの果汁を混ぜ合わせ、Aを加える。

皮はぎと白菜のサラダ

JAPANESE かんだ

材料（4人分）
ハクサイ（芯から3〜8枚目ぐらいの甘い部分）適量●カワハギ（身と肝）適量●柚子酢風味ドレッシング全量

1 カワハギの身は食べやすく切り、湯引き（サッと湯に通す）する。肝はゆでて身より小さく切る。
2 身と肝を一緒に柚子酢風味ドレッシングに3、4分間ほど（表面に味が入るくらい）浸けておく。
3 ハクサイを食べやすい大きさに切り、カワハギの身と肝とともに器に盛る。

柚子酢風味ドレッシング
濃口醤油・たまり醤油・ユズ酢各**15cc**
材料をすべてよく混ぜ合わせる。

おいしいハクサイは、生で食べてもおいしい。丸ごと新聞紙に包んで1週間ほど吊るしておくと、さらに甘みが増す。またハクサイは芯から3〜8枚目がいちばんおいしいので、その部分を使うとよい。好みで一味唐辛子やワサビを添えてもよい。

ふぐのサラダ

FUSION よねむら

材料（1尾分）

フグ1尾●片栗粉・揚げ油各適量●京ミズナ（4cm長さのざく切り）1株分●黒七味少量●ちり酢ドレッシング全量

1 フグはさばき、皮はゆでて氷水にとり、水気をきって細切りにする。
2 トオトウミ（身と表皮の間にあるゼラチン質）は炭火で焼いて1cm角に切る。
3 身は表面の膜（身皮）を取り除いてそぎ切りにする。身皮は細切りにして片栗粉をまぶし、から揚げにする。
4 アラは蒸して、残っている身をほぐす。シラコは串を打って炭火で焼く。
5 フグの身を器に並べ、**1**、**2**、**3**、**4**、京ミズナを盛りつけ、ちり酢ドレッシングをかけ、黒七味をふる。

ちり酢ドレッシング

薄口醤油30cc、酢30cc、オリーブ油30cc、ミリン7.5cc、ダイダイ酢7.5cc、粉末マスタード少量

材料をすべてよく混ぜ合わせる。

ふぐのぶつ切りサラダ

JAPANESE 板前心菊うら

材料（4人分）

フグ（身、皮）半身分●サラダハクサイ（娃々菜）2枚●紅葉おろし少量●ポン酢45cc●アサツキ（3cm長さのざく切り）適量

1. フグの身は、串を打って直火で両面を軽く焼き、冷水にとって水気をふく。皮はゆでて細切りにする。ハクサイは一口大に切り、冷水にさらして水気をきる。
2. 1cm厚さに切った1のフグの身、皮、ハクサイ、紅葉おろし少量を合わせて軽く混ぜ、器に盛る。ポン酢をかけ、アサツキを散らす。

ポン酢

ダイダイ酢1：濃口醤油1、ミリン・だし各適量

ダイダイ酢と濃口醤油を合わせ、その1割のミリンと適量のだしを加えて1週間ねかせる。

だしジュレは、火を入れた魚介類にもよく合う。その場合スダチなど柑橘の果汁をかけるとよい。

焼き鮭と水菜のサラダ
だしジュレがけ

JAPANESE かんだ

材料（4人分）

塩ザケ（切り身）280g●ミズナ（5cm長さのざく切り）1/2束分●スダチ果汁適量●だしジュレ適量

1. 塩ザケは焼いて身を粗くほぐし、スダチ果汁をかけて器に盛る。
2. 1にだしジュレをかけ、ミズナをのせる。

だしジュレ

だし400cc、薄口醤油50cc、ミリン50cc、煎り白ゴマ大さじ2、板ゼラチン9g

だし200ccと煎りゴマを鍋に入れ、弱火でゼラチンが溶ける温度（60℃くらい）に温めて、戻したゼラチンを入れて溶かす。残りのだしと薄口醤油、ミリンを合わせて、先のゼラチン液を溶かし、冷蔵庫で冷やし固める。

桜鱒のスモークとアンディーヴのサラダ カステルマーニョ添え

ITALIAN RISTORANTE YAGI ⓒ

材料（2人分）

桜マスのスモーク（三枚におろした桜マス**1kg**●すりおろした青リンゴ1個分●塩**100g**●砂糖**100g**●白コショウ**10g**●オリーブ油適量●桜のチップ）

アンディーヴ1個●青リンゴ1個●カステルマーニョチーズ*（スライス）**40g**●ディル適量●ピンクペッパー少量●シトロネット適量●りんごとホースラディッシュのヴィネグレット**適量

*ピエモンテ州産。主原料の牛乳に羊乳や山羊乳を混入。熟成が進んだものは青カビが発生し、独特の風味をもつ。生産量が少ない幻のチーズ。なければブルー系やシェーブル系のチーズでも相性はよい。

**リンゴ20g、玉ネギ20g、ニンニク少量、ホースラディッシュ少量、シャンパンヴィネガー50cc、オリーブ油200cc、塩・白コショウ各適量を合わせてハンドミキサーにかける。

1 桜マスのスモークをつくる。おろした青リンゴ、塩、砂糖、白コショウをよく混ぜ合わせて、桜マスにまぶして1時間〜1時間半マリネする。

2 1の桜マスを水で洗って水分をよくふき取り、表面に薄くオリーブ油をぬる。桜のチップで冷燻する。

3 アンディーヴはばらして冷水につけてシャキッとさせ、水気をふく。青リンゴは皮をむいてさいの目に切る。桜マスのスモークもさいの目に切る。

4 3を少量のシトロネットで調味して皿に盛り、カステルマーニョチーズとディルの葉、ピンクペッパーをあしらい、りんごとホースラディッシュのヴィネグレットを添える。

シトロネット

レモン汁**100cc**、レモンフレーバーオイル**100cc**、オリーブ油（香りのデリケートなもの）**200cc**

すべての材料を撹拌して乳化させる。

初春の桜マスはとても繊細で上品。水分を抜いて味を凝縮させるが、抜きすぎは禁物。
厚めにカットして、食べて心地よい程度の水分は残したい。

スモークサーモンのロール、コリアンダーのサラダ添え ライムとナンプラーのドレッシング

FRENCH ルカンケ　　　　　　　　　　Ⓒ

材料（4人分）

スモークサーモン（スライス）**300g**●**A**（アルファルファ・ソバの芽・ブロッコリーの芽各適量）●ライムとナンプラーのドレッシング全量●パクチー1束

1　巻き簾の上にラップフィルムを広げ、スモークサーモンを長方形に並べる。その上に**A**のスプラウトを平らに広げて、端から巻いていく。ラップフィルムのまま冷蔵庫に20分間ほど入れておく。

2　1を2cm厚さの輪切りにし、ラップフィルムをはずして皿に盛る。ドレッシングをかけ、上にパクチーの葉をのせる。

ライムとナンプラーのドレッシング

ライム果汁1個分、ライム皮（みじん切り）1/2個分、ナンプラー10cc、エシャロット（みじん切り）1/4個分、サラダ油60cc、シブレット（みじん切り）少量

材料をすべてよく混ぜ合わせる。

マグロとウドの紅麹和え

CHINESE 美虎 ──────────── Ⓒ

材料（2人分）

刺身用マグロ赤身（1cm角）1/3
サク分●ウド（小口切り）1/4本
分●酢少量●紅麹のドレッシング
適量

1 ウドは皮をむき、一口大に切る。酢を入れた熱湯で、歯応えが残るようにサッとゆでる。
2 ボウルにマグロとウドを入れ、好みの量の紅麹のドレッシングをからませ、器に盛る。

紅麹のドレッシング

紅麹（ペースト）大さじ1、白すりゴマ
少量、白味噌大さじ2、豆板醤小さじ
1、薄口醤油7.5cc、酢15cc、砂糖
大さじ1/2、太白ゴマ油30cc

材料をすべてよく混ぜ合わせる。

薬膳的な効能のある紅麹は、コレステロール値や中性脂肪を下げるという。色鮮やかでヘルシー志向にも合うサラダに適した素材。

まぐろとラディッシュのサラダ

ITALIAN RISTORANTE YAGI — C

材料（2人分）

マグロ中トロ（薄切り）**120g**●フレッシュハーブのサラダ*****15g**●ラディッシュ（薄い輪切り）**4個分**●ヴィネグレットシチリアーノ**10g**●シブレット（小口切り）**8g**●トンナートソース******20g**●シトロネット適量●ユズ果汁少量●塩・白コショウ各適量

*トレヴィス、ピンクロッサ（レタスの一種）、サニーレタス、ビーツ、マスタードグリーン、ルーコラセルヴァティカ、レッドオーク、セルフイユ、ディル、シブレット、マーシュなどを合わせたもの。

**卵黄1個分、レモン汁1/2個分、フレンチマスタード大さじ1、ツナ（油漬け缶詰）60g、ケッパー20g、粉末パプリカ少量、米油150cc、塩・黒コショウ各適量を合わせてハンドミキサーで攪拌して乳化させる。目の細かいシノワで裏漉しし、口当たりをなめらかにする。

1 マグロは塩、白コショウ、シトロネットでマリネして皿に並べる。
2 マグロの上にヴィネグレットシチリアーノと細かく刻んだシブレットを散らし、トンナートソースを線状に引く。
3 2の上に塩、白コショウ、シトロネット、ユズ果汁で調味したフレッシュハーブのサラダとラディッシュを盛りつける。

シトロネット
レモン汁**100cc**、レモンフレーバーオイル**100cc**、オリーブ油（香りのデリケートなもの）**200cc**

すべての材料を攪拌して乳化させる。

ヴィネグレットシチリアーノ
エシャロット（みじん切り）**20g**、フルーツトマト（湯むきして小角切り）**2個分**、ケッパー**15粒**、アンチョビペースト小さじ**1**、ニンニク（みじん切り）小さじ**1**、フレンチマスタード大さじ**1**、レモン汁**20cc**、白ワインヴィネガー・バルサミコ酢各**5cc**、ドライトマトの戻し汁*適量、粉末パプリカ少量、トマトジュース**10cc**、オリーブ油**70cc**、塩・白コショウ各適量

すべての材料をよく混ぜ合わせ、1晩おいてよくなじませる。

*ドライトマトを1～2時間水に浸けてシノワで濾し、戻し汁を火にかけて煮詰める。

279　SALAD　魚介 ― 魚

イタリアでもっともマグロを食するシチリアをイメージしたサラダ。
マグロをカツオなどにかえてもおいしい。

まぐろのづけサラダ

JAPANESE 板前心菊うら

材料（3人分）
マグロ赤身1サク●濃口醤油・ミリン・日本酒各適量●サラダ（ミズナとベビーリーフを合わせたもの）適量●長イモ（包丁で叩く）少量●わさびドレッシング全量

1. マグロはサクのまま、サッと熱湯にくぐらせ、冷水に落として加熱を止める。
2. マグロの水気をふき、濃口醤油2：ミリン 1：日本酒1を合わせた地に2時間ほど浸けておく。
3. マグロを取り出して汁気をふいてそぎ切りにする。皿にサラダを敷き、マグロを盛り、わさびドレッシングをかける。叩いた長イモを添える。

わさびドレッシング
オリーブ油45cc、おろしワサビ小さじ1、本ワサビの茎（みじん切り）少量、ポン酢30cc

材料をすべてよく混ぜ合わせる。

ポン酢
ダイダイ酢1：濃口醤油1、ミリン・だし各適量

ダイダイ酢と濃口醤油を合わせ、その1割のミリンと適量のだしを加えて1週間ねかせる。

まぐろと香味野菜のサラダ

ETHNIC キッチン

材料（4人分）

マグロ赤身160g●カイワレ菜（2〜3cm長さのざく切り）1/2パック分●三ツ葉（2〜3cm長さのざく切り）1/4束分●ミョウガ（せん切り）2個分●大葉（せん切り）4枚分●レモン皮（せん切り）1/3個分●わさびドレッシング全量

1 マグロは短冊に切る。カイワレ菜、三ツ葉、ミョウガ、大葉はそれぞれ水にさらし、水気をきっておく。
2 ボウルに1の材料を入れ、わさびドレッシングを加えて和え、器に盛ってレモン皮を飾る。

わさびドレッシング

ワサビ（すりおろし）7.5cc、ゴマ油15cc、ニョクマム30cc、レモン汁30cc、白ゴマ大さじ1

材料をすべてよく混ぜ合わせる。

魚からできたニョクマムとマグロは相性抜群。ゴマ油をプラスすることで、新鮮な味と香りが楽しめる。

かつおのたたきサラダ

JAPANESE 板前心菊うら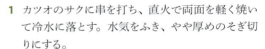

材料（3人分）

カツオ1/4サク●玉ネギ（薄切り）1/2個分●ベビーリーフ適量●サヤインゲン5本●にんにく風味マヨネーズ全量

1. カツオのサクに串を打ち、直火で両面を軽く焼いて冷水に落とす。水気をふき、やや厚めのそぎ切りにする。
2. サヤインゲンはゆでて3cmに切る。
3. 玉ネギとベビーリーフを合わせて器に盛り、上に1のカツオを盛る。サヤインゲンをのせ、にんにく風味マヨネーズをかける。

にんにく風味マヨネーズ

マヨネーズ大さじ3、ニンニクオイル（ニンニクを浸けて香りを移したオリーブ油）15cc、練りガラシ小さじ1

材料をすべてよく混ぜ合わせる。

カツオのかわりにマグロの赤身を使ってもよい。また、肉のたたきでも合う。

鯵の味噌叩き しそ巻きカナッペ

JAPANESE かんだ

材料（4人分）
アジ（三枚おろし）**100g** ● **A**（八丁味噌**20g** ● 日本酒少量 ● スダチ果汁少量）● 大葉**2**束（**20**枚）● ミョウガ（小口切り）**2**個分 ● 煎り白ゴマ大さじ**2**

1 アジを薄いそぎ切りにしてボウルに入れ、**A**を加えて和える。
2 1を大葉で包んで皿に盛り、ミョウガをのせ、煎り白ゴマを散らす。

ガリ（生姜の甘酢漬け）を刻んで加えてもおいしい。

アジとメロンのサラダ

FRENCH コウジイガラシ オゥ レギューム　　C

材料（4人分）

アジ（三枚おろし）大1尾 ● **A**（粗塩 アジの**0.25%** ●おろしたレモンの表皮・粉末コリアンダーシード・コショウ・ハーブくず各適量）●メロン（一口大）**1/4個分** ●フルーツトマト（くし形切り）**2個分** ●水ナス（一口大）**1/2個分** ●塩適量 ●シトロネット**30cc**

ショウガのコンフィ（ショウガ**100g** ●ハチミツ・白ワインヴィネガー各**50g**）●大葉（せん切り）**4枚分**

1. アジは**A**をまぶして3〜4時間冷蔵庫におく。
2. **A**をふき取り、脱水シートに包んでさらに3〜4時間ほどおいて余分な水分を抜く。
3. 水ナスは塩水（分量外）に1〜3分間ほど浸して水気をきる。
4. ショウガのコンフィをつくる。マッチ棒大に切ったショウガは熱湯で3回ゆでこぼし、ハチミツと白ワインヴィネガーを合わせて水気がなくなるまで煮詰める。
5. メロン、フルーツトマト、水ナス、そぎ切りにしたアジを合わせ、塩とシトロネットを加えてなじませる。
6. 皿に盛りつけ、ショウガのコンフィと大葉を散らす。

シトロネット

レモン汁**100cc**、ハチミツ**50〜80cc**、オリーブ油**300cc**、ヒマワリ油**100cc**、塩・コショウ各適量、冬には刻んだユズ皮適量

材料をすべてよく混ぜ合わせる。

食欲の減退する夏場にピッタリのサラダ。アジは酢で締めず、フレッシュ感を残すのがポイント。同店のスペシャリテ「アジと桃のサラダ」の応用。

秋刀魚と松茸のサラダ 柚子の香り

ITALIAN RISTORANTE YAGI

材料（2人分）

サンマ（三枚おろし）1尾●マツタケ40g●シブレット（小口切り）16g●米油適量●ユズ（薄切り）1/2個分●ユズ果汁約1/2個分●オリーブ油適量●シトロネット適量●塩・白コショウ各適量

1. サンマは新鮮なものを用意し包丁で細かく刻む。
2. マツタケは縦にスライスして米油でソテーし、塩、白コショウ、ユズ果汁で調味し、オリーブ油をふって冷やしておく。
3. 2のマツタケから形のよいものを6枚とっておき、残りを包丁で細かく刻む。
4. 刻んだマツタケ、1のサンマ、シブレットを混ぜ合わせ、塩、白コショウ、シトロネットで味を調える。スプーンでくり抜いて、マツタケの上に盛る。皿に盛り、ユズを添えシブレット（分量外）をふる。

シトロネット

レモン汁100cc、レモンフレーバーオイル100cc、オリーブ油（香りのデリケートなもの）200cc

すべての材料を撹拌して乳化させる。

日本の秋を代表する味覚の組み合わせ。和食材＋オリーブ油の東京イタリアンスタイル。

秋刀魚の酢〆サラダ

JAPANESE たべごと屋のらぼう

材料（4人分）

サンマ（三枚おろし）2尾●塩10g●酢200cc●新玉ネギ（薄切り）1/2個分●ミョウガ（薄切り）2個分●グリーンサラダ＊適量●新玉ネギドレッシング60cc●青ネギ（小口切り）適量

＊グリーンロメイン、トレヴィス、デトロイト、カラシミズナ、シコレフリゼなど。

1 サンマは身側に塩を軽くあてて15分間ほどおき、水洗いしたのち、酢に浸して7〜8分間ほどおいて締める。
2 よく水気をふき取り、一口大のそぎ切りにする。
3 新玉ネギとミョウガは水にさらしておく。
4 皿にグリーンサラダ、水気をきった新玉ネギとミョウガを盛りつけ、中央にサンマを盛る。新玉ネギドレッシングをかけて、青ネギを添える。

新玉ネギドレッシング

おろした新玉ネギ4個分、煮きりミリン50cc、生搾りゴマ油50cc、酢30cc、薄口醤油30cc、塩・コショウ各適量

材料をすべてよく混ぜ合わせる。

脂の少ない解禁前後と旬が終わる頃の名残りのサンマがよく合う。

ひしこ鰯とフェンネルのサラダ

ITALIAN RISTORANTE YAGI — C

材料（4人分）

ヒシコイワシ（三枚おろし）20尾 ●マリネ液（白ワイン100cc●白ワインヴィネガー30cc●砂糖40g●塩・白コショウ各適量）●オリーブ油40cc

フェンネル1個●ロースト松ノ実30g●フルーツトマト（角切り）2個分●シトロネット適量●香草パン粉*・塩・白コショウ各適量

*みじん切りのディル、バジル、イタリアンパセリを混ぜてローストしたパン粉。

1. マリネ液の材料を火にかけて1/3量まで煮詰め、粗熱がとれたらオリーブ油と合わせる。ヒシコイワシをマリネ液に浸ける。
2. 厚めにスライスしたフェンネル（葉も少量）、松ノ実、フルーツトマトを合わせて塩、白コショウ、シトロネットで調味し、1のヒシコイワシとともに皿に盛る。
3. 2の上に香草パン粉をふりかける。

シトロネット

レモン汁100cc、レモンフレーバーオイル100cc、オリーブ油（香りのデリケートなもの）200cc

すべての材料を撹拌して乳化させる。

イワシとフェンネルはイタリアで定番の組み合わせ。イワシはカタクチイワシを使ってもよい。

オイルサーディンのサラダ

FUSION よねむら

材料（4人分）
オイルサーディン1/2缶●シコレフリゼ1/2個●玉ネギ（薄切り）1/4個分●アサツキ（小口切り）少量●黒コショウ少量●フレンチドレッシング＋ナンプラー適量

1　シコレフリゼは手でちぎって水にさらし、水気をきる。オイルサーディンは大きめにほぐしておく。
2　シコレフリゼ、玉ネギ、オイルサーディンを器に盛り、フレンチドレッシング＋ナンプラーをかけ、アサツキと黒コショウを散らす。

フレンチドレッシング＋ナンプラー
フレンチドレッシング120cc、ナンプラー30cc
材料をよく混ぜ合わせる。

フレンチドレッシング
サラダ油630cc、A（マスタード6g、砂糖18g、塩17g、白コショウ4.5〜6g、白ワインヴィネガー・酢各90cc）

Aをボウルに入れて合わせ、サラダ油を少しずつ加えながら泡立て器でよく混ぜ合わせる。

にしんの燻製と温かいじゃが芋のサラダ

FRENCH ルカンケ

材料（4人分）

ジャガイモ中2個●ニシンの燻製*4枚●**A**（薄切りの玉ネギ1/2個分●薄切りのニンジン1/2個分●サラダ油適量）●ドレッシング（みじん切りのエシャロット1/2個分●みじん切りのパセリ適量●白ワインヴィネガー30cc●粒マスタード小さじ1●サラダ油50cc●クルミ油30cc●塩適量）●イタリアンパセリ少量

*ニシンフィレ10枚の表面に、混ぜ合わせた**B**（粗塩80g、砕いた白粒コショウ3g、砂糖10g）をふり、3時間マリネする。**B**を水で洗い流し、20分間水に浸けて塩抜きして水気をふく。脱水シートにはさんで1日冷蔵庫においたのち、燻製器で冷燻にかける。

1 ニシンの燻製を**A**で1日以上マリネする。
2 ジャガイモを蒸して皮をむき、一口大の輪切りにし、ドレッシング（材料をすべてよく混ぜ合わせておく）で和えて皿に盛る。
3 ニシンの燻製を一口大に切り分けて、**A**の玉ネギ、ニンジンとともにジャガイモの上に盛りつけ、イタリアンパセリを飾る。

フランスを代表する"サラダ ド フィレド アラン ア ラ シャリュティエール"のアレンジ。本来ニシンはフィレのまま供されるが、ここでは食べやすく一口大に切り、温かいジャガイモをドレッシングで和えた上にのせた。

鯖と茄子のサラダ仕立て 青みかんの香り

ITALIAN　リストランテホンダ　　　Ⓒ

材料（4人分）

サバの酢締め（サバ1/2尾●塩・酢各適量）●揚げナス（ナス2本●サラダ油適量●塩少量）

トマトとエシャロットのドレッシング全量●青みかんのジュレ（青ミカン果汁・水各50cc●ライム果汁10cc●そうざい用シェフズミラクル*2g）

万能ネギ（小口切り）適量●グリーンサラダ**40g●フレンチドレッシング20cc●香りソース40cc

*増粘多糖類。水溶き片栗粉の代用として、だしやタレ、ソース、調味料などに直接混ぜるだけで、加熱なしでとろみをつけられる食品添加物。製造：太陽化学株式会社製造（電話03-5470-6800）

**アンディーヴ、トレヴィス、シコレフリゼ、セルフイユ、デトロイト、マーシュなど。

1. サバの酢締めをつくる。サバは三枚におろし、塩を多めにふって3時間ほどおいて水洗いし、酢に3分間浸けて取り出しておく。
2. 揚げナスをつくる。ナスの表面全体に楊枝などで穴をあけ、160℃のサラダ油でじっくり揚げる。水にとって皮をむく。水気をふいて塩をふる。
3. 青みかんのジュレをつくる。青ミカン果汁を水で割って、ライム果汁を加える。シェフズミラクルを溶かし入れて濃度をつける。
4. 皮を引いたサバと揚げナスは大きさをそろえて切る。揚げナス、トマトとエシャロットのドレッシング、サバの順に重ねる。上に青みかんのジュレをかけ、万能ネギを散らす。
5. グリーンサラダをフレンチドレッシングで和えて皿に盛る。上に4をのせ、まわりに香りソースを流す。

トマトとエシャロットのドレッシング

フレンチドレッシング15cc、トマト（みじん切り）10g、エシャロット（みじん切り）5g、アサツキ（小口切り）5g

材料をすべてよく混ぜ合わせる。

フレンチドレッシング

玉ネギ1/2個、フレンチマスタード小さじ1/4、サラダ油750cc、酢150cc、レモン汁1/4個分、タバスコ・リーペリンソース各適量、塩・白コショウ各適量

玉ネギとフレンチマスタードをミキサーにかける。玉ネギが細かくなったら酢とサラダ油を少量ずつ加えてさらに回す。残りの材料を入れて回し、味を調える。

香りソース

大葉（みじん切り）50枚分、カラマタ産黒オリーブ（みじん切り）40g、A（アンチョビフィレ1.5枚、ケッパー16g、みじん切りのニンニク小さじ1、オリーブ油50cc）、塩・コショウ各適量

Aをすり鉢ですり合わせる。黒オリーブと大葉を混ぜ、塩、コショウで味を調える。

旬の秋ナスをサラダ仕立てに。旬が同じサバは、日本人が馴染み深い酢締めに。
さっぱりとした青ミカンのジュレをかけてみた。

鮎のサラダ

FUSION よねむら　　C

材料（4人分）
活けアユ小8尾●バゲット（薄切り）1/4本分●ロメインレタス1/2個●トウモロコシ1/2本●薄力粉適量●オリーブ油・ニンニク各適量●揚げ油適量●うるか風味のタプナード・温泉玉子ソース各適量

1. アユは生きたまま薄力粉をつけ、熱した揚げ油でカリカリに揚げる。4つに切り分ける。
2. バゲットにオリーブ油をぬり、ニンニクの切り口をこすりつけ、オーブンで焼いて適当な大きさにちぎる。
3. トウモロコシはゆでて粒をはずす。
4. 器にタプナードを散らしてアユ、バゲット、ロメインレタス、トウモロコシを盛り、温泉玉子ソースをかける。

うるか風味のタプナード
黒オリーブ（種抜き）**100g**、ケッパー・エストラゴン・ニンニク各少量、オリーブ油**45cc**、アユのウルカ適量

黒オリーブをゆでて塩抜きし、そのほかの材料とともにフードプロセッサーにかける。

温泉玉子ソース
温泉玉子1個、薄口醤油**60cc**、ユズ果汁少量、オリーブ油**60cc**、黒コショウ少量

温泉玉子とそのほかの材料をすべてよく混ぜ合わせる。

わかさぎのパステッラ（衣揚げ）と海藻のサラダ

ITALIAN RISTORANTE YAGI　　　　　　　　　Ⓗ

材料（2人分）

ワカサギ12尾●薄力粉少量●衣（天ぷら粉100g●ガス入りミネラルウォーター120cc●白ワインヴィネガー5cc）

海藻サラダ（市販。数種の海藻を合わせたもの）30g●フレッシュハーブのサラダ*20g●シトロネット・バルサミコ酢・塩・白コショウ各適量●レモン（くし形切り）1個分●揚げ油

*トレヴィス、ピンクロッサ（レタスの一種）、サニーレタス、ビーツ、マスタードグリーン、ルーコラセルヴァティカ、レッドオーク、セルフイユ、ディル、シブレット、マーシュなどを合わせたもの。

1　ワカサギは塩、白コショウで下味をつけ、薄力粉をまぶし、合わせた衣（冷やしておく）にくぐらせて170〜180℃の揚げ油で、サクッと揚げる。

2　塩、白コショウ、シトロネット、バルサミコ酢で調味した海藻サラダとフレッシュハーブのサラダを皿に敷き、上に1のワカサギを盛り、レモンをあしらう。

シトロネット

レモン汁100cc、レモンフレーバーオイル100cc、オリーブ油（香りのデリケートなもの）200cc

すべての材料を撹拌して乳化させる。

炭酸水で衣をつくって、よりサクサクした食感に仕上げた。グルテンの形成をやわらげる少量のヴィネガーも、軽さをアップさせるコツ。

水菜と晒し鯨のハリハリサラダ

JAPANESE 玄斎 — Ⓒ

材料（4人分）

ミズナ200g◉だし適量◉日本酒・薄口醤油各少量◉さらしクジラ80g◉山椒酢味噌適量◉レディースサラダ*少量◉白ネギ少量

*別名レディースダイコン。三浦半島でサラダ用に品種改良された。外皮は赤く、中が白い小型でラディッシュの仲間。赤ダイコンと呼ぶ地方もある。

1 ミズナは長いまま適当な量に分けて竹皮などで束ね、温めただしでサッとゆがく。ザルに上げ、ウチワであおいですぐに冷ます。
2 ゆがいた1のだしに日本酒、薄口醤油で味をつけ、鍋底を氷水に浸けて冷やしておく。
3 さらしクジラは適当な大きさに切り、冷ました2のだしにミズナとともに浸ける。
4 汁気を絞ったミズナを食べやすい長さに切り分ける。さらしクジラとともに器に盛り、山椒酢味噌をかける。長めに薄く切ったレディースサラダを添え、白髪ネギを天盛りにする。

山椒酢味噌

白味噌50g、田舎味噌10g、砂糖5g、酢30～45cc、和芥子少量、味噌漬けの実サンショウ（粗くつぶす）少量

白味噌、田舎味噌をすり混ぜる。砂糖、酢、和芥子を加え、さらによくすり混ぜる。さらに羽二重漉しにしてきめを調える。実サンショウを加えて混ぜる。

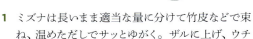

ミズナとさらしクジラ、相性のいい素材のサラダ仕立て。ミズナの歯ざわりを損なわないように調理する。

くじらベーコンと水菜のサラダ

FUSION よねむら

材料（4人分）

ミズナ（**5cm**長さのざく切り）**1株分**●クジラベーコン（**5cm**長さの細切り）**100g**●煎り白ゴマ少量●胡麻ドレッシング全量

1 クジラベーコンとミズナを胡麻ドレッシングでさっくり混ぜ合わせる。
2 器に盛り、煎り白ゴマをふりかける。

胡麻ドレッシング

煎り白ゴマ大さじ**3**、濃口醤油**45cc**、オリーブ油**45cc**、酢**15cc**

煎り白ゴマをクリーム状になるまですり、残りの材料を加えて混ぜ合わせる。

鮑と筍の肝和え キヌサヤソース

ITALIAN リストランテホンダ ───── C

材料（4人分）

アワビ中1個●薄切り香味野菜(玉ネギ1/4個●ニンジン長さ1cm●セロリ1/3本●パセリの軸3本)●塩・白粒コショウ各適量●タケノコ(アク抜き済)1本

鮑肝和え衣全量●キヌサヤのソース全量●ドライプチトマト*4枚●キヌサヤエンドウ（飾り用）8枚●木ノ芽8枚

*シシリアンルージュ種を半分に切って天板に広げ、90℃のオーブンで5時間加熱して乾燥させる。

1. アワビは殻をはずして鍋に入れ、かぶるくらいの水、薄切りにした香味野菜、塩、白粒コショウを入れて強火でゆでる。肝は鮑肝和え衣に使用する。
2. 飾り用のキヌサヤエンドウは熱湯でサッとゆでておく。
3. アワビとタケノコ(穂先)は食べやすい大きさに切って、鮑肝和え衣で和える。
4. 器にキヌサヤのソースを流し、**3**を盛り、キヌサヤエンドウ、ドライプチトマト、木ノ芽をあしらう。

鮑肝和え衣

アワビの肝（ボイル）1個分、フレンチドレッシング適量、レモン汁・塩各少量

アワビの肝をミキサーにかけて漉す。フレンチドレッシングとレモン汁を加え、塩で味を調える。

フレンチドレッシング

玉ネギ1/2個、フレンチマスタード小さじ1/4、サラダ油**750cc**、酢**150cc**、レモン汁1/4個分、タバスコ・リーペリンソース各適量、塩・白コショウ各適量

玉ネギとフレンチマスタードをミキサーにかける。玉ネギが細かくなったら酢とサラダ油を少量ずつ加えてさらに回す。残りの材料を入れて回し、味を調える。

キヌサヤのソース

キヌサヤエンドウ**100g**、塩適量

キヌサヤエンドウは塩を入れた熱湯でやわらかくゆで、ゆで汁ごと冷ます。ミキサーにかけてからシノワで漉す。

297 SALAD 魚介｜貝

春が旬のタケノコのサラダ。キヌサヤソースの青マメのさわやかな香りと、芽吹きのタケノコの香りを合わせた。白身魚の湯引きやカルパッチョにも合うソース。

あわびと冬瓜のサラダ

FUSION よねむら

材料（4人分）

アワビ2個●トウガン1/4個●マスタードリーフ（ちぎる）1/2株分●ウミブドウ適量

A（日本酒180cc●白ワイン144cc●薄口醤油36cc）

B（だし180cc●ミリン30cc●薄口醤油30cc）

ドレッシング＊（オリーブ油1：濃口醤油1：粗挽き黒コショウ少量）

＊表記の割で材料をよく混ぜ合わせる。

1 アワビは殻から取り出して肝をはずす。アワビの身とAを圧力鍋に入れ、40分間蒸して冷ます。肝はゆでて冷ます。
2 トウガンは適当な大きさに切って皮を薄くむいて下ゆでし、Bで炊く。
3 器にトウガンとマスタードリーフを盛り、1のアワビをスライスして盛りつけ、肝を添える。ドレッシングをかけ、ウミブドウを散らす。

とこぶしとゆり根のサラダ

FUSION よねむら

材料（4人分）

トコブシ4個 ●A（日本酒180cc ●白ワイン144cc ●濃口醤油36cc）

ユリネ1個 ●B（だし適量 ●薄口醤油・ミリン各少量）

アンチョビフィレ4枚 ●フレンチドレッシング120cc ●オレガノ少量 ●カイワレ菜少量 ●パセリ（みじん切り）少量 ●オリーブ油適量

1 トコブシは殻をつけたまま圧力鍋に入れ、Aを加えて炊く。殻からはずし適当な大きさに切る。肝も適当な大きさに切っておく。
2 ユリネは鱗片をばらして洗い、サッとゆでる。ザルに上げ、冷めたら合わせたBに浸けておく。
3 提供時、フライパンにオリーブ油を熱して2のユリネを焼く。
4 1のトコブシと肝、3のユリネ、ちぎったアンチョビを器に盛る。フレンチドレッシングをかけ、オレガノ、カイワレ菜、パセリを散らす。

フレンチドレッシング

サラダ油630cc、A（マスタード6g、砂糖18g、塩17g、白コショウ4.5〜6g、白ワインヴィネガー・酢各90cc）

Aをボウルに入れて合わせ、サラダ油を少しずつ加えて泡立て器でよく混ぜ合わせる。

平貝の生唐辛子ドレッシング和え

CHINESE 美虎

材料（4人分）

タイラ貝1個●赤玉ネギ（薄切り）1/4個分●長ネギ（薄い斜め切り）1/4本分●生唐辛子ドレッシング適量●パクチー適量●レタス適量

1. タイラ貝の貝柱は薄切りにして、熱湯にサッとくぐらせて湯引きし、冷水にとる。水気をよくふく。
2. ボウルにタイラ貝、赤玉ネギ、長ネギを入れ、好みの量の生唐辛子ドレッシングで和える。
3. タイラ貝の殻をきれいに洗って、レタスの上にのせ、2を盛りつけ、パクチーをあしらう。

生唐辛子ドレッシング

生青唐辛子（小口切り）大さじ1、生赤唐辛子（細切り）大さじ1、サラダ油適量、ニンニク（みじん切り）小さじ1、ナンプラー7.5cc、レモン汁15cc、薄口醤油7.5cc

生青唐辛子と生赤唐辛子を浸るくらいのサラダ油に1日浸けたのち、そのほかの材料を混ぜ合わせる。

生唐辛子ならではの香りと辛みが効いたドレッシングを合わせた。タイラ貝、赤玉ネギ、長ネギは、味がのりやすいよう薄く切る。

炙り帆立と大根のマリネ

JAPANESE たべごと屋のらぼう

材料（4人分）

ホタテ貝柱4個●ダイコン（1mm厚さの半月切り）1/4本分●ミニトマト（半割）8個分●基本のフレンチドレッシング30cc●塩適量●玉ネギ（薄い輪切り）1/2個分●生搾りゴマ油適量●ディル1枝

1 ホタテ貝柱は串に刺して直火であぶり、そのまま冷ます。ダイコンは塩をふって30分間ほどおいて水気を絞る。
2 ボウルにホタテ貝柱、ダイコン、ミニトマトを合わせ、基本のフレンチドレッシングで和える。
3 玉ネギをゴマ油でソテーし、皿に敷き、ミニトマト、ダイコン、ホタテ貝柱の順に盛りつける。ディルを飾る。

基本のフレンチドレッシング

生搾りゴマ油50cc、酢30cc、塩・コショウ各適量

材料をすべてよく混ぜ合わせる。

直火でホタテを香ばしくあぶるのがポイント。

生ホタテ、アボカドの辛味チーズ和え

CHINESE 美虎

材料（4人分）
ホタテ貝柱3個●アボカド（1cm角）1/2個分●辛味チーズドレッシング適量

辛味チーズドレッシング
クリームチーズ（みじん切り）大さじ4、A（白味噌大さじ1、豆板醤大さじ1、レモン汁15cc、薄口醤油7.5cc）、太白ゴマ油30cc

クリームチーズとAを混ぜ合わせる。最後に太白ゴマ油を加え、軽く混ぜる。

1. ホタテ貝柱は、熱湯にくぐらせて湯引きし、すぐに冷水にとって、1cm角に切る。
2. ボウルにホタテ貝柱、アボカドを入れ、適量の辛味チーズドレッシングで和え、器に盛る。

刺身用のホタテ貝を湯引きして、アボカドと合わせた。ドレッシングのクリームチーズがからんでとろりとした味わい。

帆立のカルパッチョ風 とんぶりのせ

JAPANESE かんだ

材料（4人分）
ホタテ貝柱4個●トンブリ大さじ4●マーシュ適量●浸け地（だし70cc●濃口醤油30cc●ワサビ適量）

1. トンブリを浸け地（材料をすべて混ぜ合わせる）に1時間ほど浸ける。
2. マーシュを皿に敷き、ホタテ貝柱を2等分のそぎ切りにして盛りつけ、上に1のトンブリをのせる。食べるときに全体を混ぜ合わせる。

とんぶりを浸け地に浸けて塩分を入れると、キャビアと同じ役割を果たす。しかもキャビアと違い、油脂分もコレステロールもない。

オードヴル酢牡蠣

JAPANESE かんだ

材料（4人分）
●カキ（殻つき岩ガキ）4個 ●キュウリ（2mm角）1/4本分 ●ヤマイモ（2mm角）4cm ●レタス適量 ●ユズ皮（2mm角）1/4個分 ●ポン酢（市販可）適量

1 カキは殻から身を取り出し、食べやすく切り分ける。レタスを熱湯でサッとゆでておく。
2 カキの殻にゆでたレタスを敷き、1のカキを盛る。
3 キュウリ、ヤマイモをさっくりと合わせてカキの上に盛ってユズ皮を散らし、ポン酢をかける。

ヤマイモの粘りがポン酢をからめてくれるので、たくさんかける必要がない。

牡蠣と焼き葱のマリネ

JAPANESE たべごと屋のらぼう

材料（4人分）
●カキ（生食用）8〜12個 ●長ネギ（4cm長さのぶつ切り）2本分 ●塩・コショウ・オリーブ油各適量 ●フリルレタス1/2個

1 カキは洗ってバットなどに広げ、強火で15分間ほど蒸す。
2 長ネギは網焼きし、焼きめをつける。
3 カキと長ネギが熱いうちにボウルにとり、塩、コショウ、オリーブ油を回しかけて1晩おく。密閉容器ならば4〜5日間は保存可。
4 フリルレタスなどを敷いた皿に盛りつけて提供する。

つくりたてでも、味をなじませてからでもおいしい。カキには下味をつけず、加熱直後に調味するのがポイント。

とり貝と菜の花の黒酢ドレッシング

CHINESE 美虎

材料（4人分）
菜ノ花8本●トリ貝（刺身用）8枚●黒酢ドレッシング適量

1 菜ノ花は、熱湯でサッとゆで、食べやすく切る。
2 トリ貝は一口大に切る。
3 ボウルに菜ノ花、トリ貝を入れ、黒酢ドレッシングで和え、器に盛る。

黒酢ドレッシング

ニンニク（みじん切り）小さじ1、長ネギ（みじん切り）1/3本分、A（黒酢45cc、カラメルソース15cc、濃口醤油7.5cc、ゴマ油45cc）

ニンニクとAをよく混ぜ合わせる。最後に長ネギを加え、さっくりと混ぜ合わせる。

旬の季節が重なる菜ノ花とトリ貝の組み合わせ。

とり貝、山うど、伏見みょうがとうるいのサラダ

FUSION よねむら　　C

材料（4人分）

トリ貝8個●山ウド（薄切り）1/2本分●伏見ミョウガ（薄切り）2本分●ウルイ（縦に細切り）2本分●ソース(日本酒180cc●オリーブ油30cc●レモン汁少量●ユズ果汁少量●薄口醤油30cc●吉野葛適量)

1 トリ貝は熱湯にくぐらせ、氷水にとる。水気をふいておく。
2 山ウドと伏見ミョウガは冷水にさらす。ウルイは縦に細切りにして、氷水に浸けておく。
3 ソースをつくる。日本酒を火にかけてアルコールを飛ばし、適量の水で溶いた葛粉でとろみをつけ、オリーブ油、レモン汁、ユズ果汁、薄口醤油で味をつける。
4 山ウドとミョウガの水気をきってトリ貝とともに器に盛り、ソースをかける。

つぶ貝と赤かぶ、山うど、菜の花のサラダ

ITALIAN リストランテホンダ

材料（4人分）

ツブ貝1個●香味野菜（玉ネギ1/2個●ニンジン長さ2cm●セロリ1/3本●パセリの軸3本）●塩・白粒コショウ各適量

山ウド（薄切り）1/2本分●菜ノ花1/2束●赤カブ（薄い輪切り）1/4本分●塩・昆布各適量

オリーブ油適量●トマトとエシャロットのドレッシング60cc●万能ネギ（小口切り）適量●セルフイユ少量

1 ツブ貝は、殻をはずして掃除する。乱切りにした香味野菜、塩、白粒コショウを入れた水を沸かし、ツブ貝を入れて煮る。火が通ったらそのまま冷まし、薄切りにする。
2 山ウドは水に放っておく。菜ノ花は熱湯でゆでておく。赤カブは塩を少量ふって、昆布ではさんでラップで包む。
3 ボウルにツブ貝、山ウド、菜ノ花を入れてトマトとエシャロットのドレッシングで和える。
4 赤カブを下に敷き、3を上に盛る。万能ネギを散らし、セルフイユを飾る。オリーブ油とトマトとエシャロットのドレッシングをまわりに流す。

トマトとエシャロットのドレッシング

フレンチドレッシング15cc、トマト（みじん切り）10g、エシャロット（みじん切り）5g、アサツキ（小口切り）5g

材料をすべてよく混ぜる。

フレンチドレッシング

玉ネギ1/2個、フレンチマスタード小さじ1/4、サラダ油750cc、酢150cc、レモン汁1/4個分、タバスコ・リーペリンソース・塩・白コショウ各適量

玉ネギとフレンチマスタードをミキサーにかけ、細かくなったら酢を少し加えて回し、さらにサラダ油を少量ずつ入れて回す。乳化したら酢を1/3量ずつ加えてよく混ぜ、レモン汁、タバスコ、リーペリンソースを加えて、最後に塩と白コショウで味を調える。

ウド、菜ノ花に旬のツブ貝を合わせて仕立てた春のサラダ。赤カブは生のまま昆布ではさんで旨みをつけ、色と食感を生かすよう工夫した。

うにと順才とアスパラガスのサラダ

FUSION よねむら ─────────────── C

材料（4人分）

ウニ100g ● ジュンサイ80g ● トマト2個 ● ホワイトアスパラガス2本 ● アスパラソバージュ*8本 ● ルーコラ少量 ● だしと醤油のドレッシング全量

*野生のアスパラガス。

1 トマトは湯むきして、適当な大きさに切る。
2 ホワイトアスパラガスは皮をむいて適当な長さに切り、冷水にさらす。アスパラソバージュはサッとゆでて、おか上げする。
3 1、2とウニ、ジュンサイ、ルーコラを器に盛りつけ、だしと醤油のドレッシングをかける。

だしと醤油のドレッシング

だし60cc、濃口醤油30cc、ショウガ汁5cc、レモン汁5cc、オリーブ油10cc

材料をすべてよく混ぜ合わせる。

新鮮なホワイトアスパラガスはエグ味が少ないので、生のままでも水にさらせばおいしく食べられる。

セロリとカニは定番の組み合わせ。
リンゴと根セロリのチップスで、
ディップ風な感覚で。

毛蟹、根セロリ、アボカドのサラダ りんごのセッキ添え

ITALIAN　リストランテホンダ　　　　　　　　　Ⓒ

材料（4人分）

カニサラダ（ケガニ小1杯●せん切りの根セロリ1/8個分●マヨネーズ60g●おろしたホースラディッシュ少量●塩・コショウ・レモン汁各適量）

アボカド（5mm厚さの半月切り）1個分●塩・コショウ・レモン汁・オリーブ油各適量

リンゴ・根セロリ（各薄切り）各16枚●香草マヨネーズ適量●オリーブ油少量●ピンクペッパー・イタリアンパセリ（みじん切り）各少量

香草マヨネーズ

1. カニサラダをつくる。ケガニは濃いめの塩湯で15分間ゆでてザルにとる。冷めたら身を取り出す。
2. 根セロリはレモン水（分量外）に浸けたのち、熱湯でサッとゆでる。冷水にとり、水気をきる。
3. ケガニ、根セロリを合わせ、そのほかの材料で味を調えてサラダとする。
4. アボカドは、塩、コショウ、レモン汁、オリーブ油で和える。
5. リンゴと根セロリの乾燥焼き（セッキ）をつくる。リンゴはシロップ（分量外）で煮て、根セロリは熱湯でゆでる。これらを2枚の天板ではさみ、100℃のオーブンで1時間焼く。途中で上の天板をはずし、表裏を返して焼く。色づけないよう注意。
6. 器にアボカドを敷き、その上にカニサラダを盛り、香草マヨネーズをかける。セッキを飾り、イタリアンパセリとピンクペッパーを散らす。オリーブ油をかけて供する。

ハーブ（セルフイユ、エストラゴン、イタリアンパセリ各同量）のピュレ20g、マヨネーズ100g
ハーブの葉のみを熱湯でサッとゆで、水気をきってミキサーにかけ、マヨネーズと混ぜ合わせる。

蟹と青りんごのミルフィーユ りんご風味のマヨネーズ添え

FRENCH ルカンケ

材料（4人分）

青リンゴ（薄い輪切り）1個分●カニ肉**100g**●フェンネル（せん切り）**100g**●根セロリ（せん切り）**50g**●塩適量●りんご風味のマヨネーズ全量●シブレット（みじん切り）少量

1. 青リンゴの半量はせん切りにする。根セロリは塩入りの湯で軽くゆでて氷水に落とし、水気を絞る。カニ肉は軽くほぐしておく。
2. せん切りにした青リンゴ、フェンネル、根セロリとカニ肉を合わせ、りんご風味のマヨネーズの半量とシブレットを加えて混ぜ合わせる。
3. 薄切りにしたリンゴと2を交互に盛りつけ、残りのマヨネーズに生クリームを混ぜ合わせて細く流す。

りんご風味のマヨネーズ＋生クリーム

卵黄1個分、リンゴ酢**20cc**、サラダ油**100cc**、塩・コショウ各少量、生クリーム**30cc**

サラダ油と生クリーム以外の材料を混ぜ合わせ、サラダ油を少しずつ加えながら撹拌してりんご風味のマヨネーズをつくる。ここでは半量に生クリームを加えている。

フランスの庶民的な根セロリのサラダをアレンジ。カニを入れ、ミルフィーユ仕立てにして、豪華なサラダに仕立てた。

カニとアボカドとトマト。定番の組み合わせを、かわいらしいトマトの器に。ホームパーティにもってこいのサラダ。

毛蟹とアボカドのサラダを詰めた
フルーツトマトのファルチータ

ITALIAN RISTORANTE YAGI

材料（12個分）

フルーツトマト**12個**●ケガニ**1杯**●アボカド（さいのめ切り）**1個分**●蟹みそとレモンのヴィネグレット適量●オリーブ油・シトロネット・塩・白コショウ各適量

1. フルーツトマトは皮を湯むきして、塩、白コショウ、シトロネットでマリネする。
2. トマトの下から5mmほどをカットし、中をくり抜く。
3. ゆでたケガニ（みそはヴィネグレットに使う）の身をほぐし、アボカドと合わせる。
4. 蟹みそとレモンのヴィネグレットで**3**の味を調え、**2**のトマトに詰める。切り落としたトマトで**4**にふたをして皿に盛りつけ、デリケートなタイプのオリーブ油をかける。

蟹みそとレモンの
ヴィネグレット

新鮮なケガニのカニみそ適量、フレンチマスタード適量、シトロネット適量

カニみそを裏漉しし、みその1/5量のフレンチマスタードを加え、シトロネットでのばして味を調える。

シトロネット

レモン汁**100cc**、レモンフレーバーオイル**100cc**、オリーブ油（香りのデリケートなもの）**200cc**

すべての材料を撹拌して乳化させる。

桃のゼリー寄せとオマールのサラダ

FUSION よねむら

材料（4人分）

モモ2個 ●オマールエビ1尾 ●桂花陳酒200cc ●コンソメ200cc ●板ゼラチン4枚 ●サヤインゲン4本 ●ルーコラ適量 ●芽ネギ適量 ●キャビア20g ●生クリーム＋フレンチドレッシング適量

1. 桂花陳酒を火にかけてアルコールを飛ばし、コンソメを加え、戻した板ゼラチンを溶かす。
2. オマールエビはミディアムレアにゆでる。殻から身を取り出して一口大に切る。
3. サヤインゲンは長さをそろえて切ってゆでる。
4. モモは皮をむき、セルクル型に合わせて切り、型に詰める。1を流して、冷蔵庫で冷やし固める。
5. 4を型から出して器に盛り、2のオマールを生クリーム＋フレンチドレッシングソースで和えてのせ、3のインゲン、ルーコラ、芽ネギ、キャビアを飾る。

生クリーム ＋フレンチドレッシング

生クリーム120c、フレンチドレッシング40cc

生クリームを6分立てに泡立てて、フレンチドレッシングと混ぜる。

フレンチドレッシング

サラダ油630cc、A（マスタード6g、砂糖18g、塩17g、白コショウ4.5〜6g、白ワインヴィネガー・酢各90cc）

Aをボウルに入れて合わせ、サラダ油を少しずつ加えて泡立て器で撹拌する。

しま海老とオレンジのサラダ キャビア添え
ITALIAN RISTORANTE YAGI

材料（2人分）
むきシマエビ12尾■オレンジ1個■シブレット（小口切り）4g■キャビア10g■シブレットの花4g■シトロネット適量■マンダリンフレーバーオイル少量■塩・白コショウ各適量

1 シマエビとくし形に切り出したオレンジ果肉を塩、白コショウ、シトロネットで調味し、シブレットを加えて和える。
2 冷やした器に1を盛り、キャビアとシブレットの花をあしらう。上から冷たいマンダリンフレーバーオイルを数滴たらす。

シトロネット
レモン汁100cc、レモンフレーバーオイル100cc、オリーブ油（香りのデリケートなもの）200cc
すべての材料を撹拌して乳化させる。

冷やしてすすめる。エビはほかに甘エビ、ボタンエビ、赤エビでもよい。オレンジは、グレープフルーツなどほかの柑橘類にかえてもよい。

海の幸と色とりどりの千切り野菜サラダ

FRENCH シェ・トモ

材料（4人分）

エビ8尾●ホタテ貝柱4個
ダイコン・ニンジン・ビーツ（各せん切り）各80g●ジャガイモ（せん切り）40g●セルフイユ・ディル・シブレット各1/2パック
A（みじん切りのビーツ適量●ピーナッツ油・シェリーヴィネガー各適量）
B（ドレッシング*60cc●みじん切りのエシャロット・パセリ各適量●角切りのトマト適量）
ドレッシング*適量●塩・コショウ・オリーブ油各適量●揚げ油適量

*マスタード20g、バルサミコ酢15cc、おろしニンニク少量を合わせて塩、コショウをし、オリーブ油50ccとピーナッツ油50ccを合わせたものを少しずつ加えて泡立て器で混ぜ、クリーム状にする。

1 ダイコン、ニンジン、ビーツは別々に水にさらし（ビーツは何度か水をかえる）、水気をよくきっておく。
2 ジャガイモは水にさらし、よく水気をきって油で揚げて塩をふる。
3 セルフイユとディルは葉の部分を摘み、シブレットは5cm長さに切る。
4 ソースをつくる。**A**の材料をすべて合わせ塩、コショウで味を調えて1晩ねかせておく。
5 ボウルに**B**の材料を入れてよく混ぜ合わせ、軽く温めておく。
6 エビは殻と背ワタを除き、ホタテの貝柱は縦半分に切る。エビとホタテに塩、コショウをしてオリーブ油でソテーし、**B**のボウルに入れて和えておく。
7 皿に**4**のソースを流し、中央に**6**のエビとホタテを盛り、上にドレッシングで和えた**1**、**2**の野菜と**3**のハーブを盛りつける。

SALAD 魚介 — 海老

ニンジン、ダイコン、ビーツを冷水につけてシャキッとさせておくことが大切。ビーツは何度か水をかえて赤色を抜き、混ぜたときにダイコンに色が移らないようにする。

アスパラと海老のサラダ

JAPANESE 板前心菊うら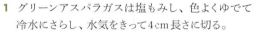

材料（3人分）
グリーンアスパラガス**3**本●エビ**4**尾●塩・サラダ油各適量●切りゴマ適量●梅肉ソース全量

1. グリーンアスパラガスは塩もみし、色よくゆでて冷水にさらし、水気をきって4cm長さに切る。
2. エビは塩ゆでして殻をむき、食べやすく切る。
3. グリーンアスパラガスとエビをボウルに合わせ、塩、サラダ油で味を調える。
4. 皿に盛り、梅肉ソースに切りゴマを混ぜ合わせてかける。

梅肉ソース
マヨネーズ大さじ**3**、梅肉（裏漉したもの）小さじ**1**

材料をすべてよく混ぜ合わせる。

エビマヨサラダ

CHINESE 美虎

材料（4人分）

エビ（ブラックタイガー）8尾●片栗粉大さじ2●塩少量●水少量●油通しの衣（卵白大さじ1　片栗粉大さじ1　サラダ油大さじ1）

マヨネーズソース適量●春巻の皮2枚●揚げ油適量●ロメインレタス1枚●トレヴィス2枚●アンディーヴ適量●野菜チップス（市販）適量

マヨネーズソース

マヨネーズ80g、加糖プレーンヨーグルト200g、塩少量

ヨーグルトに塩を加え、キッチンペーパーを敷いたザルの中に入れて1時間水きりをする。ここにマヨネーズを加え、よく混ぜ合わせる。

1. エビはむき身にし、背に包丁を入れて背ワタを取る。片栗粉、塩をまぶし、少量の水でよくもみ洗いする。流水で洗い、水気をふき取る。
2. 油通しの衣をつくる。卵白、片栗粉を合わせて混ぜたら、サラダ油を加えて全体をなじませる。
3. エビに片栗粉をまぶし（分量外）、2の衣にくぐらせて、高温で油通しをする。
4. 器にする春巻の皮は、丸みのあるボウルなどの容器に2枚をずらしてきっちり敷き、容器ごと高温の油に入れて素揚げする。ボウルをはずして油をきる。
5. 春巻の器に、ロメインレタス、トレヴィス、アンディーヴを盛る。
6. 油通ししたエビにマヨネーズソースをからませ、5の上に盛りつける。好みの野菜チップスを飾る。

サラダ＝副菜という概念をくつがえすほどボリュームがある一皿。もともと主菜だった料理をサラダ仕立てにした。

海老、独活、たらの芽の梅肉酢がけ

JAPANESE たべごと屋のらぼう ─────────── C

材料（4人分）
エビ8尾●山ウド1本●タラノメ8〜10本●梅肉酢30cc

1 エビは殻をむき、背に包丁を入れて背ワタを抜いて、熱湯でゆでる。
2 山ウドは皮を厚めにむいて酢水（分量外）にさらし、厚さ5mmの小口切りにする。
3 タラノメは、火が均等に通りやすいように根元に十字の切り込みを入れ、熱湯でサッとゆでて冷水にとる。
4 器にエビ、山ウド、タラノメを盛り合わせ、梅肉酢をかけて提供する。

梅肉酢
梅肉50g、梅酢10cc、煮きりミリン10cc
材料をすべてよく混ぜ合わせる。

ほろ苦い春の山菜を梅肉酢でまとめた。梅酢を加えることで、梅肉をよりマイルドに感じさせる仕上がりに。

芹と小海老の柚子サラダ

KOREAN 李南河

材料（4人分）

小エビ12尾●セリ1束●ローストカシューナッツ（無塩）適量●塩適量●ユズジャム10cc●薄口醤油10cc●酢・コショウ各少量●ユズ果汁1個分

1 小エビは熱湯でゆでて水気をふいて、頭と殻をむく。
2 セリは茎と葉の部分を切り分けて、茎の部分のみサッと熱湯にくぐらせる。ザルに上げて水気をきる。
3 小エビ、セリの葉と茎、砕いたカシューナッツ、塩を混ぜる。
4 ユズジャムをミネラルウォーター（分量外）でのばし、薄口醤油、酢、コショウ、ユズ果汁を加える。
5 3に4を合わせて盛る。

ユズ茶でおなじみのユズジャムを使った、ユズの香りのサラダ。ジャムは甘みが強いので、好みでのばす水の量を調整すること。

海老と素麺のサラダ ミルフィーユ仕立て

JAPANESE かんだ

材料（4人分）
車エビ12尾●レタス2枚●素麺1束●白コショウ適量●マヨネーズ風味ドレッシング全量

1. 車エビはゆでて殻をむき、キッチンペーパーで水気をふく。背に包丁を入れて身を開く。
2. レタスはサッとゆでて水気をきる。
3. 素麺の端をタコ糸で束ねてゆでる。ゆで上がったら水にとって締め、水気をきってマヨネーズ風味ドレッシングに浸してからめる。
4. 巻き簾にラップフィルムを敷いて2のレタスを広げ、タコ糸部分を切り落とした3の素麺をそろえてのせ、その上に車エビを並べて白コショウをふる。巻き寿司の要領で巻いて形を整える。
5. 4を輪切りにしてラップをはずし、皿に盛る。

マヨネーズ風味ドレッシング
酢・ミリン・薄口醤油各10g、マヨネーズ大さじ4、レモン汁少量

材料をすべてよく混ぜ合わせる。

巻き簾を巻いたまま冷蔵庫にしばらく入れておくと締まって切りやすくなる。

海老と白身魚の野菜巻き

ETHNIC キッチン

材料（4人分／8本）
エビ8尾●日本酒・塩各少量●タイ（薄切り）8枚●万能ネギ1/2束●キュウリ1/2本●三ツ葉1/4束●サンチュ8枚●大葉8枚●豆板醤マヨネーズ全量

1 エビは殻つきのまま背ワタを取り除き、縦に1本竹串を通し、日本酒と塩を加えた熱湯で色よくゆでる。尾を残して殻をむく。
2 万能ネギ8本は熱湯でサッとゆで、残りは生のまま10cm長さに切る。キュウリは縦8つ割にし、三ツ葉は根元を切り落として半分に切る。
3 サンチュは裏面を上にして広げ、大葉、タイ、キュウリ、三ツ葉、生の万能ネギ、エビをのせてきっちりと巻き、ゆでた万能ネギで結わく。これを8本つくる。皿に盛り、豆板醤マヨネーズを添える。

豆板醤マヨネーズ
マヨネーズ大さじ3、豆板醤小さじ1/4
材料をよく混ぜ合わせる。

ベトナムではカラシナを使うが、食べやすいサンチュで代用。ヌクチャムでもさっぱりとおいしく食べられる。

赤座海老、ホワイトアスパラ、ハッサクのサラダ 香草添え

ITALIAN リストランテホンダ

材料（4人分）

アカザエビ4尾●オリーブ油50cc●ホワイトアスパラガス8本●塩・コショウ各適量●ハッサク8房●香草サラダ*適量●フレンチドレッシング適量●ソースオランデーズ適量●ジュドオマール適量

*セルフイユ、ディル、エストラゴン、イタリアンパセリを使用。

1. アカザエビは背ワタを抜き、オリーブ油を熱したフライパンで殻つきのままソテーする。頭まで火が通るよう、鍋の中の熱い油をスプーンでかけながら、火を入れる。塩、コショウで味を調える。
2. ホワイトアスパラガスは、塩、コショウをふって蒸す。ハッサクは皮をむき、房から果肉を取り出してほぐす。
3. 香草サラダをつくる。ハーブ類は水に浸けて、シャキッとさせ、フレンチドレッシングで味を調える。
4. 皿にホワイトアスパラガスを盛り、ハッサクを添えて、ソースオランデーズをかける。アカザエビの胴体部分の殻をはずして盛り合わせる。ジュドオマールをたらし、香草サラダを散らして供する。

フレンチドレッシング

玉ネギ1/2個、フレンチマスタード小さじ1/4、サラダ油750cc、酢150cc、レモン汁1/4個分、タバスコ・リーペリンソース・塩・白コショウ各適量

玉ネギとフレンチマスタードをミキサーにかけ、細かくなったら酢を少し加えて回し、さらにサラダ油を少量ずつ入れて回す。乳化したら酢を1/3量ずつ加えてよく混ぜ、レモン汁、タバスコ、リーペリンソースを加えて、最後に塩と白コショウで味を調える。

ソースオランデーズ

卵黄4個分、水50cc、ブールクラリフィエ（澄ましバター）200cc、A（白ワインヴィネガー100cc、レモン汁適量、白コショウ少量）、リースリングワイン100cc

Aを煮詰めたのち粗熱をとり、卵黄と水を入れて泡立て器で撹拌。弱火にかけてもったりするまで泡立てる。火からはずし、ブールクラリフィエを少量ずつ加えながら混ぜ、リースリングワインを加えてシノワで漉す。温かいうちに使う。

ジュドオマール

オマールエビの頭（掃除して適宜に切る）500g、オリーブ油80cc、ブランデー・ペルノー酒・白ワイン各50cc、A（玉ネギ100g、ニンジン50g、セロリ25g、ポロネギ75g、フェンネル100g）、ニンニク1片、B（トマトコンサントレ15g、トマトホール200g、チキンブイヨン200cc、水500cc）、ブーケガルニ1束

高温のオリーブ油でオマールの頭部の殻を炒め、ブランデー、ペルノー酒、白ワインを加えてフランベしてアルコールを飛ばす。別につぶしたニンニクと適量のオリーブ油（分量外）を熱して、薄切りにしたAの野菜をじっくりと炒め、先のオマールの殻、Bを順に加えて沸かしアクをひく。ブーケガルニを入れて30～40分間煮る。これを漉して火にかけ、1/3に煮詰める。

323 SALAD 魚介 — 海老

オランデーズソースにはリースリングで香りをつけて、
ハッサクでさわやかな酸味とフレッシュ感をプラス。

手長海老のロスティとマンゴーのピュレ フレッシュハーブのサラダ

ITALIAN RISTORANTE YAGI

材料（2人分）

スカンピ（手長エビ）**4尾**●ジャガイモ（せん切り）**40g**●カボチャ（せん切り）**40g**●マンゴーのピュレ**40g**●フレッシュハーブのサラダ*****30g**●バルサミコドレッシング適量●薄力粉少量●溶き卵・塩・白コショウ・揚げ油各適量

*トレヴィス、ピンクロッサ（レタスの一種）、サニーレタス、ビーツ、マスタードグリーン、ルーコラセルヴァティカ、レッドオーク、セルフイユ、ディル、シブレット、マーシュなどを合わせたもの。

カリカリのジャガイモに包まれた手長海老とフィリピンマンゴーの酸味がベストマッチな前菜的なサラダ。辛口のスプマンテとともに。

1 スカンピは殻をむいて背ワタを抜く。塩、白コショウをふり、薄力粉、溶き卵をまぶし、ジャガイモとカボチャを巻きつける。170℃の米油で揚げる。

2 皿にマンゴーのピュレを流し、スカンピを盛りつけ、上にバルサミコドレッシングで和えたフレッシュハーブのサラダを添える。

マンゴーのピュレ

フィリピンマンゴー（完熟）2個、レモン汁数滴、オリーブ油**15cc**

完熟したマンゴーの皮をむき、種を除く。レモン汁とオリーブ油を加えてミキサーにかけ、ピュレ状にする。常に冷たい状態で使用する。

バルサミコドレッシング

バルサミコ酢**20cc**、オリーブ油**60cc**

材料をよく混ぜ合わせる。

いかとサラダクレソンのサラダ

JAPANESE かんだ　　　　　　　　　　　　　Ⓒ

材料（4人分）

イカ（細切り）**150g**●サラダクレソン（ちぎる）**1束分**●オリーブ油 適量●細切りの塩昆布大さじ1●煎り白ゴマ大さじ1

1 イカをサラダクレソンとともに皿に盛る。
2 オリーブ油を薄く回しかけ、塩昆布と煎り白ゴマを散らす。

イカが旨み、塩昆布が塩分、クレソンが香りの要素。油の中でもオリーブ油と太白ゴマ油は実（オリーブ、ゴマ）を圧搾してとるジュースであり、身体によい油。ここではオリーブ油を香りづけに少量使用している。

いかとセロリのサラダ

ETHNIC キッチン

材料（4人分）

イカ1杯 ●セロリ（斜め薄切り）1/2本分 ●赤玉ネギ（薄切り）1/4個分 ●ショウガ（せん切り）1片分 ●日本酒15cc ●ヌクチャム＋チリソース ●パクチー適量

1　イカはゲソと内臓を取り除き、身を切り開いて皮をはぐ。一口大に切り、縦に包丁目を入れる。
2　熱湯に日本酒を加え、この中で**1**のイカを湯通しして氷水にとり、冷まして水気をきる。
3　ボウルにヌクチャム＋チリソースを入れて混ぜ合わせ、イカとセロリ、赤玉ネギ、ショウガを入れて和え、器に盛り、せん切りのショウガ（分量外）とパクチーを飾る。

ヌクチャム＋チリソース

ヌクチャム45cc、チリソース10cc

材料を合わせてよく混ぜる。

ヌクチャム

ニョクマム30cc、レモン汁45cc、グラニュー糖大さじ3、水30cc、ニンニク（みじん切り）1/2片分、赤唐辛子（みじん切り）1/2本分

すべての材料をよく混ぜ合わせる（グラニュー糖が溶けるまで）。

スパイシーなパンチのあるドレッシングは、魚介類によく合う。イカ以外にもエビやタコでもおいしくできる。

烏賊ゲソとクレソン 即席キムチのサラダ

KOREAN　李南河
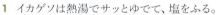

材料（4人分）

イカゲソ**2**杯分●キュウリ（**5cm**長さの短冊切り）**1/2**本分●クレソン**6**本●ゴマ油**15cc**●おろしニンニク**2**つまみ●焼肉のたれ（市販）**30cc**●薬念**2**つまみ●塩・酢各少量●白ゴマ・粗挽唐辛子各適量

1. イカゲソは熱湯でサッとゆでて、塩をふる。
2. キュウリは塩をふり、ゴマ油、すりおろしたニンニク、焼肉のたれ、薬念、酢を合わせてもみ込む。
3. キュウリがしんなりしたら取り出す。残った汁でイカゲソとクレソンをざっくりもむ。
4. キュウリを戻して盛りつける。すりおろした白ゴマと粗挽唐辛子をふる。

薬念

粉唐辛子**1**：おろしニンニク**1**
材料を同割で練り混ぜて味をなじませる。

キュウリとクレソンを薬念で和えてつくったサラダ風即席キムチ。つくったら時間をおかず、すぐにどうぞ。甘さが欲しい方は、焼肉のたれを多めに。

いかと海藻のサラダ

CHINESE 彩菜 ─────────── Ⓒ

材料（4人分）
イカ（刺身用）**250g**●海藻ミックス（戻したもの）**100g**●プチトマト（くし形切り）**4個分**●塩・コショウ・サラダ油各適量●ディル適量●生姜ドレッシング全量

1 イカは皮をむき、表面に細かく切り目を入れて、軽く塩、コショウをする。焼いたときにくっつかないように、サラダ油をまぶす。
2 1を網で焼き、軽く焼き色をつける。自然に冷まし、食べやすい大きさのそぎ切りにする。
3 皿に海藻ミックスを敷いて、イカを盛りつけ、生姜ドレッシングをかける。プチトマトとディルを添える。

生姜ドレッシング
おろしショウガ大さじ**2**、酢**90cc**、濃口醤油**75cc**、砂糖小さじ**1/4**、ゴマ油**30cc**

材料をすべてよく混ぜ合わせる。

329 SALAD 魚介 — いか

イカは火を通しすぎないようにする。表面に香りがつくように、サッと強火で焼くこと。

白いかのサラダ

FUSION よねむら　　　　　　　　　　　　Ⓒ

材料（4人分）

白イカ2杯●シェーブルチーズ適量●グリーンアスパラガス4本●トマト小1個●シコレフリゼ1/4個●トレヴィス2枚●セルフイユ・ディル・エストラゴン各少量●アンチョビ少量●カクテルソース全量●ハーブドレッシング全量

1. 白イカは下処理をして皮をむき、水洗いする。炭火で身の表面をサッと焼き、レアに仕上げる。ゲソも焼く。胴は輪切りにし、ゲソは食べやすく切る。
2. シェーブルチーズは適当な大きさに切る。
3. グリーンアスパラガスは皮をむいてゆでて氷水にとり、水気をきって適当な大きさに切る。トマトは湯むきしてくし形に切る。
4. シコレフリゼ、トレヴィスは適当にちぎって水洗いし、水気をきる。
5. 器にカクテルソースを流し、1〜4を盛り合わせ、ハーブドレッシングをかけ、アンチョビをちぎって散らし、セルフイユ、ディル、エストラゴンを飾る。

カクテルソース

トマトケチャップ90cc、ジン15cc、ワサビ（すりおろし）・タバスコ・レモン汁各少量

材料をすべてよく混ぜ合わせる。

ハーブドレッシング

セルフイユ・バジル・ディル・エストラゴン・パセリ・玉ネギ（各みじん切り）各小さじ2、フレンチドレッシング90cc、塩適量

玉ネギは塩もみし、すべてのハーブとともにフレンチドレッシングに混ぜ合わせる。

フレンチドレッシング

サラダ油630cc、A（マスタード6g、砂糖18g、塩17g、白コショウ4.5〜6g、白ワインヴィネガー・酢各90cc）

Aをボウルに入れて合わせ、サラダ油を少しずつ加えながら泡立て器でよく混ぜ合わせる。

やりいかの墨煮、大和芋とかきの木茸の温製サラダ

ITALIAN　リストランテホンダ　

材料（4人分）

やりいか墨煮（ヤリイカ500ｇ●スミイカ小1杯●トマトホール300cc●イカスミ50ｇ●白ワイン50cc●アサリだし*300cc●みじん切りのニンニク小さじ1●赤唐辛子1本●塩・オリーブ油各適量）

大和芋とかきの木茸の温製サラダ（薄切りのヤマトイモ小1本分●カキノキダケ2パック●みじん切りのニンニク小さじ1/2●赤唐辛子1本●塩・白コショウ・オリーブ油各適量）

みじん切りのイタリアンパセリ・エシャロット各適量

*アサリに少量の白ワインと水をかぶるくらい注いで火にかけ、殻が開いたら身を取り出し、残った汁をだしとして使う。

1. やりいか墨煮をつくる。ヤリイカとスミイカは、胴体とゲソをはずして、皮と内臓を取り除く。水気をきって、厚さ2cmの輪切りにする。ゲソはみじん切りにする。

2. 鍋にみじん切りのニンニク、赤唐辛子、オリーブ油を入れて弱火にかけ、ニンニクがキツネ色になったら、イカゲソを入れる。ゲソに火が通ったら胴体を入れて塩を加える。イカに火が通ったらイカスミ、白ワインを入れてアルコールを飛ばす。

3. トマトホールとアサリだしを入れ、沸騰したら弱火にして煮る。ヤリイカがやわらかくなったら、塩で味を調える。

4. 大和芋とかきの木茸の温製サラダをつくる。ヤマトイモは塩、白コショウをふって、オリーブ油でソテーする。

5. カキノキダケは石づきを切り落とす。ニンニク、赤唐辛子をオリーブ油で温め、ニンニクがキツネ色になったらカキノキダケを入れて炒め、塩、白コショウで味を調える。

6. 皿に4のヤマトイモを並べ、5のカキノキダケを盛る。やりいか墨煮を手前に盛って、みじん切りのエシャロットとイタリアンパセリを散らす。

333 SALAD 魚介―いか

イカの煮物をサラダに応用。イモは焼いて、香ばしさと食感を生かした。
キノコはジロールでもいいだろう。

ほたるいかと菜の花のサラダ

JAPANESE よねむら

材料（4人分）

ホタルイカ20杯●菜ノ花1束●浸け地（だし180cc●薄口醤油30cc●ミリン30cc●粉末マスタード適量）●オリーブ油適量●キウイソース全量

1. ホタルイカの口、目、軟骨を取り除く。
2. 菜ノ花はゆでて、合わせた浸け地に浸けておく。
3. オリーブ油でホタルイカをこんがりと焼きつける。
4. 器にキウイソースを流し、菜ノ花とホタルイカを盛りつける。

キウイソース

キウイフルーツ（果肉を裏漉す）1個分、西京味噌大さじ4、グレープフルーツジュース30cc、粒マスタード大さじ1、オリーブ油15cc

西京味噌にそのほかの材料をよく混ぜ合わせる。

水タコのひすいカルパッチョ

CHINESE 美虎

材料（2人分）

水ダコの脚（薄切り）6枚●黄ミニトマト3個●ひすいソース適量●ベビーリーフ適量

1. 刺身用の水ダコの脚は、皮をむいてできるだけ薄く切る。
2. ミニトマトは湯むきして輪切りにする。
3. 器にひすいソースを敷き、水ダコ、ミニトマトを盛りつける。ベビーリーフをのせて完成。

ひすいソース

万能ネギ（ボイル）1束、太白ゴマ油60cc、レモン汁15cc、塩・コショウ各少量

万能ネギは熱湯でゆで、太白ゴマ油とともにミキサーで撹拌する。レモン汁、塩、コショウで味を調える。

ひすい（翡翠）ソースをからませながら食べるカルパッチョサラダ。目の覚めるような鮮やかな色彩は、女性にも好評で、同店の人気サラダの一つ。

たことトマトのサラダ

FUSION よねむら

材料（4人分）
トマト4個 ● 活けダコの脚2本 ● 大葉（大きめに切る）4枚分 ● 伏見ミョウガ（小口切り）2本分 ● 塩・コショウ各適量 ● オリーブ油とレモンのドレッシング適量

1 活けダコの脚をヌメリがなくなるまで塩でもみ洗いする。吸盤を残して皮をむき、熱湯にくぐらせ、氷水にとって冷ます。水気をふき、適当な厚さに切る。
2 トマトは湯むきして適当な大きさに切り、塩、コショウをして冷やしておく。
3 タコ、トマト、大葉を皿に盛りつけ、オリーブ油とレモンのドレッシングをかけ、伏見ミョウガを盛る。

オリーブ油とレモンのドレッシング
オリーブ油120cc、レモン汁30cc、塩・コショウ各少量

材料をすべてよく混ぜ合わせる。

たこと春野菜のサラダ

CHINESE 彩菜 — C

材料（4人分）

活けダコの脚200g●菜ノ花1/2束●タケノコ小1本●クコの実（1時間ほど水で戻しておく）20粒●塩・日本酒・濃口醤油各適量●香り葱ソース適量

1. タコは塩もみしてヌメリを取り除き、熱湯で1分間ほどゆでる。
2. タコの水気をきって日本酒30ccをふり、セイロで1分間ほど蒸す。冷蔵庫で冷まして薄切りにする。
3. 菜ノ花は塩ゆでして氷水にとり、水気をきる。
4. タケノコは、アク抜きをして下ゆでし、熱いうちにくし形に切り、濃口醤油少量をからめておく。
5. タコ、菜ノ花、タケノコ、クコの実を合わせて香り葱ソースで和え、器に盛る。

香り葱ソース

白ネギ（みじん切り）大さじ5、ショウガ（みじん切り）小さじ1/2、塩1g弱、コショウ少量、サラダ油75cc

耐熱容器にサラダ油以外の材料をすべて入れ、190℃のサラダ油を加えてよく混ぜ、冷ましておく。

香り葱ソースは油温が高すぎるとネギがこげてきれいに仕上がらない。また、温度が低すぎると油っぽくなるので注意する。

バジルソースはバジルを加えたあとにミキシングしすぎると色や香りが悪くなるので注意が必要。

水だこ、じゃが芋、いんげんのサラダ ジェノバ風

ITALIAN RISTORANTE YAGI

材料（2人分）
水ダコの脚120g ジャガイモ2個 サヤインゲン10本 バジルソース*適量 バジル適量 シトロネット適量 コーンスターチ・塩・白コショウ各適量

*オリーブ油150cc、ロースト松ノ実15g、アンチョビフィレ10g、水で戻したドライトマト10g、縦切りにして芯を取り除いたニンニク5gを合わせてブレンダーで撹拌する。そのまま冷蔵庫で冷やしたら、バジルの葉100gを数回に分けて加えて撹拌し、なめらかなペースト状にする。すりおろしたペコリーノトスカーノチーズ15gを加えて軽く混ぜる。

1 水ダコは、塩とコーンスターチでもみ洗いして表面のヌメリを取る。85〜90℃の湯にサッとくぐらせ、氷水に落とす。
2 タコは皮をむいてスライスし、塩、白コショウ、シトロネットでマリネする。
3 ジャガイモは水洗いし、皮つきのままアルミホイルで包み、180℃のオーブンでローストする。竹串がスッと通るようになったらオーブンから取り出し、熱いうちに皮をむく。適当な大きさに切り分け、塩、白コショウ、シトロネットで調味して常温で冷ます。
4 サヤインゲンは少し食感を残して蒸し上げ、ジャガイモ同様に調味して常温で冷ます。
5 皿に水ダコを広げて盛り、表面にバジルソースをぬる。上にジャガイモとサヤインゲンを盛りつけ、バジルをあしらう。

シトロネット
レモン汁100cc、レモンフレーバーオイル100cc、オリーブ油（香りのデリケートなもの）200cc

すべての材料を撹拌して乳化させる。

真だことジャガイモ、セロリのサラダ

ITALIAN リストランテホンダ　Ⓒ

材料（4人分）

マダコの脚3本●A（乱切りの香味野菜*●ローリエ●塩●白粒コショウ）

ジャガイモ（メークイン）2個●ニンニク3片

セロリの芯1株分●緑オリーブ12個●ドライプチトマト（→296頁）12枚

サルサヴェルデ大さじ5●フレンチドレッシング適量●アンチョビペースト小さじ1●ドライオレガノ・バルサミコ酢・白ワインヴィネガー・オリーブ油・塩・白コショウ各適量●イタリアンパセリ（みじん切り）適量

*玉ネギ1/2個、ニンジン1/5本、セロリ1/3本。

1. マダコにかぶるくらいの水とAを入れて強火にかける。沸騰したら弱火に。マダコがやわらかくなったら火を止めてそのまま冷まし、一口大に切る。
2. マダコにアンチョビペースト、白ワインヴィネガー、バルサミコ酢、オリーブ油、サルサヴェルデ、オレガノを加えてよく混ぜ、塩と白コショウで味を調える。
3. ジャガイモとニンニクをソテーする。まずジャガイモを塩水でゆでて皮をむき、厚さ5mmの輪切りにする。フライパンにオリーブ油をひき、2等分に切って芯を抜いたニンニクを入れて中火にかける。ニンニクがキツネ色になったらジャガイモを入れてソテーする。
4. セロリのサラダをつくる。セロリの芯を一口大に切り、緑オリーブ、ドライプチトマトを合わせ、フレンチドレッシング、白ワインヴィネガー、バルサミコ酢、塩、白コショウで和えて味を調える。
5. セロリのサラダを皿に敷き、その上にジャガイモ、マダコ、ニンニクを立体的に盛り合わせる。イタリアンパセリを散らす。

サルサヴェルデ

バジル50g、パセリ60g、ローズマリー1枝、アンチョビフィレ2枚、ケッパー18g、ニンニク大1/2片、オリーブ油200〜250cc、塩・コショウ各適量

ニンニク、ローズマリー、アンチョビフィレ、ケッパーをミキサーにかける。パセリを加えて回し、細かくなったらバジルを加えて回す。オリーブ油を少量ずつ加えてなめらかに仕上げ、塩、コショウで味を調える。

フレンチドレッシング

玉ネギ1/2個、フレンチマスタード小さじ1/4、サラダ油750cc、酢150cc、レモン汁1/4個分、タバスコ・リーペリンソース・塩・白コショウ各適量

玉ネギとフレンチマスタードをミキサーにかけ、細かくなったら酢を少し加えて回し、さらにサラダ油を少量ずつ入れて回す。乳化したら酢を1/3量ずつ加えてよく混ぜ、レモン汁、タバスコ、リーペリンソースを加えて、最後に塩と白コショウで味を調える。

イタリアのナポリ地方ではスタンダードなタコとジャガイモのサラダにオリーブを添えてみた。
やわらかいセロリの芽がさわやかな食感と味のアクセントに。

春野菜と飯だこの焼きサラダ

JAPANESE かんだ

材料（4人分）
イイダコ2杯●菜ノ花（5〜6cm長さのざく切り）1束分●水煮タケノコ（くし形切り）1本分●ゆでたグリーンピース（粒）カップ1/2●菜種油適量●塩・薄力粉各少量●胡麻だれ全量

1 イイダコは脚を2、3本ごとに切り分け、軽く塩をして薄力粉をまぶす。タケノコの切り口に軽く包丁目を入れておく。
2 フライパンに菜種油を熱し、イイダコ、菜ノ花、タケノコを1種ずつ入れながら焼いていく。グリーンピースも焼く。
3 器に2を盛り合わせ、まわりに胡麻だれを流す。

胡麻だれ
白練りゴマ大さじ1、日本酒・ミリン・薄口醤油各5cc
材料をすべてよく混ぜ合わせる。

焼いた素材の香ばしさが特徴のサラダ。とくに菜ノ花は、菜種油で焼くととてもおいしい。

独活と菜の花、いいだこのサラダ
へしことケイパードレッシング

JAPANESE　玄斎　　　　　　　　　　　　C

材料（4人分）

イイダコ2～4杯●おろしダイコン少量●ウド（薄切り）長さ8cm●菜ノ花12本●塩適量●へしこ（薄切り）8切れ●へしことケイパードレッシング適量●浜防風・三ツ葉各適量●ラディッシュ1個

1. イイダコの胴をめくり、墨袋を取り除く。おろしダイコンでもんでヌメリを取り、水洗いして水気をきる。
2. イイダコの胴と脚を切り離す。脚から目と口をはずし、食べやすく切り分ける。胴から卵を取り出しておく。イイダコの脚は70℃くらいの湯で霜ふりし、胴と卵は熱湯で霜ふりする。
3. 菜ノ花は塩蒸しにして冷水にとり、水気を絞る。防風は長さを切りそろえ、ゆがいた三ツ葉で束ねる。
4. ウド、菜ノ花、イイダコを器に盛りつけ、へしこ、防風を添える。飾り切りしたラディッシュをのせる。へしことケイパーのドレッシングをかけ回す。

へしことケイパードレッシング

A（ダイダイ酢6：白醤油6：煮きり酒3：ミリン2：酢1：サラダ油2）、ヘシコの糠少量、酢漬けケッパー少量

ボウルにAを指定の割合で混ぜ合わせ、よく撹拌する。ヘシコの糠と粗く刻んだケッパーを加え、さっくり混ぜる。

へしこ（生サバの糠漬け）の風味を生かした個性的なドレッシングで、季節の野菜、食材を堪能するサラダ。

くらげとラ フランスのサラダ

CHINESE 美虎 ⓒ

材料（4人分）
洋ナシ（ラ・フランス）1/2個●黄パプリカ1/2個●クラゲ頭部（3～4cm大）8切れ●スパイシードレッシング適量●アンディーヴ適量●パクチー少量

1. 洋ナシは皮をむき、一口大に切る。
2. パプリカは網で直焼きし、皮が真っ黒になったらむいてそぎ切りにする。
3. 水に浸けて塩抜きしたクラゲは、軽く熱湯で湯引きし、そぎ切りにする。
4. ボウルに洋ナシ、パプリカ、クラゲを入れ、スパイシードレッシングを適量加え、味がなじむ程度に和える。
5. 器にアンディーヴと4を盛る。パクチーを飾る。

スパイシードレッシング
ショウガ（みじん切り）大さじ1、粒グリーンペッパー大さじ1/2、太白ゴマ油30cc、レモン汁15cc、薄口醤油7.5cc

材料をすべてよく混ぜ合わせる。

肉厚のパプリカ、コリッとしたクラゲの頭、歯切れのいい洋ナシなど、素材の食感を生かしたサラダ。香辛料を効かせたドレッシングでまとめる。

梅とサンチュの海鮮サラダ 胡麻風味

KOREAN　李南河　

材料（4人分）

マグロ80g ●ホタテ貝柱1個 ●エビ8尾 ●塩・コショウ各適量 ●エゴマ4枚 ●サンチュ4枚 ●梅酒の梅（みじん切り）2個分 ●サンチュドレッシング60cc ●ミント適量 ●白ゴマ適量

1. マグロを薄くそぎ切りにする。ホタテ貝柱は丸のまま湯引きして薄切りにする。エビは熱湯でゆでて殻をむく。
2. 1の魚介類を合わせて、塩、コショウで下味をつけ、エゴマ、サンチュ、梅酒の梅とともに、サンチュドレッシングでサッと和える。
3. 器に盛り、ミントの葉を上に多めに散らして、白ゴマをふる。

サンチュドレッシング

太白ゴマ油120cc、ゴマ油60cc、酢60cc、白ゴマ15cc、うま味調味料少量、塩・コショウ各少量、白コショウ少量

材料をすべてよく混ぜ合わせる。

韓国宮廷料理では、梅のすりおろしをタレなどによく使う。これを梅酒の梅で応用。かりかり梅干でもよい。さわやかなミントがこのサラダの決め手なのでたっぷり添えて。

SOUP
スープ

SOUP

野菜篇

ちりめんきゃべつと卵のスープ

ITALIAN ペル グラッツィア デル ソーレ

材料（5人分）

チリメンキャベツ（せん切り）**1個分**●玉ネギ（薄切り）中**1/2個分**●ニンニク（みじん切り）**1片分**●卵**5個**●塩適量●ホールトマト（角切り）**100g**●野菜のブロード（→525頁）**1.5リットル**●オリーブ油適量●パルミジャーノチーズ**100g**

1 オリーブ油でニンニクを炒める。香りが出てきたら、玉ネギを加えてしんなりするまで炒める。
2 チリメンキャベツを入れて塩をふり、キャベツがやわらかくなるまで炒める。
3 ホールトマト、野菜のブロードを入れて、約1時間じっくりと煮込んでスープをつくる。
4 耐熱皿にスープを注ぎ、中央に卵を割り落とす。パルミジャーノチーズをたっぷりとふって、230℃に熱したオーブンで7〜8分間焼く。

キャベツを充分炒めると甘みがグッと増す。玉ネギだけでつくってもおいしい。落とす卵は半熟でもかたゆででもよく、それぞれ違ったおいしさがある。

きゃべつ、白菜、フォンティーナチーズのグラタンスープ

ITALIAN ペル グラッツィア デル ソーレ

材料（5人分）

キャベツ（せん切り）中1/3個分 ● ハクサイ（せん切り）中1/3個分 ● 玉ネギ（薄切り）中1/2個分 ● ニンニク（みじん切り）少量 ● 塩適量 ● ホールトマト（粗目のムーランで漉したもの）60g ● 野菜のブロード（→525頁）1.2リットル ● フォンティーナチーズ100g ● パルミジャーノチーズ100g ● オリーブ油適量 ● 全粒粉のパン10切れ

1. オリーブ油でニンニクを炒める。香りが出てきたら、玉ネギを加えて、しんなりするまで炒める。
2. キャベツとハクサイを加えて、塩をふってさらに炒める。野菜がしんなりしたら、ホールトマトと野菜のブロードを入れて、1時間ほど煮込んでスープをつくる。
3. 耐熱皿にパンを1枚敷き、スープを盛り、薄く切ったフォンティーナチーズをのせる。さらにパンを1枚のせて、スープをかける。上からすりおろしたパルミジャーノチーズをたっぷりとふる。
4. 230℃に熱したオーブンで30分間焼く。

甘く炒めたキャベツとハクサイのスープ、フォンティーナチーズ、パンを重ねて焼いたグラタンスープ。

ブラッセル キャベツのポタージュ／ベルギー

ETHNIC　ア・タ・ゴール

材料（5人分）

芽キャベツ600g●ベーコン（棒切り）100g●水600cc●牛乳90cc●ローリエ適量●塩・黒コショウ各適量

1 芽キャベツは500gを薄切りにする。残り100gは縦半分に切る。
2 ベーコンは半量を中弱火にかけた鍋でじっくりと炒めて脂を出す。ここに薄切りにした芽キャベツを加える。中弱火のまま、芽キャベツの水分を引き出すようにじっくりと炒める。
3 ローリエを加え、水を注ぐ。沸かしてアクをすくい、弱火にして10分間煮る。
4 ローリエを除き、ミキサーにかける。漉さずに鍋に戻し、火にかけて温め、牛乳を加える。塩で味を調えてスープとする。
5 残り半分のベーコンを鍋で脂が出るようじっくり熱し、縦半分に切った芽キャベツを入れて、こんがりとおいしそうな焼き色をつける。
6 スープを器に盛り、5のベーコンと芽キャベツを浮かべる。黒コショウを挽く。

芽キャベツをベーコンとじっくり弱火で炒め、煮ることでキャベツがとろけてクリームが入っているようななめらかさが出る。

カルド ヴェルデ／ポルトガル

ETHNIC ア・タ・ゴール

材料（5人分）

黒キャベツ（せん切り）3枚分 ジャガイモ（薄切り）2個分 スライスベーコン（サラミ、チョリソでもよい）100g ニンニク2片 ピュアオリーブ油30cc 水600cc タイム少量 塩・白コショウ適量 オリーブ油15cc

1. 鍋にピュアオリーブ油を入れ、つぶしたニンニクを炒める。香りが出てきたら、ベーコンを加えて、弱火でじっくりと炒める。ベーコンに焼き色がつく前に、ジャガイモを加える。
2. タイムと水を加え、ジャガイモに火が通るまで弱火で煮る。
3. 食感が残る程度にミキサーにかける。漉さずに鍋に戻し、黒キャベツを加えて弱火にかける。
4. サッと煮て、塩で味を調え、器に盛りつける。オリーブ油を回しかける。白コショウを多めに挽きかける。

ポルトガルを代表するスープでジャガイモのポタージュでちりめんキャベツを煮たもの。普通のキャベツではなく、ポルトガル産に近い、繊維のしっかりとした種類を使いたい。黒キャベツを使えば色味のコントラストも美しい。

キャベツのブイヨンスープ

FRENCH　シエル ドゥ リヨン

材料（4人分）

キャベツ（せん切り）300g ●玉ネギ（みじん切り）50g ●セミドライトマト（みじん切り）50g ●鶏のブイヨン（→526頁）500cc ●バジリコオイル（バジル・オリーブ油各適量）●塩・白コショウ各適量

1. 中火で鶏のブイヨンを沸かし、6〜7分間煮詰めて濃縮させる。
2. キャベツ、玉ネギ、セミドライトマトを入れて、火加減を変えずに、5分間弱煮る。キャベツがブイヨンとなじみ、かつシャキシャキとした歯応えは残っているという状態になったら、塩、白コショウで味を調える。
3. バジルとオリーブ油をミキサーにかけて、バジリコオイルをつくる。
4. 器にキャベツのスープを盛り、バジリコオイルを回しかける。

キャベツの甘みと歯触りの両方を味わうため、内側の芯に近い部分と外側の葉の両方を入れる。

アスパラガス、小松菜のクリームスープ ポーチドエッグ添え

ITALIAN ペル グラッツィア デル ソーレ

材料（5人分）
グリーンアスパラガス**10**本●コマツナ（ざく切り）**4**株分●玉ネギ（薄切り）中**1**個分●ニンニク（みじん切り）少量●オリーブ油適量●塩適量●野菜のブロード(→525頁)**1**リットル●生クリーム**50**cc●ポーチドエッグ*5個●パルミジャーノチーズ**100**g

＊鍋に湯を沸かし、3％の塩を加え、箸で湯を回して渦をつくる。鍋の中心に卵を1個ずつ割り落とす。黄身がとろりと固まる程度で取り出す。

1 グリーンアスパラガスは、下半分はぶつ切りにする。上半分は塩ゆでして縦半分に切っておく。
2 ニンニクと玉ネギをオリーブ油で炒め、塩を加えて野菜のブロードを注ぐ。
3 ぶつ切りのアスパラガスを入れて15分間煮込んだのち、コマツナを入れて3分間ほど煮たら、ミキサーにかける。
4 鍋に移し、生クリームを加えて軽く一煮立ちさせて器に盛り、アスパラガス、ポーチドエッグを添えて、パルミジャーノチーズをふる。

アスパラガスだけだと色がくすみがちだが、コマツナを加えると、緑色が鮮やかなスープになる。コマツナは火を入れすぎないように注意。

鮮やかな緑色と青い香りが印象的なスープ。中にはとろりとした温泉卵が仕込まれている。かりかりのパルミジャーノチーズのテュイルを添える。

グリーンアスパラガスの冷製スープ

FRENCH 松本浩之　　　　　　　　　　　Ⓒ

材料（6人分）

グリーンアスパラガス（薄切り）約240g●鶏のブイヨン（→528頁）150g●生クリーム（乳脂肪分38%）150cc●卵6個●オリーブ油・マルドンの塩（→361頁）・黒コショウ各少量●パルミジャーノチーズ少量●塩・白コショウ・ピュアオリーブ油各適量

1. グリーンアスパラガスは穂先のみ塩ゆでする。残りの部分はハカマを取り除き、皮つきのまま薄切りにして軽く塩をふっておく。
2. 鍋に薄くピュアオリーブ油をひいて強火にかけ、油が熱くなったら薄切りにしたアスパラガスを炒める。アスパラガスの緑色が鮮やかに変わり、全体に油が回ったら、熱した鶏のブイヨン、生クリームを加える。
3. グリーンアスパラガスに火が通ったら、ミキサーにかけてなめらかにし、シノワで漉す。
4. 彩やかな緑色に仕上げるため、氷水にあてるなどして、なるべく早く粗熱をとる。冷蔵庫で冷やしてから、塩、白コショウで味を調える。
5. 卵を67℃の湯に30分間入れて、温泉卵にする。殻つきのまま、冷蔵庫で冷やす。
6. パルミジャーノチーズのテュイルをつくる。パルミジャーノチーズをすりおろし、テフロン加工のフライパンに棒状に散らす。フライパンをプラックに置いて、チーズをゆっくりと溶かす（もしくはごく弱火にかける）。チーズが溶けて、つながってきたら火からおろして冷まし、そっとはがす。
7. 器に温泉卵を割り入れ、冷やしたスープを注ぐ。オリーブ油をたらし、温泉卵の上にマルドンの塩と粗挽きにした黒コショウを散らす。穂先の部分とパルミジャーノチーズのテュイルを添える。

ホワイトアスパラガスのヴルーテ

FRENCH 松本浩之

材料（6人分）

ホワイトアスパラガス（薄切り）**300g**●ポロネギの白い部分（薄切り）**20g**●牛乳**50cc**●生クリーム**40cc**●鶏のブイヨン（→528頁）**100cc**●塩・白コショウ各適量●バター少量●マルドンの塩少量●サクラエビのガレット*1個

*オーブンシートにセルクルを置き、生のサクラエビ適量を広げる。薄力粉10g、コーンスターチ10g、ベーキングパウダー1g、サフラン少量を水20ccで溶き、少量たらしてサクラエビをつなぐ。シートごと高温の揚げ油に滑らせるように入れ、表面が固まったらシートとセルクルをはずし、油から引き上げる。

1. ホワイトアスパラガスは穂先を塩ゆでし、残りの部分を皮つきのまま厚めの薄切りにする。
2. ポロネギに1つまみの塩を加え、バター少量でじっくりと炒める。ポロネギがしんなりしたら、ホワイトアスパラガスの薄切りを加える。
3. ホワイトアスパラガスに油が回ってつやが出たら、鶏のブイヨンを加えて強火で沸かす。
4. アクをすくい、弱火で10〜15分間ほど、アスパラガスをやわらかく煮る。ミキサーにかけて漉す。粗熱をとり、冷蔵庫で冷やす。
5. 牛乳、生クリームを加え、塩、白コショウで味を調える。
6. 皿に5を流し入れ、ゆがいたアスパラガスの穂先を立てる。サクラエビのガレットを添え、上にマルドンの塩を散らす。

旬が重なる駿河湾のサクラエビとホワイトアスパラガスの味と香りをシンプルな調理で引き出した一皿。

クレソンのポタージュ

FRENCH 松本浩之

材料（6人分）

クレソン**330g**●パセリ**30g**●鶏のブイヨン（→**528**頁）**125cc**●塩・白コショウ各適量●オリーブ油適量●クレソンのサラダ*適量●カエルモモ肉適量●薄力粉少量●澄ましバター適量

*適量のクレソンを少量のドレッシング（以下は店でつくりやすい分量。みじん切りのエシャロット75g、マスタード15cc、塩30g、白コショウ7g、シェリーヴィネガー375cc、サラダ油1.5リットル）で和える。

1. クレソンは葉と茎に分け、別々に塩湯でゆがく。ゆがいた葉と茎を合わせてミキサーにかけてピュレにする。回しづらいときには、ゆで汁を少量加えて調整する。
2. パセリもクレソン同様、ゆがいてピュレにする。
3. クレソンとパセリのピュレを合わせ、熱した鶏のブイヨンを加える。塩、白コショウで味を調える。
4. 皿に流し入れ、オリーブ油を回しかける。クレソンのサラダとカエルモモ肉のソテーを添える。カエルのソテーは、モモ肉に塩、コショウして薄力粉をまぶし、多めの澄ましバターでソテーしたもの。

水辺で採れるクレソンと水辺に棲息するカエルは好相性。ここでは鶏のブイヨンを使ったが、カエルの骨でだしをとってもよい。

クレソンとバターミルクのスープ／アメリカ

ETHNIC　トルバドール　　　　　　　　　　　　　C

材料（10人分）

クレソン（柔らかい葉のみ）90〜100g●牛乳500cc●加糖プレーンヨーグルト250cc●サワークリーム250cc●ホットソース*2〜3滴●メープルシロップ40cc

*商品名は「ルイジアナホットソース」。酸味と辛みがやわらかなタバスコのような香辛料。

1. 牛乳とプレーンヨーグルトを混ぜてバターミルクの代用をつくる。
2. フードプロセッサーにクレソン、1、ホットソース、サワークリームをすべて合わせて低速で回し、クレソンの食感を残して仕上げる。メープルシロップを混ぜて味を調える。冷蔵庫で冷やしておく。
3. 器に盛り、クレソンの葉を添える。

アーカンソー州のアーカンザス川に自生するクレソンでつくられた冷たいスープ。酸味のあるバターミルクは日本では入手できないので、ヨーグルトを牛乳で割って代用した。味はとてもよく似ているので、遜色ない。

セロリのブイヨンスープ

FRENCH　シエル ドゥ リヨン

材料（4人分）

セロリ（薄切り）300g ●玉ネギ（みじん切り）50g ●セミドライトマト（みじん切り）50g ●鶏のブイヨン（→526頁）500cc ●塩・白コショウ各適量 ●セロリの葉・揚げ油・オリーブ油各適量

1 鍋に鶏のブイヨンを沸かし、セロリと玉ネギを入れ、一煮立ちしたら火を止める。
2 **1**にセミドライトマトを加え、塩、白コショウで味を調える。
3 セロリの葉は低温の油で素揚げして塩をふる。
4 器に**2**のスープを注ぎ、揚げたセロリの葉を飾る。オリーブ油を回しかける。

セロリは煮すぎると味がなじんで平板になってしまうので注意。芯に近いやわらかい部分は早く煮えるだけでなく、ほっこりとした食感やとろみが出る。

青寄せのとろみスープ

CHINESE　御田町 桃の木　

材料（3〜4人分）
クウシンサイ1/2束●ラード少量
●清湯（→531頁）400cc●塩
適量●水溶き片栗粉適量●中国ハ
ム（みじん切り）少量●葱油少量

1　クウシンサイを熱湯でゆでて水にとり、アクとヌメリを洗う。ミキサーにかけてペースト状にする。
2　ラードで鍋ならしをし、1のペーストを炒め、清湯を入れて沸かす。塩で味を調え、水溶き片栗粉を加えてとろみをつける。
3　器に盛りつけ、中国ハムを散らし、葱油を回しかける。

宋代の末に衛王の兵が戦いに敗れ、潮州の寺で兵の飢えを満たしたといわれる煮込み料理。本来はサツマイモの茎でつくるが、ここでは空心菜を使用。ラードのかわりにあっさりとゴマ油を使ってもよい。

ミネストローネ

ITALIAN クチーナ トキオネーゼ コジマ ─────── H

材料（4人分）

角切り野菜と豆（ジャガイモ●ニンジン●玉ネギ●キャベツ●セロリ●赤ピーマン●ズッキーニ●黄ズッキーニ●グリーンピース●ホールトマト●ゆでたレンズ豆●ゆでたヒヨコ豆）合計**600g**
塩●ニンニク●フレッシュセージ
オリーブ油適量●ベーコン（細切り）適量●鶏のブロード（→524頁）**1リットル**●米**30g**●イタリアンパセリ（みじん切り）適量●黒コショウ少量●バジル**4枝**

1 野菜と豆類を準備する。野菜は大きさをそろえて角切りにする。レンズ豆はそのまま、ヒヨコ豆は1晩水に浸けたのち、それぞれ別に塩、ニンニク、セージを入れた水で下ゆでする。

2 ベーコンをオリーブ油で炒めて脂を出し、ジャガイモ以外の野菜を入れて、弱火で野菜の香りと水分をじんわりと引き出すように炒める。ふたをして蒸し煮にする。野菜の甘みが出てきたら、鶏のブロードを入れて40〜50分間煮る。

3 野菜類がやわらかくなったら、火が通りやすいジャガイモ、豆、米を入れて20分間ほど煮る。

4 器に盛り、イタリアンパセリ、黒コショウを散らして、バジルを飾る。

ジャガイモ、ニンジン、キャベツ、玉ネギは必ず使い、あとは豆類など旬の野菜を入れる。キャベツの甘みが味のポイントとなるので、ほかの野菜よりもやや多めに。

トマトの冷たいスープ カプレーゼ風

ITALIAN クチーナ トキオネーゼ コジマ　　C

材料（4人分）
トマト12個　塩少量　モッツァレッラチーズ1個　生クリーム**80cc**

バジルのアイスクリーム＊　オリーブ油・マルドンの塩＊＊各少量　バジル適量

＊卵黄2個分とグラニュー糖70gを白っぽくなるまですり混ぜて火にかける。温めた牛乳250ccを生クリーム100ccとともに加えてうっすらと濃度がつくまで混ぜる。火からおろし、冷めたらバジルの葉1パック分を加えて、ミキサーにかける。漉したのちアイスクリームマシンにかける。

＊＊イギリス・エセックス地方マルドン産の塩。クリスタルのように結晶している。

1. トマトの皮を湯むきする。塩と水100ccを加えてミキサーにかける。
2. モッツァレッラ、生クリームを合わせてミキサーにかけ、粗めに仕上げる。生クリームはミキサーがやっと回る程度の分量でよい。
3. 2をグラスの一番下に流し、1を上に流す。
4. 上にバジルのアイスクリームをスプーンですくってのせる。
5. まわりにオリーブ油をたらし、マルドンの塩をふってバジルの葉を飾る。

カプレーゼの食材を使ったスープ。バジルのアイスクリームを浮かべた。小さなグラスに入れれば前菜になる。またデザートにも向く。赤と白と緑が印象的な夏のスープ。

トマトの冷製スープ

FRENCH シエル ドゥ リヨン

材料（4人分）
完熟トマト（4等分のくし形切り）**1kg** ◦塩・白コショウ各適量 ◦バジル適量 ◦オリーブ油適量

1 トマトをミキサーにかけ、種がつぶれない程度に回し、シノワで漉す。
2 ボウルに入れ、氷水をあてて冷やしながら塩、白コショウで味をつける。
3 ハンドミキサーで軽く泡立て、よく冷やしたグラスに注ぎ、バジルをあしらう。オリーブ油を回しかける。

調味料は塩のみ。トマトのおいしさを丸ごとストレートに味わうスープ。甘みと酸味のバランスがよく、味の濃いトマトが最も適している。

夏野菜のスープサラダ

JAPANESE 板前心菊うら

材料（5人分）
トマト**3個** ◦キュウリ**1本** ◦赤パプリカ**2個** ◦フランスパン**3cm** ◦ニンニク**1/2片** ◦オリーブ油**15cc** ◦酢**30cc** ◦塩適量 ◦キュウリ・トマト（各小角切り）各小さじ1

1 トマトは皮を湯むきする。キュウリ、赤パプリカは種を取り除く。
2 フランスパンは中の白い部分だけを取り出し、水に浸けてふやかしておく。
3 1と水気を絞った 2、ニンニクを合わせてミキサーにかけ、水カップ1/2を加え、オリーブ油、酢、塩で味をつけてよく冷やす。
4 スープを器に盛り、浮き実にキュウリとトマトをのせる。

一口ガスパチョ

JAPANESE 和洋遊膳 中村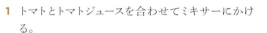

材料（20人分）

トマト小15個 ●トマトジュース500cc ●みじん切り野菜（キュウリ1本分 ●玉ネギ1/2個分 ●ピーマン4個分 ●黄パプリカ1個分）

塩・コショウ・オリーブ油・タバスコ各適量

ジェノヴェーゼ（バジル50g ●松ノ実少量 ●ニンニク少量 ●塩・コショウ各適量 ●オリーブ油180cc） ●チーズパイ（市販）20本

1 トマトとトマトジュースを合わせてミキサーにかける。
2 塩水にさらしたみじん切り野菜を1に混ぜ、塩、コショウ、オリーブ油、タバスコで味を調える。冷蔵庫で充分冷やしておく。
3 ジェノヴェーゼをつくる。材料をすべて合わせてフードプロセッサーにかける。
4 ガスパチョの全体をよく混ぜて、小さなグラスに注ぎ、ジェノヴェーゼを少量たらす。チーズパイを添える。

暑い夏の食前に食欲増進のための冷たいスープを一口すすめる。飲みやすいよう甘いトマトをジュースにした。

トマトとフルーツのスープ／アメリカ

ETHNIC トルバドール

材料（8人分）

ホールトマト15個●玉ネギ（薄切り）150g●セロリ（薄切り）1本分●ニンジン（薄切り）70g●バター30g●チキンストック（→533頁）200cc●トマトジュース200cc●ローリエ1枚●飲むヨーグルト200cc●ブルーベリー適量●ヨーグルト少量

1. 玉ネギ、セロリ、ニンジンをこがさないようにバターでしんなりと炒める。
2. ホールトマトをつぶし、種を除いて1に加えてさらに炒める。
3. トマトジュース、チキンストック、ローリエを加えて30分間煮る。
4. ローリエを取り出してミキサーにかけ、ピュレ状にし、目の粗いシノワで漉す。氷水などに浸けて冷ます。
5. 飲むヨーグルトを加えてよく混ぜる。
6. 器に盛り、ブルーベリーを散らし、ヨーグルトを細く流す。

香味野菜とともに煮て甘みを凝縮させたトマトとヨーグルトを混ぜ合わせてつくった、こくのある甘いスープ。冷やしてブルーベリーと合わせた。フルーツはイチゴなどのベリー系が合うが、柑橘系はあまり合わない。

飲むサラダ──トマトのシントー（スムージー）

ETHNIC キッチン　C

材料（4人分）

トマト2個●コンデンスミルク60cc●グラニュー糖大さじ4●氷カップ2

1. トマトは半分に切ってヘタと種を除き、一口大に切る。
2. ミキサーにトマトとコンデンスミルク、グラニュー糖、氷を入れて撹拌し、グラスに注ぐ。

ベトナム語で"シン・トー"はビタミンという意味。ベトナムではガラスケースにぎっしりと並べられた南国フルーツや野菜をその場で選び、ミキサーにかけてもらうフレッシュな飲み物。ビタミンたっぷりの飲むサラダだ。

飲むサラダ──アボカドのシントー（スムージー）

ETHNIC キッチン　C

材料（4人分）

アボカド1個●コンデンスミルク60cc●グラニュー糖大さじ3●氷カップ2●水50cc●ミント適量

1. アボカドは縦半分に切って種を取り除き、スプーンで果肉をくり抜いて取り出す。
2. ミキサーに1とコンデンスミルク、グラニュー糖、氷、水を入れて撹拌し、グラスに注ぎ、ミントを飾る。

アボカドは完熟したものを用意し、砂糖の量はアボカドの味によって調節を。アイスクリームのような濃厚な味。

ワカモレスープ／メキシコ

ETHNIC トルバドール

材料（4人分）

アボカド2個●無糖プレーンヨーグルト100cc●生クリーム100cc●チキンストック（→533頁）200cc●ライム果汁1/2個分●ニンニク少量●塩適量●トマト（あられ切り）少量●パクチー少量

1 アボカドは種を除き、皮をむく。一部適量を角切りにする。そのほかは大きめに切る。
2 フードプロセッサーにアボカド、ヨーグルト、生クリーム、チキンストック、ライム果汁、ニンニク、塩を入れて回し、なめらかなスープにする。
3 角切りのアボカドを混ぜて、器に盛る。トマトとパクチーを添える。

アボカドのサルサをスープにアレンジ。ニンニクをぴりっと効かせた夏向きの冷たいスープ。ここでは濃いめにつくったが、チキンストックの量を増やせば、さらりとしたスープになる。

オクラと胡瓜のスープ

ITALIAN クチーナ トキオネーゼ コジマ

材料（4人分）

オクラ10本 ●キュウリ1本 ●ミネラルウォーター300cc ●塩・オリーブ油各適量 ●ニンニク微量

スモークサーモンのタルタル（粗みじん切りのスモークサーモン80g ●粗みじん切りのフルーツトマト1/2個分 ●小口切りのアサツキ少量 ●カレー風味のマヨネーズ*適量）●キュウリ（薄切り）適量 ●キャビア40g ●万能ネギ（小口切り）適量 ●ディルの葉適量

*マヨネーズに色づけ程度のカレー粉を加えてよく混ぜる。

1. オクラを熱湯で10〜15秒間ゆでて氷水にとる。キュウリは板ずりをして、サッと湯にくぐらせ、氷水にとる。
2. オクラ、キュウリ、ミネラルウォーター、少量の塩とオリーブ油、ニンニクを合わせてミキサーにかけてスープとする。
3. スモークサーモンのタルタルをつくる。スモークサーモン、フルーツトマト、アサツキをカレー風味のマヨネーズで和える。
4. グラスにスープを流し入れ、薄切りのキュウリを飾る。スモークサーモンのタルタルを中央にこんもりと盛り、キャビアをのせる。万能ネギとディルの葉を飾る。

オクラとキュウリを使った緑色の健康スープ。カレー風味のマヨネーズで和えたスモークサーモンがポイント。エキゾチックな味を添えている。

ズッキーニのスープ

ITALIAN クチーナ トキオネーゼ コジマ

材料（4人分）

ズッキーニ（薄切り）3本分●玉ネギ（薄切り）1/4個分●オリーブ油適量●バジルの葉2〜3枚●鶏のブロード（→524頁）600cc●塩適量

花ズッキーニ適量●ズッキーニのソテー（せん切りのズッキーニ適量●塩適量●オリーブ油適量）●ニンニク風味のオイル適量

1 ズッキーニと玉ネギをオリーブ油で炒め、鶏のブロードを注いでやわらかくなるまで煮る。塩で味を調える。バジルの葉とともにミキサーにかけてスープとする。
2 花ズッキーニの花の部分にオリーブ油をぬって100℃のオーブンで乾かす。未熟な実の部分は切り離し、塩ゆでにして包丁を入れておく。
3 ズッキーニのソテーをつくる。ズッキーニを熱湯でサッとゆで、塩とオリーブ油で炒める。
4 器のまわりに花びらをあしらい、温かいズッキーニのスープを注ぐ。ズッキーニのソテーを散らし、ニンニク風味のオイルをかける。2のズッキーニの実を添える。

ズッキーニをたっぷり使った温かいスープ。皿のまわりにオーブンで乾かしたズッキーニの花を飾った、太陽のようなスープ。

ズッキーニの冷製スープ

FRENCH　シエル ドゥ リヨン

材料（4人分）

ズッキーニ（角切り）300g ●玉ネギ（みじん切り）100g ●鶏のブイヨン（→526頁）500cc ●セミドライトマト（みじん切り）50g ●塩適量 ●オリーブ油適量 ●イタリアンパセリ（細切り）少量

1 鶏のブイヨンは少し濃いめにつくったものを使う。これを火にかけ、玉ネギとズッキーニを加えて一煮立ちさせる。
2 沸いたらアクをひき、5分間ほど煮る。余熱で火が入るので、ズッキーニに7割がた火が入ったところで火を止める。
3 セミドライトマトを加え、塩で下味をつける。鍋を氷水にあてて冷まし、冷蔵庫で半日間ほどねかせる。
4 盛りつけ前に再度塩で味を調え、器に盛る。オリーブ油を回しかけ、イタリアンパセリをあしらう。

ゆるく固めたブイヨンの中にズッキーニがごろごろと入った冷製スープ。ブイヨンに長時間浸けて、ズッキーニの中までスープを浸透させる。

赤ピーマンのスープ／アメリカ

ETHNIC　トルバドール　

材料（5人分）

赤パプリカ（薄切り）**400g**●ニンニク（みじん切り）**1片分**●玉ネギ（薄切り）**150g**●ホールトマト**3個**●オリーブ油適量●チキンストック（→533頁）**200cc**●レモン汁適量●ウスターソース**2.5cc**●塩・黒コショウ各適量●マーシュ適量

1. オリーブ油でニンニクを炒める。香りが出てきたら玉ネギを入れて、色づけないようにしんなりと炒める。
2. 玉ネギがしんなりしたら、赤パプリカを入れて30分間炒める。
3. ホールトマトの種を除いて手でつぶして加え、チキンストックを入れて40分間煮る。
4. 全体がどろどろになってきたら、ミキサーにかけてピュレにする。
5. シノワで漉し、レモン汁、ウスターソース、塩、黒コショウを加えてよく混ぜる。
6. 器に盛り、マーシュを飾る。

肉厚の赤パプリカをよく使うアメリカ南西部のスープ。アメリカのスープは、具沢山であったり、どろりと濃かったりして、飲むというよりも、むしろ食べるという感覚に近い。このスープも食べるスープ。提供する量は少なめでよい。

カリフラワーのスープサラダ アンチョビ風味のクルトン添え

ITALIAN RISTORANTE YAGI

材料（4人分）

カリフラワー（小房に分ける）1個分●コンソメ1400cc●牛乳60cc●マスカルポーネチーズ大さじ1●トースト（6枚切り食パン）4枚●溶かしバター *50g●アンチョビペースト10g●イタリアンパセリ（みじん切り）少量●オリーブ油・塩・白コショウ各適量

*無塩バターを火にかけて溶かし、表面に浮いた白い泡状のものを取り除いたもの。

1. カリフラワーは、コンソメでやわらかくなるまで弱火で煮る。カリフラワーを煮汁ごとブレンダーに入れて牛乳とマスカルポーネチーズを加え、撹拌してスープ状にし、塩、白コショウで味を調える。
2. トーストは大きめのサイコロ大に切り、溶かしバターとアンチョビペーストを入れたフライパンに入れ、ゆっくりと転がしながらサクサクになるまでソテーしてクルトンをつくる。
3. 皿にスープを注ぎ、クルトンを盛る。上にイタリアンパセリを散らして、香りのよいオリーブ油を回しかける。

カリフラワーの白い花蕾の部分だけ使用。茎は青臭くなるので加えない。冬は温かく、夏は冷たくして食べられるが、冷やすとかなり濃度がつくのでコンソメや水を加えるなど調節が必要。

カリフラワーのポタージュ

FRENCH シエル ドゥ リヨン

材料（4人分）

カリフラワー 400g ●玉ネギ（薄切り）200g ●バター 50g ●鶏のブイヨン（→526頁）500cc ●牛乳 300cc ●塩・黒コショウ各適量 ●強力粉少量 ●揚げ油・オリーブ油各適量 ●粉末パプリカ適量 ●イタリアンパセリ適量

1. 鍋にバターと玉ネギを入れて、弱火でしんなりするまで汗をかかせるようにじっくりと炒める。左記の分量でつくる場合、鍋が大きいとこげついてしまうので注意する。
2. スライスしたカリフラワー 300gを加えてなじませ、鶏のブイヨンを注ぎ、弱火で10分間ほど煮る。
3. ミキサーでピュレ状にしてシノワで漉す。
4. 3を鍋に戻し、牛乳を加える。弱火で温め、塩で味を調える。なめらかな口あたりになるようハンドミキサーで撹拌して器にスープを流す。
5. カリフラワー 100gを小房に分ける。強力粉をまぶし、180〜190℃の油で揚げる。
6. 揚げたカリフラワーをスープに添える。オリーブ油を回しかけ、パプリカ、つぶした黒コショウを散らす。イタリアンパセリを飾る。

カリフラワー自体にとろみがあるので、生クリームを入れなくても充分に満足感がある。濃度があるので提供前にミキサーで泡立てて軽く仕上げる。

とうもろこし、ゴルゴンゾーラのスープ

ITALIAN ペル グラッツィア デル ソーレ

材料（5人分）

トウモロコシ3本●ジャガイモ（角切り）中2個分●玉ネギ（みじん切り）中1個分●セロリ（みじん切り）小1本分●バター・オリーブ油各少量●塩適量●野菜のブロード（→525頁）800cc●生クリーム80cc●ゴルゴンゾーラチーズ100g●パルミジャーノチーズ80g

1. トウモロコシは包丁で粒をこそげ取る。
2. バターとオリーブ油で玉ネギを炒める。透明になってきたら、セロリとジャガイモを入れて炒める。
3. 2にトウモロコシを入れて塩をし、さらに炒める。トウモロコシに火が通ったら、野菜のブロードを入れて30分間煮る。
4. 生クリームを加えて10分間ほど煮たら、火を止め、薄く削ったゴルゴンゾーラチーズを入れて余熱で少し煮溶かす。
5. 器に盛り、パルミジャーノチーズを散らす。

トウモロコシが出回る季節には生を使いたい。ゴルゴンゾーラチーズは火を入れるとカビのにおいが強くなるので、必ず余熱で溶かすこと。

夏野菜の冷製スープ

ITALIAN ペル グラッツィア デル ソーレ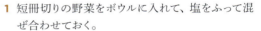

材料（5人分）

短冊切り（長さ**3cm**）の野菜（ズッキーニ**1**本分●ナス**2**本分●サヤインゲン**100g**●赤玉ネギ中**1**個分●カボチャ**100g**●キュウリ中**2**本分●サニーレタス**8**枚分）●ニンニク（みじん切り）少量●塩適量●オリーブ油適量●野菜のブロード（→**525**頁）**1**リットル●トマト（ざく切り）中**1**個分

1. 短冊切りの野菜をボウルに入れて、塩をふって混ぜ合わせておく。
2. ニンニクをオリーブ油で炒める。香りが出てきたら**1**の野菜を加えて、無水鍋*でしんなりするまで煮る。
3. 温めた野菜のブロードを**2**に加えて20分間煮込み、粗熱がとれたら、冷蔵庫で冷やしておく。
4. トマトを混ぜ合わせて器に盛りつける。

*厚手のアルミ合金製の鍋のこと。ここではステンレスの多層構造の厚手の鍋を使った。どちらも必要最少限の水で加熱調理ができるので、栄養価を逃さず、素材の持ち味を引き出せる。

夏野菜でつくるラタトゥイユのようなスープ。つくってから半日おくと、味がなじんで旨くなる。変色しない程度にやわらかく煮るとよい。

アーティチョークのヴルーテ

FRENCH 松本浩之

材料（5人分）

アーティチョークの芯（厚めの薄切り）100g●ポロネギ（薄切り）15g●鶏のブイヨン（→528頁）175cc●バター少量●塩・白コショウ各少量●フォワグラのテリーヌ*・サマートリュフ各適量●マルドンの塩（→361頁）少量

*フレッシュのフォワグラを常温に戻し、筋や血管を掃除する。塩、コショウをして白ポート酒とコニャックで1晩マリネする。汁気をふき取り、テリーヌ型に詰めて80℃のオーブンで加熱。中心が40℃になったら取り出し常温で冷ます。粗熱がとれたら重しをする。重しの目安は1kgのフォワグラに対して1〜1.5kg程度。

1. アーティチョークの芯（花托）を取り出す。厚めの薄切りにしておく。
2. 鍋にバターを溶かし、ポロネギを入れ、少量の塩を加えてじっくりと炒める。
3. ポロネギがしんなりしたらアーティチョークの芯を加え、軽く歯応えが残るまでしばらく弱火で炒めて、鶏のブイヨンを注ぐ。
4. アーティチョークに火が通ったら、ミキサーにかけてなめらかにする。シノワで漉し、鍋に入れて温める。塩、白コショウで味を調える。
5. 4を皿に流し入れる。フォワグラのテリーヌを8mm厚さに切り、セルクルで抜き、中央に浮かべる。削ったサマートリュフを浮かべ、フォワグラの上にマルドンの塩をのせる。

スープの温度で少しずつ溶けていくフォワグラをくずして、ヴルーテをからめながら食べる。

バターナッツスクワッシュのヴルーテ

FRENCH 松本浩之 — Ⓒ

材料（6人分）

バターナッツスクワッシュ（薄切り）**500g** ●玉ネギ（薄切り）**100g** ●鶏のブイヨン（→**528**頁）**500cc** ●バター **100g** ●塩・白コショウ各適量

飾り用のバターナッツスクワッシュ（あられ切り）*適量 ●バターナッツスクワッシュの種**適量 ●クルトン***適量

*バターで軽く炒めて火を通す。
**90℃のオーブンでカリカリになるまで焼く。
***さいのめ切りにしたバゲットを90℃のオーブンでカリッと焼く。

1. バターナッツスクワッシュは横半分に切る。種とワタを取り除き、下半分は器にする。上半分は皮をむいて薄切りにする。種は浮き実にするので、よく洗ってとっておく。
2. 鍋にバターを溶かし、バターナッツスクワッシュを炒める。軽く火が通ったら玉ネギを加え、水分を引き出すように弱火で炒める。
3. バターナッツスクワッシュがしんなりしたら、鶏のブイヨンを注ぎ、強火にして沸かす。アクをすくい、弱火で15分間ほど煮る。
4. ミキサーにかけて漉す。粗熱をとり、冷蔵庫で冷やす。塩、白コショウで味を調える。
5. バターナッツスクワッシュの下半分にスープを注ぐ。飾り用のバターナッツスクワッシュと、バターナッツスクワッシュの種、クルトンを浮かべる。

バターナッツスクワッシュは、細長いひょうたん型をした西洋種のカボチャ。ナッツやバターのようなこくがあり、スープに最適。

焼茄子のスープ

JAPANESE 西麻布 内儀屋

材料(4人分)

ナス大2本 ●スープ(だし→528頁 800cc ●日本酒60cc ●塩・薄口醤油各5cc) ●梅ペースト* 適量 ●水溶き片栗粉適量 ●アサツキ(小口切り)適量 ●七味唐辛子少量

*梅干しの種を抜いてすり鉢ですり、だしと濃口醤油各適量で味を調える。

1 網の上でナスを焼いて皮をむく。好みの太さに切る。
2 スープをつくる。だしをとり、日本酒、塩、薄口醤油で味を調える。
3 ここにナスを入れて沸かす。沸いたら水溶き片栗粉を加えてとろみをつける。
4 梅ペースト、アサツキを添え、七味唐辛子をふる。

焼ナスのスープを餡かけ風に仕上げた。とろみを控えたスープをたっぷり注いで焼ナスを具にすると、また一味違う料理となる。

焼きなす入りガスパチョ

ITALIAN ペル グラッツィア デル ソーレ ───── Ⓒ

材料（5人分）

ガスパチョ（トマト中**3個**●赤パプリカ**1/2個**●皮をむいたキュウリ**1本**●赤玉ネギ中**1/3個**●オリーブ油**60cc**●塩少量●ニンニク少量）

長ナス**5本**●トマト（あられ切り）小**1個分**●モッツァレッラチーズ（あられ切り）**50g**●バジル（みじん切り）**2枚分**●塩・オリーブ油各適量

1 長ナスは230℃に熱したオーブンで20分間ほど焼き、温かいうちに皮をむいて、塩をふり、オリーブ油をかけておく。
2 ガスパチョの材料はすべて冷やしておく。トマトは湯むきする。材料をすべてミキサーに入れて回し、なめらかなスープにする。
3 スープを器に盛る。あられ切りにした1の長ナス、トマト、モッツァレッラ、バジルを混ぜて、スープにのせる。

ガスパチョは野菜の種類や割合で味が変わる。ここでは、トマトベースの食べやすいガスパチョに。好みでキュウリや玉ネギを増やしたり、タバスコやシシトウなどの辛みを効かせたりとアレンジができる。パンやパスタを入れてボリュームアップしてもよい。

なすと清湯のスープ

CHINESE 御田町 桃の木

材料（2〜3人分）

ナス（**1cm角**）**3本分** ● 清湯（→**531**頁）**400cc** ● 塩適量

翡翠色を残すこつは、皮をむいて角に切ったらすぐに熱湯でゆでこぼすこと。ナスに火が入ってふんわりしたら食べごろ。とろとろに煮ると美味だが、ナスの色は悪くなる。

1. あらかじめ湯を沸かしておく。ナスは皮をむいて1cmの角切りにしたら、すぐに湯に入れてゆでこぼし、色止めをする。
2. 鍋に清湯を沸かし、ナスを入れて弱火でしばらく煮る。スープにナスの味が出てきたら塩で味を調える。器に盛り、あつあつを提供する。

冬瓜とトマトのスープ

CHINESE 御田町 桃の木

材料（3〜4人分）

トウガン**100g** ● トマト（くし形切り）**1個分** ● 清湯（→**531**頁）**400cc** ● サラダ油・老酒・塩各適量

1. トウガンは一口大に切り、皮を薄くむく。水からゆでこぼし、おか上げして冷ます。
2. 鍋にサラダ油をひいてトマトを軽く炒める。
3. 2に清湯を注ぎ入れ、老酒、塩で味を調え、トウガンを入れてしばらく煮て、全体に味がなじんだら盛りつける。

ここではトウガンを大きく切ったが、火が通りやすいように細切りや薄切りにすると短時間でできる。

冬瓜とハムのスープ

JAPANESE 西麻布 内儀屋

材料(4人分)
トウガン(せん切り)800g●ロースハム(せん切り)8枚分●スープ(だし→528頁 800cc●日本酒60cc●塩・薄口醤油各5cc)●水溶き片栗粉適量●長ネギ(せん切り)15cm分●黒コショウ・ゴマ油各少量●おろしショウガ適量

1 トウガンは種を落とし、皮をむいてせん切りにする。ロースハムも同様にせん切りにする。
2 スープをつくる。だしをとり、日本酒、塩、薄口醤油で味を調える。
3 2にトウガンを入れて煮る。火が入って透明になったら、ロースハムと長ネギを入れて、水溶き片栗粉を加えてとろみをつける。
4 最後に挽きたての黒コショウ、ゴマ油を加える。
5 器に盛り、おろしショウガを添える。

だしの旨みを堪能できる淡白なトウガンのやさしい味が特徴。単調にならないように、コショウを効かせて。

パパイヤの蒸しスープ

CHINESE 御田町 桃の木

材料（1人分）

パパイヤ1個●鶏モモ肉（5mm角）20g●豚モモ肉（5mm角）20g●ホタテ貝柱（5mm角）15g●白キクラゲ（水で戻したもの）10g●清湯（→531頁）200cc●老酒・塩・砂糖各適量

1. パパイヤは枝つきの側に、波型の切込みを入れて切り落とす。スプーンなどで中の種をかき出す。ココット型の器やセルクルなどを利用してパパイヤを立て、蒸し器で5分間ほど下蒸しする。これを器とする。
2. 鶏モモ肉、豚モモ肉、ホタテ貝柱に、老酒、塩をまぶして下味をつける。
3. 清湯を沸かし、老酒、塩、砂糖で薄めに味を調える。
4. パパイヤの器に2と白キクラゲを入れて、味をつけた清湯を注ぐ。
5. 蒸し器に立てて入れ、強火で5分間蒸して仕上げる。熱いうちにすすめる。

「桃の木」のスペシャリテ。清香味といわれるフルーツの甘みと塩味のバランスを楽しんでいただく。器のパパイヤはくり抜きながら食べる。

例湯 かぼちゃ、人参、クレソンの蒸しスープ

CHINESE 御田町 桃の木

材料（5人分）
カボチャ（2cm角）1/5個分●ニンジン（2cm角）1/3本分●サツマイモ（2cm角）1/5本分●クレソン（3cm長さのざく切り）1束分●水1リットル●塩適量

1. 土鍋に水を入れ、カボチャ、ニンジン、サツマイモ、クレソンをすべて加えてふたをして、弱火で3時間ほど煮込む。
2. 取り分けたのち、塩で味を調える。

例湯とは日替りスープといった意味で、中国ではその時々にある材料でつくるという。ここでは季節の野菜を仔という土鍋で3時間かけて蒸し煮にした。

南瓜の器に入れた、蓮の実と生湯葉の糖水仕立て
（夏のスープ）

CHINESE 南青山 Essence

材料（2人分）

カボチャ小1個●乾燥ハスの実8粒●生ユバ10g●白ザラメ糖50g●水300cc●コーンスターチ適量●溶き卵1/3個分

◎カボチャは消化吸収を促進し、ハスの実は必要な体内水分を補い、胃腸と心臓の働きを補い、精神安定作用がある。生ユバは体内から余分に汗が出るのを防止し、胃を補い、活力を与える。

1 カボチャはふたの部分をきれいに切り落とし、中の種をスプーンでかき出し、蒸し器で30分間下蒸しして、8割程度火を入れる。ふたも一緒に蒸しておく。
2 ハスの実は1時間ほど水に浸けて戻す。なおハスの実の中に入っている「蓮心」は苦いため、通常は取り除くが、熱を冷ましてくれるので、夏ならば残したまま使用。ハスの実が浸かる程度の水を入れ、やわらかくなるまで蒸す。
3 水に白ザラメ糖を加えて火にかけ、ハスの実と生ユバを入れる。沸いたら水溶きのコーンスターチを加えて濃度をつけ、溶き卵を細く回し入れてスープをつくる。
4 スープをカボチャの器に入れ、蒸し器で10分間ほど温めて提供する。ふたを添える。

シロップ煮にするときは、白ザラメ糖を使うとまろやかな味になる。コーンスターチでとろみをつけると片栗粉よりもなめらかに仕上がる。

和風ポトフ

JAPANESE　西麻布 内儀屋

材料（4人分）

カボチャ（くし形切り）4切れ●カブ（くし形切り）4切れ●ブロッコリー 4房●ヤングコーン4本●スライスベーコン2枚●キャベツ（色紙切り）適量●スープ（だし→528頁 1.2リットル●日本酒90cc●塩・薄口醤油各7.5cc●みじん切りのニンニク1/2片分●サラダ油少量）粒マスタード適量●アサツキ（小口切り）適量

1. カボチャは大きめに切って面取りをして下ゆでしておく。カブはくし形に切って面取りをする。ブロッコリーは小房に分けて熱湯でゆでておく。
2. スープをつくる。ニンニクを少量のサラダ油で炒め、だしを注いで、日本酒、塩、薄口醤油で味を調える。
3. カブ、キャベツ、ヤングコーンを**2**に入れて煮る。煮くずれないように注意。火が通ったら、**1**のカボチャとブロッコリー、ベーコンを入れて温める。
4. 器に盛り、粒マスタードを添え、アサツキを散らす。

野菜の味と歯ざわりを楽しむため、煮上がったら時間をおかずにすぐ食べる。これ以外にも根菜、果菜、葉野菜など好みの野菜をとりまぜて自由に。

トマティーヨスープ／メキシコ

ETHNIC　トルバドール　

材料（8人分）

青いホオズキ（水煮）**500g**●ニンニク**1片**●ハラペーニョ（水煮）**1本**●ハチミツ大さじ**3**●ライム果汁**1個分**●チキンストック（→**533**頁）**150cc**●パンプキンシード・パクチー各適量

1 青いホオズキは薄皮をむく。ホオズキ、パクチー、ニンニク、ハラペーニョ、ハチミツ、ライム果汁、チキンストックをミキサーに入れて回す。冷蔵庫で冷やしておく。
2 器に盛り、パンプキンシード、パクチーを飾る。

メキシコのスープだが、アメリカの南西部でもポピュラー。トマティーヨ（Tomatillo）とは青いホオズキのこと。生での入手はむずかしいため、水煮の缶詰を使う。ハラペーニョという激辛の唐辛子やパクチー（コリアンダー）、ニンニクなどを入れた、辛くて酸味のある冷たいスープ。

3層のスープを下から重ねた、スプーンで食べる冷製スープ。濃度の違いできれいな層ができる。小さなグラスを使えばアミューズにぴったり。

人参のスープ

ITALIAN クチーナ トキオネーゼ コジマ　　Ⓒ

材料（4人分）

コンソメジュレ（コンソメ*40cc●あられ切りの赤・黄パプリカ各適量●あられ切りのズッキーニ・ニンジン各適量●板ゼラチン8g）

ニンジンスープ（薄切りのニンジン5本●バター80g●水300cc●砂糖40g●ローリエ1枚●クミンパウダー少量●塩少量）

エンドウ豆のポタージュ（サヤなしのエンドウ豆100g●塩適量）

姫ニンジン（縦に薄切り）4枚

*市販のコンソメを使用。

1 コンソメジュレをつくる。野菜をゆでておく。コンソメを沸かし、ゆでた野菜を入れる。水で戻した板ゼラチンを溶かして、グラスの一番下に注ぎ入れる。冷蔵庫で冷やし固める。

2 ニンジンスープをつくる。すべての材料を合わせて火にかけ、とろ火で煮詰めてグラッセをつくる。適量の水（分量外）を加えてミキサーにかけてスープをつくり、粗熱をとる。コンソメジュレの上にニンジンスープを注ぐ。

3 エンドウ豆のポタージュをつくる。エンドウ豆を浸るくらいの塩を入れた熱湯でゆでて、ゆで汁ごとミキサーにかけて粗熱をとる。

4 ニンジンスープの上にエンドウ豆のポタージュを静かに注いで冷蔵庫で冷やしておく。

5 姫ニンジンにオリーブ油（分量外）をぬって、100℃のオーブンで乾かして添える。

百合根と海老のスープ レモン風味

ITALIAN クチーナ トキオネーゼ コジマ

材料（4人分）

ユリネ2株●才巻エビ16〜20尾●オリーブ油適量●塩適量●レモン風味のオリーブ油*少量●レモン皮（細切り）適量●イタリアンパセリ（みじん切り）適量

*イタリア・ガルガノ産のレモンを丸ごとオリーブの実と一緒に圧搾したオリーブ油。

1. ユリネを掃除してばらばらにほぐす。水洗いし、ひたひたの湯でゆでる。
2. ゆで汁とともにミキサーにかけてピュレ状にする。ピュレと同量かやや少なめの水でのばし、塩で味を調えてスープとする。
3. 才巻エビは殻をむいて切り目を入れ、オリーブ油でソテーする。塩で味を調える。
4. スープを温め、器に盛る。焼きたてのエビを盛り、レモン風味のオリーブ油を回しかけ、レモンの表皮とイタリアンパセリを散らす。

ブロードを使わず、水のみで煮てユリネのやさしい甘みを生かしたスープ。レモン風味のオリーブ油とレモンの皮でさわやかな香りをつけた。

百合根のオーブン焼きとおろし大根のスープサラダ

ITALIAN リストランテプリマヴェーラ

材料（4人分）

ユリネ大1株●塩適量●ダイコンスープ（青首ダイコン500g●オリーブ油60g●水60g）●オリーブ油少量

1. ダイコンスープをつくる。青首ダイコンは厚さ1cmのいちょう切りにする。オリーブ油をひき、ダイコンに色をつけないように弱火で10分間ほど炒める。ダイコンがやわらかくなったら、水を入れて、軽く煮込む。
2. 煮上がったダイコンをミキサーで粗めに回してスープをつくる。
3. ユリネは流水にさらし、泥などの汚れをきれいに洗い流しておく。
4. 水気をきったユリネに塩をふり、オリーブ油をかけ、アルミホイルで包んで200℃のオーブンで竹串がスッと入るくらいまで焼く。
5. 温めたダイコンスープを器に注ぎ、焼いたユリネをのせる。仕上げにオリーブ油をかける。

ダイコンは粗めにすりおろすのがポイント。オリーブ油と塩だけで味をつけ、ダイコンの甘みを生かした。ダイコンの葉を唐辛子で炒めて、ユリネの代わりに具としてもいい。

慈姑とブルーチーズのスープ

JAPANESE 玄斎

材料（4人分）

クワイ150g ●長ネギ（白い部分）1本分 ●オリーブ油少量 ●小麦粉大さじ1/2 ●だし300〜400cc ●ブルーチーズ*50g ●牛乳60cc ●塩・コショウ各少量 ●クワイチップス（クワイ2〜3個 サラダ油少量）●イワタケ少量

*デンマーク産ダナブルーを使用。

1. クワイは皮をむき、小さめに切って水にさらす。
2. フライパンにオリーブ油をひき、弱火でみじん切りにした長ネギ、水気をきったクワイを色づかないように炒める。香りが出たら、小麦粉を加えてサッと炒め、だしを注いで煮る。
3. クワイがやわらかくなったら、ブルーチーズを入れて煮溶かし、ミキサーにかけてシノワで漉す。
4. クワイチップスをつくる。クワイの薄切りは水気をふいて160℃に熱したサラダ油で揚げる。水で戻したイワタケを熱湯でゆがいておく。
5. 鍋に3を移し、牛乳でのばして温める。塩、コショウで味を調え、器に注ぐ。クワイチップスとイワタケをのせて完成。

手間をかけてつくるスープ。クワイを炒め煮するとき、色づけないように弱火でゆっくり火入れする。クワイチップスで食感にメリハリをつける。

じゃがいものスープ トリュフピュレを流して

ITALIAN クチーナ トキオネーゼ コジマ

材料（4人分）

ジャガイモ（薄切り）中4個分●玉ネギ（薄切り）1/2個分●バター20g●塩 適量●鶏のブロード（→524頁）800cc

トリュフピュレ（トリュフ50g●マルサラ酒100cc）●トリュフソテー（薄切りのトリュフ適量●オリーブ油適量●みじん切りのニンニク微量）

万能ネギ（小口切り）適量

1 ジャガイモは水にさらして、デンプンを抜いておく。
2 鍋にバターを入れて火にかけ、玉ネギを炒める。玉ネギがしんなりしたら、1のジャガイモを炒める。塩適量を加える。
3 鶏のブロードを注ぎ、ジャガイモにやわらかく火が通るまで煮る。これをミキサーにかけてスープとする。
4 トリュフピュレをつくる。トリュフをマルサラ酒でサッと煮る。これをミキサーにかけてピュレ状にする。口細のディスペンサーに入れて使用する。
5 トリュフソテーをつくる。オリーブ油を温めてニンニクを炒め、トリュフを温める。
6 温めたスープを器に盛り、トリュフピュレを流す。トリュフソテーと万能ネギを散らす。

素朴なジャガイモのスープが、香り高いトリュフのピュレでリストランテの一品に。トリュフをたっぷりと浮かべて。ジャガイモは黄色みの強い「インカのめざめ」を使用。

雑穀のリゾット添え じゃがいものクリームスープ

ITALIAN ペル グラッツィア デル ソーレ

材料（5人分）

クリームスープ（薄切りの玉ネギ中1/2個分 ● 薄切りのセロリ中1/2本分 ● 薄切りのジャガイモ800g ● オリーブ油適量 ● 塩適量 ● 野菜のブロード→525頁 800cc ● 生クリーム80g ● パルミジャーノチーズ適量）

雑穀のリゾット（押し麦20g ● モチキビ20g ● ウルチキビ40g ● 野菜のブロード160cc ● オリーブ油少量 ● 塩少量 ● バター少量 ● パルミジャーノチーズ適量 ● 小角切りのトマト中1個分）

1. クリームスープをつくる。玉ネギとセロリをオリーブ油でこがさないようにしんなりと炒める。ジャガイモを加えて塩をふり、野菜のブロードを入れて、ジャガイモがやわらかくなるまで煮る。
2. 煮汁ごとミキサーにかけてなめらかにする。生クリームとパルミジャーノチーズを加えて味を調える。
3. 雑穀のリゾットをつくる。雑穀は水が透明になるまでよく洗い、雑穀の2倍量の野菜のブロード、少量のオリーブ油と塩を入れて火にかける。沸騰したら火を弱めて約20分間炊く。
4. 炊けたらバター、パルミジャーノチーズ、トマトを混ぜて味を調えてリゾットとする。
5. クリームスープを温め、器に盛る。リゾットを脇に添える。

雑穀数種でつくったリゾットをスープに添えて一緒に食べる、ランチにぴったりのクリームスープ。スープにアサリなどの貝類を入れてもよい。また、雑穀にズッキーニや豆や葉野菜などを混ぜてもよい。

ヴィシソワーズ

FRENCH 松本浩之　　　　　　　　　　Ⓒ

材料（約10人分）

ベース（薄切りの玉ネギ・薄切りのポロネギ・薄切りのジャガイモ*各100g●バター50g●鶏のブイヨン→528頁 2リットル）●生クリーム・牛乳各適量●塩・白コショウ各適量●シェリー酒数滴●ポロネギ（薄切り）少量●シブレット（小口切り）少量

*メークインを使用。

1. まずベースをつくる。大きめの鍋にバターを溶かし、弱火で玉ネギとポロネギを炒める。しんなりしてきたら、皮をむいたジャガイモを加えて炒める。
2. 鶏のブイヨンを加えてジャガイモがやわらかくなるまで20分間ほど煮て、細目の漉し器で漉す。
3. ボウルに**2**のベースを入れ、ボウルの底に氷水をあてながら生クリーム、牛乳を加えて混ぜる。濃度は好みで調整する。塩、白コショウで味を調える。
4. 器に注ぎ入れ、シェリー酒をたらして香りづけする。ポロネギとシブレットを散らす。

生クリームを少なく、牛乳を多めにすればさらりと飲め、どちらも少なくすればヴルーテ風になる。

ビーツのスープ

ITALIAN クチーナ トキオネーゼ コジマ

材料（4人分）
ビーツ2個●無糖プレーンヨーグルト80g●生ハム適量●エダ豆適量●ズッキーニソテー（薄切りのズッキーニ適量●オリーブ油適量）●黒コショウ少量

1 ビーツは皮つきのまま、丸ごと塩ゆでにする。やわらかくなったら皮をむいて、ミキサーにかけて冷ます。ビーツのピュレ5に対してプレーンヨーグルト1を合わせてさらに回す。濃いときは、ビーツのゆで汁で濃度を調整する。
2 生ハムは適当な大きさに切り、天板に薄く広げて、85℃に熱したオーブンでパリパリに乾かす。
3 エダ豆は塩ゆでして、サヤから豆を取り出す。ズッキーニはオリーブ油でソテーする。
4 グラスにスープを注ぎ、エダ豆、ズッキーニソテー、生ハムをあしらう。ヨーグルトで細く線を描く。黒コショウを挽いてふる。

ビーツの赤色は加熱してもきれいに残る。ヨーグルトを加えると、強い赤色が和らぎ、酸味も加わってさわやかな印象に。

コンソメ、トリュフ、ビーツ、冬トリュフのパイ包み焼き

ETHNIC ア・タ・ゴール

材料（1人分）

コンソメ（→527頁）180cc
ビーツ（棒切り）適量　トリュフ（薄切り）適量
フィユタージュ*（バター225g　薄力粉75g　強力粉175g　冷水110g　塩5g　酢少量）　卵黄1個分

*この分量で、およそ10～12人分のスープのふたができる。市販のパイシートでも可。

1. フィユタージュをつくる。薄力粉と強力粉と塩を一緒にふるい、25gのバターを角切りにして合わせ、指の腹ですり混ぜる。冷水と酢を加えて練る。なめらかになったら20～30分間やすませる。めん棒で正方形にのばし、同じく正方形にのばした200gのバターを包み込む。のばしては3つ折りにすることを3回くり返す。冷蔵庫で20～30分間やすませる。
2. ビーツはコンソメで竹串がスッと通るくらいのやわらかさに下ゆでする。ビーツとトリュフを器に入れ、沸かしたコンソメを注ぐ。
3. 3mm厚さにのばしたフィユタージュで器にふたをする。表面につやを出すために溶いた卵黄を薄くぬる。冷蔵庫で10～15分間やすませる。
4. 3を200℃に熱したオーブンで7分間、150℃に下げて8分間焼く。

ふくらんだパイ皮を破ると湯気とともにビーツに染まった美しい赤いスープが顔を出す。中にはビーツだけでなく、香りのよいトリュフもたっぷりとしのばせている。

かぶ、ほうれん草、アンチョビのクリームスープ

ITALIAN ペル グラッツィア デル ソーレ

材料（5人分）
カブ（拍子木切り）中5個分●ホウレンソウ1束●玉ネギ（薄切り）中1個分●アンチョビフィレ5枚●ニンニク（みじん切り）少量●オリーブ油・バター各少量●野菜のブロード（→525頁）1リットル●生クリーム100cc●トマト（角切り）適量

1. ホウレンソウとカブの葉はあらかじめ塩（分量外）を入れた湯でゆでて、3cm長さに切っておく。
2. オリーブ油とバターでニンニクを炒める。香りが出てきたら、玉ネギを入れて炒める。玉ネギがしんなりしたら、アンチョビをちぎって入れる。
3. カブを加えて炒め、野菜のブロードを注いでやわらかくなるまで煮る。
4. 1のカブの葉とホウレンソウを入れて、10分間煮たら、生クリームを加えてしばらく煮る。最後にトマトを入れて一煮立ちさせる。

アンチョビの塩気で淡いカブの甘さを引き立てた。さっぱり食べたいときはアンチョビなしで。ホウレンソウのかわりに甘みのある別の青菜でもよい。

カブのスープ

FRENCH 松本浩之

材料（6人分）

カブスープ（乱切りのカブ中4個分●水400cc●バター5g●塩・白コショウ各適量）

ホッキ貝3個●カブ・赤カブ・ラディッシュ・黄カブ・緑カブ各適量●カブ油*少量●ピュアオリーブ油適量

*カブを原料とするフランス産の油。

1. カブスープをつくる。カブを鍋に入れ、水とバターを加えて火にかける。
2. カブがやわらかくなったら、ミキサーにかけてシノワで漉す。再び鍋に入れて温めながら塩、白コショウで味を調え、スープとする。
3. そのほかのカブ類は、食べやすく切って塩ゆでしておく。
4. ホッキ貝の殻を開いて身を取り出す。身からワタを切り離し、包丁で半分に開いて中のワタを取り除き、3％の塩で洗う。
5. テフロン加工のフライパンにピュアオリーブ油をひいて強火にかける。油が熱くなったら、下処理したホッキ貝をごく軽くソテーする。
6. 深皿にカブスープを流し、中央にソテーしたホッキ貝を盛る。ホッキ貝のまわりに3のカブをあしらい、カブ油を回しかける。

カブをじっくりと煮て旨みや甘みを引き出す。最後に落としたカブ油とあいまって、カブの香りがさらに増す。

かぶと百合の花汁

JAPANESE 西麻布 内儀屋

材料（4人分）

カブ4個●乾燥金針菜12本●乾燥白キクラゲ4g●クコの実20粒●スープ（だし→528頁 800cc●日本酒60cc●塩・薄口醤油各5cc）●水溶き片栗粉適量●黒酢少量

玉ネギ（繊維を断って薄切り）1/2個分●揚げ油適量●スライスベーコン（せん切り）1～2枚分●アサツキ（小口切り）適量

1. 白キクラゲを水に浸けて戻しておく。
2. 玉ネギは低温から中温くらいの揚げ油で、全体が茶色になるまでこがさないようにかき混ぜながら揚げる。
3. ベーコンは多めの油で揚げるように炒め、カリッとしたら油をきる。
4. スープをつくる。だしをとり、日本酒、塩、薄口醤油で味を調える。
5. 皮をむいたカブをスープに入れて煮る。カブに火が通ったら、金針菜、白キクラゲ、クコの実を入れる。温まったらカブだけを取り出し、器に盛る。
6. スープに水溶き片栗粉でとろみをつけ、器に盛る。黒酢をたらして風味をつけ、素揚げにした玉ネギ、ベーコン、アサツキを散らす。

金針菜はユリ科の花。これを乾燥させたものがよく用いられる。水溶き片栗粉でとろみをつけ、最後に黒酢をたらした中華風。

小玉葱のかに味噌汁

JAPANESE 西麻布 内儀屋

材料（4人分）

小玉ネギ**5個**●豚挽き肉**100g**

豚挽き肉の下味（薄口醤油少量●卵**1/4個**●日本酒**2.5cc**●みじん切りのショウガ小さじ**1/2**●片栗粉小さじ**1/2**●塩・コショウ各少量）

スープ（だし→**528頁 1.5リットル**●オイスターソース**15cc**●缶詰のカニミソ大さじ**1**●濃口醤油**25cc**●日本酒**50cc**●塩小さじ**1**）●水溶き片栗粉適量●アサツキ（小口切り）適量

1. 小玉ネギは皮をむき、上から2cmを切り落とす。根つきの部分は、平らに切る。幅が狭くて長いスプーンで、芯の部分をくり抜く。入り口は小さく、中は大きくくり抜くと、中に詰める肉がはみ出しにくい。
2. 豚挽き肉に下味の材料を加えて練る。これを**1**のくり抜いた小玉ネギの中に詰める。
3. スープをつくる。だしをとり、オイスターソース、カニミソを溶かし入れる。濃口醤油、日本酒、塩で味を調える。
4. 鍋に**2**をすき間なく詰め、スープを注いで落しぶたをし、弱火で1時間煮る。スープは小玉ネギがぎりぎり浸るくらい注ぐと、加熱しても肉がはみ出さない。くずれない程度にやわらかく煮る。
5. **4**を器に盛り、水溶き片栗粉でとろみをつけたスープを注ぐ。アサツキを散らす。

小玉ネギをじっくりとやわらかく煮て甘みを凝縮させる。

オニオングラタンスープ

FRENCH シエル ドゥ リヨン

材料（4人分）
玉ネギ（繊維に沿って薄切り）800g ●鶏のブイヨン（→526頁）800cc ●バター 50g ●パンチェッタ（薄切り）80g ●バゲット（2.5cmの角切り）16切れ ●グリュイエールチーズ（すりおろし）150g ●塩・白コショウ各適量 ●粉末パプリカ適量

1. 鍋にバターを温め、玉ネギを入れて、こげないよう木ベラで混ぜながら、弱火で色づくまで炒める。飴色になってしまうと炒めすぎ。玉ネギの形が残り、茶色く色づく程度にとどめる。
2. 鶏のブイヨン、パンチェッタ（1枚20gのものを4枚）を加えて一煮立ちさせ、アクを除く。弱火にして15分間煮る。塩、白コショウで味を調える。
3. 深さのある器に**2**を盛り、バゲット、グリュイエールチーズを順にのせる。約210℃のオーブンに3〜4分間入れて焼き色をつける。焼き上がったら粉末パプリカをふる。

玉ネギは飴色になるまで炒めると重い味になるので、素材感を失わない程度に。オーブンから出したばかりのあつあつを供したい。

オニオングラタンスープ

FRENCH 松本浩之

材料（6人分）

玉ネギ（薄切り）**300g**●鶏のブイヨン（→**528**頁）**180cc**●ラード少量●パート（小麦粉**250g**●バター**100g**●卵黄**1**個分●温水**75cc**●塩**5g**●砂糖**2**つまみ）●オリーブ油●シブレット（斜め薄切り）各少量

1 鍋にラードを熱し、玉ネギをこがさないようにじっくりと炒める。飴色のペースト状になったら、粗熱をとる。
2 玉ネギのペーストをラップフィルムに細長くのばし、両端をひねって直径1cmほどの棒状にし、冷蔵庫で冷やしておく。
3 玉ネギのペーストが冷えて固まったら、1〜1.5cmほどの長さに切る。
4 パートをつくる（つくりやすい分量）。材料をすべて混ぜ合わせて、1〜2mm厚さにのばす。小さな長方形と円形に型抜きし、**3**を円柱形に包む。220℃のオーブンで8分間焼く。
5 器に温めた鶏のブイヨンを注ぎ、オリーブ油をたらし、シブレットを散らす。**4**を添えて供する。

炒め玉ネギを包んだキューブ形のパートを口に含み、別添えのブイヨンを飲めば、口の中でオニオンスープができ上がるというしかけ。見た目にも美しく、驚きを演出することもできる。

ビールのスープ フォワグラ添え

FRENCH 松本浩之

材料（6人分）

玉ネギ（薄切り）**100g** ● ポロネギ（薄切り）**100g** ● ジャガイモ（メークイン・薄切り）**200g** ● ビール**1**リットル ● 鶏のブイヨン（→**528**頁）**500cc** ● 生クリーム**250cc** ● 粉末シナモン・グラニュー糖各**2**つまみ ● ローリエ**1**枚 ● 塩・白コショウ各適量

フォワグラ**45～50g** ● 小麦粉・グレスドワ（ガチョウの脂）各適量 ● マルドンの塩（→**361**頁）・黒コショウ各少量 ● シナモン（飾りなのでなくてもよい）少量

1. 鍋にグレスドワをひき、弱火で玉ネギ、ポロネギを炒める。しんなりしてきたら、ジャガイモを加える。
2. ジャガイモに油が回ったら、ビールと鶏のブイヨンを加えて火を強める。沸いたらアクをすくって火を弱め、生クリーム、シナモン、グラニュー糖、ローリエを加えて弱火で20分間ほど煮る。ローリエを除いてミキサーにかけてなめらかにし、シノワで漉す。塩、白コショウで味を調える。
3. 器にスープを流し入れ、小麦粉をふってグレスドワで焼いたフォワグラをのせる。フォワグラの上に、マルドンの塩と黒コショウの粗挽きを散らす。皿のふちに砕いたシナモンを飾る。

フランスの北東部に位置するアルザス地方の郷土料理。アルザスで最もポピュラーなFischerという地ビールでつくる。

長芋、オクラ、滑子 ぬるぬるうまだしジュレ

JAPANESE　和洋遊膳 中村　　C

材料（4人分）
寄せ豆腐適量●長イモ（あられ切り）・オクラ・ナメコ・吸い地各適量
うまだしジュレ（一番だし→529頁 720cc●日本酒90cc●ミリン90cc●薄口醤油90cc●塩少量●追がつお1つかみ●板ゼラチン10g）
青ユズ皮（すりおろし）少量

1. 長イモは酢水につける。オクラは塩ゆでして小口切りにし、濃いめの吸い地に浸ける。ナメコは吸い地でサッと炊いておく。
2. うまだしジュレをつくる。一番だしを熱し、日本酒、ミリン、薄口醤油、塩で味を調えて沸かす。追がつおをして漉し、ふやかした板ゼラチンを溶かして冷やし固める。
3. 長イモ、オクラ、ナメコを同量ずつ合わせ、うまだしジュレを混ぜ合わせる。
4. グラスに寄せ豆腐をざっくりすくって盛る。上に3を盛って供する。青ユズの皮をおろしてふる。

寄せ豆腐をかつおだしのジュレで合わせた。混ぜて食べる冷たいスープ。

蓮根のすり身汁

JAPANESE 西麻布 内儀屋

材料（4人分）
レンコン（すりおろし）162g●だし（→528頁）800cc●日本酒60cc●薄口醤油5cc●おろしショウガ少量

レンコンチップス（薄切りのレンコン4枚分●揚げ油・塩各適量）

1. レンコンをすりおろす。端のほうは薄切りにして、180℃の揚げ油で素揚げにし、熱いうちに塩をふって、レンコンチップスをつくる。
2. だしを火にかけ、日本酒と薄口醤油で味を調える。おろしたレンコンを入れて少し煮て、とろみがついたら火からおろす。おろしショウガを混ぜる。
3. 器に盛って、れんこんチップスを浮かべる。

旬の秋から冬にかけてのレンコンはデンプンをたっぷり含み、とろみも濃厚。旬以外の時期のものは、水溶き片栗粉でとろみを補ってもよい。

空豆の冷たいスープ

JAPANESE 西麻布 内儀屋

材料（4人分）

ソラ豆（サヤなし）330g ●玉ネギ（せん切り）1/6個分 ●だし300cc ●塩小さじ1 ●サラダ油少量 ●松ノ実4粒

1 ソラ豆を熱湯で塩ゆでして皮をむく。少しやわらかめにゆでておく。
2 鍋にサラダ油少量と玉ネギを入れて炒める。
3 玉ネギが透明になってきたら、ソラ豆を入れ、塩少量を加えてサッと炒める。
4 3とだしをミキサーにかける。味をみながら塩を入れて調え、冷やしておく。
5 器に盛り、揚げた松ノ実を1粒浮かせる。

初夏に出回るソラ豆の冷たいスープ。炒めたソラ豆とだしを合わせてミキサーにかけるだけの簡単でおいしいスープ。

グリーンピースのスープ ミネストローネ風 リコッタチーズのニョッキの浮き実

ITALIAN クチーナ トキオネーゼ コジマ

材料（4人分）

スープ（粒のグリーンピース**500g**●みじん切りの玉ネギ**1/4個分**●オリーブ油適量●鶏のブロード→**524頁 600cc**）

ニョッキ（リコッタチーズ**120g**●卵黄**1/2個分**●塩**1g**●薄力粉**5g**）

具の野菜（ラディッシュ・スナップエンドウ・ニンジン・小カブ・セロリ各適量●鶏のブロード・塩各適量）

オリーブ油少量●フェンネル少量

1. スープをつくる。玉ネギをオリーブ油で色づけないように炒める。しんなりしたら、鶏のブロードを入れる。沸いたらグリーンピースを入れる。
2. グリーンピースに火が通ったらブロードごとミキサーにかけてスープとする。
3. ニョッキをつくる。ニョッキの材料をすべて合わせて練り、絞り袋に入れて均等に絞って丸める。熱湯で2～3分間ゆでておく。
4. 具の野菜類は、大きさをそろえて適宜に切り分け、蒸し煮にして火を入れたのち、鶏のブロードで煮る。塩で味を調える。
5. スープにニョッキと野菜を入れて温める。器に盛り、オリーブ油を回しかける。フェンネルの葉を飾る。

野菜がたっぷりで、これだけでも充分満足できるが、浮き実のリコッタチーズのニョッキでスープにアクセントがつき、ボリューム感もアップする。

白いんげん豆と野菜のスープ／アメリカ

ETHNIC　トルバドール

材料（5人分）

白インゲン豆 200g ● 玉ネギ（粗みじん切り）100g ● セロリ（薄切り）1本分 ● ニンニク（みじん切り）1片分 ● ニンジン（輪切り）1本分 ● ハム*100g ● ローリエ1枚 ● 塩・黒コショウ各適量 ● ガーリックオイル**少量 ● パセリ（みじん切り）適量

*何の種類でもよい。ここではロースハムのブロックを使った。
**オリーブ油とサラダ油を同量ずつ合わせて、厚めに切ったニンニクと赤唐辛子を入れて火にかける。一旦沸かしてそのまま1晩おいて漉したもの。

1. 白インゲン豆は2倍量の水に1晩浸ける。同じ水のまま火にかけてゆでこぼす。豆を鍋に戻し、豆より2cmほど上まで水を注いで、塩少量、ローリエを入れて約30分間煮て、豆に8割ほど火を入れる。
2. ここにハムをちぎって入れ、さらに20〜30分間煮る。切るよりもちぎったほうが味が出やすい。
3. 玉ネギ、セロリ、ニンニク、ニンジンを入れてやわらかくなるまで煮る。最後に塩と挽きたての黒コショウを入れて味を調える。コショウを効かせるとおいしい。
4. 器に盛り、ガーリックオイルをかける。パセリを散らす。

ネイティブアメリカン（アメリカ原住民）から豆の使い方を受け継いで生まれたスープ。豆が煮くずれるまでじっくりと煮る。やわらかくならないときは、下ゆで時に少量の重曹を加えるとよい。

金時豆のズッパ デ ファジョーリ 自家製ファルファッレの浮き実

ITALIAN クチーナ トキオネーゼ コジマ

材料（4人分）

スープ（キントキ豆500g●皮つきニンニク1片●セージの葉3枚●塩1つまみ）

ファルファッレ（強力粉100g●卵黄3個分●塩1つまみ●オリーブ油30cc）

オリーブ油・ローズマリー・黒コショウ各適量

1 スープをつくる。キントキ豆は1晩水に浸ける。翌日水を捨て、新しく2リットルの水、ニンニク、セージの葉、塩を入れて火にかける。

2 豆がやわらかく煮えたら、セージとニンニクを取り出す。1/3の豆を残して、煮汁ごとミキサーにかける。残した豆を戻す。

3 ファルファッレをつくる。材料をすべて合わせてよく練ったのち、30分間冷蔵庫でやすませる。薄くのばして長方形に切り、真中をつまんで蝶のように成形する。塩（分量外）を入れた熱湯でファルファッレをゆでる。

4 スープを温め、器に盛る。ファルファッレを1人あたり5〜6個ほど浮き実にする。オリーブ油を回しかけ、ローズマリーの葉を散らす。黒コショウを挽きかける。

イタリアにはさまざまな豆を使ったスープがあるが、これはロンバルディア地方のスープ。ファルファッレを合わせてアレンジした。

うずら豆、さつまいも、かぼちゃのスープ

ITALIAN ペル グラッツィア デル ソーレ

材料（5人分）

ウズラ豆80g●玉ネギ（あられ切り）中1個分●セロリ（あられ切り）小1/2本分●ニンジン（あられ切り）中1/2本分●ホールトマト（粗目のムーランで漉したもの）50g●サツマイモ（角切り）中1本分●カボチャ（角切り）1/10個分●ニンニク（みじん切り）少量●オリーブ油適量●野菜のブロード（→525頁）1リットル●パルミジャーノチーズ80g●トマト（角切り）中1個分

1. ウズラ豆は3倍量の水に1晩つけたのち、水を変えずに2〜3時間煮る。豆がやわらかくなったら、塩少量（分量外）を加えてそのまま冷ます。
2. ニンニクをオリーブ油で炒め、玉ネギ、セロリ、ニンジン、ホールトマトを加えて塩（分量外）をふり、やわらかくなるまでじっくりと炒める。1のウズラ豆とゆで汁を加えて30分間煮込み、ミキサーにかける。
3. 鍋に移し、水でサッと洗ったサツマイモとカボチャを加え、野菜のブロードを注いで1時間煮る。
4. 火を止めてパルミジャーノチーズを混ぜて器に盛り、角切りにしたトマトを散らし、オリーブ油をたらす。

パスタ エ ファジョーリという豆のスープのアレンジ。パスタのかわりにボリュームのあるサツマイモとカボチャを加えた。豆の種類は問わないが、レンズ豆を使うと黒っぽい色になるので、白インゲン豆やキントキ豆、アズキなどがよい。

黒豆、根菜のスープ

ITALIAN　ペル グラッツィア デル ソーレ

材料（5人分）

黒豆50g　あられ切り野菜（ニンジン中1/3本分　黄ニンジン中1/3本分　ゴボウ30cm長さ　ダイコン15cm長さ　レンコン10cm長さ　カブ中3個分　トマト中3個分）　長ネギ（小口切り）1本分　ニンニク（みじん切り）少量　オリーブ油適量　塩適量　野菜のブロード（→525頁）1.5リットル

1　黒豆は水に1晩浸けたのち、2〜3時間煮てやわらかくする。
2　オリーブ油で長ネギ、ニンニクを炒める。香りが出てきたら、ゴボウ、レンコン、ニンジン、ダイコンの順番に鍋に入れて炒める。
3　野菜が半透明になってきたら、カブを入れ、塩をふってさらに炒める。
4　野菜のブロードを注ぎ、沸騰したら黒豆、トマトを加えて、1時間ほど煮る。器に盛りつけて提供する。

根菜は身体を芯から温めてくれる。多種類の根菜をたっぷり入れた、冬に食べたいスープ。

白インゲン豆のスープ

FRENCH シエル ドゥ リヨン

材料（4人分）

白インゲン豆200g◉厚切り香味野菜（ニンジン・玉ネギ・セロリ各50g）◉パンチェッタ（拍子木切り）100g◉水（浄水）適量◉鶏のブイヨン（→526頁）300cc◉ローリエ適量◉塩・白コショウ各適量◉オリーブ油適量

1 白インゲン豆を、たっぷりの水に1晩浸けて戻す。
2 戻し汁ごと鍋に入れ、香味野菜、パンチェッタ、ローリエを加え、強火にかける。沸いたらアクをすくい、弱火にする。豆に火が通るまで40分間ほど煮る。やわらかくなったら塩で下味をつけておく。冷蔵庫で半日ねかせる。
3 2に鶏のブイヨンを加えて、弱火で温める。塩、白コショウで味を調える。
4 器に盛り、スープの中央にローリエをあしらう。オリーブ油を回しかける。

すぐにはスープの味が豆に入っていかないが、ねかせることで豆がスープを吸って味わい深くなる。

ブラックビーンスープ／アメリカ

ETHNIC　トルバドール　

材料（8人分）

ブラックビーン（水煮）300g●トマトピュレ50cc●粒コリアンダーシード20粒●粉末クミンシード5g●ニンニク（みじん切り）2片分●ブラウンシュガー15g●玉ネギ（粗みじん切り）150g●コーン油適量●チキンストック（→533頁）500cc●塩・黒コショウ各適量

サワークリーム・イエローコーントルティーヤ・万能ネギ（小口切り）各少量

1 フードプロセッサーに水気をきったブラックビーン、トマトピュレ、粒コリアンダーシード、粉末クミンシード、ニンニク、ブラウンシュガーを入れて回す。
2 粗みじん切りの玉ネギをコーン油でしんなりするまでよく炒める。
3 ここに1とチキンストックを入れて火にかける。沸いたらアクをとり、10分間程度煮たのち、半量を再びフードプロセッサーにかけてなめらかな状態になるまで回す。
4 鍋に戻し、塩と黒コショウで味を調える。
5 器に盛り、少量の牛乳（分量外）でのばしたサワークリームを流し、砕いたイエローコーントルティーヤ、万能ネギを添える。

ブラックビーンという小粒の黒い豆をすりつぶしてつくる熱いスープ。南西部の料理だが、アメリカ各地で広くつくられている。コリアンダーシードやクミンシード、ニンニクを入れたスパイシーで力強い味が魅力。

ピーナッツスープ／アメリカ

ETHNIC トルバドール　　　　　　　　　　Ｈ

材料（4人分）

玉ネギ（みじん切り）**150g**●セロリ（みじん切り）**大1本分**●バター**60g**●チキンストック（→533頁）**800cc**●生クリーム（低脂肪のもの）**200cc**●ピーナッツバター（加糖クリームタイプ）スープ**200cc**につき**50g**●ローストピーナッツ適量

1. 玉ネギとセロリをバターで炒める。じっくり水分を引き出すように弱火で炒める。
2. チキンストックを入れて火にかける。沸いたら弱火で10分間ほど煮る。アクが出たら取り除く。
3. 生クリームを加える。温まったらミキサーにかけてシノワで漉す。この状態で保管する。
4. 提供時にスープを熱し、弱火にしてピーナッツバターを溶かし込んで濃度をつける。スープ200ccにピーナッツバター50gが目安。
5. 器に盛り、ローストピーナッツを散らす。

ピーナッツ好きのアメリカならではの、甘くて香ばしいスープ。バージニア州あたりで好まれている。ピーナッツバターを入れてからグラグラ沸かすと分離するので注意。少しずつ溶かし込んで濃度をつける要領で加える。

割干しだいこんのスープ

ITALIAN ペル グラッツィア デル ソーレ

材料（5人分）

割干ダイコン*4本 ● 乾燥カンピョウ20g ● シメジタケ・マイタケ・ヒラタケ各2パック ● ニンジン（短冊切り）中1/2本分 ● 玉ネギ（薄切り）中1個分 ● ニンニク（みじん切り）少量 ● オリーブ油適量 ● ドライトマトのオイル漬け（みじん切り）6枚分 ● 野菜のブロード（→525頁）500cc ● 塩適量 ● イタリアンパセリ（みじん切り）適量

*ダイコンを縦に割って干したもの。

1 割干ダイコンはサッと洗い、水で戻して3cm長さに切る。戻し汁はとっておく。
2 カンピョウは水でもみ洗いしたのち、水で戻す。その水で10分間ほど煮る。煮汁をとっておく。カンピョウを食べやすく切る。
3 オリーブ油でドライトマトのオイル漬けを炒め、割干ダイコンをからめ、戻し汁を入れて20分間煮る。このまま1晩冷蔵庫におく。
4 ニンニクをオリーブ油で炒める。香りが出たら、ニンジン、玉ネギを入れてサッと炒める。石づきを落としてほぐしたキノコ類を入れて塩を少量加え、弱火で水分が出てくるまで炒める。
5 3の割干ダイコンと2のカンピョウを汁ごと加えて煮立たせ、野菜のブロードを入れて1時間ほど煮込む。器に盛り、イタリアンパセリを散らす。

干し野菜はだしが出て滋味豊かな味になるので、戻し汁も残さずに加えること。細い切干ダイコンにはにおいが強く出すぎてしまうので向かない。

潮州海苔のスープ

CHINESE 御田町 桃の木

材料（3〜4人分）
潮州海苔30g●毛湯（→531頁 清湯のつくり方1）500cc●老酒適量●塩適量●濃口醤油少量●煎り白ゴマ少量

1 潮州海苔をひたひたの水に浸けて戻し、掃除しておく。
2 鍋ならしをし、毛湯を入れる。戻して水気をきった潮州海苔を入れて一煮立ちさせる。沸かしすぎると香りが飛んでしまうので注意する。
3 老酒、塩で味を調える。最後に濃口醤油をたらして風味をつける。
4 器に盛り、ゴマを散らす。

潮州海苔は、日本の浅草海苔を厚くしたような紅藻類の乾燥品。水で戻して使う。手に入らないときは、浅草海苔でも代用できるが、潮州海苔より香りが強いので、分量を減らしたほうがよい。

豆腐としいたけの白味噌スープ

JAPANESE 西麻布 内儀屋

材料（4人分）

絹漉し豆腐1丁●シイタケ4〜8本●長ネギ（6cm長さのぶつ切り）8切れ

スープ（だし→528頁 800cc●白味噌80g●濃口醤油15cc●日本酒30cc）

粉サンショウ●木ノ芽

1. 絹漉し豆腐は適宜に切る。シイタケは石づきを切り落として、傘に飾り包丁を入れる。長ネギは網焼きして、こげめをつけておく。
2. スープをつくる。だしをとり、白味噌を溶かし入れて、濃口醤油と日本酒で味を調える。
3. スープを沸かし、シイタケ、絹漉し豆腐、長ネギの順に入れてサッと煮る。
4. 器に盛り、粉サンショウをふり、木ノ芽を飾る。

シイタケは肉厚のものを用意し、長ネギは一手間かけて香ばしく焼く。吸い口の粉サンショウが、全体をキリッと締めるポイント。

揚げ豆腐の酸辣湯風

JAPANESE 和洋遊膳 中村

材料(3人分)

絹漉し豆腐1/2丁●タケノコ(アク抜き済)20g●シイタケ(薄切り)3枚分●卵1/2個●キヌサヤエンドウ6枚●サラダ油適量

スープ(一番だし→529頁 360cc●塩小さじ1/2●薄口醤油少量●柚子コショウ・酢各好みの分量●葛粉適量)

1. 絹漉し豆腐は水きりをして、180℃に熱したサラダ油で表面をカリカリに揚げる。タケノコはせん切りにする。
2. スープをつくる。一番だしを熱し、塩と薄口醤油で味を調えて、好みの分量の柚子コショウを加えて辛味をつける。少量でもかなり辛みがあり塩分もあるので加減しながら加える。
3. スープの中に食べやすく切った豆腐、タケノコ、シイタケを入れて一煮立ちさせ、溶き卵を流し入れる。水溶き葛粉を入れて薄くとろみをつけ、酸味を立たせるよう最後に酢を加え、ゆがいてせん切りにしたキヌサヤエンドウをいろどりに散らす。あつあつを器に盛って供する。

和の柚子コショウの辛みと米酢の酸味で酸っぱくて辛い和風の酸辣湯に仕上げた。厚揚げを大きく切ってスープをあんかけ風にすると惣菜となり、細かく切って葛を薄く仕上げると汁物になる。

豆腐、なまこ、きぬさやの酸辣湯 醤油味

CHINESE　御田町 桃の木　

材料（4人分）

戻したナマコ＊（細切り）50g ●キヌサヤエンドウ（細切り）8枚分 ●木綿豆腐（細切り）20g ●ザーサイ（細切り）5g ●赤唐辛子（生・細切り）1/5本分 ●豆板醤少量 ●ニンニク（みじん切り）少量 ●清湯（→531頁）500cc ●老酒15cc ●黒酢2.5cc ●濃口醤油7.5cc ●塩1つまみ ●酢22.5cc ●コショウ適量 ●辣油少量

＊ナマコを1晩水に浸ける。翌日鉄鍋以外の金属鍋を用い、たっぷりの水からナマコを強火でグラグラ沸かしたのち、ふたをしておいておく。これを4日間続ける。途中で内臓がやわらかくなってきたら腹を割って中の汚れを掃除する。3日目以降、冷めたらペティナイフで表面の汚れを一皮削り取る。腹の割れ目がフワッと開くくらいになったら戻し完了。

1. 鍋ならし（油をまんべんなく鍋肌にいきわたらせること）をし、豆板醤、みじん切りのニンニクを炒める。
2. 香りが出たら清湯を注ぎ、ナマコ、キヌサヤエンドウ、木綿豆腐、ザーサイ、赤唐辛子を入れて弱火で煮る。
3. 老酒、黒酢、濃口醤油、塩、酢、コショウを加えて味を調える。
4. 器に盛り、辣油を少量たらす。

文字通り酸っぱくて辛い味が特徴のスープ。コショウと酢を使うのが北京・四川風で、醤油味は広東風と知られているようだが、中国では具材はもとより、切り方にもさまざまなスタイルがある。

豆腐とA菜の細切りスープ

CHINESE 御田町 桃の木

材料（2人分）

絹漉し豆腐（極細切り）1/4丁分 ● A菜の芯（極細切り）10g ● 清湯（→531頁）500cc ● 塩少量 ● 老酒5cc ● 水溶き片栗粉適量 ● 葱油・紅酢各少量

1. 熱湯に豆腐とA菜をくぐらせて取り出しておく。
2. 鍋に清湯を沸かし、豆腐とA菜を入れる。沸いたら塩、老酒を入れて味を調える。水溶き片栗粉でとろみをつけて、仕上げの風味づけに葱油をたらし、紅酢を加える。
3. 器に盛り、渦を巻くように箸を動かし、豆腐を渦巻状に流す。

清朝の乾隆帝が、江南地方の寺で初めてこのスープを食べて非常に気に入り、寺の文思和尚の名をつけたという。絹漉し豆腐を細く細く切るのがポイント。A菜は台湾の葉野菜で、ロメインレタスのようにしゃきしゃきした歯応えが特徴。こちらも豆腐に合わせて細く切る。

シャンピニオンのクリームスープ カプチーノ仕立て トリュフ風味

ITALIAN クチーナ トキオネーゼ コジマ

材料（4人分）

キノコソテー（トリュフ20g●ジロールダケ50g●モリーユダケ40g●水で戻したトランペットダケ15g●バター20g●塩適量●マルサラ酒5cc●みじん切りのエシャロット5g●みじん切りのイタリアンパセリ適量）

クリームスープ（ブロードディフンギ→525頁 240cc●生クリーム*600cc●塩適量）牛乳適量●みじん切りのイタリアンパセリ適量

*乳脂肪分38％を使用。

1 キノコソテーをつくる。キノコ類を食べやすい大きさに切り分け、バターで炒める。塩で味を調え、マルサラ酒をふって風味をつける。エシャロットとイタリアンパセリを加えて炒め合わせる。
2 クリームスープをつくる。ブロードディフンギ1に対して生クリーム2.5を合わせて火にかけて一旦沸かす。塩を加えて味を調える。
3 2のスープを器に注ぎ、エスプレッソマシンのスチーマーで泡立てた牛乳を上からかける。キノコソテーとイタリアンパセリを散らす。

数種類のキノコを具とした、濃厚なキノコのだしでつくったクリームスープ。上にエスプレッソマシーンのスチーマーにかけた牛乳の泡をかけた。

木の子のスープ

FRENCH 松本浩之　　　　　　　　　　H

材料（6人分）

スープ（キノコ*500g●薄切りの玉ネギ100g●薄切りのニンニク2片分●バター100g●鶏のブイヨン→528頁 500cc●生クリーム50cc●牛乳100cc●塩・白コショウ各適量）

ベーコンの泡（牛乳500cc●あられ切りのベーコン250g）

ラルド**少量●セップダケのグリル***

シブレット（小口切り）適量●マルドンの塩（→361頁）少量

* ホンシメジタケ、シイタケ、エリンギダケ、ブナシメジダケなどを取り合わせて使用。
** 豚の脂の塩漬け。ここでは、イタリアのアルナード産のものを使用。
*** セップダケ3本を薄切りにして、ピュアオリーブ油をぬったグリヤードで焼く。

1 スープをつくる。鍋にバターを溶かし、玉ネギとニンニクを入れて炒める。ニンニクの香りが立ったら、キノコと塩を加える。弱火でじっくりとキノコから水分を引き出すように炒める。

2 キノコがしんなりしたら、鶏のブイヨンを注ぎ、強火で沸かす。アクをすくい、弱火で20分間煮る。

3 **2**をミキサーにかけて漉す。生クリームと牛乳を合わせて温めたものを加え、塩、白コショウで味を調えてスープを仕上げる。

4 ベーコンの泡をつくる。ベーコンを弱火で炒め、色づく手前で牛乳を注ぐ。沸いたら火を止め、ふたをして20分間おいて漉しておく。

5 器に温めたスープを注ぎ、セップダケのグリルを盛る。その上にマルドンの塩をふる。

6 **4**を人肌程度に温めて、ハンドミキサーで泡立て、泡をすくい取って浮かべる。

7 ごく薄く切ったラルドを、熱したテフロンフライパンに2秒ほどのせ、ジュッと縮んだらスープにあしらう。シブレットを散らす。

さっぱりとしたキノコのスープに、ベーコン風味の泡を落とせば軽さを保ったまま肉の旨みと香りを添えることができる。

421

SOUP 野菜 ― きのこ 種実

茸のスープ

FRENCH シエル ドゥ リヨン

材料（4人分）

シイタケ・マイタケ・エノキダケ・エリンギダケ・シメジタケ各**150g**●玉ネギ（みじん切り）**100g**●ニンニク（薄切り）小**1**片分●鶏のブイヨン（→**526**頁）**1**リットル●バター・オリーブ油各適量●塩・白コショウ各適量●イタリアンパセリ（みじん切り）適量●粉末パプリカ適量

1. キノコ類は、石づきを取り除き、適当な大きさに切る。フードプロセッサーでみじん切りにする。
2. 鍋に少量のオリーブ油とバターをひき、弱火にかける。ニンニクを入れて、色づかないよう炒める。しんなりして香りが出たら取り出す。
3. ニンニクを取り出した鍋に、玉ネギとキノコ類を加える。こげつかないよう木ベラでよく混ぜながら炒め、かさが1/3程度まで減ったら塩、白コショウで下味をつける。
4. 3のソテーに鶏のブイヨンを加え、一煮立ちさせる。塩、白コショウで味を調える。
5. ハンドミキサーで軽く泡立ててから器に盛る。イタリアンパセリと粉末パプリカをふる。

キノコはじっくり炒めて水分を飛ばし、旨みを凝縮させる。キノコと玉ネギのソテーは、まとめてつくっておけば、その都度ブイヨンで溶くだけでスープとなる。

栗のヴルーテ

FRENCH 松本浩之

材料（6人分）

ヴルーテ（薄切りのむきグリ**300g** ● 薄切りの玉ネギ**100g** ● 砂糖1つまみ ● 鶏のブイヨン→528頁**500cc** ● バター**50g** ● 塩・白コショウ各適量）

ホタテ貝**18個** ● ピュアオリーブ油適量 ● チョリソ（せん切り）・シブレット（小口切り）各適量 ● マルドンの塩（→361頁）・粗挽き黒コショウ各少量

1. ヴルーテをつくる。鍋にバターを溶かし、玉ネギ、塩1つまみを加えて弱火で炒める。しんなりしたらむきグリを加えて、さらに炒める。
2. クリに軽く歯応えが少し残る程度まで火が通ったら砂糖を加える。砂糖がなじんだら、鶏のブイヨンを注いで火を強める。
3. 沸いたらアクをひき、弱火にして約25分間煮る。ミキサーにかけて漉す。鍋に戻して温め、塩、白コショウで味を調え、器に流し入れる。
4. フライパンにピュアオリーブ油をひいて強火にかける。ホタテ貝を入れたら中火にする。片面がパリッと焼けたら裏返す。反対側はサッと焼いて、スープに盛る。ホタテ貝の上に、チョリソ、シブレット、マルドンの塩、粗挽きにした黒コショウをあしらう。

栗のヴルーテはホタテによくからむよう、濃厚に仕上げた。

穀物のスープ

ITALIAN　ペル グラッツィア デル ソーレ

材料（5人分）

スペルト小麦*・大麦各50g●モチキビ・ウルチキビ各40g●レンズ豆・ヒヨコ豆各50g

あられ切り香味野菜（玉ネギ中1/2個分●ニンジン中1/3個分●セロリ長さ20cm分）●ニンニク（みじん切り）1片分●ローリエ2枚●オリーブ油50cc●

カブ（あられ切り）4個分●ゴボウ（あられ切り）長さ20cm分●カブの葉（ざく切り）4個分●野菜のブロード（→525頁）1リットル●ホールトマト（粗目のムーランで漉したもの）100g●ニンニク風味のオリーブ油適量●パルミジャーノチーズ80g

*イタリア産の古くから食べられてきた小麦の一種。ホールはスープなどに使われることが多い。

1. スペルト小麦と大麦は、それぞれ別に3倍量の水でゆでておく。
2. モチキビは、よく研いだのち、1.5倍量の野菜のブロード、塩少量、オリーブ油少量（すべて分量外）を入れて圧力釜で炊く（沸騰したら弱火で20分間）。
3. ウルチキビは、よく研いだのち、1.5倍量の野菜のブロード、塩少量、オリーブ油少量（すべて分量外）を合わせて沸騰させた中に入れて火にかける。再沸騰したらふたをして、7～8分間煮る。
4. レンズ豆は2倍量の水で約40分間煮る。塩少量（分量外）を最後に入れて、そのまま冷ます。
5. ヒヨコ豆は3倍量の水に浸けて1晩おいたのち、ニンニク1片、ローズマリー1枝（ともに分量外）を入れて火にかける。ポコポコするくらいの火加減で2時間煮る。塩少量（分量外）を入れて、そのまま冷ます。
6. ローリエとニンニクをオリーブ油で炒める。香りが出たら香味野菜を加えてよく炒める。
7. ここにカブ、カブの葉、ゴボウを入れてさらによく炒め、野菜のブロード、ホールトマト、**1**～**5**の炊いた穀物と豆類を入れて1～1時間半煮込む。
8. 器に盛りつけて、仕上げにニンニク風味のオリーブ油をたらし、パルミジャーノチーズをふる。

425

SOUP 野菜 ― 穀物 パスタ

雑穀たっぷりのミネストローネのようなスープ。アマランサスのような小粒の雑穀を入れても食べやすい。雑穀の分量を増やして煮詰めるとリゾットにもなる。

ポレンタとリゾッティのスープ

ITALIAN ペル グラッツィア デル ソーレ

材料（5人分）

ポレンタ粉150g ●野菜のブロード（→525頁）800cc ●牛乳200cc ●バター40g ●塩適量 ●オリーブ油20g ●リゾッティ*100g ●パルミジャーノチーズ80g

＊米粒の形をしたパスタ。カムット小麦が原料。プレーン、ピンク、オレンジと3色混ざっており、ビーツやニンジンの色素で着色してある。

1. 野菜のブロード、牛乳、バター、塩、オリーブ油を鍋に入れて火にかける。沸騰したらポレンタ粉を泡立て器で混ぜながら加える。完全に溶けたら、木ベラで混ぜながら、20分間弱火で煮る。
2. リゾッティは別に塩を入れた熱湯でゆでておく。
3. ゆでたリゾッティを1に入れて温め、火を止めたのち、パルミジャーノチーズを加えてよく混ぜる。器に盛る。

ポタージュ状なのでチーズと合う。リゾッティを入れずに、ジャガイモやカボチャなどを加えてもよいし、挽き肉や牛タンなど煮込んだ肉を加えてボリュームをつけてもよい。

冷たいワンタンとじゅん菜 吸酢

JAPANESE 西麻布 内儀屋

材料（4人分）

ワンタン60個分（ワンタンの皮60枚●鶏挽き肉200g●小口切りのキュウリ1本分●卵黄1/2個分●塩・日本酒各少量）

ジュンサイ200g●吸酢*適量●おろしショウガ適量

*酢1に対してだし6で割って、薄口醤油1で味を調えたもの。

1. ワンタンをつくる。鶏挽き肉は卵黄、少量の塩と日本酒で下味をつける。キュウリは塩少量をまぶして水分を絞り、鶏挽き肉に混ぜる。
2. 1をワンタンの皮で包み、沸騰した湯で1～2分間ゆでる。浮いてきたら取り出し、氷水で冷やす。
3. 器にゆでたワンタンを盛り、ジュンサイを散らす。冷やした吸酢を注いで、おろしショウガを添える。

吸酢はだしで割って、飲みやすいように味を調えること。ひんやりと冷たいワンタンと涼しげなジュンサイを組み合わせた、酸味をつけた夏のスープ。

鯛にゅうめん

JAPANESE 和洋遊膳 中村

材料（4人分）
タイ（切り身）8切れ●素麺4束●シイタケ4枚●タイだし（→529頁）900cc●塩・薄口醤油・ミリン各適量●軸三ツ葉適量
スダチ（輪切り）4枚

1. タイは三枚におろし、塩をあてて1時間ほどおく。皮に飾り包丁を入れ、食べやすい大きさの切り身にして串を打ち、香ばしく焼く。
2. 素麺を束ねて熱湯でゆでる。すぐに氷水にとって締める。
3. タイだしを温め、塩、薄口醤油、ミリンで濃いめの吸い物加減に味を調える。
4. 飾り包丁を入れたシイタケを**3**に入れて煮る。
5. 器に熱した**4**の吸い地にくぐらせて温めた素麺、タイの塩焼き、シイタケを盛り、ゆがいて切りそろえた軸三ツ葉を添える。熱い汁を注ぎ、スダチを添える。

タイのアラだしでつくる温かい汁物。タイの塩焼きと素麺で仕上げる関西ならではの料理。アマダイを使ってもよいだろう。タイを姿のまま焼いて大鉢などにたっぷり盛ると豪華な演出となる。

鴨茶そば

JAPANESE 和洋遊膳 中村

材料（4人分）
茶そば（ゆで）200g●サラダ油適量●鴨ロース肉（へぎ身）16枚
シイタケ煮（シイタケ適量●だし・砂糖・濃口醤油各適量）
管ゴボウ（新ゴボウ適量●だし・砂糖・薄口醤油各適量）●白ネギ（ぶつ切り）適量
鴨だし（→530頁）360cc●一番だし（→529頁）360cc●葛粉適量●白髪ネギ・粉サンショウ各適量

1. 茶そばは熱湯でゆでて水気をしっかりきり、1台のセルクルに50gを詰める。セルクルごと180℃のサラダ油に入れてからりと揚げる。
2. シイタケ煮をつくる。シイタケは濃口醤油と砂糖で調味しただしで、うま煮よりも薄味加減に煮る。
3. 管ゴボウをつくる。新ゴボウは、米糠と赤唐辛子を入れた水から煮てアクを抜く。打ち抜き器で芯を抜き、管ゴボウをつくる。水で下ゆできして糠臭さを抜いたのち、砂糖と薄口醤油で味を調えただしで薄味に煮含める。
4. 鴨だしと一番だしを同量ずつ合わせて熱し、シイタケ煮、管ゴボウを入れて一煮立ちさせ、白ネギを入れる。最後に葛粉をまぶした鴨ロースを入れて、8割程度火を通す。
5. 水で溶いた葛粉をひいてとろみをつける。
6. 揚げた茶そばを器に盛り、5をかける。粉サンショウをふり、天に白髪ネギを盛る。

茶そばは揚げてこくをだした。鴨肉はサッと火を通すこと。通しすぎると肉がかたくなってしまう。

ラクサ／シンガポール

ETHNIC　ア・タ・ゴール

材料（3人分）

ラクサの具（モヤシ・ゆで玉子・鶏ムネ肉各適量）

ラクサのベース10人分（鶏のブイヨン→532頁 2リットル●ナンプラー100cc●塩少量●生のターメリック20g●パクチーの根3本分●レモングラス2本●エシャロット1個●生のピッキーヌー2本●ニンニク5g●ショウガ10g）

ビーフン適量●ミント・ラクサリーフ*・ニラ・パクチー（各ざく切り）各適量●ライム（くし形切り）適量

*英名ベトナムコリアンダー。シンガポールでは、おもにラクサに使われる。

1 ラクサのベースの材料をすべてミキサーにかけて、なめらかになるまでよく回す。

2 1を鍋に移して火にかける。沸いたら、ラクサリーフを加えて香りを出す。

3 鶏ムネ肉はゆでて冷まし、手で裂く。ビーフンはゆでておく。

4 器にビーフンを敷き、2を注いで具をのせる。ミント、ラクサリーフ、ニラ、パクチーを上に盛る。ライムを添える。

多民族国家シンガポールを構成する一民族、ニョニャ族の料理。味の決め手となるのは、ラクサリーフと呼ばれるハーブ。

SOUP

肉篇

コンソメ

FRENCH 松本浩之

材料（約30人分）

鶏のブイヨン（→528頁）5リットル ● 鶏首ツル（3cm長さのぶつ切り）1.5kg ● 牛スネ挽き肉1.5kg ● 玉ネギ（みじん切り）500g ● ニンジン（みじん切り）200g ● セロリ（みじん切り）100g ● トマトペースト50g ● 完熟トマト（乱切り）1個 ● タイム・ローリエ・黒粒コショウ・塩各適量 ● 卵白8個分 ● トリュフ・菊花各少量

1. 寸胴鍋に牛スネ挽き肉、玉ネギとニンジンとセロリ、トマトペースト、完熟トマト、タイム、ローリエ、黒粒コショウ、塩を入れてよくもむ。
2. もったりとしてきたら、鶏首ツル、卵白を加えてさらによくもむ。
3. 人肌に温めた鶏のブイヨンを注いで強火にかけ、こげつかないよう木ベラで鍋底をこすりながら、全体を混ぜる。65〜70℃まで温度が上がったら、混ぜるのをやめる。
4. アクはすべてひく。卵白が固まって浮き上がってきたら中火にする。レードルで中央に穴を開け、蒸気の逃げ道をつくる。表面が揺らぐくらいの火加減のまま6時間熱し、静かに漉す。
5. コンソメを温めて器に流し入れる。細切りにしたトリュフを入れ、菊の花びらを浮かべる。

材料と時間をぜいたくに使ったコンソメ。シンプルにその味わいを楽しんでもらう。

冷製コンソメのパリ ソワール

ETHNIC ア・タ・ゴール

材料（10人分）
コンソメ（→527頁）1リットル
ポタージュ（トウモロコシ*3本●バター100g●牛乳200cc●生クリーム**100cc●水360〜400cc●塩少量）●岩塩少量

*味来を使用。
**乳脂肪分38％を使用。

1 ポタージュをつくる。鍋にバターとトウモロコシの粒を包丁でそいで入れ、中弱火で水分を引き出すようにじっくりと炒める。
2 1に水を加えて沸かす。アクが出たらすくい、塩を加えて10分間煮る。
3 ミキサーにかけて、シノワで漉す。
4 粗熱をとり、牛乳と生クリームを加えて冷蔵庫で冷やす。
5 冷やしておいた器にトウモロコシのポタージュ（1人分あたり150cc）を流し入れ、冷やして固めたコンソメ（1人分あたり100cc）を浮かべ、岩塩を散らす。

トリップの煮込みスープ

FRENCH シエル ドゥ リヨン

材料（4人分）

上ミノ*1kg●玉ネギ400g●ニンジン200g●セロリ100g●トマト100g●ニンニク2片●パセリの茎少量●鶏のブイヨン（→526頁）1リットル●水（浄水）1リットル●白ワイン200cc●白ワインヴィネガー50cc●粉末スパイス（黒コショウ・アニス・コリアンダーシード・クローブ各適量）●塩適量●ミックススパイス**適量●粗挽き黒コショウ適量●フルールドセル適量●イタリアンパセリ（細切り）適量

*ここで使うのは第1胃のミノ。薄皮をはがした状態で売られている肉厚な部分を選ぶ。
**ナツメッグ1、白コショウ1、ガーリック1、キャトルエピス0.5（すべて粉末）を合わせたもの。

1 上ミノはたっぷりの水で3〜4回ゆでこぼす。ゆでこぼすたびに水洗いする。
2 1の上ミノ、丸のままの野菜類、パセリの茎、白ワイン、白ワインヴィネガー、粉末スパイス、塩を鍋に入れる。鶏のブイヨンと水を注ぎ、ふたをして火にかけ、沸いたら弱火で4〜5時間煮込む。
3 上ミノに竹串がスッと通ったら、上ミノと野菜類を保存容器に移し、漉した煮汁を注ぎ入れて冷蔵庫で1日間ねかせる。
4 上ミノ、野菜類を切り分ける。煮汁とともに弱火で温め、塩、ミックススパイスで味を調える。器に盛り、黒コショウとフルールドセルをふり、イタリアンパセリをあしらう。

トリップは7時間ほど煮込むとゼラチン質がスープに溶け出すくらいやわらかくなるが、ここでは歯応えを残す。

牛スネ肉とそら豆のトロミスープ（梅雨のスープ）

CHINESE 南青山 Essence

材料（1人分）

牛スネ肉50g ●ソラ豆6粒 ●長ネギ（みじん切り）5g ●紹興酒30cc ●熱湯200cc ●葱油5cc ●卵白1個分 ●水溶き片栗粉適量 ●塩・コショウ各少量 ●ジュンサイ大さじ2

◎牛肉は消化器系の活動を促進し、胃に活力をつけ、湿邪を取り除く効能があるといわれる。ソラ豆も消化器系の働きを促進し、体内水分をコントロールしてくれるという。また、ジュンサイには熱を冷まし、体内水分をコントロールする効果が期待できる。

1. 牛スネ肉は余分な脂分を取り除き、熱湯でゆでたのち、湯で洗い流す。
2. 器に牛スネ肉、紹興酒15ccを入れて熱湯200ccを注ぎ、ラップフィルムで密封して2時間半蒸す。
3. ソラ豆はサヤをはずし、熱湯でゆでて皮をむき、細かく切っておく。
4. ジュンサイは熱湯にくぐらせて、色が出たらすぐに冷水にとる。
5. **2**の牛スネ肉を包丁でみじん切りにする。
6. 葱油を弱火で熱し、紹興酒15cc、牛スネ肉の蒸し汁を入れる。ソラ豆、長ネギ、牛スネ肉を入れ、塩、コショウで味を調える。
7. 沸いたら水溶き片栗粉で濃度をつけ、卵白を回し入れる。器に盛り、ジュンサイをのせる。

牛スネ肉からはおいしいだしが出る。反面味にクセがでやすい。そこでコショウを強めにきかせて仕上げると、牛スネ肉がさっぱり食べられる。

ケンタッキーバーグー／アメリカ

ETHNIC トルバドール　H

材料（10人分）

牛モモ肉（大きな角切り）**250g**
●ラム肉（大きな角切り）**250g**●
鶏ムネ肉（大きな角切り）**500g**
●ジャガイモ（角切り）**150g**●ニンジン（いちょう切り）**1/2本分**●玉ネギ（粗みじん切り）**150g**●ピーマン（粗みじん切り）**2個分**●トウモロコシ（粒）**150g**●トマト（角切り）**1個分**●オクラ（薄切り）**3本分**●ニンニク（みじん切り）**2片分**
●水**2リットル**●アップルサイダーヴィネガー**30cc**●サラダ油・オリーブ油各適量●塩・コショウ各適量●カイエンヌペッパー少量

1. 牛モモ肉、ラム肉、鶏ムネ肉に塩、コショウをし、オリーブ油をまぶして10〜15分間おく。
2. 鍋にサラダ油を入れて熱し、1の肉の表面を強火で焼き固める。水2リットルを注いで、ふたをして1〜1時間半程度煮る。
3. 肉がやわらかくなったら、ジャガイモ、ニンジン、玉ネギ、ピーマン、トウモロコシを入れ、塩とカイエンヌペッパーを加えて再びふたをして、1〜1時間半煮る。
4. トマト、オクラ、ニンニク、アップルサイダーヴィネガーを入れてふたをはずして30分間煮る。
5. 塩で味を調え、器に盛りつける。

バーグーとはミックスしたシチューのこと。バーベキューの切れ端の肉や焼いて残った肉などを利用。バーベキューのグリルの端で長時間煮込む。多種類の肉が入ると味がよくなる。ここでは牛、羊、鶏の3種を使った。ソーセージなども合う。

コーンビーフスープ／アメリカ

ETHNIC トルバドール

材料（4人分）
コーンビーフ（牛ムネ肉7〜10kgの塊●粗塩適量●ソミュール液*適量）●トマト（くし形切り）1個分●ピーマン（4等分のくし形切り）1個分●ジャガイモ**（輪切り）1個分●サラダ油適量●チリストック（→532頁）1リットル●塩適量●砂糖少量

*水2リットルに対してローリエ2枚、タイム、ローズマリー、クローブ（ホール）、粒コリアンダーシード、黒粒コショウ（それぞれドライを大さじ1ずつ）を合わせて一旦沸かして冷ましたもの。
**メークインを使用。

1. コーンビーフをつくる。牛肉のスジを取り除き、2kgに切る。切り出した肉にたっぷりの粗塩をまぶして冷蔵庫に入れて1週間おく。水洗いしてソミュール液に10日間浸けたのち、水から4時間そのまま煮てコーンビーフをつくる。
2. ジャガイモを下ゆでする。ピーマンを高温のサラダ油で素揚げする。
3. チリストックの中にコーンビーフ400g、ジャガイモ、トマト、ピーマンを入れて煮る。味がなじんだら塩と砂糖で味を調える。器に盛る。

牛ムネ肉（クロッドまたはブリスケ）でつくった自家製コーンビーフを使った南西部のスープ。ワヒージョという唐辛子からとったチリストックを使い、ピリッと辛い仕上がり。牛肩肉や鶏肉でも代用可。アボカドやパクチーの葉などを入れることもある。

東京Xバラ肉とレンズ豆のスープ

FRENCH シエル ドゥ リヨン

材料（4人分）

豚バラ肉（東京X*）400g ●サラダ油少量

レンズ豆200g ●厚切り香味野菜（玉ネギ20g ●ニンジン20g ●セロリ20g ●ニンニク1/3片）●鶏のブイヨン（→526頁）2リットル ●塩・白・黒コショウ各適量 ●フルールドセル適量 ●イタリアンパセリ（細切り）適量

＊東京都畜産試験場が三種の豚をかけ合わせて開発した品種。肉質はきめ細かく、霜降り。脂肪の口溶けもよい。

1 豚バラ肉を鶏のブイヨン1.5リットルで煮る。豚バラ肉が浸るよう、小さめの鍋を使うとよい。一煮立ちしたらアクをすくい、弱火で3〜4時間煮る。豚バラ肉がやわらかくなったら、煮汁ごと半日間冷蔵庫で冷やす。

2 別鍋に鶏のブイヨン500cc、レンズ豆、香味野菜を入れ、沸騰したら弱火にして20〜30分間煮る。火を止め、ふたをして30分間常温で蒸らし、レンズ豆を芯までやわらかくする。香味野菜を取り除く。

3 1のバラ肉を薄く切り、塩をふる。サラダ油をひいたフライパンで両面に焼き色をつける。

4 2に1の煮汁を加えて弱火で温め、塩、白コショウで味を調える。器に盛り、ソテーした豚バラ肉をのせる。イタリアンパセリ、フルールドセル、黒コショウをふる。

東京の地豚の旨みを存分に味わうスープ。やわらかく煮た豚バラ肉の煮汁でレンズ豆のスープをつくり、肉をカリッと焼き上げて添えた。

豚足の煮込みスープ

FRENCH シエル ドゥ リヨン

材料（4人分）

豚足4本 ●香味野菜（玉ネギ400g●ニンジン200g●セロリ100g●トマト100g●ニンニク2片●パセリの茎少量）●鶏のブイヨン（→526頁）1リットル●水1リットル●白ワイン200cc●白ワインヴィネガー50cc●粒スパイス（黒コショウ●アニス●コリアンダー●クローブ）●白インゲン豆（水煮）100g●塩・白コショウ各適量

粉末パプリカ・粗挽き黒コショウ・フルールドセル・イタリアンパセリ（細切り）各適量

1. 豚足と香味野菜（丸のまま）、白ワイン、白ワインヴィネガー、スパイス類、塩を鍋に入れる。鶏のブイヨンと水を注ぎ、火にかける。沸いたらアクをひき、弱火で4〜5時間煮込む。
2. 豚足の骨ばなれがよくなったら、豚足と野菜類を取り出す。豚足は骨をはずして形を整え、温かいうちにラップフィルムで包装し、冷蔵庫で冷やし固める。煮汁はシノワで漉す。豚足、野菜、煮汁を別々に冷蔵庫で保存。
3. 豚足が冷えて固まったら、煮汁を鍋に移し、食べやすく切った2の野菜と豚足、白インゲン豆を入れて弱火で温める。塩、白コショウで調味し、10分間ほど煮込む。
4. 鍋底を氷水にあてて冷やし、冷蔵庫で半日ねかせて味をなじませる。
5. 提供時温めて器に盛り、イタリアンパセリ、フルールドセル、黒コショウとパプリカをふる。

豚足はよく煮込めばとろとろになるが、あえてその手前で止め、ゼラチン質たっぷりの肉をぞんぶんに味わってもらう。

豚肉としいたけの蒸しスープ

JAPANESE 西麻布 内儀屋

材料（4人分）

豚挽き肉**120g**●ショウガ（みじん切り）少量●長ネギ（みじん切り）大さじ**3**●シイタケ（みじん切り）**3**枚分●塩・日本酒・薄口醤油各適量●水**480cc**

1 豚挽き肉、ショウガ、長ネギ、シイタケをよく混ぜて、塩、日本酒で下味をつける。
2 ここに分量の水を入れて混ぜ、薄口醤油を加えて味を調える。
3 器に入れて、蒸気が上がった蒸し器に入れて、強火で20～25分間ほど蒸す。あつあつを供する。

水を入れて練った豚肉やみじん切りの野菜などを蒸すと、透明のスープと具に分離し、具がふわふわ浮き上がってくる。

黒豚バラ肉の沢煮椀

JAPANESE 和洋遊膳 中村

材料（4人分）

豚バラ肉（超薄切り）200g●ニンジン（せん切り）適量●ゴボウ（ささがき）適量●ダイコン（せん切り）適量●シイタケ（薄切り）適量●糸コンニャク適量●鶏ガラスープ（→529頁）720cc●塩・薄口醤油各適量●葛粉適量●軸三ツ葉（ざく切り）適量●スダチ適量●黒コショウ少量

1. 豚バラ肉は、熱した鶏ガラスープにサッとくぐらせて取り出す。煮すぎないよう注意。
2. 野菜類は好みの分量を用意し、サッと下ゆでしたのち、塩と薄口醤油で吸い地加減に味を調えた鶏ガラスープ（分量外）で煮て、味を含ませる。
3. 糸コンニャクは湯通しして、**2**と同様の地で煮含める。
4. 豚バラ肉を煮た**1**の鶏ガラスープを漉して、塩、薄口醤油で味を調える。熱して水溶きの葛粉を加えてとろみをつける。軸三ツ葉を散らす。
5. 器に豚バラ肉、野菜類、糸コンニャクを盛って、熱い**4**の汁をはる。スダチを添え、黒コショウを挽きかける。

豚バラ肉はごくごく薄く切ることがポイント。少しでも厚いと別物の料理になってしまう。具沢山なので、スープは吸い物よりも少し濃いめに味を調えるとよい。

塩漬け豚肉と胡瓜のスープ

CHINESE 御田町 桃の木

材料（3〜4人分）

塩漬け豚肉***100g** ● キュウリ（縦に薄切り）**1本分** ● 清湯（→531頁）**500cc**

*豚モモ肉の重量に対して5%の塩（岩塩）をすり込んでラップで包み、2週間冷蔵庫にねかせてつくる。そのまま蒸して使う。

1. 塩漬け豚肉は一口大に切り、蒸し器で20分間蒸しておく。蒸し汁は取りおく。
2. キュウリは1本のまま、縦に薄く切る。
3. 鍋に清湯を入れて熱し、蒸した豚肉と蒸し汁で味を調える。
4. キュウリを加えてサッと温め、器に盛る。

豚肉の旨みが溶け出した蒸し汁は捨てずに使うこと。キュウリは細切りでも乱切りでもよいが、縦に薄切りにすると、早く火が通り、色もきれいに仕上がる。

スペアリブと苦瓜のスープ

CHINESE 御田町 桃の木

材料（3人分）
豚スペアリブ（一口大）2本●ゴーヤ（一口大）1本●清湯（→531頁）200cc●水300cc●塩適量

1 豚スペアリブ、ゴーヤともに1％の塩でもみ、20分間おいたのち、水に10分間ほどさらす。
2 スペアリブをたっぷりの湯でゆでこぼし、血やアクなどを洗い流す。
3 土鍋に清湯、水300ccを注ぎ、スペアリブとゴーヤを加えて火にかける。沸いたらふたをして弱火にして2時間ほど煮る。
4 塩で味を調えて仕上げる。

一般的に食卓でスープに塩を加えて味をつけて食べられている。2時間以上煮ると、ゴーヤの苦みが薄れて、スペアリブとのバランスがよくなる。

カイン チュア カー スォン／ベトナム

ETHNIC　ア・タ・ゴール

材料（3人分）

豚スペアリブ6本●ズイキ2本●タマリンドペースト（梅干しで代用可）20g●豚のブイヨン（→532頁）600cc●生のターメリック（パウダーで代用可）15g●サラダ油少量●塩適量●ニョクマム*少量

*ベトナムの魚醤。

1. 豚スペアリブは水にさらしてくさみを抜いて水気をふく。塩をふって10分間ほどおく。
2. フライパンを強火にかけてサラダ油をひき、豚スペアリブを入れて軽く表面を焼き固める。
3. ズイキは皮をむき、水にさらしてアクを抜き、一口大に切ってすりおろした生のターメリックをすり込む。
4. タマリンドペーストは、少量の水（分量外）でふやかし、エキスをもみ出して漉す。なければ梅干しの果肉を叩いたもので代用する。
5. 鍋に豚のブイヨンとスペアリブを入れて一煮立ちさせる。アクが出たら取り除き、ふたをして弱火で1時間ほど煮る。ターメリックをすり込んだズイキを加えて、10〜15分間ほどズイキに味がしみるまで煮込む。
6. 4とニョクマムを加えて、味を調える。

ベトナム南部の豚肉のスープ。タマリンドの酸味が特徴。食欲をそそる黄色は、生のターメリックの色。豚の旨みが溶け出したスープをズイキがたっぷりと吸って美味。ズイキはベトナムでは豚と並んでポピュラーな食材である。

ヨクイニン、トウモロコシ、トウモロコシのヒゲ、豚胃袋のスープ（梅雨のスープ）

CHINESE　南青山 Essence

材料（1人分）

豚ガツ（胃袋）50g ● ヨクイニン*5g ● トウモロコシ1/4本 ● トウモロコシのヒゲ3g ● ショウガ15g ● 紹興酒15cc ● 熱湯600cc ● 塩少量

＊むいたハトムギのこと。

◎ヨクイニンは消化機能を高め、体内の余分な湿気を取り除き、肺を補って熱を冷まし、ムクミを取り、イボにも効くといわれている。豚ガツは消化器系の働きを促進。トウモロコシやトウモロコシのヒゲは消化吸収を促進させ、利尿作用があるといわれる。豚ガツのかわりにハチノス（牛の胃袋）でも代用可。

1. 豚ガツは塩と片栗粉（分量外）でよくもんで洗い流し、熱湯で下ゆでしてくさみを取る。
2. トウモロコシは皮をむき、ヒゲをはずし、ヒゲの先の黒い部分を取り除く。
3. ヨクイニンは1時間ほど水に浸けたのち、よく研ぐ。研がないと粉くささが残ってしまう。
4. ショウガは皮つきのまま厚めにスライスし、包丁の腹で叩く。
5. 鍋にヨクイニン、トウモロコシ、トウモロコシのヒゲ、ガツ、ショウガ、紹興酒を入れ、熱湯600ccを注ぎ、弱火で2時間半ほど煮込む。ガツはスライスすると食べやすい。塩で味を調えて器に盛る。

内臓のくさみを抑えるためにショウガを加える。また煮込むときはふたはせずに、立ち上がる蒸気とともにくさみを抜くとよい。

龍眼、蓮の葉、豚ハツのスープ（夏のスープ）

CHINESE　南青山 Essence

材料（1人分）

豚ハツ（心臓）**50g** ● 乾燥リュウガン ***4個** ● 乾燥ハス葉 ****1/8枚** ● ショウガ **15g** ● 紹興酒 **15cc** ● 熱湯 **200cc** ● 塩少量

* 龍眼。ブドウの房状になる果実で、1個は直径2〜3cm。1房に50個以上の実をつける。生のほか、缶詰や乾物がある。
** 中国食材店で購入可能。

◎リュウガンには体内の必要な水分を補い、心臓の活動を助け、精神を安定させる効能が期待できる。ハスの葉は熱中症予防によいとされている。豚のハツには、心臓を補い、リラックス効果により精神を安定させる効能があるという。

豚のハツ（心臓）は鮮度のよいものを用意する。鶏のハツでもよい。ハスの葉を入れると香りもよく、だしも出る。

1. 豚ハツは片栗粉（分量外）でもんで、流水で洗って汚れを落とす。熱湯で下ゆでしたのち、湯でていねいに洗う。
2. リュウガンは軽く水洗いする。ハスの葉は熱湯でゆで、冷水に落とす。ショウガは皮つきのまま厚めにスライスし、包丁の腹で叩く。
3. 鍋に豚ハツ、リュウガン、ハスの葉、紹興酒、ショウガ、熱湯200ccを入れ、2時間半弱火で煮込む。ハツは煮込んだのち、食べやすいように薄切りにしてもよい。塩で味を調えて器に盛る。

杏仁風味の豚肺、スペアリブの白スープ（秋のスープ）

CHINESE 南青山 Essence

材料（1人分）

豚スペアリブ（1cm長さのぶつ切り）**80g** ●豚肺（下処理したもの）**60g** ●南杏***5g** ●チンゲンサイ（せん切り）**1本分** ●杏仁霜****15g** ●牛乳**100cc** ●ショウガ**15g** ●紹興酒**15cc** ●水**300cc** ●塩少量

*アンズの種の中の仁。特有の香りがある。
**アンズの仁を粉末に加工したもの。杏仁豆腐などの香りつけに使われる。

◎豚肉は体内水分を増やし、乾燥状態を潤してくれる食材。豚の肺は弱った肺を補い、咳を止める。南杏は甜杏仁ともいい、肺に潤いを与えて機能を促進し、咳を鎮めるといわれる。牛乳は肺や胃に活力を与え、体内水分を生み出し、潤いを与える効果が期待できる。

1. 豚のスペアリブは熱湯でボイルしたのち、脂分やアクなどを湯で洗い流す。
2. 豚肺は気管から水を流し込み肺を膨らませて、水を押し出すという工程を10回ほど行ない、肺に回っている血を抜く。
3. 血抜きした肺をぶつ切りにして、熱した中華鍋でから煎りして、水分を出しつつこげめをつけて、内臓くささを飛ばす。
4. 南杏は1時間ほど水に浸けておく。皮つきショウガは厚めにスライスし、包丁の腹で叩く。
5. 鍋にスペアリブ、南杏、ショウガ、紹興酒、肺、水300ccを入れて弱火で2時間半ほど煮込む。
6. やわらかくなったら、チンゲンサイ、杏仁霜、牛乳を加え塩で味を調える。

白キクラゲやユリネなどの白い食材は、乾燥しやすい秋の季節に、肺を潤すといわれる。豚の肺は入手できなければ入れなくてもよい。

ラムチャップ、サフラン、葱、生姜のスープ（冬のスープ）

CHINESE 南青山 Essence

材料（1人分）

ラムチャップ**2本**●サフラン小さじ**1**●長ネギ（**3cm**長さのぶつ切り）**15g**●ショウガ**15g**●熱湯**200cc**●塩少量●パクチー少量

◎羊肉は気力をつけ、虚弱体質を改善し、胃腸を温め、さらに足腰を温めてくれるといわれている。サフランも胃腸を温め、血の流れをよくするといわれる。ネギやショウガは身体や胃腸を温め、パクチーも同様に身体を温め、消化吸収を促進する効能があるといわれている。

1. ラムチャップは熱湯でボイルしたのち、湯で脂分やアクなどを洗い流す。
2. ショウガは皮つきのまま厚めにスライスし、包丁の腹で叩く。
3. 器にラムチャップ、長ネギ、ショウガ、サフランを入れて熱湯200ccを注ぎ、ラップフィルムをして密封し、蒸し器で2時間半蒸す。
4. 器を取り出し、塩で味を調え、最後にパクチーを添える。

羊肉ならばラムチャップでなくてもよいが、骨つきのほうがだしが出る。寒い季節に身体をぽかぽかと温めてくれる。風邪をひきそうなときにもおすすめ。

生湯葉と鶏団子 飛鳥汁仕立

JAPANESE 和洋遊膳 中村

材料（4人分）

鶏団子生地9個分（鶏挽き肉300g●みじん切りの玉ネギ1/2個分●卵1/2個●おろしたヤマイモ大さじ2●塩・薄口醤油各少量）
具と皮9個分（むいたギンナン18個●ほぐしたユリネ18枚●殻をむいた才巻エビ18尾●生ユバ3枚）
軸三ツ葉適量●吸い地（だし●塩●薄口醤油各適量）●鶏ガラスープ（→529頁）100cc●豆乳500cc●塩適量●田舎味噌30g

1 鶏団子をつくる。生地の材料を粘りが出るまで手で練り混ぜる。1個40〜50gに分けて、中に塩ゆでしたギンナン、ユリネ、才巻エビを入れて丸める。

2 鶏ガラスープ適量（分量外）を熱し、薄い塩味をつけ、鶏団子をゆでる。煮くずれしないよう火加減を調節し、30分間ほどかけて火を通す。

3 生ユバ（1枚を3等分して巻く）で2の鶏団子をくるくると巻いて、ゆがいた軸三ツ葉で結わく。吸い地で煮て味を含めておく。

4 2の鶏ガラスープ100ccを取り分け、豆乳を合わせて火にかけ、田舎味噌を溶く。裏漉ししてスープをつくり、3の鶏団子を入れて温める。

5 4の鶏団子と熱いスープを盛りつける。写真では中が見えるよう鶏団子を半分に切ったが、提供時は丸のまま盛りつけるとよい。

牛乳など乳製品を使った鍋や汁物などに「飛鳥」とつける。これは、乳製品を初めて使ったとされる奈良の飛鳥にちなんでいる。ここでは牛乳のかわりに豆乳を使ったが、豆乳は塩分を加えると固まる性質があるので、一旦裏漉しするとなめらかに仕上がる。

トム カー ガイ／タイ

ETHNIC ア・タ・ゴール

材料（2人分）

ひな鶏（丸鶏）1羽●ココナッツミルク300cc●ニンニク（薄切り）2片分●ピッキーヌー（タイの小さな唐辛子）2本●レモングラス1本●カー（タイのショウガ・薄切り）1/3片分●バイマックルー（こぶみかんの葉）3枚●エシャロット（薄切り）1個分●パクチーの根2本分●水600～700cc●ナンプラー・砂糖各少量●パクチー（ざく切り）少量

1. ひな鶏の内臓を抜き、半分に割る。
2. 鍋にココナッツミルクを入れて火にかけ、こげないようにたまにかき混ぜながら煮詰める。ニンニク、ピッキーヌー、包丁の峰で叩いたレモングラス、カー、バイマックルー、エシャロット、パクチーの根を加えてココナッツミルクをからめながら煮詰めていく。
3. ハーブ類の香りが立ってきたら、ひな鶏を入れる。鶏の表面に火が通ったら、水を加える。沸いたらふたをして、弱火で10分間煮る。火を止めて余熱で5分間火を入れる。
4. ナンプラー、砂糖で味を調え、器に盛る。パクチーをあしらう。

鶏をココナッツミルクで煮たタイのスープ。ココナッツミルクを煮詰めて甘みとこくを出したところに、タイならではの香草類を加えて風味づけする。鶏は煮すぎず、余熱を利用してしっとりと仕上げる。

ソト アヤム／マレーシア／インドネシア

ETHNIC　ア・タ・ゴール

材料（3人分）

鶏手羽元**6**本●生のターメリック**1/4**片●鶏のブイヨン（→**532**頁）**500cc**●乾燥赤唐辛子**1**本●パクチーの根少量●塩少量●万能ネギ（ざく切り）**1**本分●揚げ油適量

1 鶏の手羽元は、スジや血などの汚れを取り除き、流水で洗う。うぶ毛が残っていたらバーナーで焼く。サッと湯通ししてくさみを取る。
2 鍋に鶏手羽元、鶏のブイヨン、すりおろした生のターメリック、赤唐辛子、パクチーの根を入れる。ふたをして、弱火で約20分間煮る。
3 鶏肉がやわらかくなり、骨ばなれがよくなったら火を止める。塩で味を調え、器に盛る。中温の揚げ油で揚げた万能ネギを散らす。

アヤムは、マレー語で鶏の意味。骨つきの鶏を水から煮出し、だしをとり、具にも使う。東南アジアでは、一般的なスープのつくり方だ。

ガンボスープ／アメリカ

ETHNIC トルバドール

材料（10人分）

鶏肉（ぶつ切り）**400g** ●ルイジアナソーセージ*（輪切り）**4本分** ●オクラ（小口切り）**10本分**

玉ネギ（1cm角）**300g** ●セロリ（1cm角）**2本** ●ピーマン（1cm角）**200g** ●ニンニク（みじん切り）**2片分**

ピーナッツ油**200cc** ●薄力粉**200cc** ●ケイジャンスパイス**　　**50g**

チキンストック（→533頁）**1.6リットル** ●赤ワイン**100cc** ●ご飯 適量 ●万能ネギ（小口切り）適量

＊豚肉を粗く挽いてつくったソーセージ。アンドゥイユソーセージともいう。
＊＊オニオン、ガーリック、パプリカ、タイム、オレガノ、カイエンヌペッパー、黒コショウ、白コショウ、塩などがブレンドされている。

1. ピーナッツ油と薄力粉を合わせて弱火にかけて炒める。時間をかけてじっくり、薄力粉がこげ茶色に色づくまで木ベラで炒める。ルイジアナでは、"ビールを2本飲むくらいの時間をかけて"と表現するという。
2. 薄力粉が色づいたらトリニティ（玉ネギ、セロリ、ピーマン）とニンニクを入れて、手早く炒める。
3. 少し温めたチキンストックを、少量ずつ加えてなめらかに混ぜる。
4. 3を少し取り分けて、ケイジャンスパイスを溶かして鍋に戻す。とくにアクはひかなくてよい。沸いたら30〜40分間弱火で煮る。
5. 仕上がり10分前になったら赤ワイン、鶏肉、ルイジアナソーセージ、オクラを加える。オクラがないときは、微量のフィレパウダー（ガンボスープにとろみをつけるためのもので、緑色がかった粉末状）を入れてとろみをつける。
6. 器にご飯を小高く盛る。まわりにスープを注ぐ。上から万能ネギを散らす。

チキンダンプリング／アメリカ

ETHNIC トルバドール　　H

材料（4人分）

丸鶏（中抜き）1/2羽●水4リットル●玉ネギ（くし形切り）1個分●セロリ（薄切り）2本分●ニンジン（乱切り）1本分●タイム適量●ローリエ1枚●クローブ（ホール）4個●黒粒コショウ8粒●塩適量

ダンプリング（ふるった中力粉120cc●卵2個●ベーキングパウダー小さじ1/4●塩・コショウ各適量●みじん切りのパセリ適量）

1. 鶏をよく洗う。大鍋に入れて水を注ぎ、火にかける。沸いたらアクをひき、玉ネギ、セロリ、ニンジン、タイム、ローリエ、クローブ、黒粒コショウを入れて弱火で3時間煮る。チキンスープのでき上がり。
2. ダンプリングをつくる。材料をすべて合わせてホイッパーでよく混ぜて練る。まとめて冷蔵庫で2～3時間ねかせる。
3. 2を適当な形に分けて、沸かしたチキンスープに落としてゆでる。塩で味を調える。
4. 器に1とダンプリングを盛りつけ、タイムの葉をちぎって散らす。

←左頁◆ルイジアナ州のスープ。オクラを入れるのが特徴。味のタイプはいろいろあるが、ケイジャン寄りは男っぽい荒々しい味。具材はほかに肉類を入れたり、魚介を入れたりと決まりはない。なおオクラを入れないときには、微量のフィレパウダーでとろみをつける。

日本のすいとんに似たダンプリング（団子）とチキンを、タイム、ローリエ、クローブ、黒コショウで煮たあっさり味のスープ。南部全域で、日曜日のお昼に食べることが多い。

ひゆ菜と砂肝、にんにくのスープ（春のスープ）

CHINESE 南青山 Essence

材料（1人分）

鶏砂肝**3個** ●紅ヒユナ**15g** ●ニンニク（繊維に沿って薄切り）**1片分** ●葱油**15cc** ●紹興酒**15cc** ●上湯（→**531**頁）**200cc** ●塩少量

◎鶏砂肝は新陳代謝をよくし、冬の間運動不足だった身体のリフレッシュに役立つという。紅ヒユナには過剰な熱を冷まし、目の疲れを癒す効果が期待できる。また解毒効果もあるという。ニンニクは免疫力アップに役立つので、風が運んでくる病因（病気の原因）に対して効果的。

1. 鶏砂肝は片栗粉（分量外）でもんで汚れを除き、流水で洗って白いスジの部分（銀皮）を切り取り、薄切りにする。
2. 紅ヒユナは茎から葉の部分だけをはずして用いる。
3. 鍋に葱油を入れ、ニンニクをよく炒める。ニンニクから香りが出たら、強火にして紹興酒を回し入れ、紅ヒユナをサッと炒めたのち、上湯を注ぐ。
4. 上湯が沸いたら鶏砂肝を入れる。1分間ほど煮て火を通す。アクを取り、塩で味を調え、スープを器に盛りつける。

ヒユナはくせのない緑の葉野菜。ここでは茎が紫色がかった紅ヒユナを使った。青くささが強いので、葱油を多めに入れること。シュンギクやクレソンなどで代用できる。

合鴨と鴨団子、空心菜のはりはり椀

JAPANESE 和洋遊膳 中村

材料(4人分)

鴨団子10個分(鴨ロース挽き肉**300g**●卵1/2個●おろしたツクネイモ大さじ**2**●塩少量)

鴨ロース(切り身)1人4枚●絹揚げ*2枚●空心菜(ざく切り)1人1/2束

一番だし(→529頁)**540cc**●ミリン**36cc**●薄口醤油**36cc**●粉サンショウ適量

*絹漉し豆腐を揚げてつくった厚揚げのこと。

1. 鴨団子をつくる。材料をすべて合わせて粘りが出るまで手で練り上げる。1個30gに丸めて、熱した一番だし(分量外)で15分間ほどゆでる。
2. 新しい一番だしを熱し、ミリン、薄口醤油で味を調え、鴨団子と食べやすく切った絹揚げを入れてことこと10分間煮る。
3. 団子が温まったら、鴨ロースの切り身を入れ、火が入ったらすぐに取り出す。
4. 器に鴨団子1個と鴨ロース4枚、絹揚げを盛る。3の汁に空心菜を入れてサッと火を通し、上からたっぷりかける。
5. 吸い口の粉サンショウをふって供する。

クジラとミズナの「はりはり鍋」アレンジ版。鴨肉は加熱しすぎるとかたくなるので注意。一部ミンチにし、だしにほどよい旨みをつけた。

羅漢果、鴨、山芋（淮山）、広東白菜の蒸しスープ（秋のスープ）

CHINESE 南青山 Essence

材料（1人分）

鴨ロース肉1枚 ●ラカンカ1/4個 ●ワイサン*2枚 ●広東ハクサイ4枚 ●ショウガ15g ●紹興酒15cc ●熱湯200cc ●塩少量

*淮山。干したヤマイモのこと。

◎ラカンカには肺に潤いを与えて喉を潤し、機能を促進する効能が期待できる。鴨肉は胃の働きを促進して体内水分を生み出す。ワイサンも体内水分を増やして、気を補ってくれるという。

1. 鴨ロース肉はテフロンの鍋に油をひかずに皮目側を弱火で焼き、鴨の脂を焼き出す。ぶつ切りにして熱湯でゆでたのち、湯で洗い流す。
2. ラカンカは4等分に割り、軽く洗う。ワイサンは軽く水洗いする。
3. 広東ハクサイは熱湯で下ゆでして、冷水にとり、水気をよく絞っておく。
4. ショウガは皮つきのまま厚めにスライスし、包丁の腹で叩く。
5. 器に鴨ロース肉、ラカンカ、ワイサン、広東ハクサイ、ショウガ、紹興酒を入れ熱湯200ccを注ぎ、ラップフィルムで密封し、蒸し器で2時間半蒸す。器を取り出し、塩で味を調える。

ラカンカという果実は強い甘みと独特の香りがあり、煎じたり自然の甘味料の原料となる。ワイサンは生の自然薯で、広東ハクサイはチンゲンサイやハクサイで代用できる。

フォワグラ、夏トリュフ、コンソメの"マリアカラス"

ETHNIC ア・タ・ゴール

材料（1人分）
コンソメ（→527頁）180cc ●サマートリュフ適量 ●フォワグラ（2〜2.5cm厚さのスライス）90g ●塩適量

1. フォワグラは塩をふって冷蔵庫で15分間おく。熱したフライパンで片面をこんがりとポワレする。
2. 中心が温かくなったら取り出して常温でやすませ、余熱で火を入れる。
3. 器に温めたコンソメを注ぎ、フォワグラを盛る。
4. 客席に運んで、目の前でサマートリュフを薄く削り入れる。

マリアカラスが愛した3つの高級食材を1皿にまとめた王道スープ。

ホロホロ鳥のブイヨン

FRENCH シエル ドゥ リヨン　　H

材料（2人分）

ホロホロ鳥モモ肉2本●玉ネギ（薄切り）200g●フォワグラ60g
ホロホロ鳥のガラ300g●鶏のブイヨン（→526頁）500cc●乱切り香味野菜（玉ネギ100g●ニンジン50g●セロリ50g●ニンニク1片）●パセリの茎・ローリエ各適量●オリーブ油適量●塩・白・黒コショウ各適量●サラダ油・バター各適量
フルールドセル少量●クルミ適量●イタリアンパセリ（細切り）適量

1. ホロホロ鳥のモモ肉の中骨を取り除く。身側に塩、白コショウをふる。
2. オリーブ油で玉ネギをうっすらと色づくまで弱火で炒める。塩、白コショウで味をつける。
3. フォワグラを棒状に切り、塩、白コショウをふっておく。
4. 炒めた玉ネギとフォワグラをホロホロ鳥のモモ肉に詰めて巻き、タコ糸でしっかりと結わく。塩、白コショウをふっておく。
5. フライパンにサラダ油とバターを入れて中火にかけ、**4**のホロホロ鳥を焼く。ほんのり焼き色がついたら、160〜170℃のオーブンに入れる。時々、扉を開けて、肉から出た脂を回しかけながら15分間ほどローストする。オーブンから出し、10〜15分間やすませる。
6. 鶏のブイヨンに、ホロホロ鳥のガラ、乱切りの香味野菜、パセリの茎、ローリエ、黒コショウを加えて、弱火で2時間半煮込む。漉してホロホロ鳥のブイヨンとする。
7. **6**のホロホロ鳥のブイヨンを鍋で温め、ローストしたホロホロ鳥を入れる。弱火で温め、ブイヨンとともに器に盛る。オリーブ油を回しかけ、フルールドセル、黒コショウをふる。クルミをオーブンでローストし、粗く刻んで散らす。イタリアンパセリを添える。

459 SOUP 肉―ほろほろ鳥

ホロホロ鳥は鳥類の中でも脂肪分が少なく淡泊な肉質なので、フォワグラを詰めてこくを足した。

金針菜、ハト、クコ、干し椎茸の蒸しスープ（春のスープ）

CHINESE 南青山 Essence

材料（2人分）

小バト1羽（100g程度）●乾燥金針菜6本●クコの実10粒●干シイタケ4枚●ショウガ15g●紹興酒15cc●熱湯500cc●塩少量

◎ハトは、風邪を予防し、気力を補い、デトックス効果が期待できる。金針菜には肝臓の過剰な働きを制御し、血を補い、デトックス効果もあるという。クコの実は、目の疲れを癒し、干シイタケには肝機能に働きかける効能があるという。

ハトは蒸したあと、脂がかなり出てくるので、これをていねいに取り除くと上品な味になる。ハトが手に入らない場合は鶏肉（丸のまま皮をはいで）で代用するとよい。

1 ハトは腹の中を流水で洗い、残っている内臓を取り除く。熱湯で10分間程度ゆでたのち、余分な脂分やアクを湯でていねいに洗い流す。ここで食べやすくぶつ切りにしてもよい。

2 金針菜はつけ根のかたい部分を切り取り、水洗いして水で戻しておく。クコの実は軽く水洗いする。干シイタケは水で戻し、石づきを切り、片栗粉（分量外）でもんで洗い流す。

3 ショウガは皮つきのまま厚めにスライスし、包丁の腹で叩いておく。

4 器にハト、金針菜、クコの実、干シイタケ、ショウガ、紹興酒を入れ、熱湯500ccを注ぎ、ラップフィルムで密封し、蒸し器で2時間半蒸す。

5 器を取り出し、塩で味を調える。

白瓜、無花果、かえるのスープ（夏のスープ）

CHINESE 南青山 Essence

材料（1人分）

カエル1/2匹 ● シロウリ1/2本 ●
乾燥イチジク4個 ● ショウガ15g
● 紹興酒15cc ● 熱湯200cc ●
塩少量

◎カエルには体力を補い、水分代謝をよくする作用が、シロウリには体内の水分を増やし、熱を冷まして胃腸に活力を与える効能があるという。イチジクには熱を冷ますほかに、腸内を潤す効果も期待できる。

1 カエルは皮をはぎ、ぶつ切りにして血がにじみ出さない程度まで熱湯でゆでたのち、湯でアクなどを洗い流す。
2 シロウリは縦に4つ割りに切り、種の部分を落とし、熱湯でサッと下ゆでする。イチジクは軽く水洗いをする。ショウガは皮つきのまま厚めにスライスし、包丁の腹で叩く。
3 器にカエル、シロウリ、イチジク、ショウガ、紹興酒を入れ、熱湯200ccを注ぎラップフィルムで密封して、蒸し器で2時間半蒸す。蒸し器から出し、塩で味を調える。

ウリ類は全般的に身体を冷やすので、身を温めてくれるショウガを合わせてバランスをとった。カエルが手に入らない場合は、鶏肉や鴨肉でも代用可。

アソルダ アレンテジャーナ／ポルトガル

ETHNIC ア・タ・ゴール　　　　　　　　　　　　　Ⓗ

材料（3人分）

チョリソ（せん切り）**50g**●ニンニク（みじん切り）**1片分**●パクチー（みじん切り）**1/2束分**●水**500cc**●塩適量●ピュアオリーブ油少量●赤唐辛子**1本**

バゲット**6切れ**●ポーチドエッグ**3個**

1. 鍋にピュアオリーブ油を入れ、赤唐辛子を入れて温め、辛みを引き出す。ここにチョリソとニンニクを加えてじっくりと炒める。
2. 香りが出てきたら、パクチーを加えてザッと炒め合わせて、水を加える。弱火で約5分間煮たのち、塩で味を調える。
3. バゲットをトーストし、卵はポーチドエッグにする。
4. 器にスープを盛り、バゲットのトーストを2枚浮かべ、ポーチドエッグをのせる。好みでパクチーのみじん切りを散らしてもよい。

ポルトガル南東部に位置するアレンテージョ地方の郷土料理。パクチーがたっぷり入ったスープにパンとポーチドエッグを浮かべる。アソルダとはパン粥のことで、現地では固くなったパンなどをふやけるまで煮込むこともある。ここでは、かりかりのバゲットを浮かべた。一皿で食事になるスープ。

冷やし茶碗蒸し

JAPANESE 西麻布 内儀屋

材料（4〜5人分）

玉子地（Lサイズ卵3個●調味だし*600cc）●梅ペースト**（梅干し適量●濃口醤油・だし各適量）

*だし（→528頁）600ccを沸かし、日本酒45cc、塩・薄口醤油各少量で味を調え、冷ましておく。

**梅干しの種を抜いてすり鉢ですり、だしと濃口醤油各適量で味を調える。

1. ボウルに卵を溶きほぐし、冷たい調味だしを入れてよく混ぜ、ザルで漉す。
2. 器に入れて、蒸し器に入れて蒸す。火加減は中火から弱火で約10〜20分間が目安。器の大きさ、蒸し器の大きさなどによって、時間はかなりかわってくるので加減する。
3. 粗熱がとれたら冷蔵庫で冷やし、提供時に梅ペーストを少量添える。

やわらかい茶碗蒸しを冷ましてすすめる冷製スープ。口の中でスッと溶けるなめらかさは玉子地を漉すこと、またスが入らないような火加減で蒸すことが大事。

もずくの玉子とじ汁

JAPANESE 西麻布 内儀屋

材料（4人分）

モズク200g●長ネギ（せん切り）適量●卵2個●スープ（だし→528頁 800cc●日本酒60cc●塩小さじ1●薄口醤油5cc）●水溶き片栗粉適量●黒七味少量

1 モズクは軽く洗って、食べやすく切る。
2 スープをつくる。だしをとり、日本酒、塩、薄口醤油で味を調える。
3 スープを沸かし、モズク、長ネギを入れる。フワッと沸いたら水溶き片栗粉を加えて薄めにとろみをつける。
4 卵を溶きほぐして回し入れ、一煮立ちしたらかき混ぜて、火を止める。
5 器に盛り、黒七味を吸い口に添える。

吸い口の黒七味がやさしい味をきりっと引き締める。

トマトと玉子のスープ

JAPANESE 西麻布 内儀屋

材料（4人分）

鶏ササミ肉（せん切り）2本分●日本酒・塩・サラダ油各適量●トマト4個●卵2個

スープ（だし→528頁 800cc●日本酒60cc●塩・薄口醤油各小さじ1/2）●水溶き片栗粉適量●酢30cc●おろしショウガ少量

1 鶏ササミ肉は開いてスジを抜き、せん切りにして、日本酒と塩で下味をつけてしばらくおく。少量のサラダ油を熱し、強火で鶏ササミ肉を炒める。
2 トマトは皮を湯むきし、ざく切りにしてサッと炒める。
3 スープをつくる。だしをとり、日本酒、塩、薄口醤油を加えて味を調える。
4 鶏ササミ肉とトマトを合わせ、スープを入れて沸かす。水溶き片栗粉を加えて薄いとろみをつける。再び沸いたら、溶いた卵を回し入れ、一混ぜして火を止める。
5 器に盛り、酢をたらし、おろしショウガを添える。

トマトのあっさりした酸味を生かすため、トマトを煮すぎないことがポイント。また溶き卵も同様で、加えたらすぐに火を止める。

炒めた卵のスープ

CHINESE 御田町 桃の木

材料（3〜4人分）

卵1個●長ネギ（みじん切り）大さじ1●太白ゴマ油30cc●水または清湯（→531頁）400cc●老酒5cc●塩適量

1 卵を割りほぐし、長ネギを加えて混ぜる。
2 中華鍋にゴマ油を入れて、鍋ならしをして強火にし、1の卵を一気に加えてよく混ぜる。
3 半熟になったら、水または清湯を注いで沸騰させる。弱火で煮込む。
4 卵の味がスープに出たら、老酒と塩を加えて味を調える。器に盛り、熱いうちに供する。

炒めた卵に水を注いで老酒と塩で味をつけるだけの簡単でシンプルなスープ。卵が半熟になったくらいで水を入れると、卵の味がスープによく出てくる。

ピータンと香菜のスープ

CHINESE 御田町 桃の木

材料（1人分）

ピータン（1cm角）1/4個分●パクチー2枝●清湯（→531頁）100cc●老酒適量●塩適量

1 清湯を入れて沸かし、ピータンを加える。
2 老酒、塩を加えて味を調え、仕上げにパクチーを入れて火を止め、器に盛る。パクチーは、火が入ったときの香りを楽しむので、煮すぎないように注意。

中国全土で好まれている家庭料理。このスープは、ピータンのおいしさが決め手。糖芯といわれている中がとろりとやわらかい状態のピータンを使うとよい。台湾産ピータンがおすすめ。

SOUP

魚介篇

ブイヤベース

FRENCH　シエル ドゥ リヨン　　　　　　　　Ⓗ

材料（2人分）

魚のアラ**1kg**●エビの殻**200g**●白ワイン**100cc**●水**3リットル**

薄切り香味野菜（玉ネギ**200g**●ニンジン**100g**●セロリ**100g**●ニンニク**2片分**）●トマト（乱切り）**250g**●パセリの茎**5本**

粒スパイス（フェンネルシード・ディル各**20粒**●白コショウ**10粒**）●塩適量

ぶつ切りの魚介（青ハタ**300g**●本カサゴ**300g**●ウチワエビ**1尾分**●ブラックタイガー**10尾分**）

玉ネギ（みじん切り）**100g**●ニンニク（みじん切り）**1/2片分**●セミドライトマト（市販品・みじん切り）**10個分**●ピュアオリーブ油適量

粉末サフラン適量●イタリアンパセリ適量●オリーブ油適量●フェンネルシード少量●塩・白コショウ各適量

ルイユ＊・バゲット各適量

＊バゲット**20g**をブイヤベースのベース少量でふやかす。電動ミルに入れ、ニンニク**2片**、オイル漬けの赤ピーマン（市販品）**2個**、粉末サフラン少量、オリーブ油・塩各適量とともに回してピュレ状にする。オリーブ油の量は、ルイユがマヨネーズくらいのかたさになるように調節する。

1. ブイヤベースのベースをつくる。天板にピュアオリーブ油（分量外）をぬる。魚のアラとエビの殻をのせ、180℃のオーブンで色づかない程度に15分間ほど焼く。
2. 鍋にオリーブ油（分量外）をひき、弱火で香味野菜が色づかないように炒める。
3. オーブンで焼いた魚のアラとエビの殻を**2**に加え、白ワインを注ぐ。中火で一煮立ちさせて、アルコール分を飛ばす。
4. 水を加え、トマト、パセリの茎、粒のスパイスを入れる。弱火で約40分間煮て塩で味を調える。シノワで漉して、ブイヤベースのベースのでき上がり。
5. 鍋にピュアオリーブ油を温め、玉ネギ、ニンニク、セミドライトマトを炒めて香りを出す。香りが出てきたら、ブイヤベースのベースを注ぐ。一煮立ちしたら、ぶつ切りにした魚介類を加える。
6. 魚介類に火が通ったら、塩、粉末サフランで味を調える。火を止め、イタリアンパセリを添え、オリーブ油を回しかける。粉末サフランをふり、フェンネルシードを散らす。ルイユ、トーストしたバゲットを別皿に出して添え、鍋ごと提供する。

骨つきの魚をぶつ切りにして加えると、骨からもだしが出て、味に深みが加わる。

469 SOUP 魚介 ― 魚

スープ ド ポワソン

FRENCH 松本浩之

材料（10人分）

魚のアラ（カサゴ●スズキ●ホウボウなど）2kg●薄切り香味野菜（玉ネギ500g●セロリ200g●フェンネル200g●ニンニク2株分）●鶏のブイヨン（→528頁）●トマト（乱切り）2個分●トマトペースト50g●コニャック25cc●白ワイン150cc●ペルノー酒少量●タイム2本●ローリエ2枚●サフラン少量●ピュアオリーブ油適量●ニンニク（みじん切り）少量

ルイユ（卵黄1個分●スープドポワソン適量●ポテトのピュレ*少量●極細かいみじん切りのニンニク・オリーブ油・塩・白コショウ各少量）

カイエンヌペッパー適量●グリュイエールチーズ（すりおろし）適量●クルトン**●パセリ（みじん切り）各適量●塩・白コショウ各適量

*ジャガイモを蒸し器で蒸して皮をむき、熱いうちに裏漉し器でやさしく裏漉しして冷ましておく。
**薄切りにしたバゲットをサラマンダーでかりかりになるまで焼く。

魚介の旨みを濃厚に煮詰めた。クルトン、ルイユ、グリュイエールチーズを別添えにした王道のスタイル。

1 鍋にピュアオリーブ油を熱し、香味野菜を炒める。しんなりしたら、小さく切った魚のアラを加えて強火にする。木ベラで野菜や魚のアラをつぶしながら炒める。
2 水分が詰まったら、コニャックを加えて鍋に火を入れ、アルコール分を飛ばす。さらに白ワインとペルノー酒を入れてアルコール分を飛ばす。
3 2に鶏のブイヨンを注ぐ。強火にして、沸いたらアクをすくう。トマト、トマトペースト、タイム、ローリエ、サフランを入れて弱火で約2時間煮る。
4 粗目の濾し器で濾して、スープドポワソンとする。
5 ルイユをつくる。ボウルに卵黄と、同量のスープドポワソンを入れ、ポテトのピュレ、ニンニクを加えてよく混ぜる。オリーブ油を少しずつ加えて乳化させ、マヨネーズくらいのかたさにし、塩、白コショウで味を調える。
6 スープドポワソンを温める。別鍋に多めのピュアオリーブ油を熱し、みじん切りにしたニンニク少量（4人分で1/2片）をキツネ色になるまで炒め、温めたスープに加える。塩、白コショウで味を調える。
7 スープドポワソンを器に盛り、パセリを散らす。カイエンヌペッパーをふったルイユ、クルトン、グリュイエールチーズのすりおろしを添える。

マドル／アメリカ

ETHNIC トルバドール

材料（5人分）

キンメダイ1尾●エビ10尾●ホタテ貝4個●ジャガイモ（一口大）1個分●ホールトマト5個

玉ネギ（繊維を断って薄切り）1個分●セロリ（薄切り）1本分●ニンニク（薄切り）1片分●ベーコン（細切り）50g

フィッシュストック（→533頁）500cc●シュリンプストック（エビの頭と殻10尾分●水1リットル）500cc

オレンジ皮（細切り）適量●パセリ（みじん切り）適量

1. キンメダイは三枚におろし、食べやすい大きさの切り身にする。エビは頭と殻をはずして背ワタを除く。頭と殻は水1リットルで煮出してシュリンプストックをとる（このうち500ccを使用）。ホタテ貝は殻をはずして掃除する。
2. ベーコンを弱火にかけて脂を出す。脂が出たら玉ネギ、セロリ、ニンニクを弱火で炒める。
3. 種を除いてつぶしたホールトマト、ジャガイモ、オレンジの皮、フィッシュストック、シュリンプストックを入れて、ジャガイモがやわらかくなるまで30分間ほどふたをして煮る。
4. ジャガイモが煮くずれる手前で魚介類を入れる。あまり火を通しすぎないこと。
5. 器に盛り、オレンジの皮とパセリを散らす。

アメリカ南部のノースカロライナ州のバーベキューでおなじみのスープ。マドル（Muddle）には、ごちゃ混ぜという意味がある。どんな肉類、魚介類を使ってもよいが、魚ならば白身魚を使うことが多い。

ニンニクとタラのスープ

FRENCH 松本浩之

材料（6人分）

ニンニクのピュレ（ニンニク1株●牛乳50cc）

タラ（切り身）60g●ポロネギ（薄切り）50g●ジャガイモ（メークイン・薄切り）500g●鶏のブイヨン（→528頁）500cc●牛乳適量●オリーブ油適量●塩・白コショウ各適量●カラスミ適量

1 ニンニクのピュレをつくる。ニンニクは、皮をむき、熱湯でサッとゆでこぼす。牛乳に入れ、やわらかくなるまで弱火で火を入れる。牛乳ごとミキサーにかけてピュレにして漉す。
2 タラの切り身に塩をして20分間おく。鍋に鶏のブイヨン適量（分量外）を温め、沸いたら弱火にする。そこに塩をしたタラを入れ、弱火のままじっくり火を入れて引き上げる。はがすようにしてていねいに身をほぐす。
3 鍋にオリーブ油、ポロネギとジャガイモを入れ、塩を1つまみ加えて弱火で炒める。
4 火が通ったら鶏のブイヨンを加えて強火で沸かす。アクをすくい、弱火で20分間煮る。
5 4をミキサーにかけて漉し、ニンニクのピュレを加える。好みで牛乳で濃度を調節する。
6 温めて器に盛り、タラの身を添え、すりおろしたカラスミを散らす。

ニンニク、タラ、ジャガイモは、フランス家庭料理の定番の素材。カラスミの塩気が全体の味わいを引き締める。

クレム デ マリシュコ／ポルトガル

ETHNIC ア・タ・ゴール

材料（5人分）

白身魚のアラ（塩漬けのタラがよい）**300g** ● 白ワイン**120cc** ● 水**600cc** ● トマト（つぶす）**1個**

1.5cm角の香味野菜（ニンニク**2**片分 ● 玉ネギ**1/2**個分 ● エシャロット**1**個分 ● ローリエ**1**枚 ● みじん切りのバジルの茎） ● 白粒コショウ・サフラン各少量 ● 卵黄**1**個分 ● 生クリーム**50cc** ● ピュアオリーブ油**90cc** ● クルトン＊たっぷり

＊バゲットを角切りにして、サラマンダーで焼き色がつくまでカリッと焼き上げる。

1 鍋にピュアオリーブ油を温め、香味野菜と白粒コショウ、サフランを入れて、野菜の水分を引き出すようにじっくりと炒める。

2 白身魚のアラを加える。表面が白く変わったらトマトを加えてつぶす。白ワインを加えて、鍋底の旨みを溶かす。そののち、水を加える。

3 沸いたらアクをすくい、弱火で煮る。煮すぎるとえぐみが出るので30～40分間以上は煮ないこと。粗目のザルでしっかりと裏漉しする。

4 漉したものを鍋に移し、沸く寸前に卵黄と生クリームを混ぜて加え、かき混ぜる。クルトンをたっぷり添える。

ポルトガルの魚介のクリームスープ。たっぷりのクルトンをスープに浸して食べる。バカリャウ（タラの塩漬け）でだしをとるのが本式だが、手に入らない場合は必ず白身の魚のアラを使用。

フィッシュ ヘッド カリー／マレーシア／シンガポール

ETHNIC ア・タ・ゴール — H

材料（2人分）

タイの頭2尾分 ● 水460cc ● ペースト（ココナッツクリーム*90cc ● 生のターメリック10g ● ショウガ5g ● ニンニク5g ● トマト1個 ● 生赤唐辛子2本 ● パクチーの根3本分 ● エシャロット1個）● 黒粒コショウ3g ● マスタードシード2g ● プチトマト（半分に切る）8個分 ● レモングラス2本 ● パーム油**100cc ● 塩少量 ● ココナッツクリーム適量

*ココナッツミルク缶をふらずに開けて上澄みを捨て、沈殿している底の部分で代用可能。
**アブラヤシというヤシの実からとれる油。

1 タイの頭はエラを抜いて湯通しし、くさみを抜く。
2 ペーストの全材料と少量の水（分量外）をフードプロセッサーにかけてペースト状にする。
3 鍋にパーム油を熱し、黒粒コショウとマスタードシードを炒める。パチパチとはじけだしたら、2のペーストを入れる。弱火でじっくりと炒めて香りを出す。
4 1を鍋に入れ、からめるようにして炒める。
5 水を加え、プチトマト、包丁の峰で叩いたレモングラスを入れる。中火でゆっくりと沸かし、アクをひく。弱火で20分間煮る。強火だとタイの頭がくずれてしまうので火加減に注意。
6 塩で味を調え、ココナッツクリームを加えて好みの濃度に調節する。

マレーシア、シンガポールのインド系移民が生み出した料理。ココナッツクリームを減らせばさらりと飲めるスープに、増やせばとろみがつき、ご飯に合うカレーとなる。

鱧松茸の和風ロワイヤル

JAPANESE　和洋遊膳 中村

材料（4人分）

玉子地（卵100cc●ハモだし→530頁 200cc●塩・薄口醤油各少量）

ハモ4切れ●マツタケ2本●カニ爪4本●ほぐしたユリネ8枚●むいたギンナン8個●ハモだし300cc●スダチ2個

1　玉子地をつくる。材料をすべて合わせてよく混ぜ、すいのうで漉す。
2　具を準備する。ハモは塩（分量外）をあてて骨切りし、一口大に切り落として霜降りをする。マツタケは汚れを布巾などで落とす。カニ爪、ユリネ、ギンナンはゆでておく。
3　器に玉子地を半分まで注いで具を詰める。蒸し器に入れて強火で3〜4分間加熱し、表面が白っぽく固まったら弱火にして10分間蒸す。
4　上から熱したハモだしを注ぐ。別にスダチを添える。

ハモとマツタケという贅沢な具材を用いたが、ハモのかわりに鶏やエビや白身魚、マツタケのかわりにシイタケやシメジタケなどでもおいしくつくることができる。

船場汁

JAPANESE 和洋遊膳 中村

材料（4人分）
サバまたは塩サバ（切り身）8切れ ●塩適量 ●ダイコン・ニンジン（各半月切り）各適量 ●水1440cc ●昆布10cm角1枚 ●さらしネギ適量

1 サバは三枚におろす。アラ、身ともにきつめの塩をあてて、1晩おく。
2 翌日水洗いして塩を落とし、大ぶりの切り身にする。頭は縦半分に割る。
3 サバの頭、アラ、身は熱湯にサッとくぐらせて霜降りをする。
4 昆布とともに鍋に入れ、水を注いで強火にかける。沸いたら火を弱めてアクをひく。
5 ダイコン、ニンジンを入れる。昆布を取り出し、アクをすくって弱火で30分間ほど煮る。
6 大ぶりの椀にサバ、ダイコン、ニンジンを盛りつけ、汁を注ぎ、天にさらしネギを添える。

魚のアラを使った大阪ならではの「しまつの料理」。昔の船場の商家では主人が身を、奉公人がアラを汁にして食べていたという。ここから船場汁という名がついた。身はつくねにすると食べやすくなる。

粕汁

JAPANESE　和洋遊膳 中村

材料（4人分）

塩ザケ*（切り身）4切れ●ダイコン・ニンジン（各いちょう切り）各適量●コンニャク（短冊切り）適量●ゴボウ（ささがき）適量●薄揚げ（短冊切り）適量

酒粕（板）300g●焼酎300cc●白味噌**50g●水2〜2.5リットル

軸三ツ葉適量●青ネギ（小口切り）適量

*塩が強すぎたら水に浸けて塩抜きをする。
**甘みが足りないようならば加える。入れなくてもよい。

1. 塩ザケのカマや頭などは、一口大に切り分ける。熱湯をかけて霜降りをする。
2. 塩ザケを鍋に入れ、水を注いで強火にかける。沸騰したらアクを除く。ダイコンとニンジン、ゴボウ、コンニャク（塩ずりして下ゆでしたもの）を入れて1時間ほど煮る。1晩ねかせると味がなじむ。
3. 酒粕をすり鉢に入れて、少しずつ焼酎を加えながらすり混ぜる。
4. 2の煮汁で3を割ってのばし、鍋に戻す。火にかけて薄揚げを入れて煮る。甘みが足りなければ白味噌を入れて味を調整する。
5. 器に盛り、ゆがいて切りそろえた軸三ツ葉と青ネギを添える。

本来は塩ブリを使うが、塩ザケや豚こま切れ肉などでもつくる。お惣菜にぴったりの汁物。店で出すときは具材を大きく切ると商品価値が高まる。

鰯と葱のつみれ汁

JAPANESE 和洋遊膳 中村

材料（8人分）

つみれ（手開きしたイワシ **800g** ●みじん切りのショウガ大さじ**1** ●おろしたヤマイモ大さじ**2** ●煎り白ゴマ大さじ**1** ●八丁味噌**15g** ●みじん切りの青ネギ適量） ●青ネギ（ざく切り）**10本分**

一番だし（→**529**頁）**1080cc** ●ミリン**70cc** ●濃口醤油**70cc** ●塩少量 ●粉サンショウ適量

1. つみれをつくる。イワシを手開きにし、包丁で叩き、すり鉢に移してする。ショウガ、ヤマイモをすり合わせ、隠し味程度の八丁味噌を混ぜる。青ネギを混ぜ、最後に煎り白ゴマを加えてよく混ぜる。
2. つみれを1個20gにとって丸め、一番だしでゆでる。浮き上がってきたら取り出す。
3. つみれをゆでただしのアクを取り除き、ミリン、濃口醤油、塩でやや濃いめに味を調える。
4. 土鍋に青ネギをぎっしりと詰める。**2**のつみれをのせて、**3**のだしを注ぎ火にかける。青ネギが煮えすぎないように注意。熱くなったら、粉サンショウをふって供する。

ここでは鍋仕立てにしたが、1人分ずつのお椀仕立てでもよい。コースの中の1品でも使えるように、つみれと青ネギというシンプルな組合せ。

すじあら、トック餅、香菜の白湯スープ

CHINESE　御田町 桃の木　

材料（3〜4人分）

スジアラ*（上身）100g●トック餅（小口切り）10枚●清湯（→531頁）400cc●白湯（→531頁）150cc●老酒5cc●塩2.5cc●酢少量●パクチー（ざく切り）適量

*ハタ科の鮮やかな赤色をした60〜70cmほどの大型魚。大きいものは1mに達する。

1. スジアラは三枚におろし、上身にする。食べやすい一口大に切り分けて塩（分量外）をふって5分間おく。
2. トック餅は、1時間ほど水に浸けておく。
3. 鍋に湯を沸かし、スジアラとトック餅をサッとゆでこぼしてザルに上げる。
4. 別鍋に清湯と白湯を入れて、スジアラ、トック餅を入れる。最初は1分間煮立たせてすべての味を混ぜ合わせたのち、弱火にして老酒、塩、酢を加えて味を調え、2〜3分間煮る。
5. 全体に味がなじんだら器に盛り、パクチーを散らす。

白身魚とうるち米でつくった棒状のトック餅を煮込んでつくった塩味のスープ。白身魚は何でもよいが、ここでは沖縄産大型魚のスジアラを用いた。

うづら豆腐

JAPANESE 和洋遊膳 中村

材料（4人分）

ウナギ蒲焼き（頭つき）1本 ● 焼豆腐1丁 ● 青ネギ（ざく切り）1束分 ● ウナギの中骨1尾分 ● 一番だし（→529頁）720cc ● ミリン40cc ● 濃口醤油40cc ● 薄口醤油少量 ● 粉サンショウ適量

1. ウナギの中骨に熱湯をかけて霜降りし、冷水で血合いやアクなどを洗う。
2. 鍋に中骨と頭と尾ビレ、奴に切った焼豆腐を入れて一番だしを注ぎ、15〜20分間沸騰させずに煮てだしをとる。
3. 2をミリン、濃口醤油、薄口醤油で甘めの濃い味に調える。
4. 大ぶりに切ったウナギの蒲焼きを3の中に入れてサッと煮る。青ネギを入れて温める。
5. 椀に盛り、粉サンショウをふる。

ウナギの頭を使うので「鰻面（うづら）」。関西では蒲焼きは蒸さずに、頭をつけたまま地焼きにする。焼いた頭を半助と呼んでいるが、この半助と尾を使って汁物に仕上げた。こくのある味わいが特徴。

魚介と豆のスープ

ITALIAN ペル グラッツィア デル ソーレ

材料（5人分）

白インゲン豆60g●キントキ豆60g●レンズ豆40g

塩ダラ（角切り）150g●エビ10尾●ホタテ貝5個●アサリ500g●ヤリイカ（あられ切り）2杯分

トマト（あられ切り）中1個分●ニンニク（みじん切り）少量●赤唐辛子少量●オリーブ油適量●野菜のブロード（→525頁）500cc●セロリの葉（みじん切り）適量

1. 白インゲン豆とキントキ豆はそれぞれ別に3倍量の水に1晩浸けたのち、水を変えずに2時間ほどやわらかくなるまで煮る。レンズ豆は浸水せずにそのまま2倍量の水で40分間煮る。
2. オリーブ油で種を抜いた赤唐辛子とニンニクを炒める。香りが出てキツネ色になったら、適宜に切った魚介類を入れて強火で炒める。
3. 魚介類の色が変わったら野菜のブロードを加える。魚介類に火が通ったら、豆を加える。
4. 10分間ほど煮たのち、トマトを加えて、一煮立ちさせる。
5. 器にたっぷり盛り、セロリの葉を散らす。

たくさんの魚介から出てくる旨みを吸わせた豆を食べるボリュームのあるスープ。魚介が煮くずれないように、比較的短時間で仕上げる。

貝類のスープ 追がつおした一番だしのサフラン風味

ITALIAN クチーナ トキオネーゼ コジマ

材料（4人分）
姫ホタテ貝・ハマグリ・アカ貝・トリ貝各4個

ホタルイカ（ボイル）8杯 トマト（角切り）8切れ 白ワイン15cc ニンニク（みじん切り）小さじ1弱 オリーブ油適量 追がつおした一番だし（→525頁）600cc サフラン少量 エルブドプロヴァンス*適量 イタリアンパセリ（みじん切り）適量 ブーケ（タイム イタリアンパセリ）4束

*仏プロヴァンス地方のミックススパイス。タイム、セージ、フェンネル、ローズマリーなどをブレンド。

1. 姫ホタテ貝、ハマグリは殻をタワシでよく洗う。そのほかの貝はむき身にする。
2. ニンニクをオリーブ油で炒める。香りが出たらトマトとエルブドプロヴァンスを入れる。
3. トマトに軽く火が通ったら、貝類、ホタルイカを入れて、サフランを加え、白ワインを注ぎ、ふたをする。貝の殻が開いたら、追がつおした一番だしを入れる。
4. 器に貝類とホタルイカを盛りつけ、熱いスープを流す。イタリアンパセリを散らし、ブーケを飾る。

和風のだしを使って、貝類の旨みを生かしたサフラン風味のスープ。貝はどんな種類でもよく、入手しやすい旬のものを使う。ここでは春が旬の二枚貝を使った。

はまぐりと春野菜のスープ

ITALIAN ペル グラッツィア デル ソーレ　　H

材料（5人分）

ハマグリ600g●グリーンアスパラガス（小口切り）5本分●グリーンピース（サヤなし）100g●ソラ豆（サヤなし）150g●チンゲンサイ（ざく切り）2株分●葉玉ネギ（せん切り）3個分●トマト（角切り）中1個分●ニンニク（みじん切り）少量●赤唐辛子少量●オリーブ油適量●野菜のブロード（→525頁）800cc●塩少量

1 ハマグリは3％濃度の塩水に1晩浸けて砂抜きをする。フライパンにハマグリを入れ、オリーブ油と水少量を加えてふたをして火にかける。殻が開いたら火を止める。貝の汁はとっておく。
2 別にオリーブ油でニンニク、赤唐辛子、葉玉ネギを炒める。
3 香りが出て、葉玉ネギに軽く火が通ったら、トマト以外の野菜と豆を入れて、熱した野菜のブロード、ハマグリの蒸し汁、塩を加えて20分間煮る。
4 トマトを加え、ハマグリを戻して、一煮立ちさせる。器に盛る。

春のスープ。貝の塩分があるので、調味の塩は必ず味をみてから加える。塩分が濃いと野菜の甘みが生きてこない。菜花類やキヌサヤエンドウ、スナップエンドウなど生の豆なら何でも合う。

ムール貝、おくら、モロヘイヤのスープ

ITALIAN ペル グラッツィア デル ソーレ

材料（5人分）

ムール貝**1.5kg**●オクラ（小口切り）**5本分**●モロヘイヤ（ざく切り）**150g**●ホールトマト（粗目のムーランで漉したもの）**150g**●ニンニク（みじん切り）・赤唐辛子各少量●野菜のブロード（→525頁）**500cc**●オリーブ油適量

1. オリーブ油でニンニクと赤唐辛子を炒める。香りが出てきたらムール貝を加え、野菜のブロードを入れてふたをする。
2. ムール貝が完全に開いたら、貝を別に取り分ける。
3. 煮汁を漉して、ホールトマト（目の粗いムーランで漉したもの）を加えて火にかける。
4. 煮立ってきたら、オクラとモロヘイヤを入れて、軽く煮る。
5. ムール貝を戻して温め、器に盛る。

オクラとモロヘイヤは煮すぎると香りが飛んでしまう。のどごしがさわやかなので、冷やしても美味。

ムール マリニエール／ベルギー

ETHNIC ア・タ・ゴール　　　　　　　　　　　Ⓗ

材料（3人分）

ムール貝1kg●白ビール（ヒューガルデン）120cc●ピュアオリーブ油60cc●薄切り香味野菜（玉ネギ1/2個分●エシャロット1個分●セロリ1/2本分●ニンニク2片分）●イタリアンパセリ（ざく切り）少量●ローリエ1枚●粒コリアンダーシード少量●フェンネル適量

1. ムール貝はタワシでよくこすって汚れを落とし、ヒゲを引っ張って抜き取る。
2. 鍋にピュアオリーブ油を入れて強火にかけ、ムール貝を入れる。香味野菜とイタリアンパセリ、ローリエ、から煎りしたコリアンダーシード、フェンネルを加える。
3. 白ビールを注いで、ふたをして鍋をゆすりながら蒸し煮にする。
4. ムール貝の殻が開いたら、まず貝のみを器に盛りつける。スープは味を見て、もし塩気が足りないようなら塩を加えて熱する。
5. 客席に運び、熱いスープを注ぐ。

ムール貝を白ワイン蒸しにするベルギーの郷土料理。ここでは、ベルギーの地ビール、ヒューガルデンを使った。オレンジピールやコリアンダーなどの風味豊かなビールなので、調味料は極力加えずに仕上げる。

ムール貝の冷製トムヤム／タイ

ETHNIC ア・タ・ゴール　　　　　　　　　　　　　Ⓒ

材料（3人分）

ムール貝**1kg** ● 水**600cc** ● カー（タイのショウガ）**1**片 ● バイマックルー（こぶみかんの葉）**5**枚 ● レモングラス（包丁の峰で叩く）**2**本 ● ニンニク（半分に切る）**3**片分 ● エシャロット**2**個 ● パクチーの根**2**束分 ● プチトマト（半分に切る）**3**個分 ● マーナオ（タイのライム。普通のライムで代用可）**1**個 ● ナンプラー**40cc** ● パクチー少量

1. ムール貝はタワシでよくこすって汚れを落とし、ヒゲを引っ張って取り除く。
2. マーナオ、ナンプラー、パクチーの葉、プチトマト以外の材料をすべて鍋に入れてふたを閉め、中火にかける。貝の殻が開く少し前に、半分に切ったプチトマトを入れる。
3. 貝の殻が開いたら、鍋の中身をボウルに移して常温で粗熱をとる。
4. 熱いうちにマーナオを入れると酸味が飛ぶので、冷めてから果汁を加え、ナンプラーで味を調え、冷蔵庫で冷やす。
5. 器に盛り、パクチーをあしらう。

トムヤムとは、タイ語で魚介を使ったスープのこと。タイのムール貝は身が小さい種類なので、身を食べるというよりはシジミのようにだしとして使う。香草の香りが加わることで、貝のエキスがより濃厚に感じられる。

ニューイングランド クラムチャウダー／アメリカ

ETHNIC トルバドール

材料（15人分）

アサリ（殻つき）1kg ●ホタテ貝（角切り*）250g ●ベーコン（角切り）100g ●角切り野菜（ジャガイモ500g 玉ネギ600g セロリ2本分）●バター100g ●薄力粉130g ●アサリの蒸し汁1.5リットル ●牛乳1.4リットル ●クラッカー適量

*アサリ以外の材料は、すべてアサリのむき身と同じくらいの大きさの角切りにする。

1 アサリは砂抜きをしたのち、かぶるくらいの水を注いでふたをして蒸し煮にする。殻が開いたらむき身にする。蒸し汁は取りおく。ジャガイモは下ゆでしておく。

2 鍋にベーコンを入れて火にかけ、脂を出す。この脂で玉ネギ、セロリを炒める。バターを加え、野菜になじんだら薄力粉を入れて炒める。

3 薄力粉に火が入り、サラッとしてきたら、蒸し汁と牛乳を少しずつ加えてのばす。

4 なめらかな状態になったら、1のジャガイモを入れて煮る。最後にアサリのむき身、ホタテ貝を入れてサッと煮る。

5 カップに盛りつける。クラッカーを添え、食べるときに砕いてクルトンがわりにする。

ニューイングランドとつくと、クリームスープになる。アサリのほかに、ジャガイモや玉ネギ、ソルティポーク（塩漬け豚バラ肉）を使うが、ベーコンでも代用できる。

マンハッタン クラムチャウダー／アメリカ

ETHNIC トルバドール　　H

材料（15人分）

アサリ（殻つき）1kg ●ホタテ貝（角切り）250g ●ベーコン（角切り）100g ●ホールトマト15個 ●角切り野菜（玉ネギ600g ピーマン100g セロリ2本分 ジャガイモ500g）●アサリの蒸し汁1リットル ●水1.5リットル ●トマトジュース400cc ●塩適量 ●黒コショウティースプーン山盛り1

1. アサリは砂抜きをしたのち、かぶるくらいの水を入れてふたをして蒸し煮にする。殻が開いたらむき身にする。蒸し汁は取りおく。
2. 鍋にベーコンを入れて火にかけ、脂を出す。この脂で角切りのトリニティ（玉ネギ、セロリ、ピーマン）を炒める。
3. 香りが出てきたら、ホールトマトを手でざっくりとつぶして加える。続いてトマトジュース、アサリの蒸し汁、水を注ぎ、ジャガイモを加える。沸いたらふたをして弱火で1時間煮る。
4. ジャガイモが煮くずれてきたらふたをはずしてさらに20分間ほど煮詰める。途中でアサリのむき身、ホタテ貝を入れる。
5. 仕上げに塩と黒コショウを加えて味を調える。器に盛って提供する。

ニューイングランドがクリームなら、マンハッタンはトマト味。ナポリ移民の影響で、トマトを使うようになったといわれている。こちらはクラッカーはつけない。

かぶ、大麦、北海あさりのスープサラダ

ITALIAN RISTORANTE YAGI

材料（4人分）

小カブ（皮をむいてくし形に切る）4個分 ● 北海アサリ24個 ● 大麦24g

アサリのブロード（北海アサリ500g ● 玉ネギ50g ● ニンジン20g ● セロリ10g）

ガーリックオイル＊適量 ● 白ワイン適量 ● オリーブ油（デリケートなタイプのもの）適量 ● シブレット（小口切り）適量

＊つぶしたニンニクをトスカーナ産オリーブ油の中に数日間漬けて、風味をつけたもの。加熱していない。

1. アサリのブロードをとる。北海アサリ500gは水洗いし、薄切りの香味野菜とともに適量の水で煮出してブロードとする。大麦は適量のアサリのブロードでアルデンテに煮る。
2. 鍋にガーリックオイルを入れて火にかけ、北海アサリ24個を加える。アサリの殻が熱くなったら白ワインを加えてアルコールを飛ばし、鍋にふたをしてアサリの殻を開く。
3. アサリを取り出し、2の鍋に小カブと適量の1のブロードを加えて煮る。
4. 3の小カブに火が通ったら1の大麦を加え、取り出しておいたアサリを加える。
5. 皿に盛り、オリーブ油を回しかけ、シブレットを散らす。

旬のアサリの旨みたっぷりのスープサラダ。熱くても冷たくてもおいしくいただける。夏は冷たくするといい。

浅利とえんどう豆のスープ

JAPANESE 西麻布 内儀屋

材料（4人分）

アサリ500g●エンドウ豆（サヤなし）60cc●玉ネギ（角切り）小1個分●サラダ油少量●だし（→528頁）800cc●日本酒60cc●塩・薄口醤油各5cc●水溶き片栗粉適量●黒コショウ適量●パセリ（みじん切り）適量

1 鍋に少量のサラダ油を入れ、玉ネギを炒める。玉ネギが透明になってきたら、だしを入れて日本酒、塩、薄口醤油で味を調える。
2 熱湯でサッとゆでたエンドウ豆と砂抜きをしたアサリを入れて煮る。水溶き片栗粉を加えてとろみをつける。アサリの殻が開いたら、黒コショウを挽いて加える。
3 器に盛り、吸い口にパセリを散らす。

初夏に旬を迎えるアサリとエンドウ豆を、玉ネギの甘さでまとめたほんのり甘くて旨みのあるスープ。アサリは煮すぎないように注意する。

あさりとベーコンのクラムチャウダー

JAPANESE　和洋遊膳 中村　

材料（5人分）

アサリ（殻つき）400g●一番だし（→529頁）180cc●白味噌15g●スライスベーコン（細切り）5枚分●玉ネギ（角切り）1/2個分●バター20g●薄力粉20g●牛乳500cc●レタス（せん切り）適量

1 アサリは3％濃度の塩水に浸けて1晩おいて砂抜きをする。よく洗い、鍋に入れる。一番だしを注いで蒸し、殻が開いたら身をはずす。
2 残っただしを漉して熱し、白味噌を溶き入れて味噌汁をつくる。
3 別鍋にバターを入れて火にかけ、溶けたら薄力粉を入れて弱火で炒める。10〜15分間ほど炒めて粉気が飛んだら、玉ネギを入れてしんなりするまで炒める。
4 火からおろし、粗熱がとれたら温めた牛乳を少しずつ加えてよく混ぜる。混ざったらベーコンを入れて火にかけ、15分間ほど煮る。
5 2のアサリの味噌汁を合わせてよく混ぜる。むき身を戻して熱する。
6 チャウダーを盛り、レタスを添える。

白味噌風味の具沢山チャウダー。別添えのレタスにかけてもいいし、カットレタスを入れたお椀に熱いチャウダーを注いで供してもよい。サラダ感覚のスープ。

しじみ真丈と車麩の赤だし

JAPANESE 和洋遊膳 中村

材料（4人分）

シジミ真丈4個分（殻つきシジミ1kg ● 一番だし→529頁 1リットル ● 白身魚のすり身120g ● おろしたヤマイモ大さじ1 ● 卵白1/2個分）

車麩4枚 ● シジミだし720cc ● 赤八丁味噌30〜45g ● 軸三ツ葉（みじん切り）適量

1. シジミ真丈をつくる。シジミは沸かした一番だしで煮る。殻が開いたらむき身にする。この煮汁はシジミだしとしてのちほど用いるのでとっておく。
2. すり身、ヤマイモ、卵白をよくすり混ぜ、シジミのむき身をざっくりと混ぜる。1個40gにまとめて、沸かした一番だし（分量外）でゆでてシジミ真丈とする。
3. 車麩はぬるま湯で戻す。水気を絞って吸い地（分量外）に浸けておく。
4. シジミだしを熱し、赤八丁味噌を溶かす。
5. 温めたシジミ真丈と車麩を器に盛り、熱い味噌汁を注ぐ。軸三ツ葉をたっぷりと散らす。

赤味噌と八丁味噌を混ぜた赤八丁味噌で仕立てた。吸い口の軸三ツ葉は、たっぷりと。

かき真丈のロールキャベツ 白味噌仕立

JAPANESE 和洋遊膳 中村

材料（9人分）
ロールキャベツ9個分（木綿豆腐1/2丁●カキむき身100g●あられ切りのゴボウ30g●卵1/2個分●おろしたツクネイモ大さじ1●塩・砂糖・薄口醤油各少量●キャベツの葉9枚）

一番だし（→529頁）900cc●白味噌200g●溶き芥子適量

1. ロールキャベツをつくる。木綿豆腐は水きりし、卵、ツクネイモとともにフードプロセッサーにかける。
2. カキは小指の先くらいの大きさに切る。酢水で下ゆでしたゴボウとカキを1と混ぜて、塩、砂糖、薄口醤油で薄味をつけて真丈地とする。
3. キャベツをゆでて芯を薄くへぐ。四角形に切って、9等分にした真丈地を包む。
4. 広口の鍋に一番だし（分量外）を熱し、3のロールキャベツを並べる。隙間にキャベツの端や芯を入れ、落しぶたをして20分間煮る。
5. 一番だし900ccに、白味噌200gを溶いて弱火で1時間煮て白味噌汁をつくる。汁の味は濃いめに煮詰めて、4のロールキャベツの煮汁を加えて味を調整する。
6. ロールキャベツを蒸し器などで温め、お椀に盛り、5を注ぐ。天に溶き芥子を盛る。

具のロールキャベツをおいしく食べるためのスープなので、少し濃いめの味に。甘い白味噌と、甘いキャベツの旨みをたっぷり含んだやさしいスープ。

カキのポタージュ

FRENCH シエル ドゥ リヨン

材料（4人分）
カキむき身500g ● ジャガイモ100g ● 牛乳500cc ● 塩・白コショウ各適量 ● カイエンヌペッパー適量 ● バター・オリーブ油各適量 ● イタリアンパセリ適量

1 カキは300gをスープ用、200gを具とする。殻から出た汁はよいだしとなるので、取りおく。
2 ジャイモは皮つきのままゆでて皮をむく。
3 鍋に牛乳、カキ300g、カキの殻から出た汁、ゆでたジャガイモを入れて中弱火にかける。カキの身に火が通ったら、ミキサーにかけ、シノワで漉してなめらかにする。
4 3を鍋に戻し、こげつかないよう木ベラで混ぜながら弱火で温める。バターを少量加え、塩、白コショウ、カイエンヌペッパーで味を調える。なめらかな口あたりになるよう、ハンドミキサーで撹拌して器に注ぐ。
5 フライパンにオリーブ油をひき、中火で残りのカキ200gを焼く。軽く焼き色がつき、5割程度まで火が入ったら最後にバターをからめる。スープの中央に盛る。
6 オリーブ油を回しかけ、イタリアンパセリを添える。

冬は濃厚な旨みを持つ北海道・厚岸産を使用する。夏は鳥取・境港の大ぶりでみずみずしい岩ガキを使ってさっぱりと。

海の幸のスープサラダ　きゅうりのスライス添え

ITALIAN　RISTORANTE YAGI

材料（4人分）

赤エビ12尾●アオリイカ（細切り）80g●ムール貝12個●キュウリ（縦に極薄のスライス）適量●シトロネット・塩・白コショウ・白ワイン各適量

スープ（白ワイン50cc●フルーツトマト2個●ニンジン30g●セロリ15g●キュウリ15g●玉ネギ20g●タカノツメ少量●アサリのブロード*400cc●オリーブ油3cc●塩・白コショウ各適量）

*北海アサリ500gを薄切りの玉ネギ50g、ニンジン20g、セロリ10g、適量の水で煮て殻が開いたら漉して冷やす。

1. 赤エビは殻をはずし、塩、白コショウ、シトロネットでマリネする。アオリイカは赤エビと同様にマリネする。
2. ムール貝は鍋に入れて火にかけ、白ワインをふってふたをし、殻が開いたら取り出してシトロネットをふって冷やしておく。
3. ブレンダーでスープの材料を撹拌し、なめらかにして塩、白コショウで味を調える。
4. 冷たい器にスープを注ぎ、赤エビ、アオリイカ、ムール貝を盛り、キュウリのスライスをあしらってシトロネットを数滴ふる。

スペインのガスパチョからヒントを得たスープサラダ。食欲が落ちる夏にピッタリ。冷たく冷やしてどうぞ。

シトロネット

レモン汁100cc、レモンフレーバーオイル100cc、オリーブ油（香りのデリケートなもの）200cc

すべての材料を撹拌して乳化させる。

青海苔と海老のスープ パイ包み

ITALIAN クチーナ トキオネーゼ コジマ

材料（4人分）

ジュドオマール（→524頁）全量 ●トマトペースト大さじ1 ●生クリーム（乳脂肪分38％）400cc ●カイエンヌペッパー少量 ●青海苔（生）15g

フィユタージュ（市販）適量 ●卵黄適量

1. ジュドオマールにトマトペースト、生クリーム、カイエンヌペッパーを入れて火にかける。沸いたら青海苔を入れてスープとする。
2. 耐熱性の器に熱いスープを注ぐ。
3. フィユタージュを用意する。2mm厚さにのばし、器より一まわり大きく切り抜いてかぶせ、溶いた卵黄をぬって、器に貼りつける。完全に密閉すること。
4. 250℃に熱したオーブンで約10分間焼いて供する。

オマールの濃厚なだしを生クリームでまろやかにし、日本人になじみ深い青海苔で磯風味をつけたスープ。かぶせたパイの中にスープの香りが閉じ込められる。

赤座海老のビスク

ETHNIC　ア・タ・ゴール　　　　　　　　H

材料（5人分）

アカザエビ8尾●フュメドポワソン（→526頁）1リットル●薄切り香味野菜（セロリ1本分●玉ネギ1個分●エシャロット3個分●ニンニク2片分●ローリエ1枚）●白粒コショウ少量●トマト（つぶす）2個●トマトペースト*20g●ドライベルモット（ノイリー・プラット）100cc●白ワイン150cc●コニャック100cc●ピュアオリーブ油270cc●ニンニク（つぶす）1株分●バジル適量●香草オイル**適量

*完熟トマトを使う場合は、入れなくてもよい。

**セルフイユ、バジル、イタリアンパセリ、エストラゴンを細かいみじん切りにしてオリーブ油に浸ける。つくったその日の、香りが新鮮なうちに使い切る。

1　鍋に180ccのピュアオリーブ油を入れて中弱火にかける。皮をむいたニンニク1株分はつぶしてから炒める。
2　香りがたってきたら強火にして、ぶつ切りにしたアカザエビ3尾を炒める。残りのアカザエビは具にする。
3　アカザエビの香りが充分引き出せたら、コニャックを注ぎ、火を入れてアルコール分を飛ばす。つづいてドライベルモットと白ワインを加えてアルコール分を飛ばす。
4　別の鍋に90ccのピュアオリーブ油を入れて弱火にかける。香味野菜と白粒コショウを入れ、中弱火でゆっくりと水分を引き出すようにして炒める。
5　香味野菜がしんなりしたら、つぶしたトマトとトマトペーストを加えて炒め、白コショウを挽く。
6　フュメドポワソンを加える。煮立ったら、**3**の鍋と合わせる。アクをすくいながら、弱火で30分間煮る。
7　シノワで漉し、温めて器に盛る。
8　具にするアカザエビは背割りにして、生ならではの甘さを味わえるようにガスバーナーで表面を軽くあぶる。**7**の器に盛りつけ、バジルを太めのせん切りにしたものをあしらう。香草オイルを回しかける。

駿河湾で獲れるアカザエビを贅沢に使ったビスク（甲殻類のポタージュ）。
春から初夏にかけてのみ解禁になる、季節限定の味だ。

桜海老としゃこのスープ

CHINESE 御田町 桃の木

材料（4人分）

シャコ4尾●生のサクラエビ50g●清湯（→531頁）600cc●老酒15cc●塩適量●青ネギ（せん切り）適量

1 熱湯でシャコをゆでて、水にとって掃除をする。殻はつけたままでよい。
2 鍋ならしをし、サクラエビを入れて炒める。香りが出たら清湯を注いで、シャコを入れ、弱火で3〜4分間煮て味を出す。
3 塩と老酒で味を調える。器に盛りつけて青ネギを添える。

シャコは下ゆでをしっかり。グラグラ沸かしてゆでこぼして完全に火を入れたのち、水洗いすると生ぐさみが抜ける。

トム ヤム クン／タイ

ETHNIC ア・タ・ゴール

材料（2人分）

川手長エビ2尾●チリインオイル（市販品）10g●水360cc●カー（タイのショウガ）1/3片分●バイマックルー（コブミカンの葉）3枚●エシャロット（縦半分に切る）1個分●ニンニク（縦半分に切る）2片分●レモングラスの茎（半分に切る）2本分●パクチーの根2本分●ピッキーヌー（タイの小さな赤唐辛子）2本●フクロダケ（縦半分に切る）30g●ナンプラー（タイの魚醤）適量●砂糖適量●ライム果汁1個分●パクチー（ざく切り）少量

1 川手長エビの頭に縦に切り目を入れ、チリインオイル、ナンプラーをふって10分間ほどマリネする。
2 土鍋に水、カー、バイマックルー、エシャロット、ニンニク、包丁の峰で叩いて香りを出しやすくしたレモングラス、パクチーの根、ピッキーヌーを入れて沸かす。
3 沸いたら川手長エビ、フクロダケを加えて強火にかけ、グツグツと5〜10分間煮る。
4 ナンプラー、砂糖、ライム果汁で味を調える。パクチーを添える。土鍋ごと客席に運ぶ。

市販のトムヤムクンペーストを使わず、エビでだしをとると澄んだスープになる。ブラックタイガーを使うなら、だしの出る有頭を用いること。身がかたくならぬよう、強火でサッと煮るのがこつ。

スップ マン クア／ベトナム

ETHNIC　ア・タ・ゴール　　　　　　　　　　H

材料（2人分）
タラバガニの脚2〜3本●豚のブイヨン（→532頁）360cc●ホワイトアスパラガス中3本●パクチーの根少量●青唐辛子1本●ニョクマム少量●白コショウ適量●水溶き片栗粉少量●ゴマ油適量●パクチー（ざく切り）少量

1. 豚のブイヨンを温め、タラバガニの脚をゆでる。タラバガニの身をほぐし、豚のブイヨンに戻す。
2. サッと下ゆでしたホワイトアスパラガスを一口大に切り、1に入れる。火加減は中火から強火。アスパラに火が通るまで7〜8分間煮る。
3. ここにパクチーの根と生の青唐辛子を加えて、一煮立ちさせる。
4. ニョクマムと白コショウで味を調え、水溶き片栗粉を加えて、とろみをつける。器に盛り、ゴマ油を数滴たらしパクチーを散らす。

カニとホワイトアスパラガスを使ったベトナムのスープ。本来はヤドカリの一種であるヤシガニを使う。ここでは、ヤシガニに食感の近いタラバガニを使った。

いか団子とホワイトセロリー汁

JAPANESE 西麻布 内儀屋

材料（4〜5人分）

イカ団子（モンゴウイカ200g●卵白1個分●塩少量●片栗粉小さじ1●ゴマ油少量）

スープ（だし→528頁 1リットル●日本酒75cc●塩5cc●薄口醤油5cc）

ホワイトセロリー（ざく切り）1束

1. イカ団子をつくる。モンゴウイカは粗く切り、卵白とともにフードプロセッサーにかける。状態を見ながら、片栗粉、塩を加える。最後に香りづけのゴマ油をたらして、なめらかなイカ団子の種をつくる。
2. スープをつくる。だしをとり、日本酒、塩、薄口醤油を加えて味を調える。
3. スープを沸かし、いか団子の種を直径2〜3cmほどに丸めて入れる。団子に火が通ったら器に盛り、ホワイトセロリーを散らす。

イカの持ち味である弾力を生かした団子を、和だしベースのスープでまとめた一品。風味づけに加えたゴマ油とホワイトセロリーでエスニックな風味も。

干し蛸、蓮根、小豆、豚スネ肉のスープ（冬のスープ）

CHINESE 南青山 Essence

材料（1人分）

干タコ*1枚 ● 豚スネ肉30g ● レンコン（厚めの半月切り）40g ● アズキ15g ● ショウガ15g ● 陳皮1枚 ● 熱湯1リットル ● 紹興酒15cc ● 塩少量

*横浜などの中華街でまれに購入できる。

◎干タコは、気力を増進し血を生み出し、レンコンは火を通したとき、血を補い腎の働きを促進するといわれる。アズキには利尿作用があり、消化器官の機能を高め、血液循環をよくして解毒してくれるという。陳皮には、気の流れを正常にし、消化器官のトラブルを解消する効能が期待できる。

1 干タコは水に1時間ほど浸けて戻す。戻しすぎると味が抜けるので注意。
2 豚スネ肉はぶつ切りにして熱湯でボイルしたのち、湯でアクなどを洗い流す。
3 レンコンは下ゆでする。アズキは1晩水に浸けておく。ショウガは皮つきを厚めにスライスし、包丁の腹で叩く。陳皮は軽く水洗いする。
4 鍋に干タコ、レンコン、アズキ、豚スネ肉、ショウガ、陳皮を入れ、熱湯、紹興酒を注いで2時間半煮込む。塩で味を調え、器に盛りつける。

干タコやアズキからは、とてもよいだしが出る。干タコがなければスルメで代用できる。生のレンコンは身体を冷やすが、火を通すと体を温めてくれる野菜。

SOUP

デザート篇

ブラッドオレンジ、野菜とくだもののスープ

ITALIAN クチーナ トキオネーゼ コジマ　　C

材料（4人分）

ブラッドオレンジジュース **500cc** ●砂糖**30g** ●バジル**1**パック

角切り野菜とフルーツ（ピーマン・ズッキーニ・ニンジン・ブルーベリー・イチゴ・アップルマンゴー・バナナ各適量）

ミルクジェラート*（牛乳1リットル●グラニュー糖**70g** ●板ゼラチン**24g** ●水あめ**200g**）適量●ミントの葉適量●オリーブ油適量

*牛乳、グラニュー糖を熱し、戻した板ゼラチンを溶かして水あめとともにミキサーにかけたのち、アイスクリームマシンにかける。

1. ブラッドオレンジジュースに砂糖を加えて火にかけて沸かし、軽く煮詰める。火を止めてバジルを入れて1晩おいてスープとする。
2. ピーマン、ズッキーニ、ニンジンは、歯応えを残してゆでる。
3. スープに野菜とフルーツをすべて入れてなじませ、盛りつける。ミルクジェラートをスプーンでくり抜いてのせ、ミントの葉を飾り、オリーブ油をたらす。

甘酸っぱいブラッドオレンジの果汁にたくさんのフルーツと野菜を加え、さっぱりとした牛乳のジェラートを浮かべたデザートスープ。スープは砂糖を加えて軽く煮詰めて濃いめの味に調えるのがポイント。

アルケルメス風味 くだものの冷たいスープ

ITALIAN ペル グラッツィア デル ソーレ

材料（5人分）

角切りフルーツ（キウイ●リンゴ●イチゴ●オレンジ●バナナ）

レモン汁1/2個分 ● 白ワイン400cc ● アルケルメス酒*100cc ● グラニュー糖80g

*イタリア産。赤色の香辛料のリキュール。ズッパ イングレーゼというデザートで、スポンジ生地にしみ込ませて使うことで知られている。

1 レモン汁、白ワイン、アルケルメス酒、グラニュー糖を混ぜ合わせ、すべてのフルーツを浸ける。
2 1晩冷蔵庫に入れて、味をなじませ、冷やして盛りつける。

イタリアンの定番ドルチェ、マチェドニアというフルーツポンチのスープ版。アルケルメス酒と白ワインはアルコール分を飛ばさずに使うので、1晩浸けて味をなじませる。イチゴなど変色しやすいフルーツは提供時に加えるとよい。

マスカットのかんてんと豆のディタシロップのスープ

ITALIAN ペル グラッツィア デル ソーレ　　C

材料（5人分）
マスカットのかんてん（マスカットジュース**360g**●白ワイン**100g**●粉寒天**5g**）●白インゲン豆・キントキ豆・レンズ豆各適量●オレンジ適量●ディタ***50cc**●グラニュー糖**50g**●水**400cc**

*ライチ風味のリキュール。色は無色透明。

1. マスカットのかんてんをつくる。マスカットジュースと白ワインを合わせて温め、粉寒天を煮溶かす。バットに流して、冷やし固める。
2. 白インゲン豆とキントキ豆は、それぞれ別に3倍量の水に一晩浸けたのち、水を変えずに2～3時間煮る。やわらかくなったら塩少量（分量外）を加えてそのまま冷ます。レンズ豆は2倍量の水で40分間煮る。最後に塩少量（分量外）を加えて一煮立ちさせてそのまま冷ます。
3. 水とグラニュー糖を合わせて一旦沸かして冷ます。冷めたらディタを入れて混ぜる。
4. 食べやすく切ったマスカットのかんてん、3種の豆、むいたオレンジを**3**に入れて1時間以上おく。冷たくして提供する。

ライチのリキュールを使った冷たいデザートスープ。香りの強い、甘みのあるリキュールなら何でもよい。やわらかく煮た黒豆を入れてもおいしい。

牛乳かんのカフェラテ シェカラート

ITALIAN ペル グラッツィア デル ソーレ　　　Ⓒ

材料（5人分）

牛乳400cc●エスプレッソ抽出液5杯分（125〜150cc）●グラニュー糖20g●ラム酒10cc

牛乳かん（牛乳300cc●生クリーム50cc●粉寒天5g）●バナナ1本●オレンジ1個●イチゴ10個●ビターチョコレート適量

1 牛乳かんをつくる。牛乳と生クリームを合わせて温め、粉寒天を煮溶かす。バットに流して、冷やし固める。
2 エスプレッソ抽出液、グラニュー糖をシェーカーに入れて泡立て、牛乳とラム酒を加えてスープをつくる。
3 食べやすく切ったフルーツと牛乳かんをスープに入れる。
4 器に盛りつけ、泡の上に削ったビターチョコレートをふる。

つくりおきがきかないので、提供時にその都度エスプレッソを泡立てる。牛乳ではなく、エスプレッソの泡を立てること。

ココナッツミルクのスープ ウ ア ラ ネージュ ココナッツアイス添え

FRENCH シエル ドゥ リヨン　　　Ⓒ

材料（4人分）

ココナッツミルクのスープ（ココナッツミルクパウダー **125g**●牛乳 **500cc**●砂糖 **50g**）

ウアラネージュ（卵白 **200g**●砂糖 **100g**●塩適量●レモンスライス **1枚**●ココナッツファイン*適量）

ココナッツアイス（ココナッツピュレ**250g**●水 **250cc**●牛乳 **125g**●砂糖 **100g**）

ココナッツファイン適量

*ココナッツの果肉を乾燥させ、粉末にした市販品。
**ココナッツの果肉をピュレにした市販品。

1. ココナッツミルクのスープをつくる。牛乳 100ccを温め、砂糖全量を加えて溶かし、火からおろす。ミキサーに移し、残りの牛乳、ココナッツミルクパウダーを入れて回す。シノワで漉して冷蔵庫でよく冷やす。
2. ウアラネージュをつくる。卵白に1つまみの塩を加え、砂糖を3回に分けて加え、泡立て器で撹拌して9分立てのメレンゲをつくる。
3. 水を80℃まで温め、香りづけのレモンスライスとココナッツファインを入れる。ここに、**2**のメレンゲを1/4量ずつ落として形を整える。温度を変えず、少しずつ火を入れて、全体に弾力が出てくるまでゆでる。
4. ココナッツアイスをつくる。鍋に水 100cc、砂糖全量を入れて火にかけ、砂糖を溶かす。冷めたらミキサーに移し、残りの水、ココナッツピュレ、牛乳と合わせて回し、裏漉ししてアイスクリームマシンにかける。
5. 冷やした器にココナッツミルクのスープを流し、ウアラネージュとココナッツアイスを浮かべる。ココナッツファインをたっぷりとふる。

511 SOUP デザート

メレンゲを湯に落として固めたウアラネージュはボリューム感を演出できるが、軽い食感でするりと食べられる。

メロン2種のスープ仕立て

ETHNIC ア・タ・ゴール

材料（3人分）

クインシーメロン1/2個 ●アンデスメロン1/2個

シロップ（水300cc ●砂糖200g ●レモングラスの茎3本）

ヨーグルトソルベ（無糖プレーンヨーグルト200g ●レモン汁1個分 ●ハチミツ80g ●牛乳40cc）

1. メロン2種をくり抜き器で丸く抜く。
2. シロップをつくる。鍋に水、砂糖、包丁の峰で叩いたレモングラスの茎を入れて沸かす。そのまま冷まし、香りを抽出する。
3. くり抜いたメロンを保存容器に入れ、**2**のシロップをひたひたに注ぎ、冷蔵庫で冷やす。
4. メロン2種の残った果肉をスプーンでこそげて冷やしておく。提供前にくり抜いたメロンを浸けたシロップ適量と合わせてミキサーにかけスープ状にする。シロップの割合はメロンの糖度によるが、メロン自体の甘みが引き立つよう甘くしすぎないこと。
5. ヨーグルトソルベの材料を合わせ、ソルベマシンにかける。
6. 冷やした器に、**4**を流し、**3**のメロンを盛る。ヨーグルトソルベを盛る。レモングラスを飾る。

メロンのみずみずしさをレモングラスのさわやかな香りが引き立てている。

サクランボのスープ仕立て

ETHNIC ア・タ・ゴール

材料（5人分）

ダークチェリー500g●砂糖250g●レモン（薄切り）1/2個分●オレンジ（薄切り）1/2個分●シナモン1本●八角2個●クローブ少量●黒粒コショウ少量●ヴェルヴェーヌ少量●白ワイン400cc●水100cc

1. ダークチェリーは柄を取り、種を抜く。
2. ダークチェリー以外の材料をすべて鍋に入れて火にかける。沸いたらダークチェリーを入れる。ふたたび沸いたら、弱火にして1分間煮る。火からおろし、煮汁に浸けたまま常温で粗熱をとり、香りを移す。
3. ダークチェリーのみ取り出して、煮汁少量とともに冷蔵庫で冷やす。
4. 煮汁からスパイス類を取り除く。ヴェルヴェーヌだけは入れたままミキサーにかける。それを冷凍庫で凍らせてグラニテとする。
5. 器にグラニテと冷やしたダークチェリーを盛り合わせ、3の煮汁を少量流す。取り除いたスパイスを飾る。

スパイスを効かせたシロップにダークチェリーを浸け、シロップはグラニテに。両者を合わせたデザートスープ。濃厚な料理の後にぴったりの清涼感。

桃のスープ

FRENCH 松本浩之 ⓒ

材料（6人分）

白桃のコンポート（白桃240g●水1リットル●砂糖320g●ミント・白桃の葉各適量）

桃のスープ（無糖プレーンヨーグルト100g●白桃のコンポート*90g●白桃のコンポートの煮汁100g）

生ハム90g●黄桃54g●たまな産プラム36g●しんじょう産プラム36g●白コショウ・レモン風味のオリーブ油各適量

*90gをスープに使い、残りを飾りとする。

1. 白桃のコンポートをつくる。白桃は種と皮をつけたまま半分に切る。水、砂糖、ミント、白桃の葉を合わせて火にかける。沸いたら白桃を入れて、すぐに火からおろす。常温で冷まして、味を含ませる。
2. 桃のスープをつくる。材料をすべて合わせてミキサーにかけてなめらかにする。冷蔵庫で冷やしておく。
3. 冷やした桃のスープをハンドミキサーで軽く泡立てて器に流す。小さく切った白桃のコンポートや黄桃、プラム類を散らす。生ハムをバラの花のように丸めて中央に盛る。白コショウを挽きかけ、スープには、レモン風味のオリーブ油を回しかける。

前菜としてもよい。飾るモモやプラムは、そのとき出回っているフレッシュなものを。

南国フルーツのカクテルスープ

FRENCH 松本浩之

材料（6人分）

白ワイン（辛口）360cc●グラニュー糖60g●ハチミツ60g

香辛料（バニラビーンズ1本●白粒コショウ4g●粒コリアンダーシード4g●ホールのクローブ1個●ローリエ1枚●八角1/2個●シナモンスティック1/2本●ナツメッグ1個）

フルーツ（パッションフルーツ●薄切りのマンゴー・オレンジ・グレープフルーツ・スターフルーツ●薄いくし形切りのビワ・パパイヤ●薄いいちょう切りのキウイ・パイナップル●あられ切りのバナナ●ザクロの実●ホオズキの実）

1 白ワイン、グラニュー糖、ハチミツを鍋に入れて沸かす。沸いたら香辛料を加え、すぐに火からおろしてふたをして、常温で冷まして香りを移す。完全に冷めたら漉す。香辛料は飾りにするために取りおく。
2 適宜に切ったフルーツを適量ずつ1に浸けて、冷蔵庫で1晩おく。
3 器にフルーツを盛り、シロップを回しかける。とっておいた香辛料を飾る。

夏に旬を迎えるフルーツを白ワインベースのシロップに浸けた。シロップはスパイスを効かせてエキゾチックに仕上げる。

リュバーブのスープ

FRENCH 松本浩之

材料（6人分）

ルバーブコンポート（ルバーブ・シロップ*各適量）

ルバーブジュレ（コンポートの煮汁150g●板ゼラチン 煮汁に対して1%）

ルバーブピュレ（ルバーブのコンポート240g）

アボカドババロワ（アボカド100g●板ゼラチン0.5g●コンソメ→432頁 5cc●レモン汁1個分●生クリーム25g）

フロマージュブラン360g●粗挽き黒粒コショウ少量

*水10に対して砂糖3でつくったシロップ。

1. ルバーブコンポートをつくる。シロップを沸かし、皮をむいたルバーブが浸るくらい注ぐ。100℃のオーブンで9分間ほど加熱する。オーブンから取り出し、ラップをして余熱で完全に火を通す。
2. ルバーブジュレをつくる。コンポートが完全に冷めたら煮汁を適量取って沸かす。煮汁の重量に対して1%の板ゼラチンを水で戻して溶かし、冷蔵庫で冷やしてゆるめに固める。
3. ルバーブピュレをつくる。コンポートの一部をミキサーにかけてなめらかにする。
4. アボカドババロワをつくる。アボカドを漉し器で漉す。そこに沸かしたコンソメに水でふやかした板ゼラチンを加えて溶かしたものを加える。さらにレモン汁と7分立てに泡立てた生クリームを加え混ぜる。冷蔵庫で冷やす。
5. 器にフロマージュブランを盛り、ルバーブピュレをかける。ルバーブコンポートを飾り、ルバーブジュレを静かに流す。アボカドババロワをスプーンですくってのせる。粗挽きにした黒粒コショウをアボカドのババロワにふる。

517 SOUP デザート

鮮やかな色と酸味が特徴のルバーブを使ったデザートスープ。煮くずれにくく色鮮やかで、酸味のあるオランダ産のチェリールバーブを使用。

マンゴーの冷たいスープ

CHINESE 御田町 桃の木 ─────── C

材料(3〜4人分)

- アップルマンゴー1個(果肉400g)
- シロップ*50cc
- ココナッツミルク15cc
- 板ゼラチン10g
- 生クリーム15cc
- ツバメの巣(水で戻したもの)70g
- グレープフルーツ1房

*水500ccに砂糖120gを溶かしたもの。

1. アップルマンゴーをミキサーにかける。このうち300gにシロップとココナッツミルクを入れてよく混ぜ、甘さを調節してマンゴースープとする。
2. 残りの100gを温め、水でふやかした板ゼラチンを溶かして、冷やし固めてゼリーとする。
3. ツバメの巣はゴミや羽などを取り除く。**1**と同じシロップ(分量外)で煮ておく。
4. マンゴースープに生クリームを加えてよく混ぜ、適当に砕いたゼリーを加えて器に盛りつける。
5. ツバメの巣と、ほぐしたグレープフルーツの実を中央に盛る。

アップルマンゴーとツバメの巣の冷たいデザートスープ。ここで用いたグレープフルーツ以外に晩白柚(ばんぺいゆ)という柑橘類がよく使われる。

黒胡麻と黒米の甘いスープ（春のスープ）

CHINESE 南青山 Essence

材料（1人分）
黒米15g ●黒ゴマペースト90g ●コンデンスミルク60g ●水100cc ●セルフイユ少量

◎黒米は気や血のめぐりをよくし、目の疲れをいやしてくれる。黒ゴマには肝臓や腎臓の働きを高め、血行をよくする効能が期待できる。

1 黒米（紫米）は軽く洗う。1.5倍量の水（分量外）と一緒に、ボウルまたは器に入れて、蒸し器でやわらかくなるまで蒸し上げる。
2 黒ゴマペーストに分量の水を加え、火にかけながら少しずつコンデンスミルクを加えて味と濃度を調えてスープとする。
3 皿の中央に蒸した黒米を小高く盛り、まわりに黒胡麻のスープを注ぎ、セルフイユを添える。

ここでは温かいスープとしたが、冷たくてもおいしいデザートスープ。砂糖の甘みよりもコンデンスミルク（加糖練乳）のほうが黒ゴマペーストに合う。

陳皮と小豆、緑豆、黒豆のお汁粉（梅雨のスープ）

CHINESE 南青山 Essence

材料（1人分）
アズキ15g ● リョクトウ15g ● 黒豆15g ● 陳皮*1枚 ● 水500cc ● 上白糖25g ● 塩少量

*ここでは温州ミカンの皮を4〜5日間天日干しをしたものを使用。

◎陳皮は気の流れを正常にし、消化器官のトラブルを解消する効果があるという。アズキには利尿作用があり、消化器官の機能を高め、血液循環をよくするので解毒の効能が期待できる。リョクトウや黒豆も同様で、体内水分をコントロールし、解毒の効能があるといわれている。黒豆は腎臓を補う。

豆はゆでこぼさずにそれぞれの味をスープに生かす。豆は体を冷やすといわれているので、陳皮を入れて温めてバランスをとった。4人分以上をまとめてつくるとおいしい。

1. アズキ、リョクトウ、黒豆は1晩水に浸けておく。陳皮は1時間水に浸けてやわらかくしておく。
2. 鍋に戻したアズキ、リョクトウ、黒豆、陳皮、水500ccを入れ、弱火にかけて1時間ほど煮る。
3. 煮ている間に、上白糖を3〜4回に分けて加えていく。豆の中に味をじっくり含めるために何回かに分けて加える。
4. 塩を少し加えて甘みを引き締める。器に盛りつける。

シナモン、リンゴ、ハシマのスープ（冬のスープ）

CHINESE 南青山 Essence

材料（1人分）

リンゴ1個●ハシマ*（戻したもの）40g●桂皮**1本●白ザラメ糖50g●水300cc

＊カエルの輸卵管についたコラーゲン（膠質）で美肌効果がある。中華食材の一つ。

＊＊肉桂という木の樹皮を乾燥したもの。シナモンのこと。

◎リンゴは気の滞りを改善し、ハシマは腎を補って機能を促進するといわれている。桂皮には身体を温め、陽気を補い、寒さからくる不調（寒邪）を散らす効能があるといわれている。

1 リンゴは上下を切り取り、中の芯をくり抜いておく。
2 ハシマは1晩水で戻し、黒い部分を取り除き、熱湯で軽くゆでこぼす。
3 水300ccに白ザラメ糖を入れて溶かす。溶けたらハシマを入れて5分間ほど煮てスープをつくる。
4 リンゴを300℃に熱したオーブンで30分間ほど焼き、少しこげめがついたら器に取り出し、桂皮を添えて上からスープを注ぎ入れる。

温かくて甘いデザートスープ。ハシマが入手できないときは、白キクラゲでも合う。

生慈姑、梨、白木耳、百合根の冷たいスープ（秋のスープ）

CHINESE 南青山 Essence

材料（1人分）

クワイ2個●ナシ1/2個●乾燥白キクラゲ5g●ユリネ（ほぐしたもの）6枚●水300cc●白ザラメ糖50g

◎黒クワイは熱を冷まし、体内水分を補う。ナシは身体に水分を与え、熱を冷まし、肺に潤いを与えてくれる。白キクラゲとユリネにも水分を補い、肺に潤いを与え、機能を促進する効能があるという。

1. クワイは皮をむき、熱湯で軽く下ゆでしておく。ナシは皮をむいて、種を抜いておく。白キクラゲは水で戻し、一口大に切っておく。ユリネは一口大に形をそろえて掃除をし、やわらかくなるまでゆでる。
2. 水300cc、白ザラメ糖、クワイ、ナシ、白キクラゲを合わせて器に入れ、ラップフィルムで密封し、蒸し器で2時間蒸してスープをつくる。
3. スープにユリネを加えて、常温でゆっくりと冷ます。その後冷蔵庫に入れて冷やしておく。器に盛りつける。

クワイは缶詰でもよいが、スープにクワイの味がストレートに出るので、できれば生を使いたい。ナシを入れてやわらかい酸味をつけて食べやすく。

タプ ティム クロブ／タイ

ETHNIC ア・タ・ゴール　　　　　　　　　　　Ⓒ

材料（3人分）

クワイ**3**個、スイカ（さいのめ切り）少量、ハマナスのシロップ（写真中央）、メイクイファ＊**5g**、水**300cc**、砂糖**100g**、氷適量

＊乾燥させたハマナスの花のお茶。

1. 皮をむいたクワイをシャキッとした歯ざわりが残る程度にゆでる。粗熱をとり、さいのめ切りにする。
2. ハマナスのシロップをつくる。鍋に水300ccとメイクイファを入れて沸かす。沸いたら火を止め、ふたをして香りが出るまで蒸らし、熱いうちに砂糖を溶かす。粗熱をとり、冷蔵庫で冷やす。
3. 器にクワイ、スイカを入れ、よく冷やした**2**を注いで氷を落とす。別皿に**2**を入れて添える。味が足りなければ、適宜足してもらう。

タイ女性が大好きなデザート。ハマナスの花のお茶を甘く味つけして冷やしたものに、クワイ、スイカを浮かべて氷を落とす。氷が器にあたる音も涼しげ。

スープで使用した、だしとスープストック

ITALIAN

鶏のブロード

クチーナ トキオネーゼ コジマ

鶏ガラ**10kg**●ニンジン**4〜5本**●玉ネギ**4〜5個**●セロリ**3〜4本**●トマト**5個**●タイム・ローリエ・白粒コショウ・クローブ・パセリの茎各適量●水**70**リットル

1. 鶏ガラを水にさらし、付着している内臓や血合いなどを取り除く。
2. 大きな寸胴鍋にガラを入れて、水を注いで火にかける。沸騰寸前でかき混ぜると、アクが出てくるので、ていねいに取り除く。
3. アクが出なくなったら、ところどころに切り目を入れたニンジン、皮をむいた丸のままの玉ネギ、長いままのセロリ、トマト、スパイス類、パセリの茎を入れて、とろ火で6時間煮たのち、漉す。

ジュドオマール

クチーナ トキオネーゼ コジマ

甲殻類の殻**1kg**●玉ネギ(薄切り)**1個分**●ニンジン(薄切り)**1/2本分**●セロリ(薄切り)**1/2本分**●オリーブ油適量●白ワイン**30cc**●ブランデー**10cc**●鶏のブロード(上記参照)**1**リットル

1. 鍋にオリーブ油をひき、細かく切ったエビやカニなどの甲殻類の殻を強火で炒める。
2. 殻の色が鮮やかになり、香りがたってきたら火をおとし、玉ネギ、ニンジン、セロリを入れて炒める。
3. 白ワイン、ブランデーを入れて強火にしてアルコールを飛ばす。アルコール分が飛ぶと旨みが凝縮する。
4. 鶏のブロードを注いで1時間ほど煮る。アクは適宜取り除く。これを漉す。

ブロードディフンギ
クチーナ トキオネーゼ コジマ

マッシュルーム1kg●水　適量

1 マッシュルームをフードプロセッサーにかける。
2 これを鍋に移して、ひたひたより上まで水を注いで、強めの火で煮る。アクが出たら適宜取り除く。火を弱め、約2時間ほど煮たのち、漉す。
3 漉した2を2/3ほどになるまで煮詰める。冷蔵庫で1週間ほど日持ちする。

一番だし
クチーナ トキオネーゼ コジマ

水1リットル●昆布10g●カツオ節20g

1 昆布を水に入れて、弱火でゆっくりと沸かす。
2 沸く寸前にカツオ節を入れて火からおろし、しばらくおいたのち漉す。

野菜のブロード
ペル グラッツィア デル ソーレ

野菜（外皮に近い部分の玉ネギ●ニンジンの皮●パセリの茎●外側の緑色が濃いかたい部分のレタス●湯むきしたトマトの皮●ブロッコリーの茎●ポロネギ●長ネギ、ゴボウなど）●昆布15cm角1枚●塩少量●水適量

1 野菜（寸胴鍋に半分くらいまで詰まるくらいの分量）を大きめにそろえて切る。種類、割合は適宜。寸胴鍋に半分くらいまで野菜を詰める。
2 水を鍋の8分目まで注ぎ入れ、昆布と塩少量を加えて火にかける。
3 沸騰したら火を弱める。15〜20分間程度煮たのち、シノワで漉す。

FRENCH

鶏のブイヨン

シエル ドゥ リヨン

鶏ガラ3kg●3cm厚さに切った香味野菜（玉ネギ500g●ニンジン300g●セロリ200g）●浄水5リットル●スパイス類（ローリエ1枚●黒粒コショウ30粒●クローブ2個●パセリの茎10本）

1. 鶏ガラは血やヌメリを水できれいに洗う。鍋に入れ、水を注ぐ。中火にかけ、沸いたらアクをすくって弱火にする。弱火にしてからもアクは出続けるので、その都度こまめにすくう。
2. アクが出きって、スープが澄んだら香味野菜とスパイス類を加える。アクが出たらすくう。決して沸かさず、弱火のまま4時間ほど煮る。火を止めてから2〜3時間常温におき、余熱で火を入れると味がよくなる。
3. 目の細かいシノワで静かに漉して、冷蔵庫で保存する。

フュメドポワソン

ア・タ・ゴール

白身魚のアラ300g●白ワイン180cc●水1リットル●薄切り香味野菜（玉ネギ1/2個分●エシャロット1個分●セロリ1本分●マッシュルーム2個分●パセリの茎少量）●ローリエ少量●白コショウ少量●ピュアオリーブ油適量

1. 鍋にピュアオリーブ油をひき、香味野菜を炒める。ローリエ、白コショウを加え、野菜の水分を引き出すようにじっくりと炒める。
2. 1に白身魚のアラを加え、炒める。
3. 白ワインを注いで、木ベラなどで鍋肌をこするようにかき混ぜ、旨みを溶かし込む。
4. 水を加えて沸かす。沸いたらアクをひき、弱火にして約30分間煮る。シノワで漉す。

コンソメ

ア・タ・ゴール

コンソメブイヨン（→下記）8リットル◦牛スネ挽き肉4kg◦卵白1kg◦薄切り香味野菜（玉ネギ3個分◦セロリ2本分◦ニンニク5片分◦ニンジン2本分）◦トマト3個◦ハーブの茎*少量◦コニャック180cc◦ポートワイン100cc◦ローリエ・黒粒コショウ・岩塩各少量

*イタリアンパセリ、エストラゴン、セルフイユなど、あるものを使う。

1 牛スネ挽き肉、卵白、香味野菜、コニャック、ポートワイン、ローリエ、使う前に軽く煎って香りを出した黒粒コショウ、岩塩を鍋に入れて、手でよく練り混ぜる。
2 冷めたコンソメブイヨンを1に加えて弱火にかける。業務用のガスレンジを使う場合は、外火ではきれいに対流しないので、内側の火口を弱火にして使う。
3 ブイヨンが50℃になるまでは、こげつかないよう木ベラなどで底からよくかき混ぜる。60℃をすぎたら混ぜるのをやめる。鍋の中身が浮いてくるので、中央に穴あきレードルで穴をあけ、蒸気の通り道をつくる。ふきこぼれるとにごるので沸くまで目を離さないこと。沸いたら弱火にして、さらに12時間火にかける。
4 静かに布で漉し、冷ましておく。

コンソメブイヨン

ア・タ・ゴール

水12リットル◦牛スジ3kg◦鶏手羽1kg◦乱切り香味野菜（玉ネギ2個分◦セロリ2本分◦ニンジン2本分◦トマト2個分◦エシャロット2個分◦ニンニク2株分）◦ブーケガルニ1束◦ローリエ・黒粒コショウ・岩塩各少量

1 水10リットル、牛スジ、鶏手羽を鍋に入れて、強火にかける。
2 沸いたら、アクを取り除き、乱切りにした香味野菜（ニンニクは株のまま横半分に切る）、ブーケガルニ、ローリエ、黒粒コショウ、岩塩を入れる。アクをすくいながら、18時間弱火で煮る。シノワで漉し、冷ましておく。
3 2のだしガラに水2リットルを加えて火にかける。一煮立ちしたらアクをひき、弱火で2時間煮て2番だしをとる。漉して冷ます。
4 2と3を合わせる。冷蔵庫で冷やし、浮いて固まった白い脂をきっちり取り除く。でき上がりは、8リットルほど。

鶏のブイヨン

松本浩之

鶏ガラと首ツル**9kg**●つめ鶏(ぶつ切り)**3kg**●水適量●香味野菜(玉ネギ**1**個●ニンジン・セロリ各**1**本●ニンニク**1**株)●岩塩**1**つかみ●タイム・ローリエ各少量

1 鶏ガラ、首ツルとつめ鶏は流水でよく洗い、血や汚れをきれいに取り除く。
2 寸胴鍋に鶏ガラ、首ツル、つめ鶏を入れ、浸るくらいのたっぷりの水を入れる。強火にかけ、沸いたらアクを取り除く。強めの火にかけて、アクが出なくなるまで、こまめにすくう。
3 玉ネギは皮をむき、頭に放射状に切り目を入れる。ニンジンは皮をむき、縦に4本切り目を入れる。セロリは縦に2本切り目を入れる。ニンニクは皮つきのまま横半分に切る。これらと、岩塩、タイム、ローリエを**2**に加え、表面がゆらゆらするくらいの火加減で6時間煮る。シノワで漉す。

JAPANESE

だし

西麻布 内儀屋

昆布**20g**●カツオ節(削り節)**40g**●水**1**リットル

1 昆布は表面の汚れを布巾などでふいて鍋に入れる。少量をとる場合、煮立つまでの時間が短いので旨みが充分出ない。昆布を少し小さく切るか、切り目を入れるとよい。
2 水を注ぎ、弱火でゆっくり温度を上げて、煮立つ直前に昆布を取り出す。事前に昆布を水に2〜3時間浸けておくとよりよい。
3 火を止めたらすぐに、カツオ節を入れる。
4 カツオ節が沈んだら、静かに漉す。絞ってはだめ。

一番だし

和洋遊膳 中村

昆布20g（15cm長さ1枚）●カツオ節60g●水2リットル

1. 前日から昆布を水に浸しておく。このまま火にかける。
2. 沸騰寸前で昆布を引き抜き、火を止め、一呼吸おいたのち、カツオ節を入れる。
3. 5分間ほどそのままおいたのち、だしを漉す。

鶏ガラスープ

和洋遊膳 中村

鶏ガラ2羽分●昆布10cm長さ1枚●水3.6リットル

1. 鶏ガラに熱湯をかけて霜降りし、血合いやアクなどを洗い流す。
2. 鶏ガラを鍋に入れ、昆布と水を入れて火にかける。
3. 沸騰したら昆布を取り出し、弱火で30～40分間加熱する。漉して用いる。

タイだし

和洋遊膳 中村

タイの中骨1尾分●一番だし1440cc

1. タイの中骨に熱湯をかけて霜降りをする。
2. 一番だしと合わせて、強火で加熱する。沸いたら火を弱めて、コトコトと液面が動くぐらいの火加減を保って20～30分間煮る。漉してだしをとる。

ハモだし

和洋遊膳 中村

ハモのアラ**3**本分●昆布だし(利尻昆布**30cm**長さ**1**枚●水**2**リットル)●カツオ節**1**つかみ●塩適量●薄口醤油少量

1 前日から昆布を水につけておく。火にかけて沸騰寸前に昆布を引き抜いて昆布だしをとる。
2 ハモのアラ(頭、中骨、腹骨)を霜降りし、ヌメリを取り除く。中骨、腹骨は適当に折っておく。
3 昆布だしと2のハモのアラを合わせて火にかける。沸いたら火を弱めて30分間煮る。
4 塩で薄味をつけ、仕上がりに香りづけの薄口醤油を少量たらす。
5 火を止め、一呼吸おいてカツオ節を入れる。5分間ほどおいたのち、漉す。

鴨だし

和洋遊膳 中村

一番だし**6.5**●ミリン**1**●薄口醤油**0.5**●濃口醤油**0.5**●鴨の脂身適量●追がつお**1**つかみ

1 一番だし、ミリン、薄口醤油、濃口醤油、刻んだ鴨の脂身を上記の割ですべて合わせて鍋に入れ、10分間煮る。
2 火を止めて、追がつおをしてしばらくおいて漉す。

CHINESE

清湯
御田町 桃の木

毛湯（水20リットル●鶏ガラ7kg）●豚赤身挽き肉2kg●鶏ムネ挽き肉2kg

1 まず毛湯をとる。鶏ガラと水を寸胴鍋に入れて、強火にかける。沸いたら弱火で3時間煮て漉す。冷まして冷蔵庫で保管。
2 翌日、豚赤身挽き肉と鶏ムネ挽き肉を適量の毛湯でよく練る。
3 寸胴鍋に2を入れ、残った毛湯を少しずつ加えながら練りのばす。
4 ドロドロになったら、木ベラで混ぜながら火にかける。最初は強火で熱し、肉が固まりかけてきたら弱火にする。
5 肉が固まって上に寄ってきたら混ぜるのをやめ、2時間ほど煮る。漉して保存する。

白湯
御田町 桃の木

水30リットル●若鶏モミジ（足先）3kg●豚スペアリブ2kg●毛湯をとった残りの鶏ガラ全量

1 若鶏モミジから薄皮と汚れを取り除く。
2 上記の材料を寸胴鍋に入れて強火にかける。
3 沸いたら中火にして3時間煮る。必要量を取り分けて使用する。

上湯
南青山 Essence

熱湯14リットル●老鶏（10cm角のぶつ切り）半羽分●豚スネ肉（10cm角のぶつ切り）1kg●牛スネ肉（10cm角のぶつ切り）1kg●リュウガン40粒●陳皮4枚●白コショウ15g

1 老鶏（皮をはぐ）、豚スネ肉、牛スネ肉は10cm角のぶつ切りにして、それぞれ表面から血がにじまない程度までゆでて湯で洗う。
2 ボウルに1とリュウガン、陳皮、白コショウを入れて熱湯を注ぎ、ラップフィルムをかけて8時間ほど蒸し器で蒸す。
3 ボウルを取り出し、スープがにごらないように玉杓子で静かに上澄みを取って漉す。

ETHNIC

鶏のブイヨン
（タイをはじめとする東南アジア全般）

ア・タ・ゴール

鶏ガラ**1kg**●エシャロット**5個**●ニンニク（株のまま横半分に）**2株**●唐辛子**3本**●パクチーの根**5株分**●水**2リットル**

1 鶏ガラは、ヌメリや血などの汚れを取るためにサッと流水で洗う。
2 鍋に鶏ガラと水を入れ、火をつける。沸いたらアクをひき、そのほかの材料をすべて入れる。
3 ふたたび沸かし、アクをひく。弱火にしてアクをすくいながら、5〜6時間煮る。シノワで漉す。

豚のブイヨン（ベトナム）

ア・タ・ゴール

豚スペアリブ**1kg**●水**3リットル**●生青唐辛子**5本**●エシャロット**5個**●青いパパイヤ・青いマンゴー＊各**1個**●ニンニク（株のまま横半分）**3株**●ハーブの茎＊＊適量

＊現地では、熟す前の青いパイナップルを使うが、日本では入手しにくいので、通常のパパイヤとマンゴーで代用する。
＊＊ミント、バジル、パクチー、ドクダミなどの茎を使う。

1 豚スペアリブは血などがついていたら、サッと洗って水気をふく。鍋に水とともに入れて火にかける。沸いたらアクをひく。
2 そのほかの材料をすべて加え、ふたたび沸いたらアクをひく。弱火にしてアクをすくいながら5〜6時間煮る。シノワで漉す。

チリストック

トルバドール

チレワヒージョ**5本**●玉ネギ（繊維を断って薄切り）**100g**●サラダ油適量●水**1.5リットル**

1 玉ネギを、サラダ油で炒める。火加減は中火。
2 玉ネギが透明になってきたら、チレワヒージョ（半分にちぎり、種を取り除く）を入れて炒める。
3 香りが出てきたら水を入れて、30分間煮たのち、シノワで漉す。

チキンストック（アメリカ）

トルバドール

鶏ガラ**4kg**●玉ネギ（4等分のくし形切り）**6個分**●ニンジン（乱切り）**2本分**●セロリ（ぶつ切り）**5本分**●ブーケガルニ*****1束**●クローブ・黒粒コショウ**適量**●ニンニク（つぶす）**4片**●水**20リットル**

＊パセリの茎、タイム、ローリエなどを束ねる。

1 鶏ガラを熱湯でゆでこぼし、血や汚れ、脂をていねいに洗い落とす。
2 寸胴鍋に水を注ぎ、鶏ガラ、玉ネギ、ニンジン、セロリ、ブーケガルニ、クローブ、黒粒コショウ、ニンニクを入れて煮る。
3 沸騰したら、とろ火で4時間煮る。この間に浮いてきたアクや脂を取り除く。
4 シノワで漉したのち、さらにサラシで漉す。再度沸騰させる。冷めると、浮いた脂が固まるので、取り除く。

フィッシュストック（アメリカ）

トルバドール

魚のアラ*****500g**●極薄切り香味野菜（玉ネギ**200g**●ニンジン**1/2本分**●セロリ**1本分**）●バター **50g**●白ワイン**100cc**●水**4リットル**●ローリエ・パセリの茎・白粒コショウ**各適量**

＊その時々にある魚の頭や中骨、腹骨すべてを使う。タイやサーモンなどを使っている。

1 魚のアラは、適当に切り、よく水洗いして血合いを取り除く。
2 玉ネギ、ニンジン、セロリをバターでしんなりと炒める。**1**のアラを入れて木ベラで混ぜながらくずれるまで弱火で炒める。
3 白ワインを注ぐ。アルコールが飛んだら、水、ローリエ、パセリの茎、白粒コショウを入れて強火にかける。一旦沸騰させたのち、弱火で20分間煮る。
4 シノワで漉したのち、さらにサラシで漉す。
5 再度沸騰させて、浮いてきたアクや脂をていねいに取り除く。再びシノワで漉す。

掲載店一覧（店名50音順）

ア・タ・ゴール
曽村譲司（そむら・じょうじ）
〒135-0042
東京都江東区木場 3-19-8
TEL. 03-5809-9799

板前心 菊うら
渡邊一敏（わたなべ・かずとし）
〒160-0023
東京都新宿区西新宿 7-16-3　第18フジビル 1F
TEL. 03-5389-5581

かんだ
神田裕行（かんだ・ひろゆき）
〒106-0046
東京都港区元麻布 3-6-34　カーム元麻布 1F
TEL. 03-5786-0150

銀座 シェトモ
市川知志（いちかわ・ともじ）
〒104-0061
東京都中央区銀座 1-7-7
ポーラ銀座ビル 11-12F
TEL. 03-5524-8868

クチーナ トキオネーゼ コジマ
小嶋正明（こじま・まさあき）
〒286-0222
千葉県富里市中沢 1154-1
TEL. 0476-90-0777

玄斎
上野直哉（うえの・なおや）
〒650-0004
兵庫県神戸市中央区中山手通 4-16-14
TEL. 078-221-8851

シエル ドゥ リヨン
村上理志（むらかみ・さとし）
〒185-0034
東京都国分寺市光町 1-39-21
マーキュリーマンション 1F
TEL. 042-580-1026

たべごと屋のらぼう
明峯牧夫（あけみね・まきお）
〒167-0042
東京都杉並区西荻北 4-3-5
TEL. 03-3395-7251

中国華膳 彩菜
大宜味剛（おおぎみ・つよし）
〒560-0021
大阪府豊中市本町 6-1-3
195 ストリートビル 1F
TEL. 06-6852-2338

トルバドール
〒225-0003
神奈川県横浜市青葉区新石川 3-16-25
TEL. 045-911-3763

西麻布 内儀屋（閉店）
千根明子（ちね・あきこ）
〒106-0061
東京都港区北青山 1-2-3　青山ビル B1F
TEL. 03-3408-6975
＊上記住所にて、高知県の食材を原材料としたオリジナルグロッサリー店「西麻布 内儀屋」を営業。

ベトナム料理 Kitchen
鈴木珠美（すずき・たまみ）
〒106-0031
東京都港区西麻布 4-4-12
ニュー西麻布ビル 2F
TEL. 03-3409-5039

ペル グラッツィア デル ソーレ
伊崎裕之（いざき・ひろゆき）
〒100-0005
東京都千代田区丸の内 3-1-1　国際ビル B1F
TEL. 03-5220-3300

松本浩之（まつもと・ひろゆき）
レストラン FEU を退職し、現在 2019 年リニューアルオープンする東京會舘の開業準備に携わっている。

マルディ グラ

和知　徹（わち・とおる）

〒 104-0061
東京都中央区銀座 8-6-19　野田屋ビル B1F
TEL. 03-5568-0222

御田町 桃の木

小林武志（こばやし・たけし）

〒 108-0073
東京都港区三田 2-17-29　オーロラ三田 105
TEL. 03-5443-1309

南青山 Essence

薮崎友宏（やぶさき・ともひろ）

〒 107-0062
東京都港区南青山 3-8-2　サンブリッジ青山 1F
TEL. 050-2018-0730

美虎銀座

五十嵐美幸（いがらし・みゆき）

〒 104-0061
東京都中央区銀座 5-7-10　イグジットメルサ 7F
TEL. 03-6280-6697

リストランテ プリマヴェーラ

黒羽　徹（くろは・とおる）

〒 411-0931
静岡県駿東郡長泉町クレマチスの丘 347-1
TEL. 055-989-8788

リストランテ ホンダ

本多哲也（ほんだ・てつや）

〒 107-0061
東京都港区北青山 2-12-35　小島ビル 1F
TEL. 03-5414-3723

RISTORANTE YAGI

八木康介（やぎ・こうすけ）

〒 150-0035
東京都渋谷区鉢山町 15-2
プラザ 1000 代官山 B1F
TEL. 03-6809-0434

李南河

李南河（り・なんは）

〒 150-0034
東京都渋谷区代官山 20-20
モンシェリー代官山 B1F
TEL. 03-5458-6300

ルカンケ

古屋壮一（ふるや・そういち）

〒 108-0071
東京都港区白金台 5-17-11
03-5422-8099

レザントレ コウジイガラシ オゥ レギューム

五十嵐浩司（いがらし・こうじ）

〒 114-0015
東京都北区中里 2-4-10
TEL. 03-6903-4421

レストランよねむら

米村昌泰（よねむら・まさやす）

〒 605-0821
京都府京都市東山区
八坂鳥居前下ル清井町 481-1
TEL. 075-533-6699

〈銀座店〉

〒 104-0061
東京都中央区銀座 7-4-5
銀座 745 ビル 8F
TEL. 03-5537-6699

和洋遊膳 中村

中村正明（なかむら・まさあき）

〒 542-0086
大阪市中央区西心斎橋 2-3-22
TEL. 06-6212-9217

The サラダ＆スープ 500

和洋中エスニック

簡単おいしいプロの味

使える 214 のドレッシングつき

初版印刷	2018 年 9 月 10 日
初版発行	2018 年 9 月 25 日

編者 ⓒ　柴田書店
発行者　丸山兼一
発行所　株式会社柴田書店
　　　　〒 113-8477
　　　　東京都文京区湯島 3-26-9　イヤサカビル
　　　　営業部 03-5816-8282（注文・問合せ）
　　　　書籍編集部 03-5816-8260
　　　　URL http://www.shibatashoten.co.jp
印刷・製本　シナノ書籍印刷株式会社

ISBN 978-4-388-06295-9

本書は『ニューサラダブック』（2006 年刊行）、『サラダ・サラダ・サラダ』（2010 年刊行）、『スープ』（2007 年刊行）を新たに構成、編集したものです。

本書収録内容の無断転載・複写（コピー）・引用・データ配信などの行為は固く禁じます。
落丁・乱丁本はお取替えいたします。

Printed in Japan
ⓒShibatashoten 2018